»Lost in Translation« ist ein Schlüsselwerk über die innere Erfahrung der Emigration – ein poetischer Bericht der amerikanischen Schriftstellerin Eva Hoffman über Stationen ihres Lebens auf dem Weg von Krakau über Vancouver nach New York. 1959 bestieg sie als junges Mädchen gemeinsam mit ihrer Familie ein Schiff, das sie von dem vielgeliebten Land ihrer Kindheit in eine unbekannte »neue Welt« bringt.
»Lost in Translation« ist die Erinnerung an diese große Reise – eine bewegende Schilderung, die von der lyrischen Beschwörung der Kindheit im Nachkriegspolen bis zur geistreichen Analyse der amerikanischen Gesellschaft und der kulturellen Metamorphose der Autorin reicht. Ihr Weg führt Eva Hoffman schließlich in die literarische Welt von New York, wo sie Mitherausgeberin der »New York Times Book Review« wird.
Scharfsinnig und humorvoll beschreibt Eva Hoffman das Aufeinanderprallen des polnischen »Vergangenheitsmenschen« mit dem amerikanischen »Zukunftsmenschen«. Sie schildert den Verlust von Heimat und erzählt gleichzeitig von der befreienden Möglichkeit, sich in einer anderen Sprache »wieder zu finden«.

Eva Hoffman wurde in Krakau geboren. Mit vierzehn Jahren emigrierte sie mit ihrer Familie nach Kanada. Sie studierte in den USA, unter anderem in Harvard, unterrichtete Literatur und arbeitete später als freie Autorin in New York. Heute lebt sie in London.

Eva Hoffman

Ankommen in der Fremde

Lost in Translation

Aus dem Amerikanischen
von Gesine Strempel
und Helmut Frielinghaus

Fischer Taschenbuch Verlag

Die Frau in der Gesellschaft
Herausgegeben von Ingeborg Mues

Veröffentlicht im Fischer Taschenbuch Verlag GmbH,
Frankfurt am Main, April 1995

Lizenzausgabe mit freundlicher Genehmigung des
Verlages Neue Kritik, Frankfurt am Main
Die amerikanische Originalausgabe von »Lost in Translation«
erschien 1989 bei E. P. Dutton, Penguin USA, New York

Zitatnachweis: »Among School Children« von W. B. Yeats
(in der Übersetzung von Gerschon Jarecki),
zitiert nach W. B. Yeats, Werke I, Ausgewählte Gedichte,
herausgegeben von Werner Vordtriede, Neuwied und Berlin 1970/
»The Love Song of J. Alfred Prufrock« von T. S. Eliot
(in der Übersetzung von Klaus Günther Just),
zitiert nach T. S. Eliot, Gesammelte Gedichte 1909–1962,
herausgegeben von Eva Hesse, Frankfurt am Main 1988
Druck und Bindung: Clausen & Bosse, Leck
Printed in Germany
ISBN 3-596-12869-2

Gedruckt auf chlor- und säurefreiem Papier

Für meine Familie, der ich meine erste Welt verdanke,
und für meine Freunde, die mich gelehrt haben,
die Neue Welt schließlich doch zu lieben.

Erster Teil

PARADIES

April 1959. Ich stehe auf dem Oberdeck der *Batory* an der Reling und habe das Gefühl, daß mein Leben zu Ende geht. Ich blicke auf die Menschenmenge, die sich an Land versammelt hat, um dabeizusein, wie das Schiff Gdingen verläßt – eine Menschenmenge, die plötzlich und unwiderruflich auf der anderen Seite steht –, und ich will ausbrechen, zurück in das vertraute Durcheinander der winkenden Hände und Rufe. Das können wir doch nicht alles hinter uns lassen – aber wir tun es. Ich bin dreizehn Jahre alt, und wir wandern aus. Das ist eine Entscheidung von zermalmender, unumstößlicher Endgültigkeit und für mich gleichbedeutend mit dem Ende der Welt.

Meine Schwester, vier Jahre jünger als ich, hält schweigend meine Hand umklammert, sie begreift kaum, wo wir sind oder was mit uns geschieht. Meine Eltern sind sehr aufgeregt; sie haben gerade die Leibesvisite der Zollbeamten hinter sich gebracht, wahrscheinlich eine letzte Abschiedsgeste antijüdischer Schikane. Trotzdem waren die Beamten nicht clever genug, oder zu wenig mißtrauisch, um meine Schwester und mich zu durchsuchen – zum Glück, denn wir trugen beide in großen Taschen, die extra für diesen Zweck in unsere Röcke eingenäht worden waren und von unseren weiten Pullis verborgen wurden, silberne Bestecke, die nicht aus Polen ausgeführt werden durften.

Als die Bläser an Land die flotten Mazurkarhythmen der polnischen Nationalhymne anstimmen, überfällt mich ein so tiefer Kummer, daß ich plötzlich zu weinen aufhöre und versuche, mich nicht zu bewegen, um dem Schmerz standhalten zu können. Verzweifelt wünsche ich, daß die Kraft meines Willens die Zeit stillstehen läßt und das Schiff am Ablegen hindert. Ich erleide meinen ersten schweren Anfall von Heimweh oder *tesknota* – ein Wort, das die Stimmung von Traurigkeit und Sehnsucht noch verstärkt. Ein Gefühl, das mir in seinen verschiedenen Schattierungen und Abstufungen noch sehr vertraut werden sollte, aber in diesem spannungsgeladenen Augenblick überkommt es mich wie eine Heimsuchung aus einer gänzlich fremden Gefühlswelt – eine erste Ankündigung, wie schmerzhaft das Fehlen von etwas Vertrautem sein kann. Oder wie ein Vorgefühl des Verlustes, denn bei diesem Abschied bin ich bis zum Überlaufen angefüllt von dem, das ich zu verlieren im Begriff bin – den Bildern von Krakau, das ich liebte, wie man einen Menschen liebt, den sonnendurchglühten Dörfern, in denen wir die Sommerferien verbrachten, den Stunden, die ich mit meiner Klavierlehrerin in einem Musikstück schwelgte, den Gesprächen und Streichen mit meinen Freundinnen. Blicke ich nach vorn, sehe ich eine unermeßliche kalte Ödnis vor mir – ein Dunkelwerden, ein Verlöschen der Bilder, als hätte das Auge einer Kamera sich geschlossen oder als wäre ein schwerer Vorhang vor die Zukunft gezogen worden. Von dem Land, in das wir fahren – Kanada – weiß ich nichts. Da sind die ungefähren Umrisse eines halben Kontinents, die Ahnung von großen Weiten und geringer Bevölkerungsdichte. Als meine Eltern sich während des Krieges im Wald in einem mit Zweigen getarnten Bunker versteckt hielten, hatte mein Vater ein Buch mit dem Titel *Kanada im Harzduft* bei sich, das ihm in seiner schrecklichen Beengtheit von einer majestätischen Wildnis erzählte, von Tieren, die nicht gejagt wurden, von Freiheit. Das ist einer der Gründe, warum wir dorthin fahren und nicht nach Israel, wohin die meisten unserer jüdischen Freunde ausgewandert sind. Aber für mich klingt das Wort »Kanada« genauso unheimlich wie »Sahara«. Nein, mein Inneres sträubt sich gegen die Vorstellung, dorthin verschleppt zu werden, ich will mich nicht meiner Kindheit entreißen lassen, meinen Freunden, meiner Geborgenheit, meinen Träumen, Pianistin zu werden. Die *Batory* legt ab, das Nebelhorn stößt einen düsteren Schofarton aus, aber alles in mir wehrt sich hartnäckig gegen diesen Aufbruch. Meine Eltern legen tröstend ihre Hände auf meine Schultern. Einen Moment lang erlauben sie sich, den Schmerz wahrzunehmen, der in dieser von ihnen so herbeigesehnten Abreise liegt.

Viele Jahre später lernte ich bei einer schicken New Yorker Party eine Frau kennen, die mir erzählte, sie habe eine zauberhafte Kindheit gehabt. Ihr Vater war hoher Diplomat in einem asiatischen Land, und ihr Leben war geprägt gewesen von luxuriöser Eleganz, der Höflichkeit der Diener und den Aufmerksamkeiten zartfühlender älterer Herren. Kein Wunder, sagte sie, daß sie mit dreizehn Jahren, als dieser Abschnitt ihres Lebens zu Ende ging, sich wie aus dem Paradies vertrieben fühlte, das sie seither vergeblich suchte.

Kein Wunder. Aber es ist ein Wunder, aus was allem man sich ein Paradies machen kann. Ich erzählte ihr, daß ich in einer engen Wohnung in Krakau aufgewachsen bin, eingepfercht mit vier anderen Menschen in zwei kleinen, engen Zimmern, umgeben von Zank und Streit, undurchschaubarem politischen Gerede, Erinnerungen an die Leiden der Kriegszeit und dem täglichen Existenzkampf. Und doch, als der Abschied kam, hatte auch ich das Gefühl, aus der glücklichen, sicheren Geborgenheit des Garten Eden vertrieben zu werden.

Ich liege im Bett, beobachte die langsamen Bewegungen der Schatten an der Decke, die von den leise wehenden Vorhängen verursacht werden und von den Scheinwerferlichtern eines gelegentlich vorbeifahrenden Autos. Ich gebe mir Mühe, nicht einzuschlafen. Wach sein ist so süß, daß ich den Verlust des Bewußtseins hinausschieben möchte. Ich habe mich unter eine riesige, mit handbestickter Seide bezogene Daunendecke gekuschelt. Am anderen Ende des Zimmers steht die Wiege meiner Schwester. Aus dem nächsten Zimmer, »dem ersten Zimmer«, höre ich die Atemzüge meiner Eltern. Das Mädchen – eine der vielen Mädchen vom Lande, die nacheinander bei uns gearbeitet haben – schläft in der Küche. Es ist 1949, in Krakau, ich bin vier Jahre alt, und ich weiß nicht, daß mein Glück in einem Land blüht, das vor kurzem vom Krieg zerstört wurde, in einer Stadt, in der mein Vater sich abrackern muß, um uns etwas mehr als unsere mageren Fleisch- und Zuckerrationen besorgen zu können. Ich weiß nur, daß ich in meinem Zimmer bin, das für mich die Welt ist, und daß die Muster an der Decke genügen, um mich mit einem Gefühl der Zufriedenheit zu erfüllen, weil . . . ja, einfach nur, weil ich existiere, weil es diese Welt gibt, die so angenehm in meinen Kopf sickert. Hin und wieder höre ich, ein paar Häuserblocks entfernt, das Rattern der Straßenbahn, und ein Gefühl tiefster Zufriedenheit erfüllt mich. Ich liebe es, mit der Straßenbahn zu fahren, ich liebe das jähe aber nicht zu schnelle Schaukeln, und ich liebe es, im Bett zu liegen und zu wissen, durch welche Straße sie fährt. Ich sage mir immer wieder, daß ich in Krakau bin, in Krakau, das mir beides ist, Zuhause und Universum. Morgen werde ich mit meiner Mutter einen Spaziergang machen, und ich weiß, wie man von der Kazimierz-Wielki-Straße, in der wir wohnen, zur Urzednicza-Straße kommt, wo ich meine Freundin Krysia besuchen werde – und schon der Gedanke daran, an die Schritte auf einem vertrauten Weg, der trotzdem so viele Überraschungen bereithalten kann, erfüllt mich mit Freude.

Langsam schwinden die Bilder und Geräusche, die Worte, mit

denen ich sie in meinem Kopf benenne, geraten durcheinander, und ich beobachte, so lange es geht, den köstlichen Prozeß des Einschlafens. Auch das bewußte Wahrnehmen des Übergangs in einen anderen Zustand ist für mich Glück.

Jede Nacht träume ich von einer winzigen alten Frau – einer runzligen Baba Jaga, halb Großmutter, halb Hexe; sie trägt ein schwarzes Tuch und sitzt verhutzelt und gebeugt auf einer kleinen Bank unten in unserem Hof, tief, ganz tief unten. Sie ist unermeßlich alt und unermeßlich klein, und vom Grund des Hofes, der unermeßlich tief geworden ist, blickt sie aus schmalen kleinen, weisen und bösen Augen zu mir herauf. Vielleicht jedoch bin ich sie. Vielleicht bin ich schon seit einer Ewigkeit auf Erden und vielleicht ist das der Grund, warum ich den Ausdruck in ihren Augen verstehe. Vielleicht ist meine kindliche Verkleidung nur ein Traum. Vielleicht bin ich eine Traumgestalt der Baba Jaga, die es von Anbeginn der Zeiten hier gegeben hat, und ich sehe die Welt mit ihren uralten Augen und weiß, daß alles bleibt, wie es ist, unveränderlich und erkennbar.

Mitten an einem sonnenhellen Tag fängt meine Mutter, die gerade einen Teig knetet oder vielleicht ein Loch am Ellenbogen meines Pullovers stopft, plötzlich an, leise zu weinen. »Heute ist der Tag, an dem sie gestorben ist«, sagt sie und sieht mich mitleidig an, als schlösse sie mich in ihre Trauer ein. »Ich muß immer an sie denken.«

Ich weiß, wer »sie« ist. Es kommt mir so vor, als hätte ich es immer gewußt. Sie ist die jüngere Schwester meiner Mutter, die im Krieg getötet wurde. Alle Angehörigen meiner Mutter sind im Krieg umgekommen – ihre Mutter, ihr Vater, ihre Cousinen, ihre Tanten. Aber die Erinnerung an ihre Schwester löst in meiner Mutter immer den größten Schmerz aus. Sie war so jung, achtzehn oder neunzehn – »sie hatte noch nicht gelebt«, sagt meine Mutter –, und sie ist auf so schreckliche Weise gestorben. Der Mann, der sah, wie sie in die Gaskammer ging, sagte, daß sie zu denen gehörte, die ihr eigenes Grab schaufeln mußten, und daß ihr Haar am Tag, bevor sie starb, grau geworden ist. Eine Geschichte, die für mich grausamer und magischer ist als irgendein Märchen der Brüder Grimm. Abgesehen davon, daß sie wahr ist. Aber ist sie das?

Sie hat nicht diese greifbare Wirklichkeit wie die Krakauer Straßenbahn. Vielleicht hat es sich am Ende gar nicht so zugetragen, vielleicht ist es nur eine Geschichte, und eine Geschichte kann unterschiedlich erzählt, sie kann verändert werden. Jener Mann war der einzige Zeuge. Vielleicht hat er ein anderes Mädchen mit der Schwester meiner Mutter verwechselt. Ohne daß ich irgend jemandem davon erzähle, reift in mir der Entschluß, daß ich, wenn ich groß bin, überall in der Welt nach dieser verlorenen Tante suchen werde. Vielleicht lebte sie ja noch und ist ausgewandert nach einem dieser fremden Orte, von denen ich gehört hatte, wie New York oder Venezuela. Vielleicht finde ich sie ja und bringe sie zu meiner Mutter, deren Schmerz dann ein Ende haben wird.

Meine eigene Schwester heißt nach ihr, die wie ein beinahe sichtbarer Schatten unter uns lebt – Alina –, und meine Mutter verspürt oft ein seltsames Mitleid mit ihrer jüngeren Tochter, als hätte sie ihr mit dem Namen auch etwas von dem schrecklichen Schicksal aufgebürdet. »Manchmal zerreißt es mir das Herz«, vertraut sie mir an, »ich weiß nicht, warum. Ich habe Angst um sie.« Etwas von dieser Furcht hat sich auf mich übertragen, ich sehe meine Schwester als zerbrechliches, verletzliches Wesen, das all meine Liebe und meinen Schutz braucht. Doch kommt mir auch meine Mutter zerbrechlich vor – so als wäre sie dem Tod damals nur zufällig entrissen worden und könnte jeden Augenblick von ihm geholt werden. Das Meer des Todes ist so unermeßlich und das Leben ein so kleiner Kontinent. Alle, die ich kenne, haben im Krieg irgendwelche Verwandten verloren und von meinen Freundinnen hat fast keine mehr Großeltern. In der Straßenbahn sehe ich Männer, denen ein Arm oder ein Bein fehlt – und die Vorstellung, wie schwierig das Leben für sie sein muß, erschreckt mich. Ich komme zu dem Schluß, daß Erwachsensein bedeutet, dem Tod nahe zu sein. Nur mein Vater, der im Krieg mehrmals das Leben meiner Mutter und sein eigenes allein durch seine physische Kraft gerettet hat, erscheint mir stark und beharrlich genug, um diesem immer gegenwärtigen Sog zu widerstehen.

Mein Vater ist ein kleiner, stämmiger Mann, der in meinen Augen natürlich sehr groß ist und der in seiner Jugend den Ruf hatte, »stark wie ein Stier« zu sein. Später wird mir erzählt, das einzige Mal, daß man ihn habe weinen sehen, sei bei meiner Geburt gewesen. Damals war ich dem Tod ebenfalls sehr nahe; ich kam zwei Monate nach Kriegsende zur Welt. Zu der Zeit, als meine Mutter hochschwanger war, zogen meine Eltern mit einem Treck von Lemberg, das während des Krieges sang- und klanglos von Polen an Rußland fiel, nach Krakau, denn das war die nächste größere polnische Stadt. Sie machten die Reise auf einem klapprigen alten Lastwagen, zwischen Kartoffelsäcken und anderen Menschen, die versuchten, so schnell wie möglich die neue Grenze zu überqueren, damit sie ihre alte Nationalität behalten konnten, wenn auch auf Kosten ihres Zuhauses. Und als ich nach all dieser Mühsal in der Geborgenheit eines städtischen Krankenhauses geboren wurde, mit einiger Aussicht auf ein normales Leben nach all den Schrecken, muß ich für sie, abgesehen von allem anderen, so etwas wie das Zeichen eines Neubeginns gewesen sein – und meine Eltern wünschten sich sehnlichst, neu anzufangen, zu leben. Später erzählten sie mir, wie glücklich sie waren, »all das« überstanden zu haben, wie glücklich sie waren, wenn, was selten geschah, ein Totgeglaubter plötzlich wieder vor ihnen stand. Aber wie schmerzlich muß dieses Glück gewesen sein! Mein Vater – und das gehört für mich zu den wenigen deutlichen Hinweisen auf den Schmerz, den er angesichts der Toten empfunden haben muß – fragte, ob ich nicht nach seiner Mutter benannt werden könne, obwohl normalerweise eine erste Tochter den Namen der nächsten verstorbenen Angehörigen der Mutter erhält. Aber meinen Eltern mangelt es nicht an Toten, die geehrt werden müssen, und so wurde ich nach meinen beiden Großmüttern benannt: Ewa, Alfreda, zwei Frauen, an die ich mich nur sehr dunkel erinnere. Es gibt nicht einmal Fotos, die den Krieg überlebt hätten: so vollständig ist die Zerstörung der Vergangenheit.

Meine Eltern erzählen mir wenig über ihr Leben in der Zeit vor dem Krieg in Zalosce, einem Städtchen in der Nähe von Lemberg. Es ist, als hätte der Krieg nicht nur die Welt selbst, in der sie früher lebten, ausgelöscht, sondern auch deren Bedeutung für ihre neuen Lebensumstände. »Wir waren ganz normale Durchschnittsmenschen«, antwortet mein Vater einmal auf meine Frage und verneint jede Bedeutung dieses Lebensabschnitts. Nur skizzenhaft zeigt sich ein Bild. Beide stammen aus angesehenen Kaufmannsfamilien. Mein Vater war der verwöhnte Sohn und der Wüstling des Dorfes, der Mädchen an Straßenecken ansprach und das Gymnasium nicht beendete, weil er ein ausgemachter Tunichtgut war. Die Familie meiner Mutter war streng orthodox, und obwohl sie eine Musterschülerin war, durfte sie nicht studieren, was sie sich brennend wünschte, oder Geige spielen lernen, als einer ihrer Lehrer anbot, ihr kostenlosen Unterricht zu geben, weil er sie für »musikalisch« hielt. Sie durfte auch nicht ihre nackten Arme und Beine zeigen oder allein mit Jungen reden. Ich kann mir überhaupt nicht erklären, wie meine Eltern sich näher kennengelernt haben, aber ich weiß, daß der Entschluß meiner Mutter, meinen Vater zu heiraten – einen der bösen Buben der Stadt –, ein beachtlicher rebellischer Akt war. Ihre eigene Erziehung hat bei meiner Mutter eine entschiedene – und für eine Frau ihrer Zeit überraschende – Abneigung gegen »weibliche« Tätigkeiten hervorgerufen, und während meiner Kindheit und Jugend gibt sie sich große Mühe, mich nicht im Kochen und Nähen zu unterrichten, da solche Fähigkeiten mich daran hindern könnten, mich mit interessanteren Dingen zu beschäftigen.

Im Überschwang seines Glücks verwechselt mein Vater seine Erstgeborene offenbar mit einem Sohn, jedenfalls neigt er in vielerlei Hinsicht dazu, mich wie einen kleinen Jungen zu behandeln. Er sieht mich lieber »sportlich gekleidet«, das heißt in kurzen oder langen Hosen und mit kurzgeschnittenem Haar. Er möchte überhaupt, daß ich *sportlich* bin, gut abschneide bei Wettkämpfen und allen möglichen körperlichen Übungen. Deshalb erteilt er mir in unserem »ersten Zimmer« Gymnastikunterricht, bringt mir akrobatische Übungen bei, wie sie damals in Mode sind, vielleicht, weil der allgemeine Ruf nach körperlicher Fitness Teil der neuen Ideologie ist, ein Merkmal des »neuen Menschen«. Draußen im Freien weist er mich in möglichst viele Sportarten ein. Manchmal sind seine pädagogischen Bemühungen alles andere als ermutigend. Als ich ungefähr fünf bin, kauft er mir ein Jungenfahrrad, das zu hoch für mich ist, und brüllt: »Schneller, schneller, schneller!«, bis ich kopfüber hinfalle. Er lehrt mich schwimmen nach der damals beliebten Methode, indem er mich in den Fluß wirft und von der nahen Brücke aus zuschaut, wie ich untergehe und wasserspuckend mit verletztem Stolz wieder auftauche. Er nimmt mich auf die Freilufteisbahn von Krakau mit, wo er mich in der Eiseskälte in halsbrecherischem Tempo hinter sich herzieht. Einer seiner glücklicheren Einfälle ist der Kauf eines Hula-Hoop-Reifens für meine

Schwester und mich. Dies geschieht, als der Hula-Hoop-Rausch, direkt aus Amerika importiert, mit symbolträchtiger Wucht Krakau überfällt, und er erkämpft sich dieses unglaublich begehrenswerte Objekt, indem er sich in einer langen Schlange, wie man sie in Polen überall sehen kann, vordrängt. Mein Vater ist besonders erfinderisch, wenn es darum geht, sich in einer Schlange vorzudrängen, aber diesmal geht es um einen derart raren Gegenstand, daß manche die ganze Nacht hindurch dafür angestanden haben, und mein Vater wird von der Menge wegen seiner Dreistigkeit beschimpft. Wie auch immer, er kommt mit einem orangefarbenen Plastikreifen nach Hause, der aus meiner Sicht jedes Risiko wert war, denn er macht mich bei meinen Freundinnen außerordentlich beliebt, und wir üben stundenlang, ihn um Hüften, Taille und Hals kreisen zu lassen, wetteifern, wer es am längsten schafft.

Und dann, als ich etwa elf Jahre alt bin, kauft mein Vater sich ein Motorrad. Oh, das Motorrad! Dieses *pièce de résistance* kommt aus Rußland (kein Mensch sagt im normalen Gespräch Sowjetunion), wohin meine Eltern 1956 ihre erste und einzige gemeinsame Urlaubsreise machen, mit dem Ziel, einige moderne Konsumgüter zu erwerben, die es im Nachkriegspolen nicht zu kaufen gibt – einen Kühlschrank, einen Staubsauger, einen Pelzmantel für meine Mutter und diese große schwere Maschine, um die wir von der gesamten Nachbarschaft beneidet werden. Damals besitzt niemand in unserem Bekanntenkreis ein motorisiertes Vehikel, geschweige denn ein Auto. Der Verkehr auf den Kopfsteinpflasterstraßen Krakaus setzt sich hauptsächlich aus Straßenbahnen und Pferdedroschken zusammen, obwohl in den geschäftigsten Teilen der Stadt ab und zu mehrere Autos dicht hintereinander mit unglaublicher Geschwindigkeit vorbeirasen.

Jetzt koste ich das Gefühl dieser Geschwindigkeit aus, denn als mein Vater das Motorrad ausprobiert, erwählt er mich als Begleiterin für seinen ersten Ausflug aufs Land. Unter den besorgten Protesten meiner Mutter klettere ich auf den breiten Sitz hinter ihm, der Motor springt mit heulendem Getöse an, und dann fahren wir los, rumpeln über die Pflastersteine, gleiten sanft über asphaltierte Abschnitte und beschleunigen draußen, auf der Landstraße, bis wir in einer erregenden rhythmischen Bewegung dahinsausen. Bei diesem ersten Ausflug fallen wir zweimal um – mein Vater geht, wie es seine Art ist, eher draufgängerisch als methodisch vor –, aber irgendwie kommen wir mit verschrammten Knien davon, was mir nichts ausmacht. Ich habe tatsächlich keine Angst vor einem wirklichen Unfall, dazu vertraue ich meinem Vater viel zu sehr. Und es gefällt mir, ehrlich gesagt, daß mein Vater mich wie einen Kumpel behandelt. Triumphierend, mit vom Wind geröteten Wangen kehre ich nach Hause zurück.

»*Bramaramaszerymery, rotumotu pulimuli*«, beginne ich mit der Stimme einer Märchenerzählerin, als wollte ich eine lange Geschichte erzählen, obwohl ich nur zusammenhanglose Silben vor mich hinspreche. »Was erzählst du da?« fragt meine Mutter. »Alles«, sage ich, und fange wieder an: »*Bramarama, szerymery* . . .« Ich möchte *eine* Geschichte erzählen. *Jede* Geschichte. Alles auf einmal, nichts Besonderes, was sich mit den mir bekannten Worten sagen ließe. Und ich versuche, die Klänge in einem einzigen Klang unterzubringen, immer noch mehr Silben zu akkumulieren, als bildeten sie so vielleicht eine Möbius-Sprachschleife, in der alles, alles enthalten ist. Es gibt aber eine geheime Regel bei diesem Spiel – die Laute müssen alle wie echte Silben klingen, sie dürfen nicht zu sinnlosem Gestammel zerfallen; denn dann wäre es kein Sprechen mehr. Es geht mir um Artikulation – aber um ein Artikulieren, das die ganze Welt auf einmal ausdrückt.

Ich spiele Himmel und Hölle oder fahre auf einer Art Roller auf der Straße vor unserem Haus, als das Gesicht meiner Mutter im Fenster erscheint. »Ewa« ruft sie, »es ist Zeit, daß du reinkommst!« Nach dem obligatorischen Protest laufe ich ins Haus. Wie immer ist die Eingangstür von der dicken Fellini-Gestalt der Hausmeisterin blockiert, ihre enormen Brüste quellen aus ihrem schlampigen Kleid hervor. Ich versuche, mich an ihr vorbeizudrücken, aber sie brummt wütend vor sich hin: »Die kleine Jüdin. Denkt, sie wär was Besseres.« Und ich stürme die Treppe hinauf, halb verängstigt, halb belustigt, weil sie so ein Drache ist.

Unsere bescheidene Wohnung ist angesichts der Verhältnisse im Polen der Nachkriegszeit allein schon deshalb höchst beachtlich, weil wir sie ganz für uns haben. Die Küche, wo stundenlang die Suppe auf dem Herdfeuer köchelt oder wo die Wäsche, damit sie weißer wird, in großen Bottichen gekocht wird, ist gewöhnlich von Dunst erfüllt. Hinter der Küche befindet sich ein winziger Balkon, gerade eben groß genug, daß zwei Menschen darauf Platz haben. Manchmal treten wir dort hinaus, um mit Nachbarn zu schwatzen, die auf ihren Balkons Gemüse putzen, Teppiche klopfen oder einfach nur herumstehen. Tief unten sieht man einen gepflasterten Hof, in dem ich viele Stunden lang zusammen mit anderen Kindern einen Ball an die Wand werfe, und einen kleinen Garten, wo ich den Duft der Veilchen riechen kann, die dort in jedem Frühling blühen, und auf den Apfelbaum klettere, während meine Schwester unter den Brombeerbüschen Schnecken sucht, die sie in einem Eimerchen stolz ins Haus trägt.

Abgesehen von der Küche besteht unsere Wohnung aus dem »ersten Zimmer« mit einem riesigen Mahagoni-Kleiderschrank, einem blauen Kachelofen, der vom Fußboden bis zur Decke reicht, dem Tisch, an dem wir essen, und der Schlafcouch meiner Eltern. Das »zweite Zimmer« dient meiner Schwester und mir als Schlafzimmer. Im Badezimmer befindet sich ein Ofen, mit dem das Wasser erhitzt wird, aber es ist ein ziemlicher Aufwand, ein heißes Bad vorzubereiten. Zu Beginn eines jeden Winters liefert uns ein Mann in bäuerlicher Kleidung Kohlen und kleingehacktes Holz, und manchmal werde ich in den Keller geschickt, um etwas davon heraufzuholen – ein dunkler, feuchtkalter Ort, in den ich vorsichtig hineinspähe, ehe ich hineinrenne und meine beiden Eimer mit Kohlen von unserem Stapel fülle.

Das dreistöckige Haus ist immer voll von Stimmen, Besuchern und Melodramen. Die Hausmeisterin ist mit einem schmächtigen, scheuen Mann verheiratet, den sie pausenlos anschreit und auf den sie eines Tages mit dem Messer losgeht. Danach sackt er noch trauriger in sich zusammen, geht allen Menschen aus dem Weg und widmet sich auf dem geräumigen Dachboden der Kükenzucht. Ihr Gepiepse und die herumfliegenden Federn verwandeln den Dachboden in ein surrealistisches Szenario, das von Bruno Schulz stammen könnte und das mich magisch anzieht.

Die andere Wohnung im Parterre wird von einem Schuster bewohnt, der sich, wie es mehr dem klassischen Stil entspricht, regelmäßig betrinkt und seine Frau verprügelt. Jeder hat ihre Schreie aus dem Hinterzimmer des nach Leder riechenden Ladens gehört, und jeder nickt mitleidig mit dem Kopf, wenn über das Ehepaar gesprochen wird. Aber niemand wundert sich. Männer schlagen eben manchmal ihre Frauen. So ist das Leben.

Außerdem gibt es wirkliche Nachbarn – Leute, zwischen deren Wohnungen ein ständiges Hin und Her von Kindern, Zucker, Eiern, Einladungen zum Tee herrscht. Die Czajkowskis im zweiten Stock sind »etwas Besseres«, was bedeutet, daß sie noch etwas aus der Vorkriegszeit haben, sei es, daß sie Geld besaßen oder Bildung oder daß sie einen angesehenen Beruf hatten. Pan (Herr) Czajkowski, ein schmaler, gutaussehender Mann, ist häufig krank, und von seinem Bett aus spricht er in leidenschaftlichem Ton über das, was sie »unserem Land« angetan haben, als versuchte er, mir eine Botschaft einzubrennen. Später wird mir klar, daß er im Krieg der Untergrundbewegung angehört hat. Die Rumeks bekommen das erste Telefon im ganzen Block, und seither warten oft mehrere Leute gleichzeitig in ihrem winzigen Flur, die sich dieses Instrument zunutze machen wollen. Uns gegenüber wohnen die Twardowskis, die uns regelmäßig besuchen, um über Politik zu sprechen oder Radio Free Europe zu hören – bei solchen Gelegenheiten wird die Wohnungstür sorgfältig abgeschlossen – und um über die technisch gestörten Nachrichtenfetzen zu diskutieren. Besonders gern mag ich ihre Tochter Basia; sie ist ein paar Jahre älter als ich und hat die schönsten langen Zöpfe, die sie sich manchmal um den Kopf windet. Sie paßt auf mich und meine Schwester auf, wenn wir allein sind. Sie will später Medizin studieren und zeigt mir ein Buch mit gräßlichen Zeichnungen von Körperteilen und Krankheiten, und ich spreche mit ihr über Fragen, die mich zutiefst beschäftigen, zum Beispiel, ob es schlimmer ist, selbst zu sterben, oder daß jemand, der dir nahesteht, vor dir stirbt. Doch eines Tages, als ich in ihre Wohnung komme, um irgend etwas zu borgen, erlebe ich, wie Basia gerade eine Tracht Prügel bezieht, ihr Vater hat sie übers Knie gelegt und versohlt ihr mit einem Lederriemen den Hintern. Er hört nicht auf, als ich eintrete, und weil ich nicht weiß, was ich machen soll, bleibe ich während dieser ganzen Demütigung stehen, bis Basia endlich gehen darf. Danach redet sie nicht mehr so vertraut mit mir wie zuvor.

Das Haus, in dem sich all dies zuträgt, die Nummer 79 in der Kazimierz-Wielki-Straße, liegt am Rande der Stadt, in einem Gebiet, wo die städtischen Mietshäuser nach und nach ländlichen Häuschen, kleinen Gärten und unkrautbewachsenen freien Flächen Platz machen. Und wie unsere Wohnung, in der wir leben, befinden auch wir selbst uns irgendwo am brüchigen Rand der Mittelklasse, in einer amphibischen, ungewissen Zwischenlage. Was meine Eltern ganz in Ordnung zu finden scheinen. Sie nehmen die Klassenunterschiede wahr wie jedermann, aber ihre Ansprüche bleiben davon unberührt. Im Durcheinander der Nachkriegszeit haben sie es zu etwas gebracht, und sie nehmen ihr Leben mit Schwung in die Hände. Mein Vater zieht das mit seiner unabhängigen Unternehmerexistenz verbundene Abenteuer – auch wenn dergleichen in dieser Gesellschaft verboten ist – dem alltäglichen Bienenfleiß vor. Zwar hat er eine reguläre Stellung in einem »Import-Export«-Geschäft, aber seinen wirklichen Erfindungsreichtum und seine Klugheit investiert er in riskante, einträgliche Geldgeschäfte – er kauft verbotene Dollars oder schmuggelt aus Ostdeutschland Silber nach Polen. Er ist einer von den vielen, die sich mit solchen Spielen an dem großen, nie endenden Spiel beteiligen, das darauf abzielt, das System zu überlisten, von dem das Leben in Polen bestimmt ist, ein Spiel, das angesichts der Einstellung der Leute gegenüber dem System als ehrenwert und auf prickelnde Weise leichtsinnig gilt. Jeder – das ist allgemein bekannt – ist in irgendeine illegale Aktivität verwickelt: Schwarzarbeit, Benutzung fabrikeigener Werkzeuge für die Herstellung von Waren, die nach der Arbeitszeit privat verkauft werden, oder Fahrten nach Ungarn, um Gebrauchsartikel zu verkaufen, die dort nicht erhältlich sind, zum Beispiel Bettwäsche oder Plastikkämme – immer gegen diese verbotenen und unschätzbaren Dollars. Wie irgend jemand ohne solche Nebeneinnahmen zurechtkommt, ist ein Rätsel, denn die normalen Arbeitslöhne reichen kaum, um davon eine Familie zu ernähren oder gar zu kleiden.

So kommt es, daß mein Vater meine ganze Kindheit hindurch immer wieder für mehrere Tage verschwindet und dann ebenso unvorhergesehen wieder auftaucht. Er bringt den belebenden Duft von Zigaretten, seinem weiten Ledermantel und der weiten Welt mit. Gewöhnlich führen meine Mutter und er dann ein ernstes Gespräch auf jiddisch – das ist ihrer beider Sprache für Geldangelegenheiten und Geheimnisse. Aber erst kurz vor unserer Abreise nach Kanada zeigt er mir ein Puzzle, das er in unseren Parkettfußboden gesägt hat und das ein kleines Versteck freigibt: Hier hat er all die Jahre hindurch sein ausländisches Geld verborgen.

Es ist ein ziemlich gefährliches Spiel, wie wir erfahren, als einer seiner Freunde in ein Lager nach Sibirien verbannt wird – aber mein Vater hat Erfolg damit, so wie er unbeschadet auf seinem Motorrad mit Höchstgeschwindigkeit über die holprigen Landstraßen Polens fährt. Seine illegalen Aktivitäten ermöglichen es uns, weiterhin in der geachteten Mittelschicht zu leben, was bedeutet, daß wir etwa einmal im Monat in ein Restaurant gehen, lange Sommerferien machen, ein Mädchen haben, das bei uns wohnt, daß wir mehr als ein Kleid zum Wechseln haben und es uns hin und wieder leisten können, Importartikel zu kaufen, zum Beispiel Pumps mit Pfennigabsätzen für meine Mutter oder eine Nylonbluse für mich.

Meine Mutter kleidet sich auf bescheidene Art wie eine Dame und lebt ein angenehmes, abwechslungsreiches Leben. Sie führt ihren Haushalt mit Hilfe eines Mädchens, lernt im Park, in den sie jeden Tag mit mir und meiner Schwester geht, neue Freundinnen kennen, liest ihre Bücher, geht mit mir in eines der hübschen Kaffeehäuser Krakaus zum Eisessen und berät meinen Vater bei seinen Geschäften. Wir gehen ins Theater, in die Oper, ins Kino – wir können uns die niedrigen Eintrittspreise leisten – und machen ständig unsere Besuchsrunden. Eine Zeitlang sind meine Eltern zufrieden, genügt es ihnen, in einer großen Stadt zu leben, mit ihrer Kultur, den anregenden Gesprächen, den Neuigkeiten aus anderen Teilen der Welt.

Natürlich wollen meine Eltern beide, daß ihre Kinder es einmal besser haben. Tatsächlich haben sie hochfliegende Pläne, insbesondere für mich, die Erstgeborene, die sich als klug und begabt erweist. Aber beide haben keine klare Vorstellung davon, wie man zu diesen anderen Dingen kommt – wieviel man dafür arbeiten muß, wieviel Disziplin dafür erforderlich ist. Wie viele Insignien der Mittelschicht sie später auch erwerben werden, die Arbeitsethik haben sie nie ganz akzeptiert. Das Leben hat sich ihnen so irrational gezeigt, daß sie eher an die Macht des Spiels glauben – an das risikoreiche Glücksspiel – als an ein solides Fortkommen. Außerdem gibt es in der Sozialistischen Volksrepublik keinerlei solides Fortkommen. Jeder sieht, daß stetes Streben einen nicht weiterbringt. Harte Arbeit in dem von dir »gewählten Beruf«, der doch meistens von anderen für dich ausgesucht wurde und in dem es weder Prämien gibt noch eine Verbesserung deiner Arbeitsbedingungen und wo morgen alles wieder ganz anders sein kann – das ist etwas für Idioten und Schlemihls. Das System erzeugt – im Verein mit der

Dauerskepsis der Polen gegenüber allen Systemen – eine Nation von Zynikern und Spielern.

Aber unabhängig von ihrer Reaktion auf die unmittelbaren Umstände haben meine Eltern das uralte, aus jahrhundertelanger unfreiwillig harter Arbeit erwachsene Wissen geerbt, daß es der ideale Lebenszustand ist, sich genügend ausruhen zu können. Meine Mutter hegt eine kaum verhohlene Hochachtung vor müßigen Frauen. Müßiggang verrät einen gewissen Hang zur Üppigkeit, eine Erotik, die darin liegt, daß man das eigene Wohlbefinden zu genießen vermag. »Weißt du, daß Ormianska das Mädchen aus der Küche hereinruft, damit es ihr die Streichhölzer gibt, die zehn Zentimeter vor ihrer Nase liegen?« sagt meine Mutter halb kritisch, halb bewundernd. Dieser Egoismus ist der Kern der weiblichen Macht, die in der Fähigkeit besteht, andere zu veranlassen, daß sie etwas für dich tun, dich verwöhnen. Meine Mutter steht mit ihrer Überzeugung nicht allein – daß eine gewisse Selbstsucht lustvoller ist als jedes andere Laster, einer Königin gebührend. In späteren Jahren wird meine Mutter erstaunt darüber sein, wie sehr ich mich freiwillig anstrenge, um meinem Ehrgeiz zu genügen. Sie versteht nicht recht – und wer könnte ihr das verübeln –, worauf ich eigentlich hinaus will.

In gewisser Weise werden meine Eltern in ihrer Haltung immer etwas Kleinstädtisches behalten, das sich den Kategorien der industriellen Welt entzieht. Aber zugleich hat der Krieg – ihr zweiter Geburtsort – ihnen einen Stoß versetzt, der sie mit einem einzigen gewaltigen Satz über den Abgrund in die Moderne springen ließ. Die meisten ihrer gehorsam übernommenen Urteile und Überzeugungen sind durch die Säure extremen Leidens weggeätzt und durch einen geradezu modernistischen Nihilismus ersetzt worden. Sie haben wenig Achtung vor Gesetz, Politik oder Ideologie. Sie sind ihres religiösen Glaubens ebenso beraubt worden wie der Reste ihrer viktorianischen und orthodoxen Prüderie. Sie sind durch nichts mehr zu schockieren; sie haben die Unschuld ihrer überlieferten, unangefochtenen Moralvorstellungen verloren. Behalten haben sie lediglich ihre tiefe Skepsis, was menschliche Beweggründe betrifft, und eine hausgemachte Version des Existentialismus – einer Philosophie, die immerhin im Krieg aufkam –, mit seiner Spekulation, daß alles absurd sei, so daß du genausogut versuchen kannst, das Beste aus jedem Moment zu machen. Sie wollen unbedingt glücklich sein und sie flehen ihre Kinder an, glücklich zu sein, einerlei worüber. Ein Rezept, das sich auf die Dauer als schrecklich widersprüchlich erweist.

Ich schlendere von der Schule nach Hause, spiele ein Spiel, bei dem es verboten ist, auf die Ritzen zwischen den quadratischen Steinplatten des Fußwegs zu treten. Die Sonne spielt ihr Spiel von Linien und Schatten. Nichts geschieht. Es gibt nichts außer diesem Augenblick, in dem ich nach Hause gehe, ich bin pünktlich. Aber plötzlich durchbohrt mich die Zeit mit ihrer Trauer. Dieser Augenblick wird nicht bleiben. Mit jedem Schritt, den ich tue, vergeht ein Stückchen Zeit. Bald, wenn ich zu Hause bin, wird das Hier und Jetzt Vergangenheit sein, denke ich, und die Zeit scheint hinter mir zu verrinnen wie ein unsichtbarer Strom, der von einem unsichtbaren Strudel verschlungen wird. Wie kann das sein, daß diese Fülle, dieses Ich auf der Straße, dieser Augenblick, der so reich, so vollkommen ist, Vergangenheit wird? Es ist wie damals, als ich eine große Porzellanpuppe zerbrach – wie sehr ich sie mir auch wieder heil und ganz wünschte, sie lag in Scherben auf dem Fußboden. Genausowenig kann ich gegen diesen Sog hinter mir machen. Wie viele Augenblicke habe ich im Leben? Ich höre mein eigenes Atmen: Mit jedem Atemzug komme ich dem Tod ein Stück näher. Ich verlangsame meine Schritte: Ich bin noch nicht zu Hause, aber gleich werde ich es sein, jetzt bin ich schon wieder ein Stück näher, aber noch nicht ganz zu Hause . . . noch nicht ganz . . . nicht ganz. Vergiß das nicht, befehle ich mir, als könnte ich so bewirken, daß etwas davon bleibt. Wenn du groß bist, wirst du dich daran erinnern. Und du wirst dich erinnern, daß du dich daran erinnern wolltest.

Ich lasse mich auf dem Rücken in den schnellfließenden Fluß sinken und lasse mich widerstandslos von seiner sanften, schaumigen Strömung treiben. Ich spüre dabei einen leisen, angenehmen Kitzel, es ist herrlich, sich der Strömung zu überlassen, ihre Kraft und ihre Bewegung zu spüren. Dann erhebe ich mich triumphierend und laufe ans Ufer, zu meiner Familie und unseren Freunden. Da ist meine Mutter, da ihre beste Freundin, *Pani* Ruta – Pani heißt soviel wie Madame –, und da sind noch ein paar Damen mit ihren Kindern. Ihre Ehemänner, die arbeiten müssen, kommen nur für einen Teil des Sommers. Die Frauen sitzen am grünen Ufer, im Rücken die hellen Rechtecke der Weizenfelder, sie spielen Karten, lesen oder sie tun gar nichts. Die Dienstmädchen, die mit uns aus Krakau gekommen sind, kochen das Mittagessen für uns oder verbringen anderswo ihre freie Zeit.

Die Gruppe besteht aus vier Familien, denen es zur Gewohnheit geworden ist, die Ferien gemeinsam zu verbringen. So mieten wir mehrere Sommer hintereinander ein paar Bauernhäuser in Bialy Dunajec, einem kleinen Dorf am Fuß der Hohen Tatra, wo wir neun oder zehn Wochen lang unbeschwert faulenzen. Die Fahrt dorthin ist der schwierigste Teil des Unternehmens, denn das Dorf ist ziemlich primitiv, und wir nehmen nicht nur unsere Sommersachen mit, sondern auch andere Errungenschaften der Zivilisation wie Waschschüsseln, bequeme Matratzen, Töpfe und Pfannen und Mengen von Büchern. Eines schönen Morgens in jedem Sommer stehen wir in aller Frühe auf, nehmen ein Taxi – ein seltenes Ereignis! – zum Bahnhof, und dann schleppen wir unter viel Lärm und Geschrei all unsere Habe in den Zug. Danach bin ich in Ferienstimmung und lasse mich während der Fahrt die meiste Zeit von den unregelmäßigen, immer wiederkehrenden Rhythmen des Zuges hypnotisieren, blicke aus dem Fenster, auf die Felder, die Reihen der Birken, die mir ein Gefühl von Ruhe und Ordnung geben, die goldenen Heuhaufen, die in der Sonne dörren, und die Bauern, die sich von ihrer Arbeit aufrichten, um dem vorbeifahrenden Zug zuzuwinken.

Die Häuser, die wir in Bialy Dunajec mieten, gehören den Goralen, Bergbewohner, die einen anderen polnischen Dialekt sprechen als wir und für ihre rauhen Sitten bekannt sind. Viele der Männer tragen eine kleine, elegante Axt im Gürtel, und manchmal, nach Hochzeiten oder anderen Festlichkeiten, hören wir von Auseinandersetzungen, bei denen diese Waffen ziemlich brutal eingesetzt wurden. Aber wir sind Stadtmenschen, und solche Nachrichten erreichen uns nur durch den Dorfklatsch. Unser Haus ist sauber und einfach, mit einem blanken Holzfußboden, Petroleumlampen, Tischen aus derbem Holz und Matratzen, aus denen spitz das Stroh sticht. Die Zimmer riechen gut und stark nach rohem Holz und Heu und frischer Bergluft, und vor dem Haus befindet sich ein kleiner Blumengarten, in dem sich die bunte Vielfalt des Lebens spiegelt: Stiefmütterchen in allen Farben, Wicken, die an der

Hauswand emporklettern, durchdringend duftender Dill und feste, leuchtende Rettiche, von denen wir manchmal welche zum Frühstück zu unseren Roggenbroten essen.

Frühmorgens gehe ich in die Stallungen, wo ich den Bäuerinnen mit den langen weiten Röcken beim Melken oder beim Buttern der Milch in kleinen Holzfässern zusehen kann. Sie reden wenig mit mir oder untereinander, aber ich sitze gern neben ihnen, beobachte ihre anstrengenden geduldigen Bewegungen. Oder ich stehe dabei, wenn sie im kalten Fluß die Wäsche waschen, und sehe zu, wie das Leinen in dem kalten Wasser blendend weiß wird. Später am Tag streife ich mit Marek durch die nahen Wälder und Felder, wir denken uns Spiele aus oder entdecken etwas Neues in der Umgebung. Marek ist Pani Rutas Sohn, wir kennen uns, seit wir Babys sind. Wir rennen im Park um die Wette, besuchen uns gegenseitig, haben zusammen Klavierunterricht. Er ist mein bester Freund, glaube ich, die Sache hat nur einen Haken – ich bin in ihn verliebt. Ich muß immer in seiner Nähe sein, auch wenn er mir manchmal gemeine Jungenstreiche spielt: Er läßt ein dickes Buch auf meinen Kopf fallen, als ich unter seinem Fenster vorbeigehe, und einmal versucht er, mich im Wald in eine Kuhle zu schubsen, die noch von den Deutschen stammt und vermint sein kann.

Ein Zeitlang ist er so wild, daß meine Mutter mir verbietet, ihn zu treffen und mit ihm zu spielen, aber das nützt nichts: bei jeder sich bietenden Gelegenheit laufe ich hinüber zu seinem Haus. Wir reden pausenlos miteinander – und wenn wir mit anderen Kindern spielen, halten wir zusammen. Manchmal schleichen wir uns abends durch den Wald zu einer hochgelegenen blühenden Wiese und gesellen uns zu einer Gruppe barfüßiger Bauernkinder, die am offenen Feuer Kartoffeln rösten. Die verbrannte Schale der Kartoffeln schmeckt köstlich in der Nachtluft, und danach, beim Abstieg, nutzen wir die bloßliegenden Baumwurzeln als Treppenstufen auf unserem dunklen Weg. Oder wir stellen uns, wenn die Sonne scheint, unter einen Wasserfall, bis unsere Kleider klatschnaß sind, und ich spüre die Wildheit meiner Gefühle und fühle mich gleichzeitig sicher, weil ich mit Marek zusammen bin. Trotz der gefährlichen Spiele, die wir miteinander spielen, bin ich im Grunde meines Herzens davon überzeugt, daß seine größere Körperkraft dazu dient, mich zu beschützen.

Wenn die Zeit der Heuernte gekommen ist, schließen Marek

und ich uns dem gesamten Dorf an und fahren auf rumpelnden Pferdekarren zu den Wiesen hinaus, die mit niedrigen rundlichen Heuhaufen getüpfelt sind. Wir verbringen genausoviel Zeit damit, uns in diese Heu-Iglus hineinzugraben, wie bei der Arbeit mit unseren Heugabeln, aber die Bauern arbeiten schwer bis zur Mitte des Tages; dann kommen einige Frauen vom Dorf und bringen Kartoffeln und Wurst und saure Milch. Danach wird bis Sonnenuntergang weitergearbeitet – bis wir wieder auf die Wagen klettern, die jetzt beladen sind mit Bergen von Heu, so hoch, daß sie fast bis ans obere Ende der Scheune reichen, wo sie für den Winter gelagert werden. Wenn das Heu abgeladen ist, spielen Marek und ich auf dem Heuboden, wo es angenehm nach Pferden und frischem Stroh riecht.

Wenn die Erwachsenen in ihre Kartenspiele oder in ihre Gespräche vertieft sind, liege ich oft unter einem Apfelbaum im Garten und blicke hinauf zu den dahinziehenden Wolken – und das ist mir schon genug. Ich bin manchmal gern allein. Dann denke ich an nichts Besonderes, grüne Gedanken unter dem blauen Himmel. Und nach Sonnenuntergang gehe ich gern auf den schmalen Wegen zwischen den duftenden Feldern spazieren: wenn die Sterne zum Vorschein kommen und der Horizont sich wie eine riesige Schüssel wölbt und die Stille ganz allein für mich summt und mich mit einer wunderbaren Ruhe erfüllt.

Am Sonntag steht im Dorf das Leben still, aber am frühen Vormittag beginnen die Kirchenglocken zu läuten und eine ernste Prozession zieht langsam die ungepflasterte Dorfstraße entlang. Die Bauern tragen zu diesem Anlaß Schuhe und haben ihren festlichen Sonntagsstaat angelegt. Die Frauen tragen reich bestickte Tücher über weißen Blusen. Und die Köpfe der Männer sind von schwarzen Hüten bedeckt, mit steifen breiten Krempen und einer schrägen Feder im Hutband. Sie gehen alle im gleichen langsamen Rhythmus und singen dabei ein liebliches einfaches Lied von Jesus und Maria.

Und abends, wenn ich einschlafe, höre ich manchmal die Bauern vom Feld kommen und mit klarer Stimme grimmige Lieder singen, die anders klingen als alle Musik, die ich je gehört habe, und dann bin ich erfüllt von *tesknota* und weiß nicht, wonach.

Ich sitze in einem Zuber, der auf unserem Wohnzimmertisch steht, und werde von Ciocia Bronias rauhen großen Händen gewaschen. Sie fühlen sich gut an, diese Hände, und ich mag, wie sie mich in das Handtuch wickelt, als wäre ich ein kleines schutzbedürftiges Tier. Dann trocknet sie meine Haare und legt sie in Wellen, damit ich »hübsch wie eine Blume« aussehe.

Ciocia heißt »Tante«, aber ich weiß, daß sie keine richtige Verwandte und ihr Status in unserem Haus nicht eindeutig ist. Sie steht gesellschaftlich tiefer, soviel ist mir klar, aber sie nimmt zugleich einen ganz besonderen, unantastbaren Platz in der Zuneigung meiner Eltern ein. Immerhin hat sie während des Krieges meine Eltern vor dem Verhungern bewahrt; vielleicht hat sie ihnen das Leben gerettet.

Meine Eltern haben Ciocia Bronia in dem Haus kennengelernt, in dem sie sich im letzten Kriegsjahr versteckten, nachdem ihr Bunker im Wald von Ukrainern entdeckt worden war. Obwohl die Ukrainer versicherten, sie würden sie nicht verraten, wußten meine Eltern, daß es an der Zeit war weiterzuziehen. Zu viele Ukrainer standen auf der Seite der Deutschen. Der Verdacht meiner Eltern erwies sich als richtig. In ihrer Lage waren sie auf solche Ahnungen angewiesen. Ein paar Tage später wurde die Gegend sorgfältig von der Gestapo durchkämmt, aber inzwischen hatten meine Mutter und mein Vater schon jemanden gefunden, der bereit war, ihnen Obdach zu gewähren. Meine Mutter entwirft ein seltsames Bild von dem Bauern, der tatsächlich ihrer beider Retter war: geizig, nahezu stumm, ein Buckliger. Seine beiden stämmigen Söhne gehörten der »Banderowcy« an, einer faschistischen prodeutschen Partisanengruppe. Und trotzdem ließ dieser düstere, scheinbar unfreundliche Mann Zeichen von Zuneigung zu meinen Eltern erkennen und war traurig, als die Zeit kam, Abschied von ihnen zu nehmen. »Du weißt nie, was in einem Menschen steckt«, sagt meine Mutter nachdenklich, wenn sie von ihm spricht, und manchmal füllen sich ihre Augen mit Tränen.

Ein ganzes Jahr lebten meine Eltern äußerst beengt auf dem Dachboden dieses Mannes, wo sie meist auf einem Heuballen saßen – frierend, verlaust und oft hungrig. Von dort oben sah mein Vater einmal, wie sich die Deutschen dem Haus näherten, wahrscheinlich, um es zu durchsuchen. Und ohne nachzudenken beschloß er, aus dem Fenster zu springen. Er versuchte, meine Mutter hinter sich herzuziehen, aber sie weigerte sich. »Es machte mir nichts mehr aus, ob ich lebte oder starb«, erzählte sie mir. »Das war mir inzwischen egal. Aber dein Vater, er wollte unbedingt leben. Das hat uns gerettet.« In diesem dramatischen Augenblick zogen die Deutschen ab.

In jenem Haus lernten meine Eltern also Ciocia Bronia kennen. Sie war angeblich eine Magd, die für den verhältnismäßig reichen Bauern arbeitete, aber eines Tages enthüllte sie meinen Eltern ihr Geheimnis: Auch sie war Jüdin. Sie kam von so weit her, daß niemand im Dorf sie kannte, und polnisch genug sah sie mit ihrem breiten Gesicht und dem stämmigen Körperbau aus, so daß sie leicht damit durchkam.

Von da an brachte sie meinen Eltern, wann immer sie konnte, ein zusätzliches Stück Brot oder eine Extraportion Suppe. Der Ukrainer kam nie dahinter, daß er noch eine Jüdin bei sich aufgenommen hatte.

Als der Krieg zu Ende war, blieben meine Eltern und Ciocia Bronia beieinander – alle drei hatten keine Familie mehr. Nachdem sie ein paar Monate in Lemberg verbracht hatten, übersiedelten sie zusammen nach Krakau. Sie hatten das dunkle Gefühl – wieder eine ihrer Ahnungen –, daß sie lieber in Polen leben wollten als im neuen Rußland.

Und so lebt Ciocia Bronia jetzt also bei uns: die erste einer Reihe von Frauen – wenn auch die, die nach ihr kommen, alle einfach nur Dienstmädchen sind –, die auf dem schmalen Bett in unserer engen Küche hausen. Sie ist das einzige Bindeglied meiner Eltern zu der Zeit vor dem Krieg und zu der Vorkriegshierarchie im Schtetl. Ja, sie ist fast wie eine Verwandte, aber meine Mutter, die aus einer soliden Kaufmannsfamilie kommt, hat Ambitionen, etwas »Besseres« zu sein, während Bronia immer eine arme Jüdin bleiben wird, beinahe eine Bäuerin. Meine Mutter liest viel, und manchmal tue ich so, als schliefe ich im »zweiten Zimmer«, und höre zu, wie meine Eltern und ihre Freunde bis spät in die Nacht über ein neues Buch oder über einen Film diskutieren. Ich weiß nicht, wo Bronia sich während solcher Gespräche aufhält, wahrscheinlich schläft sie tatsächlich in der Küche und tut nicht nur so, wie ich. Bronia liest keine Bücher und geht nicht ins Kino. Meine Mutter verfolgt die neueste Mode in den populären Modezeitungen und manchmal sogar – und dann herrscht große Aufregung

– in amerikanischen Journalen, die irgendwie ihren Weg in den Kreis der Freundinnen gefunden haben. Wir studieren die Kleider, die in diesen Heften gezeigt werden – wir machen keinen Unterschied zwischen Werbung und anderen Abbildungen –, analysieren jedes Detail an Kragen, Faltenwurf und Taille, und dann zeigen wir die Modelle, die wir uns ausgesucht haben, unserer Schneiderin, die unter Aufbietung all ihrer Fähigkeiten versucht, sie nachzuschneidern.

Bronia trägt kein Make-up, ihre Kleider, immer aus billigem geblümten Stoff, hängen an ihrem Körper herunter, und sie würde gar nicht wissen, wie man Nylonstrümpfe anzieht. Sie schlägt niemals eine Zeitung auf und ihre Reden sind reich gespickt mit Seufzern und gemurmelten Beschwörungen. »Sie ist ein bißchen primitiv«, sagt meine Mutter hinter vorgehaltener Hand. »Und so abergläubisch! Sie wäscht sich nicht, wenn sie ihre Tage hat.« Aber als meine Mutter schwanger ist und Ciocia Bronia aus den Karten zu lesen versucht, ob es ein Junge oder ein Mädchen wird, wartet meine Mutter mit leuchtenden Augen auf das Ergebnis. Und was mich betrifft, ich glaube ihr uneingeschränkt – obwohl ich mich nicht mehr erinnern kann, ob die Vorhersage richtig oder falsch war.

Ich habe großes Zutrauen zu Ciocia Bronia – sie näht Kleider für meine Puppen und füttert mich morgens mit Brot, das sie in Milchkaffee tunkt. Aber ich weiß, daß ich ihr nicht so gehorchen muß, wie ich meiner Mutter gehorche, und ich weiß auch, daß sie mich als ein vornehmeres Wesen betrachtet, demgegenüber sie sich schon jetzt ehrerbietig verhält. »Mein Kätzchen, meine Prinzessin, meine Goldene«, singt sie, und dann komme ich mir auserwählt vor – aber gleichzeitig durchströmt mich eine sanfte selbstlose Liebe, fast so, als wäre ich die Quelle dieser Liebe.

Als ich ungefähr sieben bin, heiratet Ciocia Bronia einen Mann, den ich nicht leiden kann, und zieht nach Breslau, wo ich sie nicht gern besuche; die Stadt liegt immer noch in Trümmern, und ihr Mann kneift mir in die Brüste, sobald da etwas zum Kneifen ist. Meine Mutter ist der Meinung, Bronia sollte sich glücklich schätzen, und ich glaube, das tut sie auch auf ihre ruhige stille Art. Schließlich hatte sie nie wirklich erwartet, einen Mann zu finden, Hausfrau zu sein in ihrem eigenen Haus. Für sie ist es ein Erfolg, und solange es ihr dabei gut geht, ist es wirklich einer.

Ciocia Bronia bleibt unserer Familie treu ergeben, noch über die unvorstellbare Entfernung des Atlantiks hinweg. In Kanada erhalten wir Briefe mit vielen Schreibfehlern, in denen sie um Nachrichten von ihrem »Liebling Eva« fleht, aber ich schreibe ihr nie. Ich weiß genau, daß es keine Möglichkeit gibt, ihr zu vermitteln, wie mein neues Leben aussieht, und außerdem gehört sie zu den vielen schönen Erinnerungen, die mir nur schmerzliches Heimweh verursachen und die ich deshalb zu betäuben oder aus mir herauszuziehen versuche wie einen nagenden Zweifel oder einen Splitter im Daumen.

Mein Vater spricht fast nie über den Krieg. Im Schweigen liegt für ihn Würde, und manchmal schweigt er zu viel. Später wird es ihm schwer fallen, über vieles zu sprechen, und erst als die Ereignisse in die Vergangenheit zurückgewichen sind, erzählt er ein paar Geschichten aus jenen Jahren – aber inzwischen liegen sie so weit zurück, daß sie schon wieder wie Fabeln sind, James-Bond-Abenteuer. Wie soll ich jemals erfahren, was meine Eltern wirklich erlebt haben? Ich bin ein Produkt des Krieges, er ist meine wahre Herkunft. Aber es ergeht mir wie mit unserer Herkunft: er ist nicht greifbar. Vielleicht wissen wir nie wirklich, woher wir kommen – in gewisser Weise sind wir alle aus dem Nichts erschaffen.

Ehe sie sich in dem Bunker im Wald verstecken mußten, war mein Vater mit knapper Not entkommen. Es war die Zeit, als die Razzien auf Juden in seiner Stadt verstärkt wurden, und die Wydra-Brüder – sie waren drei – galten als besondere Beute, weil sie der Gestapo immer wieder so erfolgreich entwischten. Eines Tages fuhr ein Lastwagen voller Juden, die zum nahegelegenen Konzentrationslager abtransportiert wurden, an meinem Vater vorbei, und einer konnte nicht an sich halten und rief törichterweise: »Da ist ja ein Wydra!« Der für den Transport verantwortliche Deutsche ließ anhalten und befahl meinem Vater, aufzusteigen. Niemand von den Leuten auf dem Lastwagen hat den Krieg überlebt. Mein Vater überlebte, denn als die Deutschen für die Nacht Halt machten und die Leute in ein für diesen Zweck vorgesehenes Haus trieben, bemerkte er eine Tür, die einen Spaltbreit offen stand, und schlüpfte hinaus. Draußen lief er los, in den Wald, der vor ihm lag. Minuten später hörte er das Bellen der ihn verfolgenden Hunde. Aber er rannte schnell, und als er erst einmal im Wald war, gelang es ihm, die Hunde von seiner Spur abzulenken. Er kannte die Gegend nicht, und bis zum Morgengrauen wanderte er durch den Schnee, als er sich plötzlich an dem Waldrand wiederfand. Ein Bauer kam auf ihn zu. Mein Vater konnte nicht wissen, ob die Anwesenheit des Bauern Rettung oder den Tod bedeutete – aber inzwischen konnte er nicht mehr laufen. Er mußte dem Mann trauen. Es stellte sich heraus, daß der Bauer in Ordnung war; er nahm meinen Vater mit in sein Haus, das in unmittelbarer Nähe des Konzentrationslagers lag, zu dem der Transport gebracht wurde. Dann ließ man meine Mutter wissen, wo mein Vater sich befand, und sie kam mit einem Pferdekarren und holte ihn ab. Mein Vater, so erzählte sie mir, war danach tagelang erkältet.

Während sie sich in dem Bunker versteckt hielten, mußte mein Vater nachts hinaus und Nahrung beschaffen. Manchmal schlich er sich bis zur Dorfkirche, wo der Priester ihm etwas Brot gab. Aber eines Nachts wurde er auf dem Rückweg von zwei jungen Ukrainern gegriffen; beide waren kräftig und betrunken und erklärten ihm, sie würden ihn der Gestapo übergeben. Jeder hielt ihn an einem Arm fest. Aber als sie über die Brücke gingen, die über den Fluß des Dorfes führte, riß sich mein Vater, »stark wie ein Bulle«, los, stieß sie gegen das Brückengeländer (er macht eine heftige Geste mit seinen starken Armen, als er mir das erzählt) und sprang dann in den Fluß, obwohl der zu dieser Jahreszeit halb vereist war. Er blieb etwa eine Stunde lang in dem eiskalten Wasser und tauchte mehrmals unter das Eis, bis er sicher sein konnte, daß seine Verfolger aufgegeben hatten und fortgegangen waren. »Ach«, sagt mein Vater abschließend und macht eine ungeduldige Handbewegung, als wollte er diese Erinnerungen abschütteln. »Was soll's? Was geschehen ist, ist geschehen, das läßt sich nicht ändern.«

Meine Mutter möchte, daß ich erfahre, was geschehen ist, und ich bewahre jede Einzelheit, die sie mir erzählt, in meiner Erinnerung auf, wie schwarze Perlen. Es ist Ehrensache, sich zu erinnern, so wie es Ehrensache ist, sich zu seinem Jüdischsein zu bekennen. Aber ich begreife nicht, was ich erinnere. Um zu erfassen, was geschehen ist, müßte ich alles noch einmal mit ihr durchleben, und das versuche ich. Aber nein, nicht wirklich. Ich komme dem Schmerz nicht so nahe, wie ich es sollte. Aber ich kann mich ihm auch nicht entziehen.

Als ich viel älter bin, versuche ich, mehr Abstand zu gewinnen. Es ist sinnlos, das Leid zu verdoppeln, indem ich dem Leid meiner

Mutter meines hinzufüge. Und mit Sicherheit kann ich nichts aus der Erfahrung meiner Eltern lernen: Sie läßt sich auf mein Leben nicht anwenden, führt tatsächlich eher in die Irre, verwandelt mich in eine Pessimistin. Das sage ich mir, und eine Zeitlang habe ich die Taktik, mir die Geschichten meiner Mutter auf Armeslänge vom Leib zu halten. Aber Jahre später treffe ich mich in einer lauten New Yorker Cafeteria mit einer Frau, die meine Eltern vor dem Krieg in ihrer Heimatstadt kannte. Sie ist der einzige Mensch aus dieser Zeit, den ich je kennenlernte – sie hat meine Eltern nach vielen vergeblichen Versuchen auf diesem Kontinent ausfindig gemacht, und jetzt möchte sie mit mir sprechen. Es ist auch das erste Mal, daß ich eine Ahnung davon bekomme, daß meine Eltern – deren Geschichte sie in meinen Augen immer zu Archetypen gemacht hat – sogar in dieser Metageschichte ihre Besonderheit haben. Diese Frau ist anders als meine Mutter: sie ist geschieden, muß ihren Lebensunterhalt allein verdienen, ist härter. Ihre Tochter ist so verschieden von mir, wie ich es mir nur vorstellen kann, sie ist Verkäuferin, nimmt Tanzunterricht, und die Vergangenheit ist ihr schnuppe – und das überrascht mich ebenfalls. Wir müßten einander doch ähnlicher sein, wir wurden doch von den gleichen Dingen geprägt. Die Frau hat eine Fotografie von sich und anderen jungen Frauen – darunter die Schwester meiner Mutter. Sie stehen auf einer kleinen Brücke in einer Schneelandschaft, alle in Mänteln mit Pelzkragen, in denen sie älter aussehen als sie sind, die Köpfe leicht zur Seite geneigt in einer Geste unschuldiger Koketterie. So hat sie also ausgesehen. Ja, ein bißchen wie die kleine Alinka. Aber das Bild verrät mir nur wenig. Auch auf diese Weise ist es nicht möglich, den Schleier zu durchdringen. Doch erzählt mir die alte Freundin meiner Eltern beim Lunch in der Cafeteria am Union Square eine Geschichte, die ich nie gehört habe: Als meine Eltern sich schließlich in dem Bunker verstecken mußten, berichtet sie, war meine Mutter, die eine Fehlgeburt gehabt hatte, zu schwach, um den ganzen Weg durch den Schnee zu gehen. Mein Vater trug sie schließlich auf seinem Rücken, Kilometer um Kilometer. Noch ein Bild zum Aufbewahren, noch eine runde schwarze Perle, die ich zu den anderen lege. Während ich ihr zuhöre, senke ich den Kopf, ich weiß, daß dies – dieser Schmerz – mein Ursprung ist und daß es sinnlos wäre, davor wegzulaufen.

Als kleines Kind fragt mich mein Vater einmal im Scherz, für wen ich mich entscheiden würde, für ihn oder für meine Mutter, wenn sie sich scheiden ließen. Dann, als er das Entsetzen in meinem Gesicht sieht – sie streiten sich oft, und ich denke, er meint es ernst –, sagt er: »Keine Angst, nach all dem, was wir durchgemacht haben, ist unsere Ehe stark wie die Chinesische Mauer. Nichts kann sie zerbrechen.« Schon damals zuckte meine Seele angesichts dieses nicht zu lösenden Knotens zusammen.

Alle zwei Wochen etwa geht meine Mutter mit mir in die Bücherei, um mich für die nächsten zwei Wochen mit Lesestoff zu versorgen. Ich freue mich jedesmal darauf, als machten wir eine Reise in ein märchenhaftes Sesam-öffne-dich. Die Bibliothek befindet sich in einer kleinen alten Straße, in einem uralten Gebäude, in das man durch eine schwere Holztür gelangt. Das Innere ist Platons Höhle, ein ägyptischer Tempel, der Raum für Geheimnis und Magie – auf dessen Schwelle ich als demütige Dienerin stehe. Er ist gelblich beleuchtet, schummrig vor Staub und respektvollem Geflüster und jenseits der Tresen, die die Benutzer daran hindern sollen, weiter vorzudringen, zeigen sich tiefe, bis zur Decke reichende Regalreihen. Wenn du an der Reihe bist, kommt eine der Geheimnishüterinnen – meistens bebrillte Frauen in der schwarzen Satinversion einer Krankenschwesteruniform –, um dich zu beraten. Meine Mutter nennt den Namen eines Autors oder den Titel eines Buches, an dem sie interessiert ist. Und ich – was ich denn als nächstes lesen wolle? Eine Abenteuergeschichte? Einen Internatsroman? Etwas Historisches? Schon der Gedanke an die verschiedenen Möglichkeiten macht die nächsten zwei Wochen zu einer Zeit möglicher Freuden. Die Wächterin verschwindet nunmehr leise im Innern der Höhle und kehrt mit einem Stapel staubiger Bücher mit vergilbten Seiten zurück. Ich schlage sie auf, ich atme ihren alten Geruch ein. Ich lese ein paar Sätze. Manche sind mit Illustrationen versehen, die ich begierig betrachte. Dann muß ich zwischen den Schätzen Arabiens wählen.

Wenn ich herauskomme, gewöhnlich in die abendlichen Straßen, bin ich schon verzaubert von dem, was mich erwartet, und sobald ich zu Hause bin, vertiefe ich mich in einen der Bände. Ich genieße die Aussicht, einen ganzen Abend lang lesen zu können. Meine Eltern machen sich Sorgen, daß ich zuviel lese, das sei keine Erholung, es strenge meine Augen zu sehr an, und manchmal verkrieche ich mich unter dem Tisch und hoffe, daß sie nicht merken, was ich da mache. Manchmal gelingt es.

Die Internatsromane, meist französische, erzählen von ungezogenen Mädchen, die den Unterricht schwänzen und sich nachts fortschleichen, Gott weiß, wohin und wozu; sie faszinieren mich, aber es sind immer dieselben stillen *bien pensant*-Mädchen, die am Ende einen Freund haben, woraus ich schließe, ich sollte mir an ihnen ein Beispiel nehmen – obwohl ich es bedauere, daß ich, selbst wenn es nur in der Phantasie ist, die prickelnden Möglichkeiten des Bösen aufgeben muß. Ich lese ein Buch von einer italienischen Autorin, es heißt *Herz*, und es handelt von Menschen, die – taub, blind und mittellos – vom Schicksal geschlagen sind, und von Kindern, so voller Mitgefühl und Freundlichkeit, daß ich über diese Geschichten Tränen vergieße. Ich lese Jules Verne und *Alice im Wunderland* und *Dr. Dolittle* und *Quo Vadis?* – allesamt sehr verschieden von denen, die wir für die Schule lesen müssen, Bücher über Jungen und Mädchen, die ihre Sommerferien auf einer landwirtschaftlichen Produktionsgenossenschaft verbringen, ihren schwer arbeitenden Müttern helfen oder miteinander wetteifern, wer mehr arbeitet, als ihr Zwei-Wochen-Plan vorsieht – Lesestoff, der, wie mir die Stimme der Lehrerin verrät, nicht ernstgenommen werden muß. »Und was habt ihr nun aus dieser Geschichte über den Wert der Arbeit gelernt?« fragt sie uns mit fröhlicher Bestimmtheit – und wir antworten in einem überdrüssigen Tonfall, als entledigten wir uns einer sinnlosen Pflicht.

Aber das gilt nicht für meine Bücher aus der Bibliothek, deren Inhalt ich ohne den Schatten eines Zweifels für bare Münze nehme. Wie alle polnischen Kinder bekomme ich viele Bücher von Sienkiewicz – dem gefeierten Dichter des polnischen Nationalismus – zum Lesen, auch wenn sie in mancherlei Hinsicht als schwere Kost betrachtet werden könnten. Seine historischen Romane über die Kämpfe des Polnischen Reichs im Mittelalter, über die Triumphe und Niederlagen, werden von stolzen polnischen Schönheiten belebt – besonders fasziniert bin ich von einer großen, blassen vornehmen Gräfin, zu der sich der Held unwiderstehlich hingezogen fühlt, weil er in ihr eine seltsame unterdrückte Kraft spürt –, von unglaublich grausamen Deutschordensrittern, die in schweren eisernen Rüstungen durch die Landschaft trampeln, und von Schlachten und Folter. Es finden sich darin viele Szenen, in denen

Menschen gepfählt, die Zunge abgeschnitten oder die Augen ausgestochen werden, Bilder, die ich mir nicht wieder aus dem Kopf reißen kann, nachdem sie erst einmal dort hineingelangt sind.

Sienkiewicz' *Quo Vadis?* sollte mir einiges über die römische Geschichte und die Anfänge des Christentums vermitteln, aber ich lese es nur wegen seiner Anspielungen auf ein ganz anderes Wissen – der Sexualität. Die Szenen über die römischen Orgien enthalten nicht allzu viele Details, sind aber deutlich genug, um angenehm quälende Phantasien zu wecken, die sich, wenn ich schlafen gehe, in meinem Kopf ausbreiten, Bilder von Frauen mit nackten Brüsten, die liegende Männer mit Weintrauben füttern, und von Menschen, die sich träge gegenseitig baden – ich vermute etwas anderes dahinter, an das ich nicht herankomme, aber es geht mir im Kopf herum, bis ich schließlich einschlafe.

Dann wird mir, durch ein Versehen, Boccaccios *Dekameron* ausgehändigt, das ich wie jedes andere Buch zu lesen beginne, bis ich erkenne, an was für einen saftigen Stoff ich da geraten bin. Natürlich »verstehe« ich nicht, was ich da lese, doch es muß ein Vorwissen von Sexualität geben, wie es das auch von anderen Dingen gibt, denn Boccaccios Szenen von den Eremiten, die den fleischlichen Versuchungen erliegen, und seine beiläufig erzählten Paarungen erhitzen mein Blut. Es muß so etwas wie *tesknota* sein, denke ich, jedoch von einer anderen Art.

Aber die Bücher, die sanftere, weniger ferne Erfahrungen beschreiben – Welten, die meiner eigenen näher sind –, bedeuten mir mehr. Eines Tages schlage ich *Anne of Green Gables* auf – und bin für die nächsten Monate gefesselt. Ungestüm frage ich die Bibliothekarin, wann der nächste Band kommt, ich werde ungeduldig, wenn die Pause zwischen den Bänden zu groß wird, ich platze fast vor Spannung, bis ich weiß, ob Anne nun Lehrerin wird oder nicht. In Gesprächen sind meine Sätze voll von Annes Bonmots und Neuigkeiten aus ihrem Alltag – daß ihre Freundin, Diana, einen tragischen Tod stirbt, daß Gilbert sie zu einem Spaziergang eingeladen hat, daß sie zum Geburtstag Kleider mit Puffärmeln bekommen hat und darüber in Ekstase geriet. Wenn ich lese, spiele ich, daß ich das Mädchen bin, das auf Prince Edward Island aufwächst. Die Sätze dringen in meinen Kopf ein, als gingen sie von dort aus. Wenn ich das, was sie beschreiben, so lebendig erlebe, müssen es meine Erlebnisse sein.

Wie so viele Kinder, die viel lesen, erkläre ich ziemlich früh, daß ich Schriftstellerin werden will. Aber das ist meine einzige Möglichkeit, einen anderen Wunsch auszudrücken, einen Wunsch, den ich noch nicht verstehe. In Wirklichkeit möchte ich in eine Welt versetzt werden, wo alles klar, vollständig und einsichtig ist, wie in den Geschichten, die ich lese. Und wie die meisten Kinder bin ich buchstabengläubig. Ich möchte, daß die Wirklichkeit die Bücher nachahmt – und daß Bücher die Essenz der Wirklichkeit einfangen. Ich liebe die Wörter, weil sie die Welt ausdrücken, weil sie mir die Welt in einer erhabenen Form vermitteln. Je mehr Wörter ich kenne, um so klarer und genauer werden meine Wahrnehmungen – und in dieser Klarheit liegt eine gewisse Lust. Manchmal, wenn ich einen neuen Ausdruck entdecke, lasse ich ihn auf der Zunge zergehen, als entstünde, wenn ich ihn in meinem Munde forme, eine neue Form der Welt. »Sie machte eine ironische Grimasse«, sagt jemand, und diese ironische Grimasse hat sich mir mit einer ungekannten Schärfe eingeprägt. Ich habe eine neue Erfahrung gemacht – meine Erfahrung.

Die vergilbten Seiten, die ich aus der Bibliothek mitnehme, absorbieren mich, versetzen mich in Trance – aber nur dann, wenn sie eine überzeugende, täuschend mimetische Illusion erzeugen. Von *Alice im Wunderland* fühle ich mich auf subtile Weise betrogen, weil alles nur Schein ist, ein Spiel, und wozu soll das gut sein? Ich lese alles durcheinander, und kurz nach der Lektüre von *Alice* gibt man mir *Krieg und Frieden*. Das müsse ich aufmerksam lesen, empfehlen mir meine Eltern, das Buch sei ein Klassiker, etwas sehr Bedeutendes – aber diesmal hat die gewöhnlich entmutigende Erinnerung an eine Pflicht keinerlei Wirkung auf mich. Ich merke nicht, daß *Krieg und Frieden* ein Buch ist, etwas, das ich gerade lese. Ohne Zweifel ist es das Leben selbst.

Es ist ein schöner sonniger Tag in Krakau, und ich halte die Hand meiner Mutter, während wir zu unserem Lieblingspark gehen, dem Krakowski Park. Aber inmitten dieses entspannten Schlenderns ändert sich plötzlich ihr Tonfall, als ob sie mir etwas sehr Wichtiges sagen wollte. »Du bist jetzt erwachsen genug, um es zu begreifen«, sagt sie. »Es wird Zeit, daß du aufhörst, dich zu bekreuzigen, wenn du an einer Kirche vorbeikommst. Wir sind Juden, und Juden tun das nicht.« Das überrascht mich nicht weiter. Natürlich weiß ich, seit ich denken kann, daß wir Juden sind. Deshalb sind im Krieg alle von unserer Familie gestorben. Aber dieses Wissen war eher vage, verschwommen. Ich wußte nicht, was es bedeutete. Ich bin geradezu erleichtert, daß es mir jetzt offiziell bestätigt wird.

Das Bewußtsein, daß wir Juden sind, durchdringt unsere Wohnung wie der schwere süße Duft des Teigs, der aus der Küche kommt, wenn Hallah gebacken wird. Das Jüdischsein lebt in diesem Brot, das andere Menschen nicht zu backen scheinen, es ist eines der Zeichen unseres Andersseins. Aber bis ich sieben bin, stolpere ich dauernd über solche Zeichen – und will die Unterschiede gar nicht so genau wissen. Soweit mir überhaupt eine religiöse Erziehung zuteil wird, ist sie katholisch. Es kann auch kaum anders sein. Der Katholizismus ist überall, er ist in der Luft, die ich atme. »Jesus, Maria und Josef«, sagt meine Mutter heiter, wenn sie außer Atem ist oder wenn sie den Überblick verliert. Auf der Straße sehen wir oft Nonnen mit ihren Hauben und Priester in ihren anmutigen langen Soutanen, und an den ehrerbietigen Blicken der Leute erkenne ich, daß sie etwas Besonderes sind, daß für sie die normalen Regeln nicht gelten. Die Freundinnen, mit denen ich auf der Straße oder auf dem winzigen Spielplatz spiele, zerbrechen sich den Kopf darüber, was es heißt, heilig zu sein. Danuta Dombarska, ein stämmiges blondes Mädchen, das im Nachbarhaus wohnt und eine meiner besten Freundinnen ist, erklärt mir eines Tages, als wir vor der Schaukel anstehen, ganz ernst, daß sie eine Heilige werden will, wenn sie groß ist. Eine heilige Veronika vielleicht, oder eine heilige Theresa. Ihre Augen blicken verträumt, es ist offensichtlich eine angenehme, romantische Vorstellung. »Ich will überhaupt keine Heilige werden«, sage ich mit fester Stimme zu ihr, als wir auf der Schaukel sitzen. Ich weiß nicht, woher diese Überzeugung kommt, aber sie ist sehr stark. Als Heilige muß man sich in einem weißen Kleid hinlegen, vielleicht auf ein Kreuz. Ich mag diese unterwürfige Haltung nicht. Ich möchte in die Welt ziehen und Abenteuer erleben. Aber vielleicht ist es auch so, daß ich nicht an Heilige glaube, so wie ich auch nicht »glaube«, was vor sich geht, wenn wir am Sonntag in die Kirche gehen. Ja, ich gehe mit Danuta und anderen Kindern ziemlich oft in die Kirche; bis zu jener offiziellen Äußerung damals haben meine Eltern mich nie daran gehindert. Schließlich sind sie selbst nicht gläubig und wollen mein junges Leben nicht unnötig belasten. Laß sie hingehen und mit den anderen Kindern spielen, lautet ihre unausgesprochene Botschaft – so sehen wir das Ganze. Es ist eine Art Scharade, die dank des Flitterkrams mit tieferer Bedeutung mehr Spaß macht – als spielte man mit einem überdimensionalen Puppenhaus. Ich mag die geschwungene Grausteinfassade der nahen Barockkirche mit ihrem nach Weihrauch duftendem Innenraum. Ich knie mit den anderen nieder und singe die schönen Choräle. Es durchrieselt mich angenehm, wenn sich aus dem Chor der Kirchgänger eine starke klare Stimme erhebt. Und einmal, als wir in einer Reihe knien, um den priesterlichen Segen zu empfangen, legt der Priester seine Hand auf meinen Kopf, sieht mich besorgt an und sagt, wenn ich Fragen hätte, solle ich nur zu ihm kommen. Ich glaube, er weiß, daß ich nicht dazugehöre.

Ich glaube, ich weiß es auch. Denn all dieses sonntägliche Treiben und das Vergnügen, an Ostern schön gekleidet und mit Schokoladenosterhasen in einem Körbchen zur Kirche zu gehen, dazu der feierliche Gesichtsausdruck, den ich und die anderen Kinder bei solchen Gelegenheiten mit Genuß aufsetzen – ich nehme an, daß ihn niemand wirklich ernst nimmt. Deshalb bin ich völlig überrascht, als Danuta eines Tages mit mir über Gott spricht, über seine Güte, seine strenge Verdammung der Sünde, seine Barmherzigkeit, wobei ihr Gesicht wieder diesen verträumten, feierlichen Ausdruck annimmt. Dann begreife ich, daß sie es auch so meint. Gott ist für sie so wirklich wie ihre Nachbarn. Ich betrachte sie mit einer gewissen Ehrfurcht – vielleicht weiß sie ja doch etwas, was ich nicht weiß? –, aber ich habe keine eigenen Bilder von Gott, die mir eingeprägt worden wären, damit ich sie mir vorstellen oder lieben kann.

Unsere Dienstmädchen unternehmen eher besorgte Anstrengungen, mir christliche Gefühle einzuflößen. Die erste von ihnen ist ein frisches junges Mädchen vom Land, scheu wie ein Rehkitz, aber nachdem sie eine Weile bei uns ist, fängt sie an, in mein Zimmer zu kommen, wenn meine Eltern abends ausgegangen sind, kuschelt sich im Bett an mich und erzählt mir Geschichten von dem Leben der Heiligen und von Jesus Christus. Einmal sagt sie, daß sie meine Seele retten und Jesus schenken will. Ich glaube, ich bin so beeindruckt oder vielleicht auch erschrocken – kann sie mich wirklich irgendwie verändern? –, daß ich es meinen Eltern erzähle, und danach hören die Geschichten auf.

Ein anderes Dienstmädchen nimmt mich in die größten Kirchen von Krakau mit, vor allem in die Marienkirche, ein eindrucksvolles Bauwerk mitten in der Stadt, mit einem gotischen Kirchturm und berühmten Skulpturen aus dem Mittelalter im Innenraum, darunter ein aus Holz geschnitzter gemarterter Jesus im Sarg, umgeben von der heiligen Maria und den Aposteln, deren gramgebeugte Gestalten mich tief beeindrucken. Vielleicht sagt das Dienstmädchen mir, daß ich mich vor einer Kirche bekreuzigen soll, was ich von da an gewissenhaft tue, auch wenn wir mit der Straßenbahn an einer vorbeifahren. Die meisten anderen Fahrgäste bekreuzigen sich auch – eine kleine heimliche Bewegung vor der Brust, die sich überall im Wagen wiederholt, begleitet von einem schnellen verschwörerischen Blick.

Zu Hause haben wir jedes Jahr einen Christbaum, und am Nikolaustag bekomme ich Geschenke. Für meine Eltern ist das keine Anpassungsgeste, sie tun es, damit meine Schwester und ich uns nicht von den Feierlichkeiten rings um uns herum ausgeschlossen fühlen. Das Pessach-Mahl, das einzige jüdische Ritual, das wir zu Hause einhalten, steht für mich in keinem Widerspruch dazu. Beides sind besondere Gelegenheiten, Feiertage. Auch nachdem meine Mutter mich »entchristianisierte«, haben wir weiterhin einen Christbaum. Aber es fällt mir sehr leicht, mich von den anderen Riten zu trennen. Die Gewißheit, daß ich Jüdin bin, rückt alles zurecht. Das Jüdischsein ist etwas Endgültiges – etwas, was ich bin. Obwohl das Jüdischsein für mich bisher mit den Tränen meiner Mutter und dem Getuschel in einer nur halb verstandenen Sprache verbunden ist, vermittelt meine Mutter mir, als sie schließlich direkt davon spricht, das Gefühl, daß es etwas ist, worauf man stolz sein kann, etwas, für das man mit all seiner Kraft eintreten kann. »Sie werden dir erzählen, daß du schlechter bist als sie«, sagt sie, »aber du mußt wissen, daß das nicht wahr ist. Du bist klug, begabt, du bist so gut wie jeder andere.«

Das Thema Antisemitismus kommt jetzt häufig zur Sprache, aber wenn meine Eltern, meist meine Mutter, darüber reden, ist eher Wut als Scham in ihrer Stimme. »Nach alldem, was wir durchgemacht haben, hassen sie uns immer noch«, sagt meine Mutter bitter. »Kannst du dir etwas so Primitives vorstellen? Sie saugen es schon mit der Muttermilch ein.« »Primitiv« ist ein sehr viel verächtlicheres Wort als »unmoralisch« oder »böse«. Primitiv heißt »vulgär, unaufgeklärt« – etwas, was niemand sein will. Antisemitismus ist eine Verdunkelung des Bewußtseins, ein Vorurteil – und nicht so sehr eine Abweichung von moralischen Prinzipien. Solche Prinzipien scheinen überhaupt wenig Einfluß auf die polnische Vorstellungskraft zu haben. Die polnische Kultur ist frankophil, und die Menschen in meinem Umfeld beurteilen einander nach Intelligenz und Stil (jemanden als »dumm« zu bezeichnen ist eine endgültige und häufig ausgesprochene Ablehnung), danach, wie elegant und charmant oder unbeholfen und geistlos jemand ist, und nicht danach, ob jemand rechtschaffen ist oder nicht.

Antisemitismus ist die Folge barbarischer Dummheit, was mir sofort ein Gefühl von Überlegenheit gibt. Die Anzeichen dieser Dummheit finden sich allerdings überall. Eines Tages kommt mein Vater nach Hause und erzählt, daß er sich geprügelt habe, weil jemand auf der Straße zu ihm sagte, »das Beste an Hitler war, daß er die Juden umgebracht hat« – dieser klassische Spruch wird passenderweise immer dann vorgebracht, wenn ein Pole kurz und bündig seinen abgrundtiefen Haß ausdrücken möchte. Ein andermal kommt meine Mutter erzürnt nach Hause. Pani Orlowska, die Mutter meiner Freundin Krysia und eine »bessere« Frau – sie ist gebildet und mit einem Arzt verheiratet –, wollte im tiefen Vertrauen auf ihre Freundschaft von ihr wissen, ob es wirklich und wahrhaftig wahr sei, daß Juden zum Pessach-Fest Christenblut in ihr Matzen mischen. »Und das will ein intelligenter Mensch sein?« sagt meine Mutter wütend. Aber aus irgendeinem Grund ist meine Mutter nicht so wütend, daß sie aufhören würde, mit Pani Orlowska zu verkehren – sie mag sie immer noch. Pani Orlowska habe schließlich auch noch andere Seiten, wie alle Menschen, die den Antisemitismus mit der Muttermilch getrunken haben und mit denen wir dennoch freundschaftlich und sogar vertraut zusammenleben, mit allen Schattierungen von Zuneigung und Abneigung.

Langsam begreife ich, daß es eine Sache der Ehre ist, zu meinem Jüdischsein zu stehen, und zwar mit hocherhobenem Kopf. Das also heißt es, Jüdin zu sein – der Widerstand gegen diese dunklen und barbarischen Gefühle. Durch diesen Widerstand erhält man die menschliche Würde aufrecht. Das ist natürlich keine Sartresche, bewußte Schlußfolgerung meinerseits, sondern die Entwicklung eines tiefen Stolzes, der so stark in mir ist wie in den meisten Kindern. Es ist offenbar einfach die Bekräftigung von Recht und

Rechtschaffenheit, die Bestätigung, daß Juden Menschen sind wie andere Menschen. Schließlich sehe ich das mit meinen eigenen zwei Augen, und ich bin noch zu jung, um an des Kaisers neue Kleider zu glauben. Außerdem will ich vielleicht nicht von meinen nichtjüdischen Freundinnen getrennt werden – noch nicht. Ich möchte ihnen nicht das Schlimmste zutrauen, ich möchte nicht wissen, wie sie mich kränken werden, ich möchte nicht auf der Hut sein. Meine Mutter warnt mich. In jedem Polen steckt ein Antisemit, paß nur auf, selbst die Gebildetsten sind abergläubisch, wenn es um Juden geht, selbst die Besten werden dich verraten. Doch hier folge ich ihr nicht mehr. Ich ahne, wenn ich meine Würde wahren will, darf ich nicht mißtrauisch handeln, darf ich nicht auf Kränkungen warten, als wüßte ich, daß sie kommen. Außerdem glaube ich nicht, daß sie kommen. Ich kann nicht glauben, daß meine Freundinnen, mit denen ich so unbeschwert spiele, mich als die dunkle Fremde wahrnehmen.

Trotzdem, es gibt Zwischenfälle. Eines Tages schiebt mir Julita, die fast eine Freundin von mir ist, aber nur fast – sie ist zu unnahbar, zu schön, zu ernst – während des Unterrichts einen Zettel zu. »Stimmt es, daß du hebräischen Glaubens bist?« schreibt sie. »Ich bin Jüdin«, antworte ich ihr auf einem Zettel, verwirrt durch ihre merkwürdige Frage. Aber von diesem Tag an hasse ich sie und hege kindliche Racheträume. Eines Tages werde ich schöner und viel berühmter sein als sie. Dann wird sie Augen machen.

Mein Stolz erhält eine ernstere Wunde – weil sie vorsätzlich zugefügt wird – bei einem Zwischenfall mit Jola, einem verwöhnten, schüchternen kleinen Mädchen, die zum Kreis einer kleinen Gruppe von Freundinnen zählt, mit denen ich spiele, die wir aber ziemlich gnadenlos und mit beachtlichem Erfindungsreichtum ärgern. Wir denken uns Schauergeschichten für sie aus, mit in der Erde vergrabenen Briefen, Schachteln mit seltsamen Gegenständen und Hinweisen auf drohende Gefahren. Ich weiß nicht, woher unsere Phantasien kommen oder warum Jola zum Objekt unserer anmaßenden Grausamkeit wird, vielleicht, weil sie so gutgläubig und so schreckhaft ist. Aber nach einer Weile weiß sie sich nicht mehr zu helfen und erzählt es ihrem Vater. Unsere kleine Truppe wird zu ihr nach Hause bestellt. Wir stehen alle mit reumütig gesenkten Köpfen vor ihrem Vater, aber er greift mich heraus. »Du hast dir das ausgedacht, stimmt's?« sagt er, während ich verneinend den Kopf schüttele. »Ich kenne dich«, fährt er dennoch fort und sieht mich mit Abscheu an. »Du bist die Anführerin. Du kleine Jüdin.« Es ist das boshafte Leuchten der Genugtuung in seinen Augen – als zöge er die richtige Schraube fest –, die ich wie eine kalte Berührung empfinde und die ich ihm niemals verzeihen kann. Seitdem übersehen Jola und ich einander, mit der Beharrlichkeit und vorgetäuschten Gleichgültigkeit erfahrener Diplomaten – was gar nicht so leicht ist, weil wir in derselben Nachbarschaft leben und einander ständig sehen.

1957 werden in polnischen Schulen das Gebet und der Religionsunterricht eingeführt. Das signalisiert eine Veränderung im Gleichgewicht der politischen Kräfte; bei dem ständigen Tauziehen zwischen Kirche und Staat hat, für den Augenblick, die Kirche einen bedeutenden Sieg errungen. Jetzt steht die Klasse nach dem ersten Klingeln unter Anleitung einer Lehrerin auf, sagt das »Vater Unser« auf – in der polnischen Version, die eine besondere Bitte um den Beistand der Jungfrau Maria einschließt. Dann begeben wir uns in die Aula, wo wir jeden Tag die Internationale singen, deren aufwühlende Melodie nie ihre inspirierende Wirkung auf mich verfehlt.

Ich bin zu jung, um die delikate politische Komödie, die in dieser Doppelgleisigkeit liegt, richtig würdigen zu können. Tatsächlich stehe ich mit einem gar nicht so unangenehmen Gefühl von Gerechtigkeit und Heroismus da und schweige, während die anderen das »Vater Unser« aufsagen. Das haben mir meine Eltern so empfohlen: Ich soll meine Achtung zeigen, indem ich aufstehe, mich aber nicht dadurch kompromittieren, daß ich mitbete. So bewahre ich meine Menschenwürde. Und weil ich davon überzeugt bin, daß ich mich richtig verhalte, bin ich doppelt überrascht, als eines Tages eine Gruppe von Kindern, die ich kaum kenne, hinter mir herrennt, mich schubst und ruft: »Juden raus!« In dem Durcheinander kommen mir mehrere meiner Freundinnen zu Hilfe, vertreiben die Angreifer, und mein Herz fliegt ihnen zu. Natürlich würde ich verteidigt werden. Die anderen sind einfach nur dumm, primitiv. Mein Vertrauen ist ungebrochen. Gerechtigkeit bleibt Gerechtigkeit, Wahrheit bleibt Wahrheit. Mit elf Jahren möchte ich das mit jeder Faser meines Körpers glauben.

Bald danach kommt es zu einschneidenden Ereignissen. Marek wird beschuldigt, seine Mitschüler zu bestehlen, und gerät in eine wilde Schlägerei mit ihnen, in deren Verlauf auch er mit häßlichen antisemitischen Schimpfwörtern belegt wird. Zwischen seinen Eltern und meinen wird mit verhaltener Stimme diskutiert, und sie weisen uns warnend darauf hin, daß die Dinge sich noch verschlechtern könnten. Aber wir sollten wissen, daß wir so gut wie jeder andere seien – vielleicht sogar besser. Ich kann diese Ansprachen nicht leiden, ich höre immer einen falschen, belehrenden Ton darin, aber die Einführung des Religionsunterrichts in den Schulen, von den meisten Polen mit Freude als antisowjetischer Triumph begrüßt, wird von vielen Juden als offizieller Segen für Antisemitismus gesehen, und sie machen sich Sorgen.

Meine eigenen, eben erst flügge gewordenen Vorstellungen vom Judentum werden einer eher komischen Prüfung unterzogen. Um diese Zeit ungefähr unternehmen meine Eltern eine längere Reise nach Rußland und lassen meine Schwester und mich in der Obhut eines Dienstmädchens, der Nachbarn und von Freunden zurück. Und ausgerechnet während ihrer Abwesenheit beginnt Alinka, nach der Schule in den Religionsunterricht zu gehen. Sie ist erst sieben, und eingedenk der Toleranz meiner Eltern meinen eigenen katholischen Ausrutschern gegenüber, entscheide ich, daß sie ruhig hingehen soll. Bis ich sie eines Abends mit gefalteten Händen und fromm nach oben gerichteten Augen vor dem Lichtschalter knien und ein Abendgebet sprechen sehe. Was machst du da? frage ich. Ja, also der Priester habe den Schülern gesagt, sie sollten vor einem Heiligenbild beten, erklärt sie. Solche Heiligenbilder sind, wie ich weiß, Bestandteil eines jeden polnischen Heims – meist sind es billige Drucke von Raffaels *Sixtinischer Madonna* oder einer anderen Variation des Themas –, und die Menschen benutzen sie wie Ikonen, vor denen sie zum Gebet niederknien. Der Lichtschalter ist für meine Schwester in unserer Wohnung mit den kahlen Wänden das, was diesen Bildern am nächsten kommt. Ich weiß nicht, warum mir diese sehr pragmatische Lösung wie ein Sakrileg vorkommt, wie etwas, das zu weit geht. Passive Teilnahme, gut und schön, aber sie scheint auf die Sache reinzufallen, sie glaubt daran.

Ich weiß, es ist an mir, ihr eine Richtschnur zu geben, aber ich bin verwirrt, und so beschließe ich, sehr erwachsen vorzugehen und Mareks Mutter anzurufen und sie um Rat zu fragen. Ich komme mir wirklich sehr groß vor, als ich die Nachbarn unter uns frage, ob ich ihr Telefon benutzen darf und dann zum erstenmal überhaupt in meinem Leben eine Nummer wähle. Atemlos erkläre ich Pani Ruta die Situation und frage, was ich tun soll. »Laß sie nur«, sagt sie mit ihrer heiseren heiteren Stimme. »Was kann es ihr schaden? Sie versteht das alles noch nicht.«

Das hätte ich mir denken können. Pani Rutas Toleranz, wenn es um die Beachtung jüdischer Glaubensregeln geht, ist noch größer als die meiner Eltern. Sie und ihre Familie waren so assimiliert, daß sie mit Hilfe »arischer Papiere« durchkommen konnten und deshalb den Krieg relativ komfortabel in ihrer Krakauer Wohnung überstanden haben. Und sie ist nicht nur ungläubig, sondern boshaft respektlos. Meine Eltern, die bewußt nichtgläubig sind, fasten zu Jom Kippur und beachten die Speiseregeln für das Pessach-Fest. Sie tun dies teils aus Respekt vor den Toten, teils aber auch, weil diese zentralen Gebote für sie trotz aller Säkularisierung in der Nachkriegszeit immer noch die starke Kraft von Tabus haben. Dagegen macht Pani Ruta gerade die Verletzung von Tabus Spaß, und einmal nimmt sie mich zu Jom Kippur, als alle anderen in der Synagoge beten, mit in ein Restaurant, wo sie das Schockierendste tut, was man nur tun kann: sie bestellt für sich und für mich Schweinekotelett. »Du bist ein intelligentes Mädchen«, sagt sie. »Du mußt diesen Aberglauben nicht mitmachen.« Ich fühle mich natürlich geschmeichelt und esse mein Schweinekotelett mit einem prickelnden Gefühl der Überlegenheit. Ja, ich bin ein Mensch, der Aberglauben und Konvention herausfordern wird. Natürlich. Aber zugleich ist mir nicht ganz wohl dabei zumute: die Herausforderung erscheint mir zu gewollt, ein zu sehr kalkuliertes Manöver. Ich glaube nicht, daß meine Eltern glücklich darüber wären, und ich erzähle es ihnen erst sehr viel später.

Meine Familie geht nur einmal im Jahr zur Synagoge, an den hohen Feiertagen. Der Tag, an dem dies geschieht, ist eine Unterbrechung aller Gewohnheiten, eine kleine Reise in eine hermetische andere Welt. Schon der Morgen beginnt in feierlicher Stimmung; wir ziehen alle unsere besten Kleider an, und meine Eltern küssen meine Schwester und mich förmlich – nicht aus Liebe, sondern als wollten sie uns das Siegel eines ungewöhnlichen Erbes auf die Stirn drücken. An diesem Tag sind wir nicht ihre Kinder, sondern sind zugleich größer und kleiner. Dann machen wir uns auf den langen Weg zur Synagoge, ein Weg, der uns nach und nach immer weiter von den vertrauten Straßen fort in eine verschlafene, ruhige Gegend führt, das Jüdische Viertel. Hier sind die Häuser weiß und niedrig, die Straßen eng und verwinkelt, und fast nichts regt sich, außer daß wir manchmal hinter einem der Fenster im Erdgeschoß eine bärtige Gestalt erblicken.

Die Synagoge hat eine maurische Fassade mit Kachelmosaiken und einen Portikus mit spielzeugkleinen Miniaturbögen. Daneben befindet sich ein Hof, wo Menschen, die sich ein ganzes Jahr nicht gesehen haben, einander begrüßen, mitleidvoll zunicken und sich mit ernster, trauriger Stimme unterhalten. Diese Begegnungen dienen der Erinnerung an ihre Toten und gehören zugleich zum religiösen Ritual und jeder respektiert diese Stimmung.

Wenn der Gottesdienst beginnt, werden die Kinder draußen sich selbst überlassen, aber von Zeit zu Zeit gehe ich hinein, um nach meinen Eltern zu sehen. Ich trete ein durch einen niedrigen, modrigen, langen feuchten Gang; auf der einen Seite stehen Hunderte von trübe flackernden Kerzen. Sie sind dort aufgestellt worden zu Ehren der Toten, und ich ahne, wie viele es sind: eine endlose Prozession, und irgend jemand fügt immer noch welche hinzu. Danach ist das Innere so dunkel, daß die Männer – unten befinden sich nur Männer – zu geisterhaften Schatten werden, nur zu erkennen an den schaukelnden Bewegungen der weißen Tallithim. Ein unregelmäßiges, arhythmisches Summen, so ganz anders als die Musik in der katholischen Kirche – hier ist es verzückter und inbrünstiger – schwillt in der Dunkelheit an und ebbt wieder ab. Ich spähe umher und entdecke die Silhouette meines Vaters, und ich gehe eifrig auf ihn zu. Ich möchte, daß er mich ein wenig beachtet. Aber er bemerkt mich kaum. Er nimmt meine Hand, ohne seinen Gesang zu unterbrechen, und ich fühle schmerzlich, daß er unerreichbar für mich ist. Dann gehe ich nach oben, wo die Frauen beten, und setze mich neben meine Mutter; sie lächelt mich wenigstens an, aber auch sie wendet sich gleich wieder ihrem Buch zu.

Hinter dem Rasen neben der Synagoge steht ein kleines weißes Haus, nicht größer als ein großes Zimmer. Ich habe nie gewußt, wozu es dient, und als es eines Tages offen steht, gehe ich fast ängstlich hinein. Drinnen bleibe ich verwundert stehen; ich sehe einen Kreis von Männern in langen schwarzen Mänteln, die ekstatisch und wie trunken im Kreis tanzen. Sie schenken den wenigen Zuschauern, die sich um sie herum versammelt haben, keine Beachtung. Ihre Augen sind zur Torah erhoben, die sie sanft, als wäre sie kleines Kind, von Hand zu Hand weiterreichen. »Chassidim«, sagt jemand zu mir. Ich weiß nicht, was das bedeutet, aber ich habe das Gefühl, daß ich etwas noch Geheimnisvolleres als die Synagoge entdeckt habe.

Eines Tages sitze ich friedlich in diesem Garten der Erkenntnis unter einem Baum, als ich von einer Biene in den Nacken gestochen werde. Zuerst scheint es nur ein ganz gewöhnlicher Stich zu sein, aber dann schwellen meine Glieder alarmierend an. Meine entsetzten Eltern bringen mich schnell zu einem Arzt. Er meint, daß ich stark allergisch auf Bienenstiche reagiere. Eine Allergie, die mit jedem weiteren Stich schlimmer wird. Wenn ich wieder gestochen würde und nicht sofort Hilfe bekäme, könnte ich daran sterben.

Ich weiß nicht warum, aber der Stich unter den belaubten Zweigen des Synagogenbaums wird zu meinem persönlichen Pakt mit dem Mysterium. Ich habe etwas von meiner eigenen Sterblichkeit erfahren, ich habe ein seltsames Zeichen erhalten.

Das übrige Krakau, die Stadt, in der sich mein tägliches Leben abspielt, ist kein Ort der Mysterien, aber voller Geheimnisse. Mysterien werden noch mysteriöser, je mehr man sich mit ihnen beschäftigt, aber Geheimnisse geben sich im Licht preis. Krakau ist für mich eine Stadt aus schimmerndem Licht und Schatten. Die Schatten machen die Flecken von Wind und Sonne noch leuchtender. Sinnend und voller Vorfreude gehe ich durch die Straßen. Die engen Nebenstraßen, die hallenden Hinterhöfe, die schmucken Innenräume sind wie für mich gemacht – sind da, damit ich sie sehen kann. Die stille Straße, die mich zu meiner Musiklehrerin bringt, ist fast immer menschenleer und beinahe fremdartig in ihrer Ruhe. Als wohnte hier niemand, als wäre die Zeit, heiter und ohne Aufhebens zu machen, einfach stehengeblieben. Aber dann weht eine Brise und wischt den Himmel blank, und die Straße ist in Wärme gehüllt. In dem Park, in dem ich mit meinen Freundinnen spiele, gibt es verschlungene Wege, die uns auf breitere, hellere Alleen führen, und eine Trauerweide am Teich, die ungefähr das Anmutigste ist, was ich kenne, weil sie so melancholisch aussieht, und melancholisch ist für mich gleichbedeutend mit schön. Meine Freundinnen und ich spielen unter diesem Baum, wir springen Seil oder zeichnen Muster in den Sand.

Im Winter sind die Straßen mit Eis und Schnee bedeckt, und als ich klein bin, zieht mich meine Mutter auf einem Schlitten zur Schule. Später ziehe ich meine Schwester, die so dick eingemummelt ist, daß sie wie ein niedliches rundes Tier aussieht, auf die gleiche Art zur Schule. Als wir beide ein bißchen älter sind, gehen wir mit unseren Schlitten zu einem nahen Hügel, der von hinaufkletternden und herabsausenden Kindern wimmelt, und kehren erst bei Einbruch der Dunkelheit erschöpft zurück.

Krakau ist eine geschichtsträchtige Stadt, obwohl ich das nicht so wahrnehme. Mir scheint es nur natürlich, daß eine Stadt sehr alt ist, daß sie höhlenartige Cafés mit Marmortischen, mittelalterliche Kirchtürme und niedrige barocke Arkaden hat. Das Alter gehört zu den Dingen, die mir ein Gefühl der Geborgenheit vermitteln. Krakau hat es schon immer gegeben, es ist eine Gegebenheit, es verändert sich nicht groß. Seine Wirklichkeit hat viele Schichten. Der Hauptplatz im Zentrum ist wie ein Magnetfeld, das alle Teile der Stadt anzieht. Er ist ein gewichtiges Kraftfeld und wird bestimmt durch den langen Renaissancebau in der Mitte, der den alten Namen Sukiennice, Tuchhallen, trägt. Das hallende steinerne Innere des Gebäudes hat jahrhundertelang den Kaufleuten als Marktplatz gedient; jetzt ist dort auch noch eine Art Markt, unter den Arkaden werden Putzwaren und polnische Volkskunst verkauft. Aber am besten gefällt mir der große, kopfsteingepflasterte Platz vor dem Sukiennice, ein Viereck, das sich nach außen hin in den diagonalen Linien der Renaissance-Perspektive verbreitert. Manchmal spielen dort ein paar Musiker alte sentimentale Lieder auf ihren Violinen und Akkordeons, und immer sind die Tauben da. Hunderte, die herabschweben, um die Krumen aufzupicken, die sie, wie sie wissen, von den Leuten bekommen, die eigens herkommen, um sie zu füttern und sich ein Weilchen auszuruhen. Hier, um diesen Platz herum, schlägt das Herz der Stadt. Die Reihen pastellfarbener Häuser, eine Buchhandlung, eine holzgetäfelte, nach Arznei riechende Apotheke, ein paar Cafés und die engen Straßen, die strahlenförmig aus der Stadt hinausführen und vielschichtige Geheimnisse bergen.

Mein Vater besucht regelmäßig eines der Cafés, das »Warszawska«, und manchmal begleite ich ihn und beobachte ihn bei seinen lebhaften Gesprächen mit seinen Freunden. Es sind meistens Männer, die dort am Tag zusammenkommen. Wann immer man hereinschneit, findet man eine Gruppe, zu der man sich gesellen kann. Eine Tasse starken schwarzen Kaffee, ein Streitgespräch, und schon sind sie glücklich. Meine Mutter führt mich in ältere Cafés, wo wir leckeres Eis aus eleganten hohen Gläsern essen. Manchmal spendiert sie sich und mir ein Taxi nach Hause, und dann bittet sie mich, meinem Vater nichts von dieser Extravaganz zu erzählen.

Seit ich sieben bin, darf ich bestimmte, vorher vereinbarte Wege allein unternehmen. Ich darf zu Fuß zu Krysia gehen, die in der Nähe von uns wohnt, oder mit der Straßenbahn zu Marek fahren. Mareks Wohnung ist mein zweites Zuhause. Wir sehen uns ständig, mit oder ohne Eltern. Ich bin fasziniert, daß er Großeltern hat – ältere Leute, aber von robuster Gesundheit, die meistens zu Hause sind und die man wegen ihres Alters mit großer Hochachtung behandelt. Mareks Vater hat ein Magengeschwür, und er steht oft am Wohnzimmerofen, damit die Wärme den Schmerz vertreibt. Jeder weiß, daß Pani Ruta ihn nicht so gern hat und daß sich jeder über ihn mokieren darf. Nach einem kleinen Imbiß am Nachmittag, Roggenbrot und bitterer Schokolade, dürfen Marek und ich uns meist in das »dritte Zimmer« zurückziehen – die Wohnung der Bergs ist größer als unsere –, wo wir endlose Unterhaltungen führen und Spiele erfinden. Einmal, als ich komme, werde ich von Marek mit einer offensichtlich sorgfältig vorbereiteten Rede begrüßt: er liebe mich, weil es Frauen gebe, die gut sind, und Frauen, die schön sind, aber ich sei die einzige, die er kenne, die beides ist, gut und schön. Ich bin elf, und bei dieser Erklärung erstarre ich, so galant, so romantisch ist sie. Ich senke bescheiden die Lider, so wie eine gute und schöne Frau es tun würde, aber später, bei unseren Raufereien und spielerischen Umarmungen, widerstehe ich ihm nicht mehr ganz so keusch und erlaube ihm – etwas heimlich, auch mir selbst gegenüber –, zärtlicher zu mir zu sein.

Wenn nicht Besuche gemacht werden, spazieren wir sonntags auf den *Planty*, den breiten, von Bäumen gesäumten Boulevards, die früher die Stadtgrenze bildeten. An diesem einzigen arbeitsfreien Tag sind die *Planty* voller Menschen, die dort flanieren, und manchmal treffen meine Eltern zufällig Freunde, und dann unterhalten sie sich eine Weile, und sie senken ihre Stimmen, wenn der Austausch auf jiddisch stattfindet. Dann schnappe ich so herrlichen Klatsch auf wie: »Also, schön ist er nicht, aber er ist gut zu ihr, sie ist eine kluge Frau.« Oder: »Er hat Sorgen, nicht wahr? Irgend etwas mit dem Geschäft – oder ist es sie schon wieder?« Aber auch wenn wir nur spazierengehen, ohne daß etwas Besonderes geschieht, sind die *Planty* sehr amüsant. Da ist das Restaurant Esplanade, wo wir manchmal Essen gehen und wo ich mir immer das gleiche bestelle – Borschtsch mit köstlichen Fleischkroketten, deren Teig weich und knusprig zugleich ist, und Prager Schinken. Warum weiter suchen, wenn du etwas entdeckt hast, was dich zufriedenstellt? Wenn ich mit meinen Freundinnen Königin spiele und gefragt werde, was ich mir wünsche, sage ich: Prager Schinken. Aber das Essen im Restaurant ist mehr als ein Gaumenschmaus: es vermittelt mir das Gefühl, daß ich mich auf einer Bühne befinde, wo ich beobachte und beobachtet werden kann. Das leise Stimmengesumm und die geschäftigen Kellner lassen in mir das Gefühl aufkommen, daß ich an einem Erwachsenendrama teilnehme, und ich versuche, gerade zu sitzen, nicke anmutig und diskret mit dem Kopf, wie die Erwachsenen um mich herum, und mache im Geist Notizen über die anderen Gäste, so wie ich glaube, daß die anderen es auch tun.

Wenn wir bei unseren Spaziergängen am Goldfischteich stehenbleiben, bin ich wie verzaubert. Meine Eltern und ich betreten eine hübsch geschwungene Miniaturbrücke, die für meine Dimensionen genau richtig ist, und dann starre und starre ich in den Teich. In dem klaren Wasser schwimmen Hunderte von winzigen Fischen, die überhaupt nicht golden, sondern rot sind – sie leuchten und machen quecksilbrige Bewegungen wie Wesen, die von einem Genius zum Leben erweckt wurden. Sogar mein Vater, der sich normalerweise nichts aus hübschen Dinge macht, bleibt stehen und sieht mit anerkennendem Lächeln ins Wasser.

Die *Planty* sind ein anderer Ort der Glückseligkeit, und eines Tages geschieht dort etwas Seltsames und Wunderbares. Es ist ein sonniger Herbstnachmittag, und ich gehe einer meiner Lieblingsbeschäftigungen nach: ich sammle Kastanien. Ich spiele allein unter den breiten, schützenden Zweigen der Bäume. Meine Mutter sitzt auf einer Bank und schaukelt den Sportwagen, in dem meine Schwester schläft. Hinter der lichtdurchlässigen Wand der Bäume summt leise die Stadt. Die Sonne hat ihren höchsten Punkt überschritten und wärmt mich mit ihren starken schrägen Strahlen. Ich hebe eine rotbraune Kastanie auf, und plötzlich fühle ich durch ihre warme Haut ihr Herz schlagen. Dieser Herzschlag ist auch in allem um mich herum, und alles pulsiert und schimmert, als befände es sich im Kreislauf des Lebens. Ich stehe unter dem Baum, halte das Leben in meiner Hand, und ich bin der Mittelpunkt dieser harmonischen, vibrierenden Transparenz. Einen Moment lang weiß ich alles, was es zu wissen gibt. Ich bin in den Mittelpunkt der Fülle gestolpert, und beglückt halte ich ganz still, ehe das Wissen um mein Wissen mich wieder verläßt.

Als meine Schwester alt genug ist, um allein draußen zu spielen, entpuppt sie sich als Wildfang und Anführerin der Kinder. Von unserem kleinen Balkon aus beobachten wir, wie sie ganze Scharen von Kindern zu den verschiedensten Unternehmungen wie Schneckensammeln oder Auf-Bäume-Klettern anstiftet. Einmal bekommt meine Mutter eine gewaltige Rechnung von unserer kleinen Konditorei um die Ecke: offenbar ist Alinka mit ungefähr fünfzehn Kindern hingegangen und hat ihnen mit der Großzügigkeit der geborenen Anführerin erlaubt, sich zu bestellen, was ihr Herz begehrt. Manchmal bringt sie ihre Spielkameraden mit nach Hause – Kinder von der Straße, mit denen sie sich irgendwo angefreundet hat, und sie toben durch unsere Wohnung –, bis meine Mutter ihr eines Tages verbietet, jemanden ohne ihre Erlaubnis mit nach Hause zu bringen. Aber Alinka ist eigensinniger als ich, sie gehorcht nicht ohne weiteres, sie hat nicht das Bedürfnis, »brav« zu sein. Das liegt vielleicht daran, daß meine Mutter oft krank gewesen ist, als sie klein war, und daß Alinka praktisch von unseren Dienstmädchen großgezogen worden ist – sie wird nicht so schnell von töchterlichen Pflicht- und Schuldgefühlen geplagt.

Wie auch immer, was die archetypische Rollenverteilung in unserer Familie betrifft, ist sie das schwierige Kind und ich das einfache. Sie gilt auch als weniger hübsch als ich, obwohl ihr dunkles Haar, ihre riesigen blauen Augen und ihre ebenmäßigen Züge diese Ansicht sofort widerlegen sollten. Vielleicht liegt es aber auch daran, daß meine Gesichtszüge weniger ebenmäßig sind – Schmollmund, breite Wangenknochen, leicht schrägstehende Augen –, was mehr dem weiblichen Schönheitsideal der Polen entspricht.

Reiner Mythos all dies, aber ein Mythos, der tief sitzt und den wir selbst verinnerlicht haben – für Jahre und Jahrzehnte. Trotzdem, ungeachtet solcher Unterschiede und obwohl wir uns viel streiten und uns gegenseitig zum Weinen bringen, und ich ihr manchmal energisch auf den Kopf haue, um »ihr etwas Verstand einzubläuen«, und sie manchmal unter das Klavier kriecht und mir in die Beine beißt, wenn ich übe, weil es so langweilig ist, wenn ich Tonleitern spiele und sie gerade nichts zu tun hat, sind wir Schwestern, Schwestern. Meine Mutter zieht uns oft die gleichen Sachen an, und dann genießen wir unsere Verdoppelung. Wir kitzeln uns zum Spaß – wer zuerst lacht, hat verloren –, und ich hebe oft seltene Köstlichkeiten wie Rosinen für Alinka auf und kann es nicht leiden, wenn meine Mutter mit ihr schimpft. Nur in den Sommerferien ist mir ihre Anwesenheit lästig – ich möchte gern mit meinen Freunden herumtollen, mit Marek, und ich will mich von ihr nicht daran hindern lassen. Dann werden wir eines Sommers getrennt: meine Mutter wird sehr krank und muß für mehrere Monate in ein Sanatorium, und wir werden verschiedenen Familien anvertraut. Ich soll meine Ferien mit Marek und seiner Familie verbringen, und Alinka kommt in ein privates Heim, wo eine Art Gouvernante sich um mehrere Kinder kümmert. In diesem Sommer verliebe ich mich heftig in Marek; wir schlafen in demselben Zimmer, und ich erleide die Qualen und die Ekstasen der Sehnsucht. Wir umarmen und küssen uns und wälzen uns auf dem Fußboden, bis Pani Ruta sich gezwungen sieht, mir eine Lektion über weibliche Zurückhaltung zu erteilen. In diesem Juli und August vergesse ich meine Familie ganz und gar, aber als wir nach Krakau zurückkehren und ich unsere Wohnung betrete, kommt Alinka angelaufen und umarmt mich schweigend, so als wollte sie in mich hineinkriechen. Sie ist blaß, und zum erstenmal sehe ich das Zeichen, das mir von da an immer verraten wird, wenn sie unglücklich ist – eine leichte, aber deutlich sichtbare grünliche Färbung ihrer zarten Haut um Ohren und Nase. »Sie haben sie sehr schlecht behandelt«, sagt meine Mutter leise, und während Alinka sich wortlos an mich klammert, habe ich das Gefühl, als hielte ich die Seele eines anderen Menschen in den Händen.

Meine Mutter und ich steigen die Treppe zu den Orlowskis hinauf, ich soll dort den ganzen Tag lang mit Krysia spielen. Krysia wird als eine überaus passende Freundin für mich erachtet: ich soll den Umgang mit ihr pflegen, weil sie aus einer »besseren Familie« ist. Krysias Mutter kommt aus der Oberschicht, fast aus der Aristokratie; ihr Vater war ein bekannter Architekt. Krysias Vater ist Arzt. Sie gehören zur Großbourgeoisie der Vorkriegszeit – ein Status, der in der angeblich klassenlosen polnischen Gesellschaft nach wie vor hohes Ansehen genießt. In den Köpfen der meisten Leute zählt die Abstammung von einer alten Familie weit mehr als eine hohe Position in der Volksrepublik Polen; mit Sicherheit mehr, als ein einflußreicher Partei-Apparatschik zu sein – obwohl ein Apparatschik in der Regel mehr Geld hat oder eine größere Wohnung und manchmal sogar ein Auto. Natürlich haben sich die Apparatschiks von Anfang an durch ihre Parteizugehörigkeit kompromittiert. Aber auch davon abgesehen, verleiht die Herkunft aus einer alten Familie etwas Solides, einen Hintergrund, den ein neuerworbener Status nicht vermitteln kann, sie impliziert eine moralische Aufrichtigkeit und die Würde, sich nicht dauernd selbst beweisen zu müssen, daß man jemand ist – und ein solcher Zustand ist, nach den immer noch vorindustriellen Maßstäben dieser besonderen Gesellschaft, erstrebenswerter als eine Karriere.

Pani Orlowska strahlt Würde und Aufrichtigkeit aus. Sie ist eine hochgewachsene Frau, die sich bewußt leger kleidet; sie trägt unförmige Pullover, dicke Strümpfe und Gesundheitsschuhe mit Blockabsätzen. Ihr Gesicht, von herrlichem weißen Haar gerahmt, das straff nach hinten gekämmt und zu einem Knoten gebunden ist, ist schmal, klar und ungeheuer anziehend – ich glaube, wegen ihrer leuchtenden blauen Augen, mit denen sie die Menschen betrachtet. Sie schminkt sich nicht und gibt mir den Rat, das Gesicht nur mit Kernseife zu waschen, das sei das Beste für den Teint. Krakau entspräche in etwa Boston, wenn Warschau New York wäre, und Pani Orlowska ist wie eine Bostonerin aus alteingesessener Familie, deren Klassenbewußtsein sich in ihrem absoluten Verzicht zeigt, dieses in irgendeiner Weise zur Schau zu stellen. Sie begrüßt uns herzlich an der Tür und sagt zu meiner Mutter: »Sie wollen sie uns also einen ganzen Tag lang anvertrauen?« – »Bis vier«, entscheidet meine Mutter. Aber Pani Orlowska sagt: »Lassen Sie sie doch bis zum Abendessen hier bleiben. Sie spielen so gern zusammen.« Und meine Mutter lächelt beglückt und willigt ein. Dann ist es soweit, daß ich in den exzentrischen Mikrokosmos der Orlowskis eintreten darf.

Die Wohnung der Orlowskis stammt noch aus der Vorkriegszeit und ist größer als die meisten Wohnungen, die ich sonst kenne. Sie besteht nicht nur aus zwei Schlafzimmern, einem für die Kinder und einem für die Eltern, sondern auch noch aus einem »kleinen Salon« mit einer altmodischen Chaiselongue und einem großen alten Flügel und der Arztpraxis, die Krysia und ich ab und zu auf Zehenspitzen betreten, und in der alle möglichen interessanten, silbern schimmernden Instrumente liegen, die mit ihren langen Rändern und scharfen Enden jetzt beruhigend harmlos aussehen.

Der Nachmittag verläuft in verschiedenen Phasen. Zuerst dürfen Krysia und ich allein spielen gehen. Mit ihrem blonden Haar und den blauen Augen könnte Krysia sehr hübsch sein, aber sie hat etwas Strenges an sich, obwohl sie doch noch ein Kind ist: ihr Mund ist ein schmaler energischer Strich, und sie hat eine brüske Art. Ihre Mutter nennt sie ein Stachelschwein, weil sie jeder Umarmung ausweicht, so als wäre sie eine Erwachsene mit einem übertriebenen Bedürfnis nach Diskretion. Sie plant unsere Spiele methodisch im voraus, doch sind sie immer interessant. Zuerst gibt sie mir Unterricht im Zeichnen – eine Kunst, für die ich besonders unbegabt bin, so daß ich ehrfürchtig die Pferde betrachte, die akkurat, mit wehenden Mähnen und knubbeligen Knien aus ein paar schnellen Bewegungen ihres Bleistifts entstehen. Dann sehen wir uns ihre Botanikhefte an, in denen getrocknete Pflanzen sorgfältig auf die Seiten geklebt und mit Krysias ordentlicher runder Handschrift beschriftet sind, und sie erzählt mir von den unterschiedlichen Eigenschaften von Bäumen, Blumen und Getreide. Als wir ein wenig älter sind – etwa zehn –, bekommt sie ein kleines Teleskop; sie stellt es auf dem Dachboden auf, wo sie nachts stundenlang die Sterne betrachtet. Eine Beschäftigung, die ich sehr bewundere; es ist etwas, das bei einem Jungen ganz natürlich wirkt, bei einem Mädchen aber Phantasie und Wagemut verlangt. Ihre Mutter bestärkt Krysia darin; vielleicht wird sie einmal Wissenschaftlerin.

Nachdem wir ein paar Stunden ungestört gespielt haben, ruft uns Pani Orlowska in den »kleinen Salon« zu einem nachmittäglichen Imbiß mit Tee und harter, bitterer Schokolade, die gesundheitsfördernde Eigenschaften haben soll, und stellt mir Fragen. Wie ich in der Schule zurechtkomme. Und was ich am liebsten spiele. Manchmal kommt Pani Orlowskas Mutter dazu, die in dem kleinen Salon residiert und die in ihrer molligen Weichheit und mit ihrem lockigen weißen Haar eine unübersehbare Ähnlichkeit mit ihrem langhaarigen französischen Pudel Kiki hat. Sie trägt gewöhnlich ein langes besticktes Brokatgewand und scheint den ganzen Tag lang nichts weiter zu tun, als auf dem Sofa zu sitzen und Kiki zu streicheln, der nie weit von ihrer Seite weicht. Sie wirkt auf mich seltsam zufrieden für einen Menschen, der sich mit seinem hohen Alter plagt, und ich kann mir das gar nicht erklären – vielleicht hat es damit zu tun, daß sie das ist, was meine Mutter eine *dama* nennt, was in etwa einer Grande Dame entspricht.

Im Laufe dieser gemütlichen Nachmittage wird auch öfter mal musiziert. Ich habe seit kurzem Klavierstunden, und da Pani Orlowska sich als die Entdeckerin meines Talents betrachtet, bemüht sie sich auch, es zu fördern und darüber zu wachen, und sie hört mich gern spielen, weil sie dann meine Fortschritte prüfen kann. Und manchmal, zur Belohnung und als didaktische Demonstration, wird Krysias älterer Bruder, der ebenfalls Konzertpianist werden will, gerufen, damit er uns etwas vorspielt – und mir zeigt, was ich erreichen kann, wenn ich genug übe, welche Wunder mich erwarten, wenn ich älter werde. Robert, wunderbar erwachsen mit seinen achtzehn Jahren und in der letzten Klasse der Musikschule, ist noch kein richtiger Pianist, und selbst ich höre die Anstrengung, die die Musik daran hindert, sich unter seinen Händen voll zu entfalten. Dennoch, er spielt so erwachsene Musik wie die Scherzi von Chopin und Beethovens späte Sonaten, und ich bin tief beeindruckt, daß diese herrlichen Stücke extra für mich in einem so intimen Kreis gespielt werden. Und es gibt Momente – wenn er ein schwieriges Arpeggio oder eine besonders schöne Passage beendet –, in denen er sein bleiches, vogelähnliches Gesicht mit triumphierender Zufriedenheit von den Tasten zu heben scheint. Dann spüre ich die Macht, die die Musik verleiht. Alle hören aufmerksam zu. Macht er Fortschritte? Wird er der große Pianist, den die Familie hervorzubringen hofft?

Robert wartet auf Pani Orlowskas Erlaubnis, sich zurückzuziehen. Er respektiert die Autorität seiner Mutter nahezu uneingeschränkt, und er verläßt nie das Haus, ohne ihr genau zu sagen, was er vorhat und wann er wieder zurück sein wird.

Aber Pani Orlowskas Status ändert sich auf subtile Weise – ebenso wie die ganze Atmosphäre im Haus –, wenn ihr Mann anwesend ist. Er erscheint nur, wenn das Essen auf dem Tisch steht, und sogleich sind alle angespannt. Er ist ein fleischiger Mann mit beginnender Glatze, ohne ein Lächeln, und jede seiner Äußerungen birgt einen versteckten Vorwurf. Er kritisiert die Suppe, weil sie nicht ausreichend gesalzen, die Servietten, weil sie nicht ordentlich gefaltet sind; all das richtet sich indirekt gegen seine Frau, die ihm mit gezwungener Höflichkeit antwortet; aber sie ist stets eindeutig in der Defensive.

Ich weiß natürlich, daß das fehlende Salz in der Suppe nicht der wahre Grund für die Spannung ist, aber erst, als ich zwölf Jahre alt bin, erzählt mir meine Mutter, was los ist. Dr. Orlowski hat eine ständige Geliebte, »eine geschminkte Blondine«, die er in einer nahegelegenen Wohnung aushält und die praktisch seine zweite Frau ist. »Ich weiß nicht, warum sie sich das bieten läßt«, fügt meine Mutter hinzu. Solche Arrangements sind in Polen sehr verbreitet und werden von allen Beteiligten stillschweigend hingenommen. Aber in Pani Orlowskas Fall ist die Situation unvereinbar mit ihrer Würde und läßt sie als Frau, nicht als die eindrucksvolle Persönlichkeit, in einem merkwürdigen Licht erscheinen.

Trotzdem besitzt Pani Orlowska in meinen Augen eine weibliche Autorität, die ich bewundere und die ich in vielen lebhaften und willensstarken Frauen um mich herum erkenne. Wenn ich erwachsen bin, möchte ich auch so sein wie sie, geistreich, willensstark und klug.

Krysia möchte das auch – sie würde nichts lieber als genauso wie ihre Mutter werden, aber im Polen der Nachkriegszeit scheint das ein schwieriges Unterfangen zu sein. Als ich das Land verlasse, sehe ich die Orlowskis achtzehn Jahre lang nicht mehr; und als ich sie schließlich wieder besuche, hat Pani Orlowska sich kaum verändert. Ihre Haut spannt sich straff über den hohen Wangenknochen, ihr weißes Haar ist schön, ihre blauen Augen leuchten so klar und intelligent wie eh und je. Mit siebzig hat sie angefangen zu schreiben und einen Roman über Helen Keller beendet; es ist ein spannendes, beschwingtes und optimistisches Buch. Zu der Zeit habe ich ein bißchen Liebeskummer, und Pani Orlowska, die mir in die Augen sieht, gibt mir gute Ratschläge wie in alten Zeiten: »Eine Frau sollte stark sein, sie sollte mit dem Kopf lieben; laß die Männer mit dem Herzen lieben.« Ich sehe sie nachdenklich an, und sie bricht plötzlich über ihre weisen Sprüche in Gelächter aus.

Robert, der jetzt in den Vierzigern ist, gibt seiner Mutter immer noch Auskunft über jeden Schritt. Er hat nie geheiratet, und Konzertpianist ist er auch nicht geworden. Statt dessen ist er ein bekannter Musikkritiker geworden, aber er läßt sofort alles stehen und liegen, wenn er seine Mutter durch die Stadt fahren oder ihr beim Möbelrücken helfen soll. Dr. Orlowski kommt während meines Besuchs nicht ein einziges Mal aus seiner Praxis herüber und wird nur höflichkeitshalber erwähnt. Mir fällt auf, daß er auf keinem der vielen Fotos, die Krysia mir von ihrer Hochzeit zeigt, zu sehen ist.

Krysia, das Stachelschwein, scheint dagegen bei all ihrer Zurückhaltung ein treues, liebevolles Herz zu besitzen. Nach meiner Abreise schrieb sie ein Gedicht über unsere Freundschaft und die Trauerweide im Krakowski Park, unter der wir so oft spielten. Außerdem besorgte sie sich eine Karte von Amerika und steckte die Reiseroute unserer Familie von Montreal nach Vancouver mit Stecknadeln ab, während sie mich in so fremden und exotischen Orten wie Quebec oder Manitoba wähnte. Bestimmt war die Reise in ihrer Phantasie großartiger als sie für mich in Wirklichkeit war. Doch als ich sie schließlich wiedersehe, hat sie sich in eine korpulente Matrone mit zwei Kindern verwandelt. Wie so viele Polen meiner Generation hat sie noch mehrere Jahre nach der Hochzeit mit ihrem Mann und ihrem ersten Kind in der alten Wohnung der Orlowskis gewohnt. Dann hatten sie das Glück, eine eigene Wohnung in einem dieser Fertigbauwohnwaben zu finden, die den Rändern der Großstädte von Krakau bis Marseille und Bangkok ein merkwürdig gleiches Aussehen verleihen. Die Elektrizität versagt in dieser polnischen Version modernen Wohnungsbaus oft, und auf das heiße Wasser ist nie Verlaß. Krysia ist von alldem oft völlig geschafft, wie ihre Mutter es nie war – geschafft von ihrer Arbeit als Laborantin, von der Hausarbeit, bei der ihr Mann ihr niemals hilft, von den endlosen Schlangen, in denen sie anstehen muß, um die simpelsten Einkäufe zu erledigen. Sie ist geschafft, aber stolz – auf ihre Kinder, auf ihren Mann, auf ihre schwedisch angehauchten Teppiche und die dänisch angehauchten Möbel. Als wir uns gegenseitig von unserem Leben zu erzählen versuchen, merke ich, daß sie den Kern meiner Geschichte nicht begreift: daß ich geschieden bin, daß ich eine eigene Wohnung in New York habe, daß ich reise, daß ich den Ehrgeiz habe zu schreiben. Ich kann den Sinn meiner Lebensgeschichte auch oft nicht begreifen. Was für eine seltsame Kreatur ist aus mir geworden! Aber wenn ich Krysia zuhöre, weiß ich, daß ich die Freiheit, die oft so schwer auf mir lastet, ein verpflichtendes Geschenk, das ich nicht richtig zu würdigen weiß, nie mehr aufgeben könnte. Jedenfalls würde ich sie nie gegen die Belastungen in Krysias Leben tauschen.

Als ich sie das erste Mal besuche, fährt Krysia einen kleinen Fiat, er ist ihr ganzer Stolz. Mehr als irgend etwas anderes vermittelt das Auto ihr das Gefühl, zur großen modernen Welt zu gehören. Einmal steige ich mit ihr ein, sie will mich durch Krakau fahren. Sie hat in einer alten Kopfsteinpflasterstraße geparkt, und als sie den Motor anläßt, sehe ich, wie sie das wohlerinnerte kleine heimliche Zeichen des Kreuzes macht. Dann sehen wir einander an und lächeln über diese verquere Ironie, mit der wir es so weit gebracht haben.

Krank sein, nur ein bißchen, ist ein angenehmer, träger Zustand. Das Fieber versetzt dich in eine träumerische Halbtrance, in der ungerufen Bilder erscheinen und das Innere deines Kopfes sich selbst genügt. Du liegst den ganzen Tag lang unter der gemütlichen Daunendecke und kannst lesen, soviel du willst, oder mit Erwachsenen, die besonders nett zu dir sind, Quartett spielen. Besonders schön ist es, wenn meine Schwester und ich gleichzeitig krank sind; dann werden unsere Betten zusammengerückt und wir können Karten spielen oder Domino oder miteinander raufen. Manchmal, wenn abends das Licht ausgemacht worden ist, sage ich zu Alinka: »Ich bin nicht Eva, ich bin Evas Geist.« Aber das erschreckt mich fast genauso wie sie; denn vielleicht bin ich ein Geist, vielleicht glaube ich nur, daß ich Ich bin. In dem träumerischen Zustand, in dem ich mich befinde, wenn ich leichtes Fieber habe, bin ich das, was meine Träume mir vorgaukeln.

Als Kind bin ich oft krank. So kommt es vor, daß ich mich halsstarrig, entschlossen und beharrlich weigere zu essen. Eine Zeitlang, als ich alt genug bin, um in solchen Kategorien zu denken, sehe ich dies voller Stolz als meinen ersten existentiellen Protest an, doch es stellt sich heraus, daß die Verweigerung der Nahrungsaufnahme bei Nachkriegskindern weit verbreitet ist; vielleicht spüren wir noch etwas von dem, was wir mit der Muttermilch eingesogen haben, etwas von dem, was sie verdauen mußten, und wir wehren uns dagegen, wie später meine Altersgenossen überall auf der Welt sich weigern werden, die Nahrungsmittel zu sich zu nehmen, die ihnen in der Welt ihrer Eltern vorgesetzt werden, wie sie sich weigern werden, das Erbe der Erde anzutreten. Aber mit meinen vier Jahren weiß ich nur, daß es für meine Ehre wichtig ist – besonders nachdem ich verkündet habe, ich würde nichts essen –, daß ich länger durchhalte als meine Eltern, sie nicht gewinnen lasse. Ich sitze vor meinem Teller und fühle mich unbesiegbar. In diesem Alter ist mein Wille jedenfalls absolut.

Wenn ich diese Anfälle habe, verkleidet sich mein Vater manchmal, bindet sich einen falschen Bart um und versucht mich mit improvisierten Spielen abzulenken, während meine Mutter sagt: »Öffne dich, Florianstor« und sich abmüht, mir schnell einen Löffel in den Mund zu schieben. Das Florianstor ist ein bekannter Torbogen in Krakau, der früher der Zugang zur Altstadt war. Als meine Verweigerung anhält, führen meine Eltern mich einem Spezialisten in Kattowitz vor, und danach kauft meine Mutter eine schöne weiße Waage, wie man sie sonst nur in Geschäften sieht, um die verordnete Nahrungsmenge sorgfältig abzuwiegen. Aber ich werde erst von meiner Protesthaltung geheilt, als ich eine »schwere Anämie« bekomme, die, zurecht oder zu unrecht, auf meine selbst gewählte Unterernährung zurückgeführt wird. Ich werde für ein Jahr von der Schule genommen und muß den ganzen Tag lang zugedeckt im Bett liegen, und außerdem kommt einmal in der Woche ein Arzt und gibt mir eine schmerzhafte Vitamin-B-Spritze. Das ist nun gar nicht mehr komisch, und so willige ich schließlich ein, wieder Nahrung zu mir zu nehmen, und von da an esse ich mit absolut gesundem Appetit.

Wenn ich eine Erkältung habe oder Grippe, kommt sofort Dr. Otto, unser Hausarzt, mit seiner großen Ledertasche. Er plaudert eine Weile mit meiner Mutter, trinkt eine Tasse Tee und erst dann holt er sein wunderschönes Stethoskop aus der Tasche, das mir so gut gefällt, weil ich weiß, daß es nicht weh tut. Dann verschreibt er mir etwas, *recepta* – ein Wort, das so staubtrocken klingt, daß ich an vergilbtes altes Papier denken muß.

Meine Mutter erzählt mir, wie sie als Kind einmal von einer schrecklichen Krankheit geheilt wurde – von einer Bäuerin, die durch die Stadt zog und die einen geheimnisvollen Kräutersud für sie zusammenstellte, in dem sie baden mußte. Für die meisten Krankheiten, die meine Schwester und ich haben, gibt es bewährte Allheilmittel: Wenn du das Bett hüten mußt, bekommst du *Kogelmogel*, eine sahnige, dicke, süße Mixtur aus Eigelb, Zucker, Butter und

Kakao. Schon dafür würde es sich fast lohnen, krank zu werden. Bei Halsschmerzen wird eine Wodka-Kompresse, ein Tuch, das in Wodka getunkt wird, um den Hals gewickelt, der zuvor mit Mutters Gesichtscreme eingerieben wurde, damit der Alkohol nicht brennt. Bei einer richtigen Grippe werden *banieczki* oder »Schröpfköpfe« aufgesetzt. Diese besondere Prozedur wird gewöhnlich von Ciocia Bronia ausgeführt. Während ich beklommen warte und auf dem Bauch liege, die Arme zum Schutz über dem Kopf, gießt sie einen winzigen Tropfen Alkohol in eine der kleinen Glastassen, die eher die Form einer Vase haben. Sie zündet ein Streichholz an, erhitzt damit schnell das Glas, und dann verstecke ich mein Gesicht im Kissen, während sie das stechend heiße Glas auf meinen Rücken setzt, wo es mit einem Zischen die Haut in sich hineinsaugt. Dann muß ich mehrere Minuten still liegen, bis Ciocia Bronia die Tassen wieder abnimmt, jede macht dabei ein kleines Geräusch – plop –, wenn sie die Haut freigibt, als ob die Haut vorübergehend ein lebloses Ding gewesen wäre.

Der Sinn solcher Kuren besteht darin, soviel Hitze wie möglich zu erzeugen, was auf der alten Vorstellung beruht, daß ein kranker Körper durch langsames Schwitzen und Ruhe geheilt wird. Als meine Mutter einmal schwer erkrankt, geht sie in ein Sanatorium, eine dieser Oblomowschen Anstalten, wo der Körper durch diverse warme Bäder, in denen man liegt oder sitzt, wieder ins Gleichgewicht gebracht werden soll. Aber irgendwann in meiner Kindheit wechselt meine Mutter, die stolz darauf ist, eine moderne Frau zu sein, zu Dr. Gren, der bekannt für seine fortschrittlichen und unorthodoxen Kinderheilmethoden ist, die er vermutlich in Amerika – woher zweifellos die meisten fortschrittlichen Dinge kommen – mitgebracht hat. Sein Medizinverständnis ist die Ursache radikaler Veränderungen in unserer Kindheit, denn er macht meine Schwester und mich mit den kräftigenden Eigenschaften der Kälte bekannt. Wenn ich jetzt Halsschmerzen bekomme, muß ich soviel Eis essen wie ich kann; bei einer Grippe werde ich in ein heißes Bad gesteckt und dann mit einem Eimer kalten Wassers übergossen. Das soll mehrere Male hintereinander geschehen, aber, wie so oft, verbündet sich meine Mutter mit mir und mogelt ein bißchen, und nach ungefähr zwei Güssen springe ich aus der Wanne in die barmherzige Umarmung des trockenen Handtuchs. Obwohl wir Dr. Grens strenge Verordnungen befolgen, gehen sie uns gegen den Strich.

Erst als ich selbst in das Land des Fortschritts komme, wo Dr. Gren angeblich studiert hat, werde ich mit der Vorstellung konfrontiert, daß Gesundheit Anstrengung bedeutet. Laufen, Schwimmen, Aerobic tönt es aus allen Kanälen. Lauf besser, lauf schneller, lauf länger, jeden Tag. Bleib nicht stehen, bleib in Bewegung. Steigere deine Energie. Trainiere deinen Körper, damit er hart wird wie ein Brett, muskulös wie der eines Sportlers, unverwundbar wie eine Maschine aus Stahl. Bleiben Sie nicht zu lange im Bett, sagt mein Arzt, wenn ich den neuesten Grippevirus habe; es ist sowieso etwas peinlich, krank zu sein, und vielleicht auch eher psychosomatisch bedingt. Ich befolge die Anweisungen. Manchmal ziehe ich meine Turnschuhe an und gehe laufen, um mir und anderen zu beweisen, daß die verschiedenen Teile meines Körpers gut funktionieren. Hin und wieder gehe ich in ein Fitness-Studio, dahin, wo sich Menschen mit todernstem Gesicht an verschiedene Vorrichtungen schnallen und der Reihe nach die einzelnen Körperteile in anstrengende Bewegungen versetzen. Meistens haben sie glatte, gut konservierte Mittelschichtskörper – denn die Klasse beeinflußt sogar die Art, wie wir aussehen und altern –, und ihre gesunde Ausstrahlung spricht sowohl für die Maschinen als auch für ihre angestrengten Übungen. Aber ich kann die eher träge Sinnlichkeit, die in meiner Kindheit mit Krankheit verbunden war, nicht vergessen, und ich bewundere diesen Eifer, den Körper bis an seine Grenze zu treiben, als ob das Fleisch auf diese Weise ordentlich kasteit und die Gefahr der Trägheit wie eine Todsünde ausgetrieben werden könnte.

Einmal in der Woche werde ich frühmorgens durch die Rufe von Bauern geweckt, die von der Straße her durchs Fenster tönen. »Frisches Gemüse, frische Sahne, Butter, Eier, junge Hühner ... « rufen sie mit lauter heiserer Stimme, die Vokale zum Singsang gedehnt.

Ich springe aus dem Bett, das bunte Treiben zieht mich an, und bald darauf gehen meine Mutter und ich auf die Straße, die einen Tag lang zu einem improvisierten Markt geworden ist. Bauersfrauen in langen weiten Röcken und Kopftüchern stehen oder sitzen auf dem Pflaster, auf dem sie ihre Waren ausgebreitet haben. Manche tragen eine Kette von ungerupften Hühnern um den Hals, die toten Vögel schaukeln bei jeder Bewegung ihrer umfangreichen, in mehrere Röcke gehüllten Körper. Ich bin jedesmal erleichtert, wenn meine Mutter ein Huhn kauft, das schon tot ist. Manchmal werden uns lebende Hühner gebracht, und dann schließt unser Dienstmädchen die Küchentür, und ich höre das gräßliche, schrille Kreischen, das plötzlich, ebenso gräßlich, aufhört. Einmal komme ich zu früh in die Küche und sehe mit ungläubigen Augen, wie ein Huhn ohne Kopf auf mich zugelaufen kommt. Ich starre es an, als wäre es das Haupt der Medusa, das wegrennen will, um nicht abgeschlagen zu werden. Das Hühnchen scheint wütend zu sein, daß es tot ist, so wütend, daß es mir vielleicht etwas Schreckliches zufügen könnte.

Andere Händler bieten kleine Kostproben kühler Butter oder dicker saurer Sahne an. »Möchten Madame nicht kosten? Meine Ware ist frisch und nicht teuer«, ermuntert uns eine Frau, als wir vorbeigehen. Meine Mutter bleibt an manchen der provisorischen Stände stehen – obwohl *Stand* eine Übertreibung ist, denn die Waren liegen meist auf Zeitungspapier, das auf dem Straßenpflaster ausgebreitet wurde. Wir schwelgen, wir kosten die süße frische Butter oder scharfen weißen Rettich oder milden Sauerrahm, und nachdem wir lange gesucht und gehandelt haben – wozu auch gehört, daß wir so tun, als wären wir schlecht gelaunt und hätten es eilig, zum nächsten Stand zu kommen –, wählen wir die besten Waren, die wir hier bekommen können, und meine Mutter packt alles in ihr Einkaufsnetz.

Die Bauern und Händler, die, wenn es dunkel wird, mit ihren Pferdewagen wieder in ihre Dörfer fahren, gehören zu den ganz wenigen privaten Geschäftsleuten, die in den Nischen unseres höchst systematischen Systems existieren können. Genau wie unsere Dienstmädchen, die manchmal ein paar Monate, manchmal ein paar Jahre bei uns bleiben. Beides verdanken wir der Dickköpfigkeit polnischer Bauern und der Beharrlichkeit bürgerlicher Vorstellungen. Als die Russen nach dem Krieg versuchten, die osteuropäische Landwirtschaft zu kollektivieren, mußten sie feststellen, daß der Widerstand der polnischen Bauern zu stark war – und, wie sie wußten, in Gewalttätigkeit hätte umschlagen können. Die Kollektivierung gelang nur zu einem kleinen Prozentsatz, und viele Bauern blieben auch weiterhin die Eigentümer ihrer Höfe; sie versorgten uns mit Ferienhäusern, der wöchentlichen Ration an Lebensmitteln und jungen Mädchen, die ohne Beruf in die Städte kamen, ohne zu wissen, wie sie Geld verdienen sollten, und Hausarbeit der Fließbandarbeit in den neuen Fabriken vorzogen.

Meine Mutter ist der Ansicht, daß ein Dienstmädchen notwendiger Bestandteil des Haushalts einer Dame ist. Alle haben eins. Aber die Mädchen füllen auch die große, durch die Fünf-Jahres-Pläne erzeugte Lücke aus: technische Annehmlichkeiten für die Hausfrau werden nicht als vordringlich angesehen. In unserem Haushalt finden sich, wie in den meisten anderen, keine elektrischen Geräte, und es bedarf ziemlich harter Arbeit, um ihn in Ordnung zu halten. Einmal in der Woche bohnert das Mädchen die Parkettfußböden im ersten und zweiten Zimmer und wienert sie dann, indem sie, mit zwei Filzlappen unter den Füßen, schleifend und wischend hin und her geht. Alle zwei Wochen muß sie das große Pensum des Wäschewaschens erledigen – dann verwandelt sich die Wohnung in ein dunstiges Badehaus mit dampfender Lauge, und Mengen von weißem Stoff werden energisch auf dem Waschbrett gerubbelt. Anschließend ziehen meine Mutter und ich die Laken und Bettbezüge glatt, indem wir beide Enden in entgegengesetzte Richtungen ziehen, um sie so zum Bügeln vorzubereiten.

Als wir einen Kühlschrank bekommen – meine Eltern bringen ihn von ihrer Rußlandreise mit –, kommen alle zu uns, um ihn zu begutachten. Er wird im ersten Zimmer aufgestellt, weil nur dort genügend Platz ist, und da steht er nun, wie ein schimmernder weißer, vertikaler Dampfer. Er scheint weniger ein nützlicher Gegenstand zu sein als ein Objekt der Bewunderung, und wir benutzen ihn nur wenig und stellen weiterhin Milch und Butter über Nacht auf den Balkon.

Für die meisten unserer Mädchen ist meine Mutter teils »Madame«, teils freundliche Beraterin, und abwechselnd kichern sie zusammen bei der Arbeit und übernehmen ihre vorgegebenen Rollen als Herrin und als Dienerin, soweit die verräterische Enge unserer behaglichen Wohnung diese soziale Unterscheidung zuläßt. »Ich habe dir gesagt, daß das Essen um zwei Uhr auf dem Tisch stehen soll. Ich habe dir gesagt, daß du anklopfen sollst«, ermahnt meine Mutter das Mädchen, mit dem sie am Vormittag noch die Kartoffeln geschält hat. Kein Wunder, daß ihre Stimme bei solchen Ermahnungen den entsprechenden Hochmut vermissen läßt – es ist schwer, unter solchen Umständen die eigene Bedeutung hervorzukehren.

Hanka, die am längsten bei uns bleibt, ist eine schlanke, hübsche junge Frau mit blondem Haar, das zu einer weichen Welle im Nacken frisiert ist, mit gezupften, hochgewölbten Augenbrauen und modisch enganliegenden Kleidern. Sie kommt ins Haus, als Alinka noch ein Kleinkind ist und wird für Alinka das, was Ciocia Bronia für mich gewesen ist. Oft füttert sie Alinka morgens und geht dann mit ihr in den Park, schimpft mit ihr, wenn sie ungezogen ist, und liest ihr Gutenachtgeschichten vor. Mehr als jede andere dieser Mitbewohnerinnen ist Hanka eine Freundin. Sie ist eine lebhafte, leidenschaftliche junge Frau, bemüht, das Leben in der Stadt und in der »modernen Welt« kennenzulernen. Sie ist fröhlich; bei der Küchenarbeit singt sie gewöhnlich, und meine Mutter, die eine schöne weiche Stimme hat, fällt oft ein und singt mit ihr bei der gemeinsamen Arbeit. Manchmal sprechen Hanka und meine Mutter auch über »Frauen«-Angelegenheiten – ich erkenne es immer an ihren verhaltenen Stimmen und ihrem scheuen Lächeln. Einmal leiht meine Mutter Hanka ein Buch, das auch mich fasziniert. Es heißt *Für Frauen* und ist mit Bildern von mondänen üppigen Frauen illustriert, die ihre in hochhackigen Schuhen steckenden Beine ausstrecken, Ringe aus Zigarettenrauch blasen oder ihre mit Lippenstift angemalten Münder launisch und vamphaft verziehen. Das Buch soll Frauen zeigen, wie sie flott, sexy und verführerisch werden. Ich finde es so fesselnd, so raffiniert und unwiderstehlich, daß ich Marek ein paar der Bonmots weitererzählen muß: »Wozu gibt es Frauen? Damit die Männer etwas haben, das sie erstreben können«, zitiere ich, als wir im Foyer eines Filmtheaters auf Einlaß warten. Aber mein Versuch, die Kokette und Erfahrene zu spielen, mißlingt, als ich sehe, wie die Leute um uns herum ein Lachen unterdrücken, und ich werde dunkelrot. Hanka liest oft in diesem Ratgeber, und dann berät sie sich mit meiner Mutter, ob der Rat, den sie darin gefunden hat, auch schicklich ist. Soll sie einen Rock mit einem so langen Schlitz tragen? Und was ist mit der Zigarettenspitze, würde ihr so etwas stehen? Ihr Freund hat ihr ein Paar Nylonstrümpfe mit Naht geschenkt, die sie voller Stolz meiner Mutter zeigt. Meine Mutter hört sich die Geschichten über diese Männer mit der Toleranz der älteren Frau an. Doch einmal scheinen beide besorgt: Hanka ist vielleicht schwanger, schnappe ich auf, und ich bekomme auch mit, daß meine Mutter findet, das wäre eine Katastrophe; der Freund sollte Hanka erst heiraten, sonst würde er sich bestimmt aus dem Staub machen.

Andere Mädchen kommen und gehen zu schnell, als daß sie mehr sein könnten als eine Folge verschiedenartigster Anfängerinnen. Da ist eine ältere Frau, die immer ein Kopftuch trägt und die lange Zeit so tut, als ob sie taub wäre, bis sie dabei erwischt wird, wie sie hinter der Tür meine Eltern belauscht. Dann ist da eine andere, eine winzige Person, deren Gestalt nicht zu erkennen ist, weil sie sich in so viele Schichten von Röcken, Unterröcken, Pullovern und Schürzen hüllt und sich weigert, sich auszuziehen, so wie sie sich weigert, nachts in der Küche das Licht auszumachen, wegen irgendeines unerfindlichen Aberglaubens.

Nie kommt meinen Eltern oder uns der Gedanke, unsere Wohnung sei vielleicht zu voll, oder wir könnten darunter leiden, daß unsere Privatsphäre ständig verletzt wird. Immerhin haben wir mehr Platz als viele Leute, die wir kennen, und oft haben wir sogar noch Besucher, die die Nacht auf dem Sofa im ersten Zimmer verbringen. Meist weiß ich nicht einmal, wer sie sind: Bekannte meines Vaters, mit denen er Geschäfte macht, oder auch Verwandte von Leuten, die meine Eltern vor dem Krieg gekannt haben. Sie bleiben so lange, wie sie wollen, manchmal ein paar Tage, manchmal länger. Eine Zeitlang kommt jeden Freitag ein junger Mann zu uns und bleibt über Nacht. Er ist Jude, und er hat beide Eltern im Krieg verloren. Jetzt lebt er im Waisenhaus und meine Eltern laden ihn ein – nach der alten jüdischen Tradition, bedürftige Fremde am Sabbat aufzunehmen. Diese Einladungen scheinen ihn aber nicht zu trösten, er knabbert an den Fingernägeln, läßt sich nicht aufheitern und macht auch während des Essens ein trauriges Gesicht.

Mit so vielen Menschen in der Wohnung ist es immer etwas eng, aber ich finde es nie ungemütlich. Menschen so nahe in ihrer Intimität zu erleben, ist etwas sehr Lebendiges, und ich liebe es, mit meiner Mutter über die kleinen täglichen Ereignisse zu sprechen und zu hören, wie sie alles in der für sie charakteristischen Art in witzige, nachdenkliche, einsichtige und boshafte Bemerkungen verwandelt.

Abends versuche ich solange wach zu bleiben wie möglich und höre den Gesprächen der Erwachsenen im ersten Zimmer zu. Oft kommen Besucher vorbei, und die Themen reichen von gemeinsamen Bekannten bis zu Lebensmittelpreisen, Politik, Dienstmädchen, Filmen, Büchern. Alle in dem kleinen Kreis scheinen dieselben Bücher zu lesen – oft werden sie wie ein Schatz von einer Person zur anderen weitergereicht –, und die Gespräche über diese Bücher sind genauso leidenschaftlich und eindringlich wie jede andere Unterhaltung. War es richtig von ihr, ihn zu heiraten oder ihn zu verlassen? Was hätte sie sonst tun können? Einzelne Stimmen werden lauter in der lebhaften Diskussion und vermitteln mir das befriedigende Gefühl, daß die Gestalten in Büchern den Menschen im alltäglichen Leben sehr ähneln, eine farbenfrohe Bereicherung meiner Galerie und Nahrung für meine Neugier, was Motive und Gefühle der Menschen betrifft. Alles ist miteinander verwoben, und ich schlafe ein mit dem Gefühl, daß ich in einen Strom eingetaucht bin, und wenn ich aufwache, wird es noch mehr Stoff, noch mehr Gespräche, noch mehr Leben geben.

Ich weiß sofort, daß etwas passiert ist, als wir uns in der Aula der Schule versammeln. Die verschiedenen Klassen kommen ungewöhnlich geordnet und leise herein. Sogar die älteren Jungen, die in dem Ruf stehen, Störenfriede und gar Raufbolde zu sein, pfeifen nicht und bewerfen sich nicht gegenseitig mit Papierkügelchen. Die Bühne ist leer, bis auf ein Pult und zwei dort aufgestellte Fahnen, der polnischen und der sowjetischen, was mir verdächtig vorkommt. Als der Direktor höchstpersönlich erscheint, sehen wir einander beklommen an. Er fordert uns auf, uns zu erheben. Dann berichtet er uns die überwältigende Neuigkeit: Josef Stalin ist tot. Das ist sowohl abstrakt als auch nahezu unglaublich. Einerseits hätte er nicht sterben dürfen, da er nicht wirklich sterblich war, sondern ein granitener Monolith in unserem Leben. Andererseits kann uns, abgesehen von unserer Überraschung, der Tod eines granitenen Monolithen nicht wirklich traurig machen. Nun wird er in einem Mausoleum weiterleben, statt im Kreml. Aber der Direktor ist entschlossen, uns die Tragik des Geschehens nahezubringen. Seine Stimme zittert; er ist sichtlich erschüttert. Er erinnert uns an Stalins Heldentum im Krieg, an seine besondere Liebe zu Kindern, an seine großartige Freundschaft für unsere Nation. Ohne ihn wären wir führerlos, richtungslos, verwaist. Und so bleibt uns nur, seinen großen kommunistischen Idealen gerecht zu werden und seinen großen Traum zu verwirklichen, allen unterdrückten Völkern der Welt Gleichheit und Gerechtigkeit zu bringen.

Nach der Ansprache stimmt das gesamte Auditorium die »Internationale« an – die ernster und getragener und langsamer als sonst gesungen wird. Dann bewahren wir mehrere Minuten lang Schweigen, während die Fahnen auf halbmast gesenkt werden. Als wir endlich in unsere Klassenräume zurückgehen, hat kaum jemand trockene Augen. Unsere Lehrerin läßt uns still dasitzen, einige schniefen, anderen kullern die Tränen über das Gesicht, wieder andere schluchzen laut. Doch aus irgendeinem Grund weine ich nicht. Ich sitze aufrecht da und empfinde einen mir unerklärlichen Stolz, daß ich dem allen widerstehen kann. Ich weiß nicht warum, aber ich finde nicht, daß ich Anlaß habe, Stalins Tod zu beklagen. Ich glaube nicht, daß er mein Freund war. Für mich sind meine weinenden Klassenkameraden Heulsusen.

Ich weiß nicht genau, woher ich meine rosa angehauchte Überzeugung habe. Die Politik durchdringt alle Aspekte des Alltags. Sie ist genau wie das Judentum ein Thema, über das man nur flüsternd und halb heimlich spricht, und wie beim Judentum schnappen wir Kinder bei Gesprächen über Politik halb beendete Sätze wie Signale auf. Die Versammlungen der Nachbarschaft, um Sendungen von Radio Free Europe zu hören, werden gewöhnlich von verhaltenen Kommentaren begleitet: »Na, ob sie diesmal einschreiten werden?« »Keine Angst, deshalb wird es keinen Krieg geben.« Schon die Erwähnung des Wortes *Krieg* löst in mir leichte Panik aus, und meine Eltern müssen mich jedesmal beruhigen. »Niemand will wieder Krieg«, sagen sie. »Niemand, der einen erlebt hat. Auch die Russen wollen keinen, jedenfalls nicht in absehbarer Zukunft.« In dem Bücherregal über dem Bett meiner Eltern stehen die gesammelten Werke von Lenin und Stalin. Aber ich habe nie gesehen, daß sie einen der Bände herausgenommen und aufgeschlagen hätten, und selbst als kleines Kind weiß ich, daß es keine Bücher sind wie die anderen, die wir besitzen, weil wir sie lesen, sondern daß man von uns erwartet, daß wir sie haben, vielleicht für den Fall einer polizeilichen Hausdurchsuchung, wie sie hin und wieder vorkommen.

Die Unglaubwürdigkeit aller offiziellen Verlautbarungen ist so selbstverständlich, daß niemand mehr groß darüber zu reden braucht. Die Politik ist, wie die Religion, ein Spiel, nur daß niemand, jedenfalls niemand, den wir kennen, daran zu glauben scheint. Die Polen haben es nicht nötig, Philosophien zu entmystifizieren, um alle Formen der Macht und Autorität in Frage zu stellen. Das System an der Nase herumzuführen ist ein Nationalsport, und jede zweite Unterhaltung an der Straßenecke ist »subversiv«. Aber in diesem anarchischen Land gehören meine Eltern mit Sicherheit zu den anarchischeren Bürgern. Mein Vater läßt sich nicht, wie die anderen Juden, im Krieg zum Arbeitsdienst registrieren, und natürlich tritt er nicht in die Partei ein, noch kauft er den Politikern ihre plumpen Vorstellungen von Fünfjahresplänen oder dem »neuen Menschen« ab. Seine Einstellung zu solchen Dingen ist dieselbe, mit der er aus der noch fahrenden Straßenbahn springt oder mit seinem Motorrad durch die Gegend rast. Am 1. Mai, wenn alle Werktätigen an der großen Parade teilnehmen sollen, bei der Panzer und Soldaten sich mit Folkloregruppen und Ährenkränzen abwechseln, welche die Stärke der polnischen Bauern feiern, ist mein Vater einer der ersten, die sich davonschleichen. Er bestellt uns zu einer vorher vereinbarten Stelle, stiehlt sich aus dem Zug und dann schlängeln wir uns schnell durch die Zuschauermenge und gehen auf den *Planty* spazieren.

Meine Eltern fühlen sich beide so wenig dazugehörig, daß sie auch nicht den Wunsch haben, in die Opposition zu gehen oder vaterländisch nostalgische Diskussionen über das »wahre Polen« zu führen, das manche ihrer nichtjüdischen Freunde nach ein paar Gläsern Wodka vernebelt betrauern. Sie haben keine Erinnerungen an den Widerstand im Untergrund, aus dem die Juden meist herausgedrängt wurden, und sie waren nicht an dem bitteren Kampf um Polen zwischen den nationalen und den prosowjetischen Kräften nach dem Krieg beteiligt. Auf dieser politischen Landkarte kommen sie nicht vor: sie sind diejenigen, die niemand haben wollte. »Politik«, pflegt meine Mutter zu sagen, »ist immer ein schmutziges Geschäft.« Die Politik hat immer versucht, sie zu vernichten; und dieses Polen ist letzten Endes nicht ihr Polen. Ähnlich wie mit dem schwierigen Thema des Judentums wollen meine Eltern mir nicht zu früh zu viele politische Lektionen erteilen, allerdings warnen sie mich manchmal; ich soll keine antirussischen Witze in der Schule weitererzählen und nichts von unseren Gesprächen – zum Beispiel nichts von dem, was gesagt wurde, als wir die Nachricht erhielten, daß einer unserer Freunde gerade nach Sibirien geschickt wurde. Mehrere Menschen kamen in unserer Wohnung zusammen, um die Frau des verbannten Mannes zu trösten. Die Stimmung ist düster, aber niemand scheint schockiert oder empört zu sein. »Zehn Jahre«, sagt jemand zu einem Neuankömmling, der es noch nicht weiß, und schüttelt mitleidig und resigniert den Kopf. »Vielleicht setzen sie es auf fünf herab«, tröstet jemand die weinende Ehefrau, eine Zeit, die mir wie eine Ewigkeit erscheint. Ich verstehe nicht, worum es geht; ich weiß nicht, warum Pan Gorczawski, ein fröhlicher, gutaussehender Mann, in eine Gegend mit dem schrecklichen Namen Sibirien geschickt wird. »Diese Schweine«, sagt jemand, aber alle akzeptieren den Vorfall mit einem Fatalismus, der alle ihre Beziehungen zur Außenwelt durchtränkt. So ist es nun mal, es hat keinen Sinn, dagegen zu protestieren oder sich zu wehren, man kann einfach nichts tun.

So weiß ich also, daß ich am besten gar nichts von dem glaube, was mir draußen an politischen Dingen beigebracht wird. In den Zeitungen und Zeitschriften wird die Sowjetunion als eine Art Vaterland dargestellt, als das Zentrum, auf das die ganze Welt sich stützt. In fast jeder Nummer meiner Lieblingszeitschrift, *Querschnitt*, gibt es Bilder von blumenbekränzten blonden russischen Mädchen, die vor Gesundheit strotzen oder von Frauen mit Kopftüchern, die breit lachend neben Traktoren vor weiten Feldern stehen. Im Radio werden seelenvolle russische Lieder gesungen, und im Kino sehe ich die Tapferkeit russischer Soldaten im Krieg. Und gegen meinen Willen bin ich beeindruckt von all diesem Optimismus und Heldentum, dieser Tapferkeit, den leuchtenden Augen, der Zuversicht. Ich liebe den melodischen Singsang der russischen Sprache, die Bilder von Männern, die Kosakentänze tanzen. Die Russen haben Geist, Seele und Flair.

Aber sie haben auch die Geheimpolizei und Sibirien, und die Partei, die halb ein Witz ist und halb ein Schimpfwort. Wenn Rußland wie eine Mutter ist, dann eine strenge – eine von diesen Stiefmüttern in den Märchen, die es fertigbringen, die unglücklichen Kinder in den Brunnen zu stoßen. Als ich einmal zu Pani Ruta sage, ich hätte gehört, Moskau sei eine schöne Stadt, sagt sie, Rußland sei wie ein Mädchen, das Parfüm benutzt, um zu vertuschen, daß es in Wirklichkeit stinkt. Moskau sei die Vorzeigestadt, mit deren Hilfe die Wunden im übrigen Land verdeckt würden. Pani Orlowska hofft, daß die Vereinigten Staaten die Ersten sein werden, die eine Rakete in den Weltraum schicken. »Sie werden es ihnen zeigen«, sagt sie, »du wirst schon sehen. Sie werden diesen Barbaren eine Lehre erteilen«, sagt sie leidenschaftlich, und wenn mich diese totale und offene Ablehnung der empfangenen Wohltaten erstaunt, dann nur, weil sie sich über ein politisches Thema so aufregen kann.

Wenn Rußland das Zentrum ist, dann ist es ein schweres, bleiernes Zentrum, eine Art schwarzes Loch, dessen finstere Tiefe jede helle Energie verschluckt. Die Leute, die einmal dort gewesen sind, erzählen Geschichten von unvorstellbarer Armut, von Spitzeln und von Angst. Auf der anderen Seite der Welt, wirbelnd im Universum wie eine riesige fliegende Untertasse, liegt Amerika – auch ein zwiespältiges Land vager Ängste und Sehnsüchte. In den Wochenschauen, die vor den Filmen gezeigt werden, wird der Name Eisenhower mit düsterer, schneidender Stimme ausgesprochen und meist im Zusammenhang mit irgendwelchen Militärmanövern oder Kriegsabsichten. Amerika bereitet sich ständig auf irgendeinen Krieg vor, im Gegensatz zu den sowjetischen Panzern, die, ständig blumenbekränzt, nur friedliche Absichten verfolgen. In einer Zeitschrift lese ich einen Artikel über Lynchmord in den Südstaaten und einen anderen über die Armut amerikanischer Arbeiter. Ich lese auch *Onkel Toms Hütte*, ich vergieße Tränen über die Ungerechtigkeiten, die Tom und seiner Familie zugefügt werden; vielleicht stimmt es ja, was manche Leute behaupten, daß Amerika ein grausames Land voller hartherziger Menschen ist.

Aber alle wissen auch, daß Amerika das Land ist, in dem all die guten Dinge des Lebens – Autos, Dollars, Kaugummi, Kugelschreiber – in Hülle und Fülle vorhanden sind, sogar, wie meine Eltern mir versichern, für die angeblich so unterdrückten Arbeiter. Manchmal erhalten wir einen handfesten Beweis für den Reichtum Amerikas, wenn wir ein Paket von einem Freund meiner Eltern bekommen, der das unvorstellbar große Glück hatte – alle sind sich darin einig, daß es ein Glück ist – dort zu landen. Hysterisch vor Aufregung zerschneiden wir die Schnüre, die um den Pappkarton gewickelt sind, und packen Wunderdinge wie eine große Dose mit Kakao aus, die mit fremden Worten beschriftet sind, einen Nylonslip für meine Mutter, und dann, das Beste überhaupt, zwei Kleider, ebenfalls aus Nylon, mit Spitzenborten und einer Schärpe in der Taille, für meine Schwester und mich. Eine Zeitlang werden Alinka und ich von der ganzen Nachbarschaft beneidet, und wir geben an, als kämen wir selbst aus Amerika. Dann sehen wir einen amerikanischen Film – meinen ersten –, in dem ein sehr gutaussehender

Mann mit dem exotischen Namen Kirk Douglas, den man meist auf einem Pferd sitzen sieht, ein indianisches Mädchen verfolgt, bis es am Ende – nackt! – in einen jungfräulichen See springt, und er hopst hinterher, und so schwimmen sie dann gemeinsam in eine strahlende idyllische Umarmung in Technicolor. Der Gang des Mädchens, diskret in langen Sequenzen von hinten gefilmt, und der Schluß sollten sich unauslöschlich in mein Gedächtnis einprägen, und sei es nur wegen des kollektiven Kitzels und wegen des Seufzers, den das Publikum ausstößt, als sich das Paar langsam ins Wasser sinken läßt. Nacktheit ist in diesem historischen Moment kein häufiger Anblick im polnischen Kino.

Später, und auch das verursacht eine kleine Sensation, nimmt sich ein bekannter Musikkritiker die Freiheit heraus, im Radio einen Song mit dem Titel »Rock Around The Clock« zu spielen, nicht ohne ihn mit einer langen, gelehrten Abhandlung zu kommentieren (dies sei Musik der unterdrückten Rassen, erfahren wir, und insofern politisch wichtig und erhebend). Die elektrisierende, sexuelle Ausstrahlung dieser Musik ist völlig anders als die getragenen lyrischen, meist polnischen oder französischen Chansons, die ich sonst im Radio höre. Und wenn ich »Rock Around The Clock« mit meiner leider überhaupt nicht heiseren Stimme vor mich hinsumme, kann ich nicht glauben, daß ein Land, aus dem so viele tolle Dinge kommen, so schlimm ist, wie die Wochenschauen es zeigen.

In der Schule erhalte ich zwei Arten von politischem Unterricht, die zusammen so etwas wie eine doppelt belichtete Fotografie ergeben. Zunächst ist da die Sache mit dem Russischunterricht. Von der fünften Klasse an ist Russisch Pflichtfach. Das sei keine große Last, sagen der Direktor und andere Persönlichkeiten in ihren Ansprachen, denn sicherlich wolle jeder gern die internationale Sprache des Kommunismus lernen. Das einzige Problem ist, daß die Lehrer, die damit beauftragt werden, allesamt keine Lust dazu haben. In anderen Fächern herrscht eine ziemlich strenge Disziplin. Jeden Tag kann es passieren, daß wir aufgerufen werden und eine auswendig gelernte Passage aufsagen oder Fragen vor der ganzen Klasse beantworten müssen – auch wenn man immer mit der Hilfe der Mitschüler rechnen kann, die einem flüsternd oder mit Gesten etwas vorsagen, wenn man nicht weiter weiß. Aber im Russisch-Unterricht ist das offenbar anders, und nachdem sie ein paar harmlose Übungen mit uns absolviert hat, unterhält sich die Lehrerin mit uns – auf polnisch – über andere Dinge.

Im Geschichtsunterricht lesen wir in unseren Schulbüchern von den endlosen Klassenkämpfen bis in die Gegenwart, vom historischen Sieg der Unterdrückten über den Unterdrücker: arme, verstreute polnische Ritter kämpfen gegen die preußischen Junker im vierzehnten Jahrhundert, Bauern erheben sich gegen grausame Großgrundbesitzer im achtzehnten, Arbeiter wehren sich gegen den Würgegriff ihrer Ausbeuter im neunzehnten, und von da an geht es für die Schreiber dieser Texte bruchlos weiter, denn die Geschichte wird zu einem Äquivalent für die umwälzende Entwicklung der Kommunistischen Partei Polens, von ihren Anfängen als kämpferische, unterdrückte Stimme der wahren Gerechtigkeit, über ihren triumphalen, immer noch nicht abgeschlossenen Aufstieg – nein, der Kommunismus ist noch nicht vollkommen, aber er ist der Selbstkritik fähig – bis zu ihrem Kreuzzug für universelle Gerechtigkeit und Wahrheit, was dann in der siebten Klasse im Auswendiglernen des Kommunistischen Manifests von Karl Marx gipfelt.

Zwar kenne ich die vielen komplexen historischen und ideologischen Argumente nicht, die gegen diese Version der Geschichte vorgebracht werden könnten, aber mir wird bewußt, daß meine Lehrer selbst nicht daran glauben. Hinter dem offiziellen Lehrstoff zeigen sie uns Teile eines anderen Bildes. Jener König, der angeblich seine Untertanen so tyrannisch unterdrückte – war in Wirklichkeit, wie ein Lehrer einfließen läßt, ein großer polnischer Patriot, der ein vernünftiges Gesundheitssystem schuf und von italienischen Baumeistern eines der schönsten Gebäude ganz Europas errichten ließ. Seine Frau, die Königin Jadwiga, war so fromm und gut zu den Armen, daß sie als Heilige angesehen wurde.

Daraus kann ich mehreres ableiten: offenbar steht in dem Buch dieses Lehrers, daß Patriotismus und Religiosität gute Dinge sind, und das möchte er uns offenbar vermitteln. Wenn er uns von solchen Dingen erzählt, wird seine Stimme wärmer, und er lehnt sich über den Tisch und gibt uns zu verstehen, daß dies eine Angelegenheit zwischen ihm und uns ist – er sagt es uns mehr oder weniger direkt. Mit anderen Worten, das Geschichtsbuch läßt wichtige Dinge aus. Ich soll es nicht ernst nehmen, ich soll anderswo nach der Wahrheit suchen.

Und doch, solche Bilder und Vorstellungen, die durchschimmernden Ansichten und halb ausgesprochenen Sätze, bestimmen die Atmosphäre unwidersprochen; die Koexistenz des offiziellen und des allgemeinen Wissens und die Unvereinbarkeit beider ist Teil eines ganzen Paketes, einer hingenommenen Ordnung der Dinge. Dann wird plötzlich alles anders. 1956 stirbt Polens Präsident Bierut bei einem Besuch in Moskau. Er ist fast ebenso ein Fixstern gewesen wie Stalin – es hat ihn gegeben, seit ich denken kann. Sein Tod gibt Anlaß zu zahlreichen Witzen, etwa daß für einen wahren Kommunisten eine Reise nach Moskau so überwältigend ist, daß er einen Herzanfall bekommt. Kein Mensch glaubt auch nur einen Moment lang, daß der polnische Präsident in Moskau eines natürlichen Todes gestorben ist. Bierut zu Ehren werden am Tag seines Begräbnisses überall im Land Prozessionen veranstaltet, und diesmal habe ich mit meiner Härte keine Chance: über der Menge, die sich langsam durch Krakaus Straßen bewegt, ertönen aus den Lautsprechern die dunklen Klänge von Chopins Trauermarsch, und die Feierlichkeit der Musik vermischt sich unentwirrbar mit dem Anlaß, so daß ich ein Gefühl der Trauer verspüre, obwohl ich weiß, daß Bierut ein Freund Stalins und deshalb nicht unser Freund war. Aber ich spüre auch, daß noch etwas anderes in der Luft liegt – ein Gefühl der Spannung, die Ungewißheit, was als nächstes kommt.

Bald darauf verdichtet sich die Spannung. Ich weiß nicht genau, was vor sich geht – niemand sagt es mir –, aber ich spüre, daß ein gefährlich brodelnder Aufruhr unser Leben durchzieht. Als ich eines Tages in die Schule komme, ist alles auf den Kopf gestellt. Die Bilder Lenins und Stalins, die in jeder Klasse die Wände schmückten, sind heruntergerissen und durch lange, an der Wand befestigte Spruchbänder ersetzt worden, auf denen mit Kreide geschriebene Parolen stehen: POLEN DEN POLEN und: WIR BRAUCHEN DIESE FREUNDE NICHT – Dinge, die niemals in der Öffentlichkeit oder auch nur laut gesagt werden durften. Die Klassenzimmer sind verwüstet, die Stühle umgekippt, ein Fenster zerbrochen. Ich bin eingeschüchtert von der Waghalsigkeit, die dieses Chaos angerichtet hat. Unser Klassenlehrer verpaßt uns ein Diktat über »Vandalismus«, der hart bestraft werden wird. Aber ich fühle, daß hier etwas vor sich geht, was ernster ist als die üblichen Übergriffe – wie das Umkippen eines Tintenfasses oder das Stehlen des Klassenbuches, in dem die Zensuren stehen –, die ein vergleichbares pädagogisches Mißfallen erregen. Die Stimme des Lehrers klingt ernst, als richtete er sich an seinesgleichen und nicht an kindische Spaßvögel. In den Fluren sehe ich Gruppen älterer Schüler diskutieren – manchmal kommen Lehrer dazu –, so als ob sie etwas Wichtiges zu erledigen hätten.

Dann schlägt die Anspannung um. Es ist, als konzentrierte sich die allgemeine Aufmerksamkeit nicht auf das tägliche Leben, sondern auf etwas, das bald geschehen wird, und in dieser Atmosphäre wird die Luft immer schwerer, immer drückender. Mit düsterer Stimme werden plötzlich schreckliche Wörter ausgesprochen: »Panzer . . . «, »Pogrom . . . «, »Bürgerkrieg«. In Posen ist es zu Gewalttätigkeiten gekommen, und ständig verbreiten sich Gerüchte und Zahlen wie ein Lauffeuer durch die Straßen. »Sie haben in die Menge geschossen . . . sie haben fünfzehn getötet . . . fünfundzwanzig . . . fünfzig . . . Sie greifen Juden heraus . . . Nein, das ist nicht wahr, keine Panik . . . Wenn es auf Warschau übergreift, dann ist alles aus . . . « Die Verbindungen zwischen Posen und dem übrigen Polen sind unterbrochen, und so gibt es keine zuverlässigen Nachrichten, nur die hektischen Bruchstücke von Nachrichten in den Fluren und auf der Straße, die jedoch ausreichen, um mich in Schrecken zu versetzen. Tatsächlich könnte das Schlimmste eintreten. Verängstigt beratschlagen meine Freunde und ich, was wir tun würden, wenn auf der Straße geschossen würde, wenn Bomben vom Himmel fielen. Wir sprechen darüber im Flüsterton, tauschen die kümmerlichen Informationen aus, die wir aufgeschnappt haben, und kommen zu dem Schluß, daß wir uns, wenn es soweit ist, am besten im Keller verstecken; so haben viele Menschen den Krieg überlebt, tief unten, wo die Bomben einen nicht erreichen können. Das einzige Problem ist die Ernährung. Wir alle haben Geschichten davon gelesen, wie das Essen langsam knapp wurde, so daß die Leute zuerst den Tee ohne Zucker trinken mußten, und später gab es nur noch eine Mahlzeit am Tag, eine Suppe, und dann . . . »Der Hunger war das Schlimmste«, hat meine Mutter mir oft erzählt. »Hoffentlich lernst du ihn nie kennen.« Manche Leute bereiten sich schon auf diese neue Möglichkeit vor. Zosias Eltern, in deren Wohnung wir konferieren, haben große Säcke mit Mehl und Zucker gekauft. Auf dem Nachhauseweg sehe ich in der Dämmerung Krakaus eine lange Menschenschlange vor dem benachbarten Geschäft. Die Leute stehen nach Lebensmitteln an. Das bedeutet, es kann jeden Tag losgehen.

Verängstigt renne ich nach Hause und flehe meine Eltern an, loszugehen und Lebensmittel einzukaufen. Aber aus irgendeinem Grund sind sie merkwürdig gelassen. »Keine Angst, es gibt keinen Krieg«, sagen sie, und mein Vater lacht mich sogar aus. »Und wenn es einen gäbe, würden Mehl und Zucker dir auch nichts nützen«, fügt meine Mutter hinzu. Trotzdem flehe ich sie an, irgend etwas zu unternehmen. Was, wenn wir wochenlang im Keller bleiben müssen? Schließlich geben meine Eltern nach und schicken das Mädchen – oder tun so, als schickten sie es –, einige Vorräte kaufen.

Dann ändert sich die Stimmung plötzlich wieder. Sie haben einen gewissen Gomulka aus dem Gefängnis entlassen, der jetzt an Bieruts Stelle treten soll. Alle scheinen froh darüber zu sein, ich dagegen bin etwas verwirrt, daß jemand, der im Gefängnis gewesen ist, plötzlich entlassen wird und das Land regieren soll. Nicht, daß ich glaube, um ein guter Mensch zu sein, müsse man die Gesetze achten. Schließlich weiß fast jeder, wie man Gesetze austricksen kann, und prahlt sogar noch damit. Und trotzdem, fällt es mir schwer, einen Gesetzesbrecher als Führer des Landes zu akzeptieren. Der Vorsitzende der Partei ist das Gesetz, die Macht, die alle Verhaftungen überwacht, von denen ich gelegentlich lese – meist von Leuten, die sich bereichert haben, indem sie Volkseigentum stahlen, die sich, wie ich annehme, einfach haben hinreißen lassen und zu viel genommen haben oder einfach nicht gerissen genug waren, sich nicht erwischen zu lassen. Bestimmt haben sie nicht einem dieser unzähligen Glücksritter, wie genial sie auch sein mögen, die Verantwortung übertragen! Nein, ich merke, daß hier etwas anderes vor sich geht. Die Stimmen der Menschen klingen überrascht und irgendwie hoffnungsvoll, wenn sie – immer noch mit diesem Unterton in der Stimme – von Gomulka sprechen. »Also, sieh mal einer an, wer hätte das gedacht, daß sie ihn freilassen . . . Vielleicht haben sie etwas begriffen . . . Ja, ja, wir werden sehen, wie es weiter geht . . . « Dann wird Gomulka Erster Sekretär, und im Radio höre ich plötzlich Sätze, die neu sind: »Wir müssen die Vergangenheit ehrlich prüfen«, sagt eine ernste Stimme. »Dies ist eine schmerzliche Zeit für uns alle . . . « »Wir müssen den Mut haben, unsere Fehler einzugestehen, ohne unseren Glauben zu verlieren . . . « »Genosse Stalin war ein großer Führer, aber jetzt kommen viele Dinge ans Tageslicht ...« Ich bin von den Stimmen genauso gefesselt wie von den Dingen, die sie sagen. Das übliche resolute »Ich bin das Sprachrohr der Wahrheit« wird plötzlich durch eher zögernde Töne der Unsicherheit und des Überzeugenwollens ersetzt, als wollten die Sprechenden schwierige Überlegungen mit ihren Zuhörern teilen.

»Na, wer weiß, vielleicht wird sich ja etwas ändern«, seufzt meine Mutter, aber es klingt nicht so, als ob sie darauf wetten würde. Dennoch habe ich zum erstenmal das Gefühl, daß der Wind der weiten Welt, gegen den meine Eltern sonst so gleichgültig oder immun sind, durch unsere Fenster wehen darf, und das allein ist schon eine große Veränderung.

Es zeigt sich, daß der Wind der Veränderung höchst real ist. Er bringt die Politik mit sich, die uns alle – wie von einem heftigen Windstoß aufgewirbelte Blätter – über den Ozean treiben wird. Die Ereignisse, die ich miterlebt habe, finden so früh in meinem Leben statt, daß mein polnisches politisches Bewußtsein in diesem Stadium des Flüggewerdens jäh stehen bleibt, als ich gerade erst die Grenzen und Kräfte, die unser persönliches Leben bestimmen, genauer zu erkennen lerne. Doch es scheint, daß mein politisches Unterbewußtsein damals schon fest geformt war und daß sich diese Folge grausamer Ereignisse so tief in die Seele eingegraben hat wie die ersten Erinnerungen an Mutter und Vater. Einmal, inmitten all dieser Aufregungen, schreit mein Vater – der kein Patriot ist – im Schlaf: »Lang lebe Bierut!« und es klingt wie ein Salut. Ich weiß nicht, was für ein Traum diese untypische Huldigung hervorgerufen hat, aber der Ausspruch wird in der Familie ein geflügeltes Wort. Jahre später, als ich mehr über diese Zeit und ihre Bedeutung erfahre, aus Büchern und in der sicheren Entfernung eines Landes, wo jene Ereignisse wenig interessieren und sich nie wiederholen könnten, lange nachdem ich herausfinde, daß sie von Chruschtschows Rede beim 20. Parteitag der KPdSU und der Entstalinisierung ausgelöst wurden, und daß Bierut wahrscheinlich in Moskau Selbstmord begangen hat, und daß Gomulka der Anführer einer »abweichlerischen« kommunistischen Fraktion war, träume ich in den leuchtendsten Farben von Stalin. In meiner nächtlichen Vision sieht er dem wirklichen sehr ähnlich, wie er in seiner grünlichen Uniform mit dem hohen Kragen auf einem Podest steht, in einer riesigen Halle, die ich in meinem Traum die Halle des Volkes nenne. Unzählige Reihen von Soldaten in festlichen Uniformen repräsentieren die verschiedenen ethnischen Gruppen. Frauen nähern sich dem großen Führer und bitten ihn, sie fruchtbar zu machen. Aber ich – klein, verloren und ohne Uniform – weiß, daß ich fliehen muß. Ich bewege mich verstohlen auf den Ausgang zu, zwischen den säbelrasselnden Kosaken mit ihren roten Hemden hindurch, bis ich den Ausgang erreiche – und dann renne ich los. Um mein Leben. Doch als ich aufwache, kann ich mir absolut nicht vorstellen, wovor ich weggerannt bin oder wieso Stalin, von dem ich weiß, daß er ein schlechter Mensch war und den ich nur von Abbildungen kenne oder aus dem Kino, einen so festen Platz in meinem Kopf einnehmen kann.

Mit acht Jahren werde ich zu meiner ersten Musikstunde gebracht. Pani Grodzinska, die Lehrerin, die für mich und Marek ausgesucht wurde, ist eine biedere ältere Frau mit grauem Haar, das straff zu einem Knoten zurückgekämmt ist. Ihre Wohnung liegt voller Teppiche, Staubkörnchen wirbeln durch die Luft, und auf jeder freien Fläche stehen Porzellanfigürchen. Doch in einer Ecke in diesem Nippesparadies steht ein majestätisches, schwarzes regloses Tier – ein Flügel. Es kann sein, daß es der erste ist, den ich aus der Nähe sehe – und mit seinen anmutigen Formen, der glänzenden schwarzen Oberfläche und seiner Leichtfüßigkeit, trotz aller Schwere, kommt er mir wie lebendig vor. Als Pani Grodzinska sich hinsetzt, um mir eine einfache Melodie vorzuspielen – ja, es ist Liebe auf den ersten Blick! Daß solche Schönheit unter den Händen eines Menschen entstehen kann! In dem Augenblick, als Pani Grodzinska zu spielen beginnt, wird aus der biederen Frau eine Person, deren Bewegungen ebenso harmonisch sind wie die Klänge, die sie hervorbringt. Sobald ich die einfache Melodie höre, weiß ich, daß ich auch lernen möchte, solche Töne hervorzubringen, daß ich auch über diese erwachsene Verbindung von Gelassenheit und Autorität verfügen will.

Die Klavierstunden sind Teil der ehrgeizigen Pläne meiner Eltern. Ihre Kinder sollen es einmal besser haben. Musiker haben in Polen den Status heiliger Kühe; große Pianisten oder Geiger genießen den Glanz von Stars und das Prestige großer Künstler. Aber ein Instrument spielen zu können, ist auch Teil einer guten Erziehung, eine Eintrittskarte für die Mittelschicht, und die Erwachsenen in unserem Bekanntenkreis – besonders die jüdischen – scheinen alle gleichzeitig zu beschließen, daß ihren Kindern dieses Privileg nicht vorenthalten werden sollte. Außerdem, wer weiß, vielleicht ist ja ein Wunderkind unter uns? Der Weg zum Erfolg steht jedem offen, der musikalische Begabung hat. Sollte sich herausstellen, daß jemand von uns über genügend Talent verfügt, könnte er sich kometenhaft aus dem Durchschnitt erheben und zu dem Ruhm und Glanz gelangen, von dem wir alle, und gar nicht so heimlich, träumen.

Marek und ich beginnen unsere musikalische Ausbildung gemeinsam. Der erste Schritt zu Gott weiß welch ungeahnten Höhen besteht darin, daß wir zu einem »Hörtest« mitgenommen werden, einer offenbar von Fachleuten empfohlenen Möglichkeit, die »Musikalität« eines Kindes zu prüfen. Eine Stunde lang müssen wir Bruchstücke von Melodien singen, den Ton von Noten wiedergeben, die uns auf dem Klavier vorgespielt werden, Rhythmen klatschen und versuchen, Ähnlichkeiten zwischen unterschiedlichen Intervallen auszumachen. Marek nimmt alle diese Hürden mit fliegenden Fahnen. Ich versage beschämt bei den meisten. Ich habe kein gutes Gehör.

Später jedoch werde ich von einem meiner Musiklehrer etwas über die Bedeutung des »inneren Ohrs« erfahren – von der Fähigkeit, mit dem Gefühl zu hören. Und es zeigt sich, daß ich darin besser bin als Marek. Musik ist für mich so klar wie ein Buch, wie jener Augenblick im Park, als alles verschmolz, wie die Momente, in denen ich überfließe vor Liebe zu meiner Schwester oder zu Marek. Die Musik mit ihren perlenden, durchsichtigen Klängen erzählt mir alles.

Wie jedes Kind, das etwas auf sich hält, sträube ich mich natürlich gegen das Üben. Es beginnt damit, daß Pani Grodzinska mich gar nicht spielen läßt, sie will vielmehr, daß ich übe, meine Hand locker auf die Tasten sinken zu lassen, um einen bestimmten Grad von Entspannung zu erreichen, der damals als das sine qua non aller Klaviertechnik gilt. Das ist äußerst langweilig, und das gleiche gilt für die Fingerübungen, die ich ewig machen muß, ehe ich damit belohnt werde, daß ich so etwas wie eine Melodie spielen darf – auch wenn die monotonen Tonleitern, die ich immer wieder spielen muß, bis ich sie automatisch kann, mir dadurch versüßt werden, daß ich sie mit Marek zusammen übe. Aber sobald ich richtige Stücke, und seien es nur Bruchstücke davon, spielen darf, eine einfache Klavierfassung eines Themas aus einer Symphonie von Beethoven oder einen Satz einer Sonatine von Kuhlau oder Clementi, stürze ich mich mit Begeisterung darauf. Ich muß nicht darüber nachdenken, wie es klingen soll, ich weiß es. Gegen Ende des ersten Jahres verkündet Pani Orlowska, die selbst eine ausgebildete Musikerin ist, daß ich Talent habe.

Auch meine Lehrerin scheint dieser Ansicht zu sein, und nach und nach beginnt mein »Talent« eine Art Eigenleben zu führen; es wird fast eine objektive Größe, etwas, das zu mir gehört, aber auch außerhalb von mir ist, ein wertvoller Besitz, für den ich Verantwortung trage und den ich sorgfältig nähren muß. »Du bist nur ein Kind, aber Gott hat dir einen goldenen Apfel geschenkt«, sagt Pani Orlowska und sieht mich mit ihren kühlen blauen Augen streng an. »Und das heißt, daß du eine Verantwortung hast. Es ist eine Sünde, eine Gabe zu verschwenden. Disziplin. Du brauchst Disziplin. Außer am Sonntag.« Von da an bedeutet Gnade für mich, mich ganz in den Dienst dieses Talents zu stellen, und die einzige vorstellbare Sünde besteht darin, diese Gabe zu mißbrauchen. Die Angst, nicht so vollkommen zu werden, wie ich werden könnte, ist so groß, daß sie mich später im Leben manchmal lähmen wird. Wie schrecklich, das Falsche zu machen, das, was nicht dem eigenen Wesen entspricht, und wie schrecklich, die eigenen Kräfte nicht auszuschöpfen oder entdecken zu müssen, daß sie vielleicht doch magerer sind und nicht grenzenlos, wie du dachtest.

Aber lange Zeit mache ich mir über solche Möglichkeiten keine Gedanken. Ich bin erfüllt von der quasi mystischen Überzeugung, daß mein Talent groß und vollkommen ist. Wie könnte ich sonst auch spielen, als strömte die Musik aus meinem Innern? Schließlich wird beschlossen, daß ich zu Pani Wieteszczak gehen soll, einer Lehrerin, die den Ruf hat, besonders gut mit jungen Leuten umzugehen und einige sehr bekannte polnische Pianisten unterwiesen hat. Sie ist keine schöne Frau, doch obwohl ich anfangs eingeschüchtert bin von der Vorstellung, vor einer so herausragenden Persönlichkeit zu spielen, merke ich bald, daß ihre gütigen braunen Eulenaugen und ihr verständnisvolles Lächeln etwas Friedliches und Beruhigendes haben. Während meiner Stunden liegt Pani Witeszczaks Mutter, die sehr alt und gebrechlich ist und die selbst

Musiklehrerin war, unter dicken Decken auf einem Sofa neben dem Flügel und macht hin und wieder einige Bemerkungen. Außerdem wohnt in der Wohnung Pani Witeszczaks Sohn und später seine Frau und ihr Baby. Sie alle sprechen sanft miteinander und behandeln sich gegenseitig mit respektvoller Zärtlichkeit. Sehr viel später erfahre ich – aus einem der Romane ihres Sohnes –, daß Pani Witeszczak ein tief religiöser Mensch ist und daß sie im Krieg unter Gefahr für ihr eigenes Leben Juden versteckt hielt.

Obwohl sie nie die Stimme erhebt und gleichbleibend freundlich ist, erlebe ich Pani Witeszczak als große Autorität. Sie ist die erste von mehreren Musiklehrern, der ich so etwas wie eine moralische Erziehung verdanke. In dieser Lehre – einer Lehre, die bestimmt wird durch Arbeit, die Konzentration auf die Musik – lehrt sie mich etwas über die Regungen und Verhaltensweisen meines Innenlebens. Wenn sie mir zu vermitteln versucht, wie ich eine der Bachschen Inventionen spielen oder das Thema in einer Mazurka phrasieren soll, versucht sie indirekt, mich die Sprache der Gefühle zu lehren. »Musik ist beredt«, sagt sie zu mir. »Frage dich, was sie hier sagt. Verstehst du? Hier fleht jemand. Und hier wird jemand wütend und wütender und will jemanden überzeugen, der nicht zuhört.«

Mit solchen Worten versucht Pani Witeszczak – durch Schmeicheleien, Erklärungen und indem sie meine Hand führt –, das Beste aus mir hervorzulocken. Wie alle polnischen Musiklehrer in jener Zeit betont sie die Bedeutung des Klanges, und bald verstehe ich auch, warum: der Klang, entdecke ich, ist etwas, worin ich nicht schwindeln kann. Wenn ich beim Spielen das lodernde Feuer nicht spüre, verrät mich der Klang durch seine Kälte. Wenn ich die kapriziöse Leichtigkeit eines Scherzos nicht spüre, wird mein Spiel hölzern klingen, auch wenn ich mich noch so sehr bemühe, Verspieltheit vorzutäuschen. Durch irgendeinen unerklärlichen Vorgang wird jede Nuance dessen, was ich fühle, in meine Arme und Fingerspitzen übertragen – und dann, durch die Fingerspitzen, auf die Klaviertasten, die mit derselben Präzision die kleinste Unsicherheit in Berührung und Druck registrieren. Allerdings lerne ich nach und nach, daß im Ausdruck dieser musikalischen Sprache ein Widerspruch liegt. Denn wenn der Geist durch die Haltung meiner Arme und Hände in die Tasten fließt, dann muß er auch in die entgegengesetzte Richtung fließen – von den Tasten in meine Arme und meine Seele. Pani Witeszczaks Ideal ist es, die Musik so klingen zu lassen, als spielte sie sich von allein. Deshalb muß man sich entspannen und entspannen, so weit wie möglich, die Arme entspannen, und sich selbst auch, so daß man zu dem Medium wird, durch das die Musik fließt, so natürlich wie Schnee, der in der Frühlingssonne schmilzt. »Entspanne dich«, sagt sie ständig. »Du mußt nur zulassen, daß die Musik sich entwickeln kann.« Aber der Widerspruch geht noch weiter – denn diese Freiheit, diese Aufnahmebereitschaft kann nur durch eine streng kontrollierte Technik erreicht werden, wenn ich keine Angst mehr habe, wie ich die nächste Passage spielen werde und ob ich einen Sprung oder einen Triller meistern kann. Erst wenn die Finger sehr stark gemacht worden sind, können sie zu knochenlosen Dienern werden. Musik kann die höchste Wahrheit ausdrücken, aber sie drückt sie durch ein materielles Medium aus, und um das zu sagen, was ich sagen möchte, muß das körperliche Medium meiner Arme und Finger meinem Willen unterworfen werden. Aus diesem Grund besteht Pani Witeszczak auf einer strengen, täglichen Disziplin. Meine Mutter soll Tagebuch darüber führen, wie lange ich täglich übe – und wenn ich mein Versprechen nicht einhalte, werde ich heftig getadelt. »Wenn du Pianistin werden willst«, sagt sie zu mir, »dann mußt du wie eine Nonne leben. Du mußt dich ganz hingeben. Du mußt dich selbst stark machen.« Ich versuche mir diese einseitige Hingabe vorzustellen, aber im Moment glaube ich viel zu sehr an mein gottgegebenes Talent und mein inneres Ohr. Ich glaube jedoch nicht an Arbeit. Die Anstrengungen, die Tonleitern, die Stunden am Klavier – all dies nehme ich nur sehr unwillig auf mich. Bestimmt sind diese mechanischen Übungen für Stümper gedacht, für geringere Talente als mich. Vielleicht wird diese große Selbstzufriedenheit von meinen Eltern gefördert, die mich, so gut sie können, verwöhnen.

Vielleicht habe ich aber auch Vorstellungen von dem Flair, der Großtuerei und den Geistesblitzen übernommen, diesen charakteristischen Ausdrucksformen, die die wahren polnischen Werte sind und die von meinen Mitschülern und von meinen Lehrern, ganz zu schweigen von der romantischen Dichtung, die wir lesen, gefördert werden. Vieles, was mir beigebracht wird, hat einen romantischen Unterton. Was an einem Schulaufsatz – einerlei ob über den letzten Klassenausflug oder über ein Gedicht von Mickiewicz – zählt, ist eine bestimmte Extravaganz des Stils und des Gefühls. Das höchste Lob, das einem Schulaufsatz zuteil werden kann, ist, daß er das *polot* hat, ein Wort, das die Bedeutungen von Spritzigkeit, Inspiration und Fliegen in sich vereint. *Polot* möchte jeder auch als persönliche Eigenschaft haben. Korrekt und langweilig zu sein, ist ein schreckliches Unglück. »Das Gute« ist in unseren Augen absolut keine moralische Größe, sondern Spontaneität, Waghalsigkeit, eine gewisse Unrast. Marek hat in meinen Augen *polot.* Oder die polnischen Kavalleristen, von denen uns oft erzählt wird, die beim Einmarsch der Nazis gegen die deutschen Panzer loszogen. Chopins Polonaise in A-Dur, die in den letzten heroischen Momenten des Warschauer Aufstandes aus den Lautsprechern tönte, als Kugeln und Granaten durch die Straßen pfiffen – diese Geste umfaßt das Wesen des *polot.* Und *polot* ist eine absolute Voraussetzung für Musik; ohne *polot*, ohne dieses Flair und die Melancholie und die Wildheit, ohne all das, was die Klänge mit Feuer und Zärtlichkeit erfüllt, kann man soviel üben wie man will, man wird niemals auch nur annähernd ein großer Künstler sein.

Musik – die Philosophen kennen ihre Gefahren – inspiriert mich so nachhaltig, daß ich zu wissen glaube, was Inspiration ist. Als ich Fortschritte mache und Stücke von Mozart oder Chopin oder Beethoven spiele, habe ich das Gefühl, im Besitz großer, ozeanischer Leidenschaften zu sein – Zorn und Liebe und Freude und Schmerz, die mehr bedeuten als einfach nur zornig oder glücklich oder traurig zu sein. »Ich weiß, was jeder Mensch auf der Welt fühlt«, vertraue ich Marek einmal an. »Jeder.« – »Wer zum Beispiel?« fragt er. »Zum Beispiel ein Sklave in Amerika.« Ich habe gerade *Onkel Toms Hütte* gelesen und über den Verrat an Tom geweint. »Oder ein Mörder.« Marek ist perplex. »Woher willst du wissen, was ein Mörder fühlt?« Aber ich bin überzeugt davon; ein Mörder ist schließlich auch ein Mensch mit Gefühlen, und ich verstehe alle Gefühle, wie wütend oder übermächtig sie auch sein mögen. Wenn ich die Leidenschaften ausdrücken kann, die in einer Beethoven-Sonate enthalten sind oder in der Berceuse von Chopin, dann weiß ich alles über die Menschen. Die Musik ist eine sehr genaue Sprache des eigenen Wesens – meines eigenen und des Wesens eines jeden anderen Menschen. Und ich bin dazu auserwählt, diese Sprache zu sprechen; ohne sie wäre das Leben nicht vollständig. Die Musik nimmt für mich die Form eines Schicksals oder einer Bestimmung an – ein unendlich starker Magnet, von dem mein Leben unausweichlich angezogen wird.

Unterdessen besucht meine Mutter mit mir pflichtbewußt Konzerte, damit ich einige Pianisten höre, die das gesegnete Stadium der Größe bereits erreicht haben. Als 1955 der Chopin-Wettbewerb ausgetragen wird, hängen wir am Radio und verfolgen die Darbietungen, und zwischendurch füttern wir unsere musikalische Neugier mit Klatsch und Informationen über die Teilnehmer. Die Bekanntgabe der Preisträger hingegen wird mit Skepsis und sogar mit Entrüstung zur Kenntnis genommen. Es ist wieder einmal eine »politische«, eine unaufrichtige Entscheidung. »Der erste Preis war patriotisch, der zweite diplomatisch, der dritte strategisch und der vierte gerecht«, lautet ein sofort in Umlauf gebrachter Witz, denn die Preise gehen, in dieser Reihenfolge, an einen polnischen, einen russischen, einen chinesischen und einen französischen Pianisten. Man ist sich einig, daß der Franzose den ersten Preis verdient hätte, aber man weiß auch, daß die Jury nie frei von jenem häßlichen Zwang ist, der alles entstellt, selbst die Musik.

1958 jedoch findet ein musikalisches Ereignis statt, das genügend symbolische Kraft hat, um sich über alle Politik hinwegzusetzen. Zum erstenmal nach dem Krieg kommt Arthur Rubinstein zu einem Konzert nach Polen; und sein Besuch ruft einen Ausbruch von Gefühlen hervor – Patriotismus, nostalgische Erinnerungen und die Sehnsucht, daß Kunst in diesem Land immer noch etwas bewirken könne. Sein langes Fernbleiben war ein Protest gegen den Antisemitismus, aber jetzt wird er wie ein Sohn erwartet. Er ist der größte Pianist der Welt, er ist Pole und er spielt in der romantischen Tradition, wie es sich eigentlich gehört. In Krakau übernachten die Menschen auf Feldbetten vor der Philharmonie, um als erste dazusein, wenn am Morgen die Kartenschalter öffnen. Mein Vater, der wie immer für Abkürzungen ist, wartet bis zum Abend, und dann manövriert er uns irgendwie durch die nach vorn drängende Menge, vorbei an den Kartenkontrolleuren, so daß wir in den Saal geschleust werden. Die Gänge sind voller Menschen, die bis zur Bühne stehen und die noch enger zusammenrücken müssen, weil noch mehr Menschen in den Saal drängen.

Der Raum ist überheizt, so daß zwei Menschen während des Konzerts ohnmächtig werden und hinausgetragen werden müssen. Doch nichts kann die atemlose Aufmerksamkeit des Publikums für

Rubinsteins Spiel ablenken. Seine Intonation – warm, geschmeidig, überaus »natürlich« – ist genau richtig. Sie offenbart ein Gefühl, das genau mit der Musik im Einklang steht, niemals ihren Fluß durch einen harschen oder hölzernen Klang stört. Ich bin fasziniert von der Art, wie er die Augen hebt, mit einem seligen Lächeln im Gesicht, wie um sich auf einen ganz bestimmten Punkt seines Bewußtseins zu konzentrieren und die Musik einzuatmen, die er von einer äußeren Quelle empfängt. Das Konzert durchläuft verschiedene Stadien der Erregung. Als er zum Abschluß der ersten Hälfte die A-Dur-Polonaise mit ihren heroischen, revolutionären Klängen spielt, bricht die Menge spontan in *Vivat!-Vivat!*-Rufe aus – die gleichermaßen Begrüßung eines Freundes und Feier des großen Künstlers sind.

Nach dem offiziellen Programm gibt es wie üblich zwei oder drei Zugaben, aber das Publikum zeigt keinerlei Absicht, Rubinstein gehen zu lassen. Die Leute fangen an, Namen von Stücken zu rufen, die er spielen soll, und der Pianist steht auf der Bühne, neigt seinen eleganten Kopf, um die Wünsche zu verstehen, und dann setzt er sich wieder und spielt, wieder und wieder und wieder, als wäre dies ein Familienfest nach langer Trennung und als wollte auch er den überfüllten und überheizten Saal nicht verlassen. Schließlich signalisiert er mit einer Handbewegung, daß jetzt Schluß sei, daß er nicht mehr spielen könne, und dann erhebt sich die Menge, wie von einem unsichtbaren Impuls geleitet, und stimmt das Lied an: »*Sto lat, sto lat*«, was bedeutet: »Möge er hundert Jahre alt werden«, während der Pianist sichtlich bewegt da steht, sich verneigt und Kußhände verteilt. Erschöpft und begeistert bewegt sich die Menge langsam nach draußen. Es war ein Augenblick der gemeinsamen Euphorie, ein reinigender, erhebender Moment.

Wie absurd unsere kindlichen Bindungen sind, wie klein und bedeutungslos. Warum löste gerade diese eine, bestimmte Weide ein Gefühl der Schönheit in mir aus, das fast unerträglich heftig war? Warum wollte ich mich, überwältigt von überquellender Freude, auf dem grasbewachsenen Hügel wälzen? Weil es die ersten Dinge waren, die unvergleichlichen Dinge, die einzigen Dinge. Durch ihr Festhalten an den Konturen einiger weniger Dinge aus unserer Kindheit gestaltet und formt die Substanz unserer Persönlichkeit

– die glühende Kraft, aus der wir gemacht sind – sich selbst. Wir sind noch nicht gespalten.

In New York lernte ich einen russischen Künstler kennen, der mir zu erklären versuchte, warum seine Landsleute so verzweifelt sind, wenn sie nach Amerika kommen. Wie viele selbstbewußte russische Künstler, die schließlich emigriert sind, war er ein ziemlich aktiver Dissident. Und trotzdem, so erzählte er mir mit leuchtenden Augen, sei er überzeugt, daß Rußland das wunderbarste – wirklich, das einzige – Land der Welt sei. »Wir haben im Krieg die Deutschen besiegt, wir hatten die größte Literatur der Welt, wir hatten die größte Kultur. Wir hatten Grund, stolz darauf zu sein«, sagte er. Ich erwiderte seinen eindringlichen Blick und versuchte, ihn zu verstehen. Nationalstolz? Was für ein schrecklich altmodisches Gefühl auf unserem Globus. Ich weiß kaum, was es bedeutet.

Nein, ich bin keine Patriotin, außerdem durfte ich nie eine sein. Und doch ist das Land meiner Kindheit in mir so lebendig, daß es eine Art Liebe sein muß. Es lebt in mir, obwohl ich mir unserer Bedeutungslosigkeit und seiner primitiven, unschönen Emotionen bewußt bin. Ist es blinder Selbstbetrug, wenn ich an meiner Erinnerung festhalte? Ich glaube, es wäre eine blinde Selbsttäuschung, wenn ich es nicht täte. Es hat mir am Ende nur die Welt gegeben, aber das reicht. Es hat mich mit Sprache genährt, mit Wahrnehmungen, Klängen, Menschlichkeit. Es hat mir die Farben und die dunklen Schatten der Realität geschenkt, meine ersten Lieben. Die Absolutheit dieser ersten Lieben kommt nie wieder: keine Geometrie der Landschaft, kein Dunst in der Luft wird je genauso intensiv in uns leben wie die Landschaften, die wir als erste sahen und denen wir uns ganz, ohne Vorbehalte, hingaben. Später werden wir knauseriger: wir lernen, wie wir uns in einzelne Bestandteile zergliedern, wir lernen, in unserem begeisterten Überschwang weniger wahllos und albern zu sein. Aber wenn wir nicht riskieren wollen, in das andere Extrem zu verfallen, in dem uns nichts auf der Welt mehr anrührt und uns alles gleich schal und zweidimensional vorkommt, müssen wir uns irgendwie unsere Erinnerung bewahren und die Möglichkeit unserer kindlichen, absurden Zuneigungen. In dem Maße, in dem wir uns unsere Fähigkeit zu Bindung bewahren, die Kraft der Sehnsucht, die uns in die Welt zieht und in uns den Wunsch erweckt, mit ihr zu leben, kehren wir auch immer wieder zurück. Wir brauchen uns nur auf dieses erste mächtige

Feuer zu verlassen, diese unvergleichliche, unwissende Liebe, die ursprüngliche Hitze und den Hunger nach den Formen der Welt, nach dem Hier und Jetzt.

»Basia und ich haben über Sie gesprochen, und wir haben überlegt, ob Sie wohl heiraten werden«, sage ich schüchtern zu Pani Konek. Pani Konek lächelt und sagt, wir sollten uns nicht den Kopf zerbrechen, tatsächlich habe ein sehr interessanter Mann ihr die Ehe angetragen, doch wisse sie noch nicht, was sie antworten werde. Ich nicke, schüchtern und zugleich geschmeichelt, daß ich überhaupt mit einer meiner Lehrerinnen ein solches Gespräch führe. Sie ist meine Lieblingslehrerin, nach Pani Witeszczak, vielleicht, weil sie mein Lieblingsfach unterrichtet – Literatur. Bei ihr habe ich gelernt, Gedichte zu rezitieren und »schön zu schreiben« – das heißt, in einem flüssigen Stil und mit phantasievollen Vergleichen, welche die Höhenflüge der Einbildungskraft vorführen. Und jetzt hat sie mich zu diesem Spaziergang auf die *Planty* eingeladen, wo sie sich mit mir wie mit einer Erwachsenen über den hohen Anspruch der Literatur und diesen Verehrer von ihr, der unglücklicherweise in einer anderen Stadt lebt, unterhält.

Pani Konek unterrichtet an der Krakauer Musikschule, die ich seit zwei Jahren besuche – seit beschlossen wurde, daß ich zur Konzertpianistin ausgebildet werden soll. Ich bin immer gern zur Schule gegangen. Es macht mir Spaß, zu Beginn des Schuljahres den glatten marineblauen Stoff zu kaufen, aus dem unsere Schneiderin meine Schuluniform nähen wird – einen anonym wirkenden Kittel, den wir über unseren normalen Kleidern tragen müssen, um Klassenunterschiede zu tilgen. Es macht mir Spaß, ein neues Heft aufzuschlagen und den Federhalter in das tiefe Tintenfaß in meinem Pult einzutauchen und zu lernen, wie man seitlich geneigte Buchstaben schreibt. Es macht mir Spaß, mir Geschichten über den eigenartigsten Menschen, den ich kenne, auszudenken, oder über die Formen, die Eiskristalle am winterlichen Fenster bilden, und zu versuchen, die Lehrerin zu täuschen, wenn ich etwas nicht weiß, und in dramatischem Ton Gedichte, die wir auswendig gelernt haben, aufzusagen – obwohl ich einmal dabei die Demütigung erlitten habe, daß meine Stimme in einem hohen Quietschton aus mir herauskam, statt tief und schmerzverhangen, wie es der dunkle, tragische Inhalt des Gedichts verlangt hätte.

Die Musikschule ist sogar noch besser als die Schule in unserem Viertel, die ich früher besuchte. Es ist eine altehrwürdige Institution, die den normalen Lehrplan mit einer vollen musikalischen Ausbildung verbindet; sie befindet sich in einem alten grauen Gebäude, das man durch einen dunklen Gang betritt, der zu einer großen hölzernen Eingangstür führt, die ehrfurchtsgebietend knarrt, wenn man sie öffnet. Drinnen herrscht eine warme Atmosphäre, man hört Geigenklänge, sieht erhitzte Kinder durch die engen Parkettflure laufen und alles ist erfüllt von wetteiferndem Lernen. Wir tragen nach wie vor die demokratischen Uniformen, die die Unterschiede unserer Kleidung verdecken sollen, aber der Grad der einzelnen »Talente« wird ständig gemessen. Jeder weiß, daß die kleine Marysia – ein Kind wie ein Engel mit ihrer blassen Haut und ihren blonden Locken – sehr empfindsam ist und einen wunderbaren Anschlag hat, aber sie ist viel zu zart (was daran liegt, daß ihre Eltern so alt sind), als daß aus ihr je eine große Pianistin werden könnte. Jeder weiß, daß Piotrek – obwohl man es nicht glauben würde, wenn man seinen rundlichen Körper und sein so gar nicht einnehmendes Gesicht sieht – all das Feuer und die Ungeduld und den unbezähmbaren Ehrgeiz hat und somit den respektvollen Blick verdient, der zukünftigen Größen vorbehalten ist. Auch ich scheine irgend etwas zu haben, eine bestimmte Qualität des Gefühls, wie Basia neidisch sagt, wenn wir uns gegenseitig ein neues Stück vorspielen.

Basia ist meine beste Freundin in der Musikschule, und wenn sie mich auch um mein Klavierspiel beneidet, so bin ich doch in allen anderen Dingen ihre Bewunderin. Sie ist auf eine »klassisch slawische« Weise schön, mit ihren schwarzen Haaren, die im Nacken zu einem dicken Zopf geflochten sind, mit ihren dunkelbraunen Augen und ihrem schmalen Gesicht mit den hohen Wangenknochen. Sie weiß, daß sie schön ist, und daß es ihr gut gehen wird im Leben, und das verleiht ihr Selbstvertrauen und Charme. Für mich ist sie der Inbegriff der Gescheitheit. Sie ist die Tochter eines Professors, und sie flirtet mit den Studenten, die bei ihnen zu Hause ein und ausgehen; im übrigen ist sie nicht nur sehr klug und eine der besten Schülerinnen in unserer Klasse; obendrein hat sie den exzentrischen Ehrgeiz, Schauspielerin zu werden.

Basia und ich gehen oft zusammen von der Schule nach Hause. Wir sprechen über alles – über Musik, über die Bücher, die wir lesen und das komische Gefühl, das wie ein Kribbeln ist, aber nicht ganz, das wir nachts spüren, wenn wir an Jungen denken oder an die römischen Orgien in *Quo Vadis*. »Aber an solche Dinge darfst du nicht denken, wenn du deine Periode hast«, befiehlt mir Basia. »Warum nicht?« frage ich. »Weil du davon krank wirst«, sagt sie und macht damit alles noch mysteriöser und unheilverkündend, wie wenn einem eine schwarze Katze über den Weg läuft. Dann vertraut sie mir eines Tages ein Geheimnis an. Ihr Vater, erzählt sie mir stolz, kenne einen sehr berühmten Mann, der Freud heiße, und dieser Freud, von dem ihr Vater glaube, daß er ein sehr kluger Mann sei, habe gesagt, daß Mädchen in unserem Alter in ihre Väter verliebt seien und deshalb am liebsten ihre Mütter umbrächten. »Aber ich will meine Mutter gar nicht umbringen, ich liebe sie!« protestiere ich mit großen verwunderten Augen. »Du denkst vielleicht, daß du sie liebst, aber in diesem Moment, ganz tief in deinem Innern, haßt du sie. Das ist, was Freud gesagt hat«, erzählt mir Basia in ihrer üblichen selbstsicheren Art.

Diese bestürzende Information – denn als solche empfinde ich sie – beeindruckt mich so sehr, daß ich das Gefühl habe, ich müßte mich meiner Mutter anvertrauen, um mich davon zu befreien. »Weißt du, daß ich in einem Alter bin, in dem ich in meinen Vater verliebt bin und dich am liebsten umbringen würde?« frage ich sie und beobachte ängstlich, wie sie reagiert. »Und wer hat dir das erzählt?« will sie wissen. »Basia«, sage ich. Sie lächelt. »Nein, ich glaube nicht, daß du mich wirklich umbringen willst, nicht wahr?« sagt sie, und beruhigt antworte ich: »Nein, eigentlich nicht, aber vielleicht weiß ich es nur nicht.« Vielleicht hätte ich nie wieder an Freud gedacht – jedenfalls solange nicht, bis ich mich in einem Land wiederfinde, in dem ich gezwungen bin, ständig an ihn zu denken –, aber an diesem Abend, als ich im Bett liege und meine Eltern belausche, höre ich, wie meine Mutter meinem Vater lachend erzählt, was ich ihr am Nachmittag gesagt habe. Ich brenne vor Scham und Enttäuschung über ihren Verrat. Jetzt weiß es mein Vater. Wie soll ich ihm je wieder in die Augen sehen?

Eine Zeitlang verrät Basia mich ebenfalls. Eines Sommers fährt sie fort, in ein Pfadfinderlager für junge Kommunisten, und obwohl ich ihr fast täglich schreibe, antwortet sie nicht. Sie fehlt mir schrecklich, und ich begreife nicht, wie sie mich so vergessen kann; schließlich haben wir einander Freundschaft gelobt, und Freundschaft ist etwas Ernstes, Tiefes, etwas, dem man treu bleiben sollte. Als sie wiederkommt, gehen wir höflich miteinander um, aber es ist nicht mehr wie vorher. Sie ist jetzt mit einer anderen Gruppe zusammen, und manchmal bindet sie sich das rote Halstuch um, das die Jungen Pioniere tragen. Meine Eltern erlauben mir nicht, in eine dieser Gruppen künftiger Genossen einzutreten – und als ich eines Tages beobachte, wie Basia sich lebhaft mit einigen ihrer neuen Freunde unterhält, werde ich von Schmerz und Neid zerfressen. »Ich glaube nicht, daß sie mich noch mag«, vertraue ich Marek düster an. »Mach dir nichts draus, schließlich bin ich dein bester Freund«, tröstet er mich. »Wir werden immer Freunde bleiben.«

Aber als die Zeit unserer Abreise näher kommt, erinnert sich Basia wieder unserer Freundschaft. Wie früher führen wir wieder lange Gespräche, und ich muß ihr versprechen, daß ich sie nicht vergessen werde. Natürlich nicht! Sie läßt ein Album mit einem hübschen, mit Stickereien verzierten Leineneinband in der Klasse herumgehen, damit alle einen Abschiedsgruß hineinschreiben. Die meisten entscheiden sich für melancholische Verse, in denen das Leben als Tränental oder als ein Fluß des Leidens beschrieben wird, oder als eine Reise der Qual, zu der wir jetzt aufbrechen. Diesen elegischen Ton genießen wir alle. Wir spüren so den Ernst des Lebens, und es ist befriedigend, ein wirklich tragisches Ereignis, einen Abschied für immer, als Anlaß zu haben, um diesen romantischen Gefühlen ihren Lauf zu lassen.

Knapp zwei Jahre später mache ich eine vierwöchige Busreise durch Kanada und die Vereinigten Staaten, zusammen mit einer Gruppe von Teenagern, die beim Abschied einander zur Erinnerung in die Notizbücher schreiben. »Es war toll, Dich kennengelernt zu haben!« schreiben sie auf die Seiten meines kleinen Buches. »Verlier nie Dein freundliches Wesen!« »Bewahre Dir Deine Fröhlichkeit, dann kann Dir nichts passieren!« fügen sie hinzu, und wenn ich die beiden Erinnerungsbücher, die zeitlich so dicht beieinander liegen, vergleiche, weiß ich, daß ich tatsächlich in ein anderes Land gekommen bin.

Nach meiner Abreise schreibt Basia mir oft. Sie gibt sich immer bohemienhafter. Sie lernt jetzt Englisch, übersetzt ein paar Kurzgeschichten, sie spielt bei einigen Aufführungen des Studententheaters mit und experimentiert mit abstrakten Entwürfen für Weihnachtskarten. Ich beneide und bewundere sie sogar von Kanada aus, denn sie wird genau das, was sie werden wollte, während aus mir ein seltsames Geschöpf wird, wie ich es niemals werden wollte. Nach einer Weile jedoch reißt unsere Korrespondenz ab. Erst viele Jahre später, als ich wieder nach Polen fahre, erzählt mir ihre Mutter, die ich unter der alten Adresse finde, mit einer Mischung aus Wut und Verachtung, daß Basia eine vielversprechende Karriere als Physikerin aufgegeben habe und eine erfolglose Schauspielerin geworden sei, die kleine Rollen in Provinzstädten spiele. Ich wage es nicht, Verbindung mit ihr aufzunehmen. Ich wage es nicht, mir vor Augen zu führen, was von den romantischen Träumen unserer Mädchenjahre und von unserer mädchenhaften Liebesgeschichte übriggeblieben ist.

Ich fürchte, meine Mutter und ich machen gelegentlich den Fehler, die Romantik der Stücke, die ich spiele, zu romantischem Kitsch verkommen zu lassen. Bei unseren Spaziergängen malen wir uns aus, wie ich später in einem langen blauen Taftkleid – aus irgendeinem Grund entspricht eben dieses Kleid unserer beider Wünsche – auf den großen Bühnen der Welt auftreten werde und wie mir das Publikum zujubeln wird. In meiner Phantasie gibt es noch eine ergötzliche Fortsetzung dieser Szene, die ich immer wieder auskoste: das Konzert ist zu Ende, ich stehe auf der Bühne, umgeben von Männern in dunklen Fräcken, und alle sind bleich vor Bewunderung und huldigen mir, so bewegt sind sie von den tiefen menschlichen Leidenschaften, die ich in meinem Spiel ausgedrückt habe. Die Musik löst bei mir keineswegs klösterliche Hingabe aus, sondern hat für mich etwas ausgesprochen Erotisches. Es kommt aus genau derselben Ecke, aus der meine nächtlichen Gedanken an Marek und die neuen Sehnsüchte stammen, über die Basia und ich uns unterhalten.

Ein Auftritt ist natürlich der Höhepunkt, dem alle diese Sehnsüchte zustreben und bei dem sie – verhängnisvolle Verlockung der Musik – manchmal fast völlig erfüllt werden. In meinem ersten Jahr an der Musikschule beschließt Pani Witeszczak, daß wir beim Konzert zum Jahresabschluß das Publikum mit Haydns D-Dur-Konzert überraschen werden – sie selbst will mich auf einem zweiten Klavier begleiten.

Es ist mein erster öffentlicher Auftritt, an den ich mit der heiteren Gelassenheit der Unerfahrenen herangehe. Ich weiß einfach nicht, daß ich eigentlich nervös sein müßte. Unbehelligt von irgendwelchen Zweifeln mache ich ein Mittagsschläfchen, und während die anderen Schüler vorspielen und ich auf meinen Auftritt warte, kichere ich mit meinen Freundinnen und kommentiere das Spiel der einzelnen Schüler. Dann ist es Zeit für mich, hinter die Bühne zu rennen, und als ich herauskomme und nunmehr dem Publikum gegenübertrete, verspüre ich eine so berauschende Freude, daß ich weiß, es kann nichts schiefgehen. Halb in Trance, halb überwach spiele ich – ein Zustand der Gnade, in dem meine Finger sich in willfährige Instrumente meines Willens verwandeln und in dem ich nicht eigentlich spiele, sondern zuhöre, wie die Musik lieblich hervorströmt. Als es vorbei ist und ich mich unter dem Applaus wie in einem Nebel verbeuge, sieht mich Pani Witeszczak an und streicht mir übers Haar; es ist ein glücklicher Augenblick.

Aber es ist zugleich das letzte Mal, daß ich mich dieser unschuldigen Ruhe erfreue. Von nun an bin ich jedesmal befangener, ist jeder Auftritt für mich schwieriger und problematischer. Ich lerne, verschiedene Techniken zu entwickeln, um meine Nervosität zu unterdrücken. Ich esse vor dem Auftritt Schokolade, um Energie aufzustauen, und später nehme ich ein Buch mit hinter die Bühne und versuche, irgend etwas Philosophisches zu lesen. Wenn ich mich auf einen Absatz von Platon konzentrieren kann – meine Lieblingslektüre bei solchen Gelegenheiten, obwohl er wahrscheinlich die übersteigerte Aufregung, die ich zu zügeln suche, verdammen würde – dann weiß ich, daß alles gut gehen wird.

Während einer Konzertreise, auf die ich mit einer Gruppe von Schülern und einigen Lehrern geschickt werde, lerne ich noch einen anderen Trick, mich zu sammeln. Wir bringen Kultur und die Blüte der sozialistischen polnischen Jugend in die Provinz. In Städten wie Bydgoszcz und Kazimierz übernachten wir in schmutzigen Schlafsälen, wo es keine abschließbaren Toiletten und kein Toilettenpapier gibt; wir essen in den düsteren Selbstbedienungsrestaurants, mit denen die polnische Landschaft übersät ist und wo man für wenig Geld ein Stück trockenes Brot und irgendein fettiges Gericht auf einem nachlässig gespülten Teller bekommt. Trotzdem, das gehört mit zu dem Gefühl, »auf Konzertreise« zu sein, und allein schon der Glanz dieser Vorstellung erfüllt mich mit Lampenfieber, wenn ich an das technisch schwierige Stück denke, das ich spielen soll – Webers Rondo Brilliante. Ich gehe im ruckelnden

Gang des Zuges auf und ab und knabbere an den Fingernägeln, bis mich die Lehrerin, die uns begleitet, auffordert, mich hinzusetzen und das Stück, das ich spielen werde, in Gedanken Note für Note durchzugehen, und mir vorzustellen, was beide Hände jeweils tun. Wenn du das Stück auf diese Art durchspielen kannst, sagt sie, dann kannst du dich darauf verlassen, daß es dir auch auf dem Klavier gelingt. Ich finde heraus, wie schwer es ist, diese Übung auszuführen und nur im Kopf zu spielen, ohne die Realität und den Widerstand der physischen Materie. Aber ich entdecke auch, wieviel Spielen bei diesem Konzentrationsakt stattfindet. Ja, wenn ich die Selbstbeherrschung aufbringe, mir alle Klänge im Kopf vorzustellen, dann wird sie mein Kopf auch irgendwie in den physischen Akt des Spielens übersetzen können.

Trotzdem, wenn ich dann in einer kahlen Aula auf eine der Bühnen trete, wo ich Abend für Abend dasselbe Stück so gut wie irgend möglich spielen muß, bin ich nervös. Meine kindliche Furchtlosigkeit ist verschwunden, und ich kann mich nicht mehr auf einen Zustand der Gnade verlassen. Von nun an muß ich diese Synthese von Willenskraft und Einfühlungsvermögen über den schwierigeren Weg des vollen Bewußtseins erreichen. Ich werde mehr üben müssen.

Am härtesten übe ich kurz vor meiner Abreise. Die Schule hat beschlossen, einer Ausnahme der Regel zuzustimmen – die Schulpolitik ist dagegen, »Stars« aus uns zu machen –, und hat mir erlaubt, ein ganzes Konzert allein zu bestreiten. Das ist eine einschüchternde Aussicht – so viele Stücke spielen zu müssen, ohne daß Mut oder Konzentration nachlassen – und ich bereite mich vor, indem ich wie ein Derwisch übe. Ich spiele, bis mir die Finger wehtun, ich spiele, um ganz sicher sein zu können, daß ich mich nicht blamieren werde, ich spiele, bis Pani Witeszczak mir besorgt befiehlt, endlich aufzuhören. Vielleicht spiele ich auch, um den Moment des Abschieds wegzuschieben; solange ich mich noch auf das Konzert vorbereite, muß ich nicht an den Abschied denken.

Ich bin aufgeregter als je zuvor, während ich hinter der Bühne sitze und auf meinen Auftritt warte, und ich stehe das Programm nicht in der hypnotischen Trance meines ersten Vorspielens durch, sondern indem ich Geist und Willen darauf konzentriere. Hinterher jedoch werde ich voll entschädigt. Meine Freunde sind besonders generös mit ihrem Lob, und zur Krönung des ganzen kommt

Robert, Krysias älterer Bruder, der Pianist, und sagt mir, wie gut ich gespielt hätte, und küßt mich auf unmißverständlich erwachsene Weise. Einen Moment lang ist alles eins, Musik, Bewunderung, Sexualität, so wie es sein sollte.

Der letzte Mensch, von dem ich mich verabschiede, ehe ich weggehe, ist Pani Witeszczak. Zum erstenmal, seit wir uns kennen, bin ich nicht zum Unterricht hier, sondern um mit ihr am Tisch zu sitzen. Wir trinken Tee und essen Kuchen und plaudern. »Was wird dir am meisten fehlen?« fragt sie mich freundlich. »Kleine Sachen, glaube ich«, sage ich. »Die Cremeschnitte von unserem Bäcker. Daß ich nicht weiß, was im *Querschnitt* steht.« Und dann, während ich die Frage in mich einsinken lasse, dämmert mir, daß ich noch sehr viel mehr vermissen werde, und ich sage: »Alles. Krakau. Die Schule. Basia. Sie. Alles.« Pani Witeszczak streicht mir übers Haar um mir zu zeigen, daß sie mich versteht, und dann sage ich nicht mehr viel, weil ich nicht aufhören kann zu weinen. Mir wird bewußt, daß sie der Mensch ist und dies das Zimmer ist, die zu verlassen mir am schwersten sein wird. Schließlich habe ich mich nirgendwo so verstanden gefühlt wie hier, nirgendwo habe ich meine Hoffnungen für die Zukunft so intensiv gespürt wie hier, wo ich mir auch wahrscheinlich das einzige Ideal zu eigen machte, das ich jemals wirklich ganz verstehen werde – das Ideal des Gleichgewichts zwischen Anstrengung und Vergnügen, zwischen Geist und Leidenschaft, zwischen Einfühlungsvermögen und Stärke.

»Du bist so empfindlich wie eine Mimose«, sagt Pani Witeszczak und sieht mich mit ihren sanften klugen Augen an. »Zarte Pflanzen lassen sich schwer entwurzeln und verpflanzen. Eine Zeitlang wirst du dich wie eine Pflanze mit freiliegenden Wurzeln fühlen. Du wirst lernen müssen, dich zu schützen.« Ihre Mutter versucht, ihr Einhalt zu gebieten, aber Pani Witeszczak sagt: »Warum? Sie soll wissen, was ihr bevorsteht.« Damit sind die Schleusen endgültig geöffnet, und ich lasse meinen Tränen freien Lauf. Als ich schließlich gehen muß, umarme ich Pani Witeszczak fest und sage: »Ich komme wieder, Sie werden es sehen.« »Natürlich kommst du wieder«, sagt sie sehr freundlich, aber ich weiß, daß wir es beide nicht glauben.

An einem Herbstnachmittag des Jahres 1958 besuchen wir, festlicher als sonst gekleidet, die Bergs. Wir wollen uns verabschieden.

Darauf bin ich nicht vorbereitet. Ich habe noch nicht das Wissen verinnerlicht, daß Marek »für immer« weggehen wird – denn so empfinde ich es.

Doch sobald ich in der Wohnung bin, wird mir jäh bewußt, daß dies der Abschied ist, der Schluß, das Ende. Das ist nicht mehr der Ort, wo Menschen gemütlich und seit langer Zeit zusammen lebten, sondern eine Stätte, die sie fliehen – das Bild vom entwurzelten Leben wird nun immer öfter in meinen Augen brennen. Die vertrauten Zimmer mit ihrer warmen und durch die schweren Möbel gedämpften Atmosphäre hallen jetzt vor lauter Leere, und im Flur sind die Umzugskisten aufgereiht. Zwischen den Koffern und Truhen stehen beklommen die Menschen herum. Wir wissen nicht recht, wie wir uns verhalten sollen. Welche Zeremonien sind solchen Abschieden angemessen – Abschieden, die nie ganz freiwillig gewählt und nie ganz erzwungen, sondern gleichermaßen gewählt und erzwungen sind?

Aber solches Abschiednehmen wird häufiger. 1957 wurde das Emigrationsverbot, das für den größten Teil der polnischen Bevölkerung gilt, für Juden aufgehoben. Alle Juden können jetzt ohne weiteres die Erlaubnis erhalten, nach Israel auszuwandern, und damit ist jeder Jude vor eine Entscheidung gestellt. Gehen oder nicht gehen, das ist jetzt das Hauptgesprächsthema. Die meisten Menschen, die wir kennen, entscheiden sich sofort – und der Exodus beginnt. Die Rotenbergs gehen; die Taubes gehen; die Leitners gehen. Unsere private Welt verändert sich; es scheint immer unmöglicher, Jude und so wie wir zu sein – das heißt entschieden jüdisch, nicht kommunistisch, ohne besonderen Status in der Gesellschaft – und zu bleiben.

Die Bergs haben länger als die meisten durchgehalten. Sie sind so assimiliert, daß sie Polen als ihre eigentliche Heimat betrachten, und vor allem die Großeltern sind unglücklich, daß sie die bequeme Wohnung, in der sie fast ihr ganzes Leben verbracht haben, und die Stadt, die ihnen so vertraut ist, verlassen müssen. Verglichen damit ist Israel in ihren Augen keine erfreuliche Aussicht. »Was sollen wir dort?« fragen sie traurig. »Wir werden uns dort nie einleben, es ist zu spät.« Aber eine Trennung der Familie scheint nicht in Frage zu kommen, die Entscheidung, die getroffen wird, gilt für alle, und schließlich, nach unzähligen bangen Diskussionen, fassen sie den Entschluß; sie werden gehen, wie die anderen, doch sie tun es ohne große Begeisterung und nur, weil es unmöglich scheint, zu bleiben. Von nun an wird es anders sein, als Jude in Polen zu leben, in diesem wieder einmal entvölkerten Land, und zunehmend schwieriger wird es für die Kinder sein. Der Exodus ist überaus groß, und nur Juden, die im kulturellen Leben verankert sind oder zur kommunistischen Elite gehören, bleiben – bis 1968 die meisten von ihnen durch eine »antizionistische« Säuberung ebenfalls vertrieben werden. Aber denen, die gesellschaftlich weniger bedeutend sind, bleibt fast keine andere Wahl, selbst wenn sie sich nie viele Gedanken über ihr Judentum gemacht haben.

Für meine Eltern gibt es keine Zweifel. Polen ist in gewisser Weise Heimat, aber es ist auch feindliches Territorium. Sie haben schon einmal versucht wegzugehen, kurz nach dem Krieg, als einigen Juden Ausreisevisa erteilt wurden, aber sie hatten kein Glück. Die Frage ist nicht, ob sie gehen, sondern wohin.

Marek weiß genau, was er will. Er will, daß ich mit ihm nach Israel gehe. Als wir sie an jenem letzten Tag besuchen, winkt er mich in das »dritte Zimmer« und sagt, dies sei ein wichtiger Augenblick, und ich solle ihm erlauben, mich vor allen anderen zu küssen: wir dürften uns nicht mehr wie schüchterne Kinder verhalten. Seine Stimme ist wirklich so ernst und so dringlich, daß ich einwillige, ja, er dürfe, aber als es soweit ist, sind wir beide so nervös, daß sein Kuß auf meinem Kinn landet. Ehe wir die Wohnung der Bergs verlassen, schüttelt er meinem Vater die Hand, sieht ihm in die Augen und sagt, wir müßten nach Israel kommen, weil ich seine Frau werden solle. Ich habe das auch geglaubt. Wie die Musik ist Marek Teil meines Schicksals gewesen. Aber ich fürchte, ich muß eine jähe Wendung meines Schicksals hinnehmen, ich fürchte, daß wir in Kanada landen werden.

Diese Möglichkeit ergibt sich aufgrund eines Briefes, den wir, soweit ich in Erfahrung bringen kann, aus heiterem Himmel von einem Mr. Rosenberg erhalten, den meine Eltern vor dem Krieg gekannt haben und der in einer Stadt wohnt, die Vancouver heißt – oder »Vantzo-ouver«, wie wir es aussprechen. Dieser Mann, dem mein Vater zu Beginn des Krieges einmal irgendwo geholfen hat, bietet uns an, für uns zu bürgen, damit wir in Kanada einwandern können, das, wie er schreibt, wirklich das Land sei, wo Milch und Honig fließen, ein Land der Möglichkeiten, ein Land, wo man reich und glücklich werden könne. Für meinen Vater ist das eine unwiderstehlich verlockende Vision – ein wohlhabender Mann in Amerika zu werden, ein Mann der etwas darstellt. Wir haben keinen Schimmer, was wir dort vorfinden werden oder tun können, aber wir verbinden mit Amerika – und Kanada rechnen wir unwillkürlich dazu – die alten märchenhaften Vorstellungen: Straßen, die mit Gold gepflastert sind, das Huhn, das goldene Eier legt. Außerdem gibt es das Buch über Kanada aus dem Krieg. Und, wie mein Vater meine Mutter erinnert, die sich eher nach Israel hingezogen fühlt, die Tatsache, daß es in Kanada keinen Krieg gibt und nie einen Krieg geben wird. Kanada ist das Land des Friedens. In Israel herrscht ständige Kriegsgefahr, und sogar Mädchen werden zur Armee eingezogen. Will sie, daß ihre Töchter auf dem Schlachtfeld enden? Will sie selbst noch einmal einen Krieg durchmachen müssen?

Ich verstehe die Kraft dieses Arguments, und trotzdem, der Gedanke an das Land Kanada erfüllt mich mit einer Art Horror vacui. Ich will Polen überhaupt nicht verlassen; ich kann mir gar nicht vorstellen, wie ich mich von all dem lösen soll, von allem, was ich so intensiv erlebt und erfahren habe. Aber wenn wir schon gehen müssen, dann möchte ich wenigstens an einen Ort, der mir schon ein wenig vertraut vorkommt, weil ein paar Freunde dort sind, ein Ort, der von manchen unsere »wahre Heimat« genannt wird. Nachdem die Bergs abgereist sind, schicken sie uns Berichte über ihre neuen Eindrücke und Abenteuer. Auf dem Flughafen in Italien, wo sie ein paar Tage Zwischenstation machten, gab es eine Rolltreppe, und die Großmutter hatte eine solche Angst davor, daß man sie schließlich nach unten tragen mußte. Es gibt so viele Apfelsinen dort, und sie sind so billig und groß und saftig, daß die Bergs, nachdem sie erst einmal nach Herzenslust davon gegessen haben, nun – man stelle sich vor! – genug haben von diesem großen Luxus. Offenbar kann einem alles überwerden.

Dann kurze Eindrücke von Israel: sie lernen die Sprache in Spezialkursen; sie leben in kleinen Siedlungen in der Wüste. Die Bedingungen sind hart: viel Sand und wenig Wasser, und sie leben wie Pioniere – aber sie lieben dieses Land, dieses Land, das ihre wahre Heimat ist. Ja, ausgerechnet Pani Ruta hat sich zur Patriotin entwickelt. Trotz der Härte würde sie nirgendwo anders mehr leben wollen. Dort also können Juden das Gefühl haben, daß sie zu Hause sind, auf niemandes Gnade angewiesen. Es ist wunderbar, etwas aufzubauen und gemeinsam dafür zu kämpfen.

Ehe wir genau wissen, wo wir hingehen werden, schreibt meine Mutter, die sich um meine Zukunft als Pianistin sorgt, an keine geringere Persönlichkeit als Ben Gurion, der eine Kultfigur und auch »einer von uns« ist, um in Erfahrung zu bringen, ob ich in Israel Klavierunterricht bekommen kann. Das ist die Art von Gesten, auf die sie sich versteht. Die Geste eines Menschen, der nicht genügend Macht und nicht die üblichen Einflußmöglichkeiten hat, der aber imstande ist, die Regeln zu durchbrechen und an die Menschlichkeit irgendeiner hochgestellten Persönlichkeit zu appellieren, an das, was wir alle gemeinsam haben. »Vergiß nie, daß wir alle Menschen sind, wir haben alle die gleichen Gefühle«, sagt sie oft zu mir. »Du brauchst nie vor irgend jemandem Angst zu haben.«

In diesem Fall zahlt sich ihre Findigkeit aus, denn nach mehreren Wochen erreicht uns ein ungeschickt auf dünnes Papier getippter, vom Ministerpräsidenten Israels persönlich unterzeichneter Brief. Vom Inhalt her ist der Brief ebenfalls unbürokratisch. Er ist ziemlich lang und klingt so, als wäre er von einem wirklichen Menschen geschrieben. »Seien Sie versichert«, schreibt Ben-Gurion an meine Mutter – oder vielleicht hat es auch jemand aus seinem Büro geschrieben –, »daß Ihr Kind, wenn es talentiert ist, alle Aufmerksamkeit, die es verdient, bekommen wird. Wir schätzen es nicht, wenn in Israel Talent verschwendet wird, wir haben hier ausgezeichnete Musiklehrer, und wenn nötig, wird sie ein Stipendium bekommen. Wir werden uns um sie kümmern.« Das ist eine wunderbare Antwort. In einem Land, dessen Ministerpräsident sich die Mühe macht, einen Brief an uns zu schreiben, werden wir nicht untergehen. Israel läßt in meiner Vorstellung ein paar frische Triebe sprießen. In meiner inneren Geographie liegt es näher als Kanada, und die Reise dorthin ist nicht so schwer vorstellbar. Irgendwie gibt es eine Möglichkeit, von hier nach dort zu gelangen.

Aber meine Eltern zögern lange Zeit – und dann geben sie Kanada den Vorzug. Nachdem die Entscheidung getroffen ist, dauert es zwei Jahre, bis wir die Behörden davon überzeugt haben, uns gehen zu lassen. Es ist eine Zeit, in der wir fast buchstäblich aus unseren Koffern leben, eine Zeit, in der mein Vater, aufgrund seines Wunsches auszuwandern, seine Arbeit verliert, eine Zeit, in der ich aus der Schule genommen und wieder angemeldet werde, eine Zeit, in der sich die Maßstäbe des Üblichen langsam in dem anhaltenden Provisorium des Wartens auflösen.

Das Gefühl des drohenden Verlustes erweckt in mir den Wunsch, an allem, was ich gehabt habe, mit aller Macht festzuhalten. Ich klammere mich an die Bilder von Marek – sie sind noch nicht Erinnerungen, dazu ist er zu lebendig in meinen Gedanken –, als könnte meine Willenskraft ihn materialisieren. Unmittelbar nach seiner Abreise vergrabe ich mich eine Woche lang im Bett und vergieße immer wieder Ströme von Tränen, bis ich dumpfe Kopfschmerzen habe, die mich von nun an bis zu unserer Abreise immer wieder befallen werden. Jede Woche gehe ich einmal zum Haus der Bergs und bleibe davor stehen, als könnte ich so verhindern, daß der Nachhall ihrer Abreise verklingt. Und jeden Tag durchlebe ich eine rituelle Phantasie, die von Marek handelt. In dieser immer wiederkehrenden Szene bin ich älter, vielleicht neunzehn, und ich habe es irgendwie fertiggebracht, nach Israel zu kommen. Ich verlasse ein Schiff, und da erblicke ich an der Küste Marek. Wir laufen aufeinander zu und sinken uns – schließlich und endlich – in die Arme und halten uns minutenlang wortlos umschlungen. Dort endet die Phantasie, und dann befinde ich mich wieder auf der Straße und gehe weiter, bleich und beraubt. Die Phantasie ist eine unterminierende Strategie, aber lange Zeit kann ich nicht verhindern, daß sie wieder und wieder in Gang gesetzt wird, wie eine hilflose Schlafwandlerin; denn schließlich handelt diese Phantasie ja nicht von irgend etwas Irrealem, sondern von etwas, das einmal mir gehört hat – oder mir hätte gehören können – und von meiner wiederholten Enttäuschung.

Die Phantasie sollte – mit einigen unvermeidlichen Abweichungen, beinahe Wirklichkeit werden. Marek und ich haben einander wiedergesehen – obwohl ich mir, bis es dazu kommt, dieses Treffen so oft ausgemalt habe, daß ich seine Wirklichkeit kaum glauben kann. Selbst die Erfüllung einer Phantasie ist, wie sich herausstellt, anders als die Phantasie der Erfüllung.

Ich stehe am Bug des Schiffes und beobachte, wie das Wasser in einer diagonalen, sich immer wiederholenden, immer fliehenden Linie teilt. Tagelang nichts als das Meer. Der Atlantik ist fast immer grau und nicht schön in diesen frühen Apriltagen, aber er ist so unermeßlich, so endlos, daß ich begierig bin, ihn in seiner Endlosigkeit zu betrachten, und dazu muß ich mich auf die erkennbare gerade Linie an der Wasseroberfläche konzentrieren.

Das erste Mal sah ich das Meer in einem Sommer, als wir die Ferien an der Ostseeküste verbrachten – und seine Weite flößte mir eine große Ehrfurcht ein und vermittelte ein Gefühl des Friedens. Jetzt macht es mich rastlos. Sobald die *Batory* den Hafen verlassen hat, beginne ich, die verschiedenen Decks und ihre Innenräume zu erkunden, ich stürze in eine nahezu fiebrige Erregung, in der die Qualen der letzten Wochen und all meine Ruhe vergehen.

»Was ist in dich gefahren?« fragt meine Mutter. »Du warst doch sonst nie so.«

Ich weiß nicht, was in mich gefahren ist, aber ich kann kaum stillsitzen, und ich will nicht länger als unbedingt notwendig bei meinen Eltern bleiben. Ich streite mich mit ihnen und stolziere eigensinnig und mürrisch davon.

Dieser vorübergehende Sturm folgt auf Monate, die mit Bürokratie und Unordnung angefüllt waren. Unsere Ausreisevisa haben wir dank einer Kombination von legalen Schritten und der Bestechung der zuständigen Beamten mit entsprechend hohen Summen bekommen und mit der illegalen ausländischen Währung bezahlt, die mein Vater in weiser Voraussicht beiseitegeschafft hatte. Wir haben sogar eine Sondererlaubnis erhalten, mein Klavier außer Landes zu bringen, obwohl Klaviere unter die große Kategorie der Gegenstände fallen, die angeblich zu den nationalen Schätzen zählen. Das sollte ein Trost für mich sein, aber ich glaube nicht, daß mein Klavier mir in der Ödnis, in die wir fahren, viel nützen kann. Die einzige Information, die ich von Kanada habe, stammt aus einem Artikel im *Querschnitt*, wo Kanada als »kulturelle Wüste« beschrieben wurde, ein Land, in dem sich niemand für Schönheit, Musik oder Kunst interessiert. Anklagend habe ich meinen Eltern diesen Artikel unter die Nase gehalten. Sie verschleppen mich in eine kulturelle Wüste! Was soll ich dort tun?

Je näher der Tag der Abreise rückt, desto mehr Kisten stehen in unserer Wohnung, vollgepackt mit unseren Bettdecken und Kleidern und unserem Porzellan. Die neuen Mieter, die mir völlig gleichgültig sind, wollen sich unsere Möbel ansehen, die sie uns abkaufen wollen. Dann kommt die Polizei und inspiziert die Kisten, um nachzusehen, ob sie irgendwelchen Besitz enthalten, den wir illegal auszuführen versuchen. Weitere Bestechungsgelder – und als Extrabonbon soll ich ihnen auf dem Klavier etwas vorspielen. Noch nie ist mein Klavierspiel als Tauschwährung benutzt worden, und die Aufforderung macht mich wütend.

Bei meinen Spaziergängen durch Krakau, die ich in diesen letzten Tagen mit meinen Freundinnen und Freunden unternehme, erhält alles ein besonderes Gewicht: die Lieder, die wir zusammen singen, die Filme, die wir sehen, eine lustige oder freundschaftliche Bemerkung. Wenn ich allein bin, breche ich manchmal in Tränen aus, zum Beispiel, als ich an einem gewöhnlichen Gartengrundstück vorbeikomme, das, wie sich herausstellt, ein Stück von mir enthält, oder an einer Grube, in der ich früher gespielt habe. Ganz gewöhnliche Straßen schimmern plötzlich im Licht des Verlusts. »Sieh dich um«, sage ich zu meiner Schwester, als wir mit der Straßenbahn zum Bahnhof fahren. »Sie hin, und behalte es im Gedächtnis. Du wirst all dies vielleicht nie wieder sehen.«

Ich glaube nicht, daß meine Eltern mit diesem Gefühlsüberschwang einverstanden sind. »Glaubst du denn, daß du irgendwann hierher zurückkehren willst?« haben sie und ihre Freunde einander gefragt, und die Antwort lautet fast immer: »Wozu? Was haben wir hier verloren?«

Vielleicht hätte ich wenige Jahre später ähnlich empfunden. Vielleicht hätten die abstrakten Folgen einer kollektiven Identität zu einer eigenen Logik geführt, die mich schließlich nach draußen getrieben hätte. Vielleicht. Doch einstweilen habe ich kaum eine Identität außer jener einen starken, meiner ersten, sehr persönlichen Lieben. Und als sich meine ganze Klasse an dem Zug versammelt, der uns nach Gdingen bringen wird, zu unserem Aufbruch in das große Ungewisse, weiß ich nur, daß ich bleiben, bei ihnen bleiben möchte. Die Orlowskis begleiten uns bis ins Zugabteil, und Robert küßt mich wieder auf eine Art, die uns beide erröten läßt. Dann müssen sie den Zug verlassen, und ich höre augenblicklich auf zu weinen, als wäre der Strom des Lebens plötzlich versiegt. Für den Rest der Reise überkommt mich eine Langeweile, die wie eine Erstarrung ist.

Dabei ist es absolut nicht langweilig auf dem Schiff. Alles um mich herum ist so elegant und glitzernd, daß ich das Gefühl habe, ich wäre in eine funkelnde, völlig unwirkliche Welt katapultiert worden, eine Welt vielleicht wie in *Anna Karenina*. Da ist eine Bar, wo die Menschen in lässiger Haltung auf hohen Stühlen sitzen und am frühen Nachmittag bunte Getränke trinken. Abends flimmern die Kronleuchter in dem Salon, und im Speisesaal, an einem Tisch, der mit strahlend weißer Tischwäsche gedeckt ist, bekommen wir Köstlichkeiten serviert, die ich nie zuvor gesehen habe – Oliven und Bananen und zum Nachtisch sogar Ananas.

Noch nie habe ich soviel von der großen Welt gesehen. Ich spaziere die Decks hinauf und hinunter, ich beobachte die Menschen um mich herum und übe mich darin, anmutig und würdevoll mit dem Kopf zu nicken, wenn ich an Spaziergängern vorbeikomme, die ich schon einmal gesehen habe. Auf der *Batory* sind viele Emigranten, und manchmal sprechen wir über unsere Ängste oder tauschen Informationen über die verschiedenen Zielorte unserer Reise aus. Da ist zum Beispiel Irena. Auf sie konzentriert sich der Klatsch der Passagiere, und sie macht den Roman, in dem ich vorübergehend zu leben glaube, perfekt. Ja, sie könnte Anna Karenina persönlich sein. Sie hat kurzgeschnittenes schwarzes Haar, mit einem Pony über der Stirn, grüne, leicht schrägstehende Augen, hervortretende Wangenknochen und eine fast olivfarbene Haut. In den ersten Tagen hielt sie sich abseits, hatte aber immer ihren Schäferhund neben sich. Dann jedoch, als die *Batory* in Kopenhagen anlegte, kam ein hübscher Däne an Bord, und seither sind die beiden unzertrennlich. Der Däne ist ihr ideales Gegenstück – groß, schlank, blauäugig, blond. Manchmal lächeln sie sich an oder bringen sich gegenseitig ein paar Worte bei, doch sonst schweigen sie und tun nichts, um des anderen Sprache zu lernen. Ich nehme an, daß sie ein Liebespaar sind, aber es muß sie noch ein zusätzliches Geheimnis umgeben, wie ich aus den strengen neidischen Blicken schließe, mit denen sie von den Leuten bedacht werden, und aus dem unsichtbaren Kreis, der die beiden immer umgibt und sie von den anderen trennt.

In der Lounge oder am Swimmingpool trifft sich jeden Tag eine Gruppe von Kindern. Lila ist diejenige unter uns, die den Ton angibt, weil sie etwas älter und eine offensichtlich starke und vernünftige Persönlichkeit ist. Lilas Eltern sind beide im Krieg umgekommen, und sie ist in einem Waisenhaus aufgewachsen. Jetzt ist sie von entfernten Verwandten in Kanada, die sie noch nie gesehen hat, adoptiert worden. Sie sieht ihrem neuen Geschick mit offenen Augen und stoischer Gelassenheit entgegen. Sie war eine gute Schülerin und wollte Physik studieren, das will sie nun in Kanada machen. Sie will sich von ihren Cousins gern eine Zeitlang helfen lassen, möchte aber von niemandem abhängig sein. Dann ist da Janek – der Magnet, der mich zu der Gruppe zieht. Auch er ist älter als ich, ungefähr sechzehn. Er hat rotblondes Haar, das ihm in die Stirn fällt, und eine nonchalante Art, zu der auch gehört, daß er Zigaretten raucht und dabei tief inhaliert und die Kippen mit grimmiger Gebärde im Aschenbecher ausdrückt. Janek wuchs bei seiner Mutter auf, von der er haßerfüllt spricht; ich reime mir zusammen, daß sie Alkoholikerin war und daß sie ihn als Kind nicht gut behandelt hat. Er fährt nach Kanada zu seinem Vater, den er noch nie gesehen hat; er verließ Polen während des Krieges, bevor Janek geboren wurde. In Janeks Vorstellung verkörpert sein Vater alles, was gut, groß und aufregend ist. Es wird »Klasse« sein, mit ihm in den nahen Wäldern auf die Jagd zu gehen; er lebt in einem kleinen Vorposten in der kanadischen Provinz Ontario. Ein Abenteuer wie bei Karl May.

Die erfinderische Lila hat für uns für die Dauer der Überfahrt Englisch-Unterricht organisiert, damit wir bei unserer Ankunft nicht »wie dumme Bauern« dastehen, sagt sie. Sie hat ein Lehrbuch und versucht uns, jeden Tag ein paar Sätze beizubringen. » ›Cannot‹ ist eine Ausnahme der Regel«, sagt sie gerade. »Ihr könnt es in einem Wort schreiben, im Gegensatz zu anderen verneinenden Verben.« Normalerweise würde ich so etwas mühelos lernen, begierig, neue Wissensbrocken aufzuschnappen. Aber jetzt kann ich mich nicht konzentrieren; ich will den Klang nicht in mich hereinlassen. »Ich glaube, ich kann Englisch nicht leiden«, sage ich kläglich, und Janek meint: »Barbarisch. Primitiv.« Er neckt mich, er heitert mich etwas auf, und ich warte darauf, daß wir beide ein bißchen für uns sein können. Ich weiß, daß das, was ich tue, »den Jungen hinterherlaufen« genannt wird, aber das ist mir egal. Ich tappe im Nebel, und die Regeln gelten hier nicht. Wenn die Sonne herauskommt und ein mittägliches Glitzern über das Wasser wirft, starre ich wie hypnotisiert aufs Meer, von einer schmerzlichen Sehnsucht erfüllt. *Tesknota.*

Auch meine Eltern haben auf dem Schiff Freundschaften geschlossen, so mit einem Ehepaar, das ein paar Kabinen weiter wohnt und nach Montreal fährt. Die Berensteins sind im Vergleich zu uns glücklich dran, denn sie haben dort richtige Verwandte, die für sie bereits eine Wohnung organisiert und außerdem versprochen haben, für Herrn Berenstein eine Stellung zu suchen. Sie besuchen uns oft in unserer Kabine und überlegen, was ihr neues Leben wohl für sie bereithalten wird. »Sie brauchen sich keine Sorgen zu machen«, versichert Mr. Berenstein, ein lustiger, etwas dicklicher Mann, meinen Eltern, »alle von uns haben es drüben zu etwas gebracht.« Aber ich sehe, daß mein Vater sich trotzdem Sorgen macht und sich ständig nervös in die Oberarme kneift.

Die Überfahrt, die insgesamt zwölf Tage dauert, hat mehrere Höhepunkte, bei denen ich das Gefühl habe, nicht mehr ganz ich selbst zu sein und zeitweise in einer dichteren, künstlicheren Welt zu leben, die mit dem normalen Leben, wie ich es kennengelernt habe, nichts zu tun hat. Zunächst erwählen Irena und der Däne mich zu ihrem Cupido. Sie hörten mich in der Lounge Klavier üben und jetzt bittet Irena mich, etwas nur für sie beide zu spielen. Ich spiele einige der Mazurken von Chopin, und als ich mich umdrehe sehe ich, daß sie einander versunken anstarren und mich darüber völlig vergessen haben. Ich spiele weiter, und als ich mich wieder umdrehe, sind sie fortgegangen. Aber ich trage ihnen diesen ungewöhnlichen Mangel an Aufmerksamkeit nicht nach.

Zwei Tage vor unserer Ankunft in Kanada beginnen die großen Vorbereitungen für den Kapitänsball. Ich bin gebeten worden, am Unterhaltungsprogramm mitzuwirken, also ziehe ich mein schönstes Kleid an und betrachte mich sorgfältig im Spiegel, während meine Mutter mir die Haare zu einer Frisur von, wie ich hoffe, unauffälliger Eleganz kämmt.

Der Speisesaal ist mit Girlanden und glitzernden Lichtern bunt geschmückt. Als ich mit meinem Auftritt an die Reihe komme, bin ich kein bißchen nervös – weil sich dies alles für mich außerhalb von Zeit und Raum abspielt. Einen Augenblick lang bin ich die Gestalt aus meiner Phantasie, und ich spiele meine Rolle wie in einem Film. Als das Programm zu Ende ist und das Orchester mit der Tanzmusik beginnt, kommt der Kapitän, groß und schön in seiner Uniform, an unseren Tisch und bittet mich mit einer eleganten Verbeugung um einen Tanz. Jetzt klopft mir auf einmal das Herz bis zum Hals, aber er führt mich durch eine schnelle Polka und dann durch einen Walzer mit solcher Sicherheit, daß ich gar keine falschen Schritte machen kann.

Als letzte Attraktion des Abends kündigt der Conférencier einen Wettbewerb an, bei dem die Paare mit einem Pingpongball zwischen der Stirn tanzen müssen. Das Paar, das am längsten die Balance hält, ohne das glatte kleine runde Ding fallen zu lassen, hat gewonnen.

Schnell füllt sich die Tanzfläche mit Paaren, die mit den lächerlichsten Verrenkungen versuchen, die Aufgabe zu meistern, und genauso schnell leert sich die Tanzfläche wieder, ein Paar nach dem andern verliert den Ball. Das letzte Paar sind natürlich Irena und der Däne. Sie schweben über die Tanzfläche, halten einander sehr aufrecht in den Armen, als ob ein so lächerliches Ding wie ein Pingpongball ihrem Einssein nichts anhaben könne. Inzwischen kenne ich ihr Geheimnis: sie fährt nach Kanada zu einem Mann, der sie geheiratet und ihr dadurch die Auswanderung ermöglicht hat. Alle hören auf zu lachen und sehen schweigend zu, wie diese perfekte Schiffsromanze vor unseren Augen mit großer Unbekümmertheit zu Ende geht.

Als ich am nächsten Tag aufwache, weiß ich sofort, daß etwas sich verändert hat. Dann merke ich, daß das seitliche Schaukeln, an das ich mich inzwischen gewöhnt habe, aufgehört hat. Heute, erinnere ich mich, erreichen wir unseren ersten Hafen; er heißt Halifax.

Als ich an Deck komme, sehe ich ein Stück Welt, das mich schlagartig das Gefühl des Verlustes wieder spüren läßt; es ist wie ein Boxhieb in die Magengrube. Das Meer hat sich zu einem breiten grauen Wasserweg verengt, an dessen Ufern ich Sumpfland, eine marschartige Vegetation und vereinzelte Häuser erkenne. Über Lautsprecher werden wir informiert, daß wir die Mündung des St. Lawrence Stroms erreicht haben. Ich weiß nicht, was für ein Strom das ist oder wie er sich in den Kontinent schneidet, dem wir uns bangen Herzens nähern. Der Anblick hat etwas, das sich nicht beschreiben läßt, und unterscheidet sich völlig von den Landschaften, die ich bisher kennengelernt habe. Vielleicht liegt es an der Luft, vielleicht an der riesigen Breite dieses Binnenschiffahrtsweges, vielleicht ist es auch die Anordnung der Häuser an der Küste, die in seltsamen Abständen stehen, wie einsame Wächter. Dann tutet das Nebelhorn und das Schiff stoppt. Wir scheinen uns mitten im Nirgendwo zu befinden. An der Küste ist nichts zu sehen außer einer langen Holzbaracke. Die Matrosen legen die Gangway aus. Es ist kalt.

Ich beobachte alle diese Vorgänge, ich sehe, wie Janek auf den Laufsteg zugeht, in jeder Hand einen Koffer. Ich renne hinter ihm her, ich rufe seinen Namen. Er dreht sich verwirrt um und tut so, als wüßte er nicht, wer ich bin. Ein großer Mann steht unten an der Landungsbrücke, und Janek bewegt sich langsam auf ihn zu, wie jemand, der sein Ziel erreichen und zugleich nicht erreichen möchte. Ich sehe, wie Janek sich dem großen Mann nähert und seine Koffer abstellt. Ich sehe, wie der Mann seinen Sohn ungestüm an sich zieht. Ich sehe, wie sie zusammen davongehen; die Koffer trägt jetzt der Mann. Janek dreht sich nicht um.

Meine Enttäuschung wird jedoch sogleich von einer aufregenderen Neuigkeit verdrängt. Irena weigert sich, das Schiff zu verlassen. Ihr Mann ist gekommen, um sie abzuholen und wartet darauf, daß sie von Bord geht. Aber sie weigert sich, und sie hält das ganze Schiff auf, während sie mit ihm verhandelt. Mehrere Stunden lang geht der Mann auf der Zementplattform neben dem Schiff auf und ab – eine kleine korpulente Gestalt mit einem blonden Schnurrbart, dazu verurteilt, in diesem Melodram die Rolle des Satyrs zu spielen, während der Däne Hyperion ist. Irena wird immer wieder an Deck gesehen, wo sie mit ihrem gehorsamen Schäferhund auf- und abgeht. Sie raucht eine Zigarette und sieht nie zu dem Mann hinüber, der nur ein paar Meter von ihr entfernt ist.

»Sie weigert sich«, sagt jemand. »Wer kann ihr das verdenken. Warum sollte sie in irgendeinem gottverlassenen kanadischen Dorf mit jemandem wie ihm leben.«

»Er sagt, Kanada ist ein Land, wo es Gesetze gibt«, informiert uns ein anderes Bulletin. »Er sagt, er will sein Geld zurück, für das Ticket. Für ihres und für das des Hundes.«

Lila gesellt sich zu mir, und wir unterhalten uns eine Weile lang über die Situation. »Natürlich hat sie ihn nur geheiratet, weil sie aus Polen raus wollte«, Lilas Meinung duldet keinen Widerspruch. »Aber jetzt sollte sie in dem Bett, das sie sich bereitet hat, auch schlafen. Was ja nicht heißt, daß sie nicht in anderen schlafen kann«, fügt sie verschmitzt hinzu.

Am Nachmittag wird Irena immer drängender über die Schiffslautsprecher gerufen, der Ton wird immer entschiedener. Sie hat eine halbe Stunde Zeit, sich zu entscheiden. Als es dunkel wird, hat sich das ganze Schiff versammelt und sieht zu, wie die in einen Pelzmantel gehüllte Gestalt die Gangway hinuntergeht – und weitergeht, ohne ihren Mann anzusehen, der ihr mit wütenden Schritten in die Baracke folgt.

Das Melodram ist zu Ende, die Menge zerstreut sich, und ich schlendere in die Lounge, wo mich ein Anblick erwartet, bei dem ich wie angewurzelt stehenbleibe. Der Däne, ganz allein in dem Raum, in einem Durcheinander von umgeworfenen Möbeln, tanzt einen furiosen Tanz mit einem Stuhl, den er gerade an die Wand werfen will. Er bemerkt mich jedoch und hält mitten in der Bewegung inne. Einen Augenblick lang starren wir einander ausdruckslos an. Sein Gesicht ist gerötet. Er riecht nach Alkohol, und noch nie habe ich so klare, strahlende blaue Augen gesehen.

Jahre später denke ich noch an Irena und den Dänen, und ich versuche das Kunststück fertigzubringen, mir für diese beiden halbrealen Wesen eine plausible Realität auszudenken. Ist der Däne ein Claus von Bülow geworden? Oder ist er nach Dänemark zurückgekehrt, zu seiner Frau und seiner Arbeit? Und was ist aus Irena geworden? Verkauft sie jetzt ihre Reize für Babypuder à la Basia Johnson? Später, als Erwachsene, lerne ich viele Frauen wie sie kennen – attraktive, charmante Polinnen, die nach »Amerika« gekommen sind, um ihr Glück zu machen. Sie sind meist von einem eindrucksvollen Erfindungsreichtum und besitzen die Waghalsigkeit von Menschen, die alles auf eine Karte setzen, weil sie wenig zu verlieren und alles zu gewinnen haben. Sie zögern nicht, ihre Sexualität einzusetzen, um in der Welt voranzukommen, und heiraten oft um des Geldes willen – oder sie halten sich Liebhaber, die sie bei ihrer Karriere unterstützen. Sie tun dies mit dem Selbstbewußtsein von Frauen, die es gewohnt sind, Objekt der Begierde zu sein, und die mit kühlem Kopf Strategie und Gefühl trennen können. Ich bewundere dieses gewitzte Hazardspiel – mit der moralischen Einstellung zu Sex und Gefühl, die ich in Amerika gelernt habe, konnte ich es ihnen nie gleichtun. Aber natürlich landen nicht alle bei wohlhabenden Ehemännern oder 390-Millionen-Dollar-Scheidungen. Vielleicht ist aus Irena eine zufriedene Hausfrau in einer kanadischen Kleinstadt geworden, eine lebenslustige Polin, die geschickt ihren Haushalt führt und in ihrem Garten Stiefmütterchen und Erbsen zieht. Auch solche Frauen kenne ich, Frauen, deren Mut weniger offensichtlich ist und deren verborgene Charaktereigenschaften nur manchmal zum Vorschein kommen – Frauen deren seltsame Schicksale sich in eigenartigen Mustern über den ganzen Kontinent ziehen. Es gibt Modelle für Einwandererschicksale – wie für alle anderen –, aber ich bezweifle, daß irgendeines von ihnen denen, die sie leben, natürlich erscheint.

Aber ich habe weder eine Landkarte noch ein Modell im Kopf, als ich untröstlich an der Reling stehe und die *Batory*, nachdem sie solange auf Irenas Entscheidung gewartet hat, sich wieder in Bewegung setzt. Am nächsten Morgen stehe ich mit meinen Eltern und meiner Schwester in der Menge am Bug des Schiffes. Ich erkenne massige graue Silhouetten vor dem bewölkten Himmel. Als wir näher kommen, erweisen sie sich als Gebäude, die mir riesig und monolithisch vorkommen. Montreal. Es existiert also wirklich, und es ist gewaltiger als alles, was ich mir je vorgestellt habe. Stumm blicken wir auf die näher kommende Stadt. Das kurze Zwischenspiel auf der *Batory* ist beendet – und ebenso der Bericht über meine Kindheit.

Zweiter Teil

EXIL

Wir sind in Montreal, in einem hallenden, dunklen Bahnhof, und wir sitzen eng aneinandergeschmiegt auf einer Bank und warten auf jemanden, der uns weiterhilft. Ängstlich entferne ich mich ein paar Schritte von meinen Eltern, um diese Terra incognita zu erkunden, und ich kehre mit Schnipseln erstaunlicher Neuigkeiten zurück. Da ist ein junges Mädchen, etwa in meinem Alter, das hohe Absätze und Lippenstift trägt! Sie sieht furchtbar ordinär aus, empöre ich mich. Oder ist es vielleicht nur eine Art Kostüm? Dann ist da ein schwarzer Mann, den ich lange anstarre; er ist genauso hübsch wie Harry Belafonte, der einzige Schwarze, dessen Gesicht ich von Abbildungen in polnischen Zeitschriften kenne, nur daß ich diesen hier lebensgroß vor mir sehe. Ob alle Schwarzen so schön sind, frage ich mich.

Schließlich kommt ein Mann, der gebrochen Polnisch spricht, geht mit uns zum Fahrkartenschalter und hilft uns anschließend, in unseren Zug einzusteigen. Und so beginnt ein weiterer Teil dieser längsten Reise – die um so länger ist, als wir nicht genau wissen, wann sie zu Ende sein wird, wann wir unser Ziel erreichen werden. Wir wissen nur, daß Vancouver sehr weit weg ist.

Die Leute im Zug sehen uns mißbilligend an und vermeiden es, neben uns zu sitzen. Vielleicht, weil wir ganze Koffer voller Kuchen, Sardinenbüchsen und Dauerwürste mitführen, die uns auf der langen Transatlantik-Reise über Wasser halten sollen. Wir haben noch nie etwas von Speisewagen gehört, und als wir entdecken, daß dieser Zug so etwas mit sich führt, können wir es uns angesichts der paar Dollars, die mein Vater mitgebracht hat, kaum leisten, ihn auch nur einmal am Tag aufzusuchen. Für zwei Dollar könnte man in Polen ein Fahrrad oder mehrere Paar Schuhe kaufen. Sehr viel Geld, so kommt es uns vor, für vier Teller Suppe.

Der Zug frißt sich durch eine endlose Landschaft, die meist flach und eintönig ist, und der erbarmungslose Rhythmus der Räder klingt für mich wie das Klappern einer Schere, die einen Streifen von dreitausend Meilen durch mein Leben schneidet. Von nun an wird mein Leben in zwei Teile geteilt sein, und die Trennungslinie wird von diesem Zug gezogen. Nach einer Weile ziehe ich mich in ein gleichgültiges Schweigen zurück, ich will die Landschaft nicht mehr sehen; dies sind nicht die vertrauten Felder, die Bauernhöfe der polnischen Landschaft; alles ist weit, langweilig und ohne Konturen. Als wir die Rocky Mountains erreichen, versuchen meine

Eltern, mich aus meiner Lethargie zu reißen, sie machen mich auf die einzigartige Landschaft aufmerksam, durch die wir fahren. Aber ich will sie nicht sehen. Die Gipfel und Schluchten, diese Bergbäche und die riesigen Felsen tun mir in den Augen weh – sie tun mir in der Seele weh. Sie sind zu groß, zu abweisend, und ich kann mir nicht vorstellen, je das Gefühl zu haben, daß ich ein Teil davon bin, daß ich in diesem Land zu Hause bin. Ich ziehe mich wieder in den Schlaf zurück. Ich schlafe den ganzen Tag und die ganze Nacht, und meine Eltern können mich nicht wachrütteln. Meine Schwester, die sich dieser überwältigenden Fremdheit vielleicht mehr noch als ich verweigert, fiebert und ist krank und vermag kaum den Kopf zu heben.

Am zweiten Tag haben wir eine kurze Begegnung mit einem Mann, der Jiddisch spricht. Mein Vater unterhält sich angeregt mit ihm und erfährt ein paar aufregende Geschichten. Zum Beispiel die Geschichte von einem polnischen Juden, der nach Kanada kam und ein Vermögen machte, indem er polnische saure Gurken produzierte – er ist jetzt Millionär. Saure Gurken! Wenn jemand damit ein Vermögen machen kann, dann kann es doch nicht so schwer sein, in diesem Land reich zu werden. Mein Vater ist wie elektrisiert von dieser Geschichte und voller Tatendrang, aber ich ziehe mich nur noch entschlossener in meinen Schmollwinkel zurück. »Millionär« ist eines dieser Märchenweltwörter, die mir absolut nichts sagen, es ist ein Wort wie »Emigration« oder »Kanada«. Trotz der Proteste meiner Eltern schlafe ich wieder ein und verpasse einige der berühmtesten Ansichten des nordamerikanischen Kontinents.

Als wir in Vancouver eintreffen, sind nur noch wenige Menschen in dem Zug. Meine Mutter hat meiner Schwester und mir unsere besten Sachen angezogen – gleiche marineblaue Kleider mit Matrosenkragen und handgenähte Mäntel aus gutem grauen Gabardine. In den Gesichtern meiner Eltern stehen Erwartung und Sorge. »Steigt mit dem rechten Fuß zuerst aus«, sagt meine Mutter. »Das bringt Glück im neuen Leben.«

Schweren Herzens sehe ich aus dem Zugfenster. Wohin hat man mich verschleppt? Als der Zug in den Bahnhof einläuft, sehe ich in der Tat so etwas wie ein Stück Nichts. Es nieselt, und der Bahnsteig ist fast menschenleer. Alles ist schiefergrau. Aus diesem grauen

Einerlei kommen zwei Gestalten auf uns zu, ein unscheinbar aussehender Mann mittleren Alters und eine Frau, und nachdem sie sich vergewissert haben, daß wir die richtigen Leute sind, die Neuankömmlinge vom anderen Ende der Welt, umarmen sie uns; aber ich spüre nicht viel Wärme in ihrer halb verlegenen Umarmung. »Sie sollten niederknien und den Boden küssen«, sagt der Mann zu meinen Eltern. »Sie können von Glück reden, daß sie hier sind.« Die Gesichter meiner Eltern füllen sich mit einem Ausdruck naiver Hoffnung. Vielleicht wird noch alles gut werden. In dieser Stunde brauchen sie Zeichen und Wunder.

Dann steigen wir alle in ein riesiges Auto ein – ja, das ist Amerika – und fahren in die Stadt, in der wir zu Hause sein werden.

Das Haus der Rosenbergs verwirrt mich zutiefst. Das flache Gebäude, umgeben von einem großen Garten, paßt mit Sicherheit nicht in eine Stadt, doch könnte man es sich auch auf dem Land nicht vorstellen. Der Garten ist so ordentlich gehegt und gepflegt, daß ich mich kaum getraue, ihn zu betreten. Der Rasen ist makellos gleichmäßig und samtig. (Oh, die Zeit und die Mühe, mit der die Rasen in Kanada gepflegt werden! Aber das werde ich erst später begreifen.) Die Ringelblumenreihen, die Geranienrondelle mit ihrer perfekten Symmetrie wirken fast künstlich: alles ist der Ordnung unterworfen.

Trotzdem sitze ich lieber hier draußen, in der Sonne, als drinnen. Das Haus ist größer als jede Wohnung, die ich in Polen gesehen habe, mit großen »Aussichts«-Fenstern, einem eigenen Zimmer für jedes Familienmitglied und weichen pastellfarbenen Teppichen auf den Fußböden. All dies sind Dinge, die, wie ich weiß, guten Geschmack und Wohlstand zu signalisieren haben, aber die Botschaft, die ich empfangen soll, und meine heimlichen Wahrnehmungen dieser Umgebung decken sich nicht. Ich finde diese Einrichtung seltsam flach, bar jeder Phantasie, einfallslos. Die Räume sind so einfach, so erdrückend niedrig, so simpel; es gibt nichts Rundes, keine Nischen, keine Winkel, keine Verstecke, keine Risse, nichts, was ein Haus mit der Zeit annimmt und was ihm Vertrautheit, Eigenart verleiht. Nirgendwo ist schönes Holz zu sehen, da ist nichts alt Gewordenes, nichts, was Patina angesetzt hat. Nur die schlichte Klarheit offen zur Straße liegender Räume. (Hier kann man nicht aus dem Fenster spähen, um Begegnungen auf der Straße zu beobachten; die großen Fenster sind so angelegt, daß jeder den anderen offen sehen kann, um zu zeigen, daß es hier keine Geheimnisse gibt, nichts, was versteckt werden müßte. Was natürlich nicht stimmt, aber dies ist die Botschaft.) Das Mobiliar ist ebenfalls phantasielos: alles weiß, mit goldenen Beschlägen und Verzierungen. Das Ganze zeugt allzu offenkundig vom Streben nach gutem Geschmack, aber die unbeabsichtigte Wirkung ist mager und dürftig, als wäre alles gestern erst geplant und aufgestellt worden und könnte morgen wieder abgeholt werden. Die einzigen Räume, die mich tatsächlich beeindrucken, sind das Bad und die Küche – beide so glänzend und schimmernd und voller mir unbekannter, wunderbar aussehender Gerätschaften, daß sie mich an Interieurs erinnern, wie wir sie gelegentlich in französischen oder amerikanischen Filmen gesehen haben, etwas, das wir in unserem armseligen Polen nicht von der Phantasie unterscheiden konnten. »Glaubst du, daß es Leute gibt, die wirklich so leben?« fragten wir uns nach solchen Filmen – und die ganze Handlung verblaßte angesichts dieser eher zufälligen Beigaben. Hier ist jedenfalls etwas, dachte ich, das ich meinen Freundinnen in Krakau beschreiben kann, bis hin zu so verblüffenden Details wie einem Frotteeteppich im Badezimmer oder dem Toilettenpapier in verschiedenen Farben.

Für die wenigen Tage, die wir bei den Rosenbergs wohnen, werden wir in den Keller verbannt, in eine separate Wohnung, die gewöhnlich untervermietet ist. Mein Vater blickt mit Respekt zu Mr. Rosenberg auf, ja mit einem Hauch Ehrfurcht, wie es einem ausgewiesenen Millionär zukommt. Mr. Rosenberg ist ein großer Mann in Duddy Kravitz, einer kleinen Gemeinde polnischer Juden, von denen die meisten kurz nach dem Krieg nach Kanada gekommen sind und von denen es die meisten als Altwaren- oder Immobilienhändler zu etwas gebracht haben, aber niemand so weit wie Mr. Rosenberg, der jetzt beinahe siebzig ist und es mit Chuzpe und Glück geschafft hat, auf der Welle des Immobilien-Booms in Vancouver zu schwimmen – und jetzt der Reichste von allen ist. Das macht ihn nicht gerade zum beliebtesten Bürger, aber automatisch zum klügsten. Andere Leute aus der Gemeinde kommen und bitten ihn um einen geschäftlichen Rat, den er ihnen auf jiddisch erteilt, wie eine kostbare Währung, die er freigebig verschenkt – einzig und allein dank seiner Großherzigkeit.

Mit der kompromißlosen Vehemenz der Heranwachsenden und

mit verletztem Stolz sehe ich in Mr. Rosenberg nicht unseren Wohltäter, sondern eher eine tyrannische Dickenssche Gestalt, und meine Gefühle ihm gegenüber steigern sich schnell in etwas hinein, das nur noch als Haß bezeichnet werden kann. Ich empfinde den Geiz, den er zu seinem Prinzip gemacht hat, als unmenschliche Härte; sein Herz muß zu Stein geworden sein. Kein Lachen, keine Zuneigung, kein Witz hellt sein Gesicht auf. Außerdem nimmt er sich selbst sehr ernst; für ihn ist sein Reichtum der Beweis seiner Rechtschaffenheit. In Übereinstimmung mit seinen Prinzipien verlangt er von uns das Geld für die Eisenbahnfahrten zurück, sobald wir angekommen sind. Das verzeihe ich ihm nie. Wir haben Geschenke mitgebracht, die wir schön fanden, aber mein Vater gibt ihm obendrein noch alle Dollars, die er in Polen gespart hat – Geld, das für unseren Neuanfang in Kanada gedacht war. Jetzt ist alles weg. Wir müssen uns irgendwie durchschlagen und bei Null anfangen, und mein Vater beginnt schon wieder, sich nervös in die Oberarme zu kneifen.

Mrs. Rosenberg, eine scheue, wortkarge Frau mit sorgenvollem Gesicht, wäre uns gegenüber wahrscheinlich großzügiger, wenn sie von ihrem Mann nicht so eingeschüchtert wäre. Sie und ihre Tochter Diane geben uns zum Mittagessen Weißbrot mit Käse- und Salamischeiben und lachen über unsere Verwunderung angesichts des weichen Brotes, der Plastikverpackungen und der bereits geschnittenen Waren. Unter uns sind wir uns darüber einig, daß dies kein richtiges Essen ist: es hat keinen Geschmack, es riecht nach Plastik. Die beiden Frauen schenken uns auch Kleidungsstücke, die sie nicht mehr anziehen. Ich kann mir gar keinen Zustand vorstellen, in dem man die zarten, durchscheinenden Morgenröcke und die Angorapullover, die sie uns vererben, nicht mehr anziehen will, aber wie wunderbar die Sachen auch sind – schöner als alles, was ich mir je zu besitzen erträumte –, die Dankesbezeugungen, die von mir dafür erwartet werden, sind wie Essig in der Freude über den neuen Besitz. »Bedanke dich«, ermahnt mich meine Mutter, ehe wir eine neue Kleiderspende empfangen. »Die Menschen mögen es, wenn man sich dankbar zeigt.« Ich gurre und murmele meinen Dank. Ich lerne den Trick, mit genau der richtigen Kopfbewegung Dankeschön zu sagen, einem ausgewogenen Mittelding zwischen Bescheidenheit und Unterwürfigkeit. In den folgenden Jahren werde ich diese Fähigkeit noch oft brauchen. Aber in meinem Herzen empfinde ich keine Dankbarkeit dafür, daß ich die Empfängerin so vieler Wohltaten bin.

In der dritten Nacht bei den Rosenbergs habe ich einen Alptraum, in dessen Verlauf ich im Ozean ertrinke, während meine Mutter und mein Vater immer weiter von mir wegschwimmen. In diesem Traum begreife ich, was es heißt, ins Unermeßliche hinauszutreiben. Ich begreife, was es heißt, den Halt zu verlieren. Ich wache von meinem eigenen lauten Schrei auf. Die Angst ist stärker als alles, was ich bisher kennengelernt habe. Meine Eltern werden wach und beruhigen mich schnell; sie wollen nicht, daß die Rosenbergs dieses störende Geräusch hören. Ich versuche, mich zu beruhigen und wieder einzuschlafen, aber ich habe das Gefühl, als wäre ich durch eine Tür in einen dunklen Raum eingetreten. Psychoanalytiker sprechen von »mutativen Einsichten«, durch die der Patient eine völlig neue Sichtweise erlangt und einen Teil einer zuvor gehegten Neurose abstreift. Der Urschrei meiner Geburt in der Neuen Welt ist eine »mutative Einsicht« negativer Art – und ich weiß, daß ich das Wissen, das sie mir bringt, nie wieder verlieren werde. Die schwarze, ölige Angst des Traums verschmilzt mit der chemischen Basis meines Seins – und seitdem wohnen Bruchstücke der Furcht in meinem Bewußtsein, Dornen und Nadelstiche der Angst, frei fließende Elektrizität in einer Psyche, die gewaltsam aus ihrer Verankerung gerissen wurde. Mit der Zeit gewöhne ich mich daran, ich weiß, daß es kommt und wieder geht, aber wenn es mich mit aller Kraft trifft, in seiner reinen Form, nenne ich es »die große Angst«.

Nachdem wir etwa eine Woche in seinem Haus gewohnt haben, beschließt Mr. Rosenberg, daß er genug für uns getan hat; er zitiert ein altes amerikanisches Sprichwort und erklärt uns, daß es nicht gut für uns sei, von seiner Wohltätigkeit abzuhängen. Von Freundlichkeit keine Spur. Und natürlich unternimmt auch Mrs. Rosenberg nichts zu unseren Gunsten, wie sie es vielleicht gern getan hätte. Wir wissen nicht, wohin wir gehen sollen, und wir haben kein Geld, um eine Mahlzeit zu bezahlen. Und so fangen wir an.

»*Shut up, shuddup*«, rufen die Kinder um uns herum. Es sind die ersten englischen Wörter, die ich, aus ihrem dramatischen Kontext heraus, verstehe. Meine Schwester und ich stehen dicht beieinander auf dem Schulhof, während rings um uns herum die Kinder toben, sich gegenseitig schubsen und wie tanzende Derwische kreischen. Sowohl die Jungen als auch die Mädchen wirken auf mich aufdringlich und aggressiv – die Mädchen haben alle grellen Lippenstift aufgetragen, ihre Haare stehen hexenhaft vom Kopf und ihre Röcke blähen sich, als trügen sie Reifröcke darunter. Ich kann mir nicht vorstellen, daß ich jemals ihre hartklingende Sprache lernen will.

Mr. Rosenberg hat uns in diese Schule gebracht. Zwei Tage nach unserer Ankunft sagte er, wir sollten eine Schule besuchen, die von der Regierung eingerichtet wurde, um Neuankömmlinge in Englisch zu unterrichten. An diesem Morgen bekommen wir in der Baracke, in der der Unterricht stattfindet, neue Namen zugeteilt. Es bedarf nur einer kurzen Beratung zwischen Mr. Rosenberg und der Lehrerin, einer freundlich aussehenden Frau; sie versucht, uns aufmunternde Blicke zuzuwerfen, aber sie hat schon zu viele Menschen kommen und gehen sehen, als daß sie wegen eines Namens noch sentimental werden könnte. Meiner – »Ewa« – läßt sich mühelos in sein nahezu gleichklingendes Äquivalent ändern, »Eva«. Der Name meiner Schwester – »Alina« – ist problematischer, aber nach kurzem Nachdenken entscheiden Mr. Rosenberg und die Lehrerin, daß »Elaine« ähnlich genug klinge. Meine Schwester und ich lassen während dieser lieblosen Taufe die Köpfe hängen. Dann stellt uns die Lehrerin der Klasse vor und spricht dabei unseren Nachnamen – »Wydra« – so falsch aus, wie ich es nie zuvor gehört habe. Wir gehen zu einer Bank hinten im Raum. Es ist nicht viel geschehen, bis auf eine winzige, nur seismographisch wahrnehmbare Verschiebung. Die Entstellung unserer Namen rückt diese ein kleines Stückchen von uns weg – aber es ist ein Abgrund, in den der grenzenlose Kobold Abstraktion Einzug hält. Unsere polnischen Namen haben uns nicht gekennzeichnet, sie gehörten zu uns, wie unsere Augen oder unsere Hände. Die neuen Namen, die wir selber noch nicht aussprechen können, gehören nicht zu uns. Sie sind wie Ausweiskarten, seelenlose Schildchen, die Objekte benennen, die zufällig meine Schwester und ich sind. Wir gehen zu unseren Plätzen, durch ein Klassenzimmer voller unbekannter Gesichter, mit Namen, die uns auch uns selbst zu Fremden machen.

Als der Schultag vorüber ist, gibt uns unsere Lehrerin eine Karteikarte mit, auf die sie geschrieben hat: »Ich bin fremd hier. Ich habe mich verlaufen. Ich wohne 1785 Granville Street. Sind Sie so freundlich, mir den Weg dorthin zu zeigen? Danke.« Wir laufen mehrere Stunden lang durch die Straßen, gehen im Zickzack vor und zurück durch scheinbar identische Vorortstraßen und zeigen unser Taubstummenschild den wenigen Leuten, die wir treffen, bis wir schließlich das Haus der Rosenbergs erkennen. Wir werden von unserer wortlos hysterischen Mutter empfangen und von Mrs. Rosenberg, die mit einem Ritual, das sie wahrscheinlich aus dem Fernsehen hat, zwei Gläser Milch auf ihrer roten Formica-Anrichte bereitstellt. Die Milch aus dem Kühlschrank, homogenisiert und zu kalt, hat wenig Ähnlichkeit mit der Flüssigkeit gleichen Namens, die wir zu trinken pflegten.

Jeden Tag lerne ich neue Wörter, neue Redewendungen. Ich schnappe sie im Unterricht auf, bei Unterhaltungen, aus den Büchern, die ich in der hellen, freundlichen städtischen Bibliothek von Vancouver ausleihe. Es gibt Floskeln, auf die ich seltsam allergisch reagiere. »You are welcome«, zum Beispiel, hört sich für mich plump und taktlos an, und ich kann mich kaum überwinden, es zu sagen, vermutlich, weil es beinhaltet, daß da etwas ist, wofür ein Dank erwartet wird, was im Polnischen unhöflich wäre. Genau an den Stellen, wo Sprache am unkonventionellsten ist, wo sie als selbstverständlich betrachtet werden sollte, hat sie für mich einen Stich ins Künstliche.

Dann gibt es Wörter, die mir aus ähnlich irrationalen Gründen gefallen, sei es wegen ihres Klangs oder einfach nur deshalb, weil ich froh bin, mir ihre Bedeutung abgeleitet zu haben. Hauptsächlich sind es Wörter, die ich aus Büchern lerne, wie zum Beispiel: »enigmatic« oder »insolent« – Wörter, die lediglich eine literarische Bedeutung haben, die nur in Gestalt von Schriftzeichen auf dem Papier existieren.

Aber das Problem besteht vor allem darin, daß das Bezeichnende vom Bezeichneten abgetrennt worden ist. Die Wörter, die ich jetzt lerne, stehen nicht auf die gleiche unangefochtene Art für Dinge wie die Wörter in meiner Muttersprache. »Fluß« hatte im Polnischen einen lebendigen Klang, er war erfüllt vom Wesen einer Flußlandschaft, meiner Flüsse, von meinem Eintauchen in Flüsse. Auf englisch klingt »river« kalt – es ist ein Wort ohne Aura. Es besitzt für mich keine Assoziationen, die sich angesammelt haben, und es hat nicht den leuchtenden Schleier zusätzlicher Bedeutungen. Es beschwört nichts.

Leider funktioniert dieser Prozeß auch in umgekehrter Richtung. Wenn ich jetzt einen Fluß sehe, ist er nicht durch das Wort geformt und assimiliert, das ihn meiner Psyche nahebringt – ein Wort, das eher ein Wasserbett aus einem Fluß macht als ein nicht eingedämmtes Element. Der Fluß, den ich hier vor mir sehe, bleibt etwas absolut anderes, das sich dem Zugriff meines Denkens entzieht.

Wenn meine Freundin Penny mir erzählt, daß sie neidisch ist, oder glücklich, oder enttäuscht, versuche ich angestrengt, nicht aus dem Englischen ins Polnische zu übersetzen, sondern zu der Quelle des Wortes zurückzufinden, zu dem Gefühl, dem es entspringt. Aber schon in dem Moment, in dem ich mich darum bemühe, ist die Spontaneität der Reaktion dahin. Und außerdem funktioniert die Übersetzung nicht. Ich weiß nicht, was Penny empfindet, wenn sie von Neid spricht. Das Wort schwebt in einer platonischen Stratosphäre, ein vager Prototyp allen Neids, so groß, so allumfassend, daß es mich erdrücken könnte – wie auch das Wort Enttäuschung oder Glück.

Ich werde zu einer wandelnden Verkörperung strukturalistischen Denkens. Ich kann es nicht ändern, ich weiß, daß Wörter nur Wörter sind. Aber es ist ein schreckliches Wissen, ihm fehlt jede Spur von Trost, den das Wissen normalerweise mit sich bringt. Es bedeutet nicht, daß ich mich frei fühle, nach Belieben mit Wörtern zu spielen; denn in ihrem nackten Zustand zählen Wörter sicherlich zu den Objekten, die am wenigsten zum Spielen verlocken. Nein, dieses radikale Trennen zwischen Wort und Ding ist eine ausdörrende Alchimie, die der Welt nicht nur jede Bedeutung entzieht, sondern auch die Farben, die Schrammen, die Schattierungen – ihre eigentliche Existenz. Es ist der Verlust eines Lebenszusammenhangs.

Die schlimmsten Verluste kommen nachts. Wenn ich mich in das fremde Bett in dem fremden Haus lege – meine Mutter ist hier eine Art Haushälterin bei dem alten jüdischen Mann, der uns aufgenommen hat, als Gegenleistung für ihre Dienste –, warte ich auf den spontanen Fluß der inneren Sprache, in der ich nachts mit mir selbst gesprochen habe – meine Art, das Ich darüber zu informieren, wo das Es gewesen ist. Er stellt sich nicht ein. Das Polnische ist in kurzer Zeit geschrumpft, verkümmert infolge schlichter Nutzlosigkeit. Seine Wörter passen nicht mehr zu meinen neuen Erfahrungen; sie lassen sich auf keine Gegenstände beziehen, auf keine Gesichter und nicht einmal auf die Luft, die ich am Tag atme. Die Wörter der englischen Sprache haben noch nicht die Schichten meiner Psyche durchdrungen, wo ein intimes Gespräch seinen Ausgang nehmen könnte. Die Zeit vor dem Einschlafen war immer die Zeit, in der mein Geist empfänglich und zugleich wach wurde, in der Bilder und Begriffe in das Bewußtsein aufstiegen, noch einmal wiederholten, was am Tag geschehen war, die Erfahrungen des Tages den dort bereits gespeicherten hinzufügten, an dem Faden meiner persönlichen Geschichte weiter spannen.

Mit dieser Bild- und Ton-Schau ist es jetzt vorbei; der Faden ist gekappt worden. Ich habe keine innere Sprache mehr, und ohne sie werden auch die inneren Bilder unscharf, jene Bilder, mit deren Hilfe wir die Außenwelt assimilieren, sie in uns aufnehmen, lieben, uns zu eigen machen. Meine Mutter und ich lernten heute eine kanadische Familie kennen, die ein paar Ecken weiter wohnt. Sie arbeiteten in ihrem Garten und verwickelten uns in ein Gespräch von der Art: »Schönes Wetter heute, nicht wahr?«, das in einer Einladung in ihr Haus gipfelte. Sie saßen steif auf ihrem Sofa, lächelten in den langen Gesprächspausen und schienen nicht zu wissen, was sie uns fragen sollten. Jetzt suche ich im Kopf nach einer Beschreibung für sie, aber nichts scheint zu passen. Sie sind anders als alle Menschen, die ich in Polen gekannt habe, und die polnischen Wörter gleiten an ihnen ab, sie haften nicht. Die englischen Wörter passen zu gar nichts. Vorsichtig versuche ich, einige wenige anzuwenden. Sind diese Leute nett oder langweilig? Freundlich oder dumm? Die Wörter schweben in einem unbestimmten Raum. Sie kommen aus einem Teil meines Gehirns herauf, in dem Etiketten hergestellt werden können, der aber keine Verbindung zu meinen Instinkten, meinen schnellen Reaktionen, meinem Wissen hat. Selbst die einfachsten Adjektive stiften Verwirrung in meinem Kopf. Hinter der englischen Freundlichkeit steht ein ganzes moralisches System, ein System, das aus »Freundlichkeit« eine uneingeschränkt positive Tugend macht. Polnische Freundlichkeit beinhaltet eine winzige Spur von Ironie. Außerdem empfinde ich bereits den Sog des Verbots, im Englischen unbarmherzige Wörter zu benutzen. In Polen darf man zu jemandem Idiot sagen, ohne besonders wütend zu sein und mit Behagen an dem starken Ausdruck.

Ja, in Polen wären diese Leute wohl eher »dumm« und »langweilig« – aber ich zwinge mich in Richtung »freundlich« und »nett«. Das kulturelle Unbewußte beginnt, seinen unterschwelligen Einfluß auszuüben.

Diese verbale Unklarheit verdeckt die Gesichter und die Gesten der Menschen mit einem Nebelschleier. Ich kann sie nicht übersetzen für die Wahrnehmung meines inneren Auges. Statt daß das kleine Ereignis hinzugefügt wird, fällt es durch ein schwarzes Loch und reißt mich mit. Was ist mir in dieser Neuen Welt geschehen? Ich weiß es nicht. Ich sehe nicht, was ich gesehen habe, ich begreife nicht, was sich vor mir abspielt. Ich bin nicht mehr von Sprache erfüllt, und ich habe nur noch die Erinnerung an eine Fülle, die mich mit dem Wissen ängstigt, daß ich in diesem dunklen und leeren Zustand nicht wirklich existiere.

Mrs. Lieberman rasiert mir im Bad ihres Hauses die Achselhöhlen. Im Anschluß an ihre Dinnerparty hat sie mich hierhergeschleppt, und jetzt hebt sie energisch meine Arme hoch und nimmt diese sonderbare Entfernung der Haarbüschel vor, die nie zuvor irgend jemanden gestört haben. Sie hat mich nicht gefragt, ob ich möchte, daß sie es tut, sie hat es sich einfach zur Aufgabe gemacht, mir beizubringen, wie bestimmte Dinge hier gemacht werden.

Mrs. Lieberman gehört zu jenen polnischen Damen, die schon so lange in Kanada leben, daß sie sich in den Sitten der gebürtigen Kanadier auszukennen meinen und die einige fundamentale Mängel an mir festzustellen glauben. Da ich in Polen als hübsches junges Mädchen galt, muß ich folglich mein Bild von mir selbst einer grundlegenden Revision unterziehen. Aber es besteht kein Zweifel: nach der Überquerung des Atlantiks bin ich plötzlich weniger attraktiv, weniger anmutig, weniger begehrenswert. Tatsächlich kann ich in den Augen dieser Frauen lesen, daß ich ein etwas bedauernswerter Fall bin – blaß, mit dichten Augenbrauen und glattem Haar, in Kleidern, die absolut nicht der gegenwärtigen Mode entsprechen. Und so machen sie sich energisch ans Werk, diese Mängel zu beseitigen. Eine von ihnen bringt einen ganzen Tag damit zu, mir die Augenbrauen zu zupfen und verschiedene Lippenstiftschattierungen an mir auszuprobieren. »Wenn du meine Tochter wärst, würdest du schnell wie eine Prinzessin aussehen«, sagt sie und deutet damit eine zusätzliche Unzulänglichkeit meiner Mutter an. Eine andere Beraterin lädt mich eines Abends zu sich nach Hause ein, um mich in die Geheimnisse der Benutzung von Shampoos und Haarkuren einzuweihen, und wickelt mein Haar auf Lockenwickler; wieder eine andere staffiert mich mit einem Petticoat aus und eröffnet mir, daß ich wirklich eine vollendete Figur hätte – wenn ich sie nur richtig zur Geltung bringen würde. Und mehrere sehen bedeutungsvoll auf meinen Busen und sagen mit gewichtiger Stimme zu meiner Mutter, es sei wirklich an der Zeit, daß ich einen BH trage. Meine Mutter gehorcht.

Ich gehorche auch, passiv, wie ein Maulesel, aber mit jeder Veränderung verliere ich etwas mehr von meiner Beweglichkeit und meinem Selbstvertrauen. Ich halte meinen Kopf verkrampft, damit die toupierte Frisur nicht herunterfällt, und ich lächle oft so, wie ich es bei den anderen Mädchen sehe, wobei ich gleichzeitig darauf achte, daß ich die Lippen nicht zu weit öffne und nicht darauf beiße, damit der Lippenstift nicht verschmiert. Ich weiß nicht, wie ich mich in den Schuhen mit den hohen Absätzen, die mir jemand geschenkt hat, leichtfüßig bewegen soll.

Die kunstvolle Verpackung macht meinen Körper steif, träge und vorsichtig. Wenn ich mit Gleichaltrigen zusammen bin, die mit natürlichem Selbstbewußtsein in ihren weiten Röcken, mit Lippenstift und Autos daherkommen, verraten meine Bewegungen, daß ich nur probeweise dabei bin, dank ihrer Huld. Ich lasse die Schultern hängen, ich nicke zu heftig, um den anderen meine Zustimmung zu signalisieren, ich lächle die Leute freundlich an, um ihnen zu zeigen, daß ich ihnen wohlgesonnen bin, und ich ziehe die Brust ein, um nicht zu viel Platz einzunehmen – Verhaltensweisen einer am Rande stehenden, ihrer Mitte beraubten Person, die aufgenommen werden möchte und gleichzeitig die aufdringlichen anderen abwehrt.

Ungefähr ein Jahr nach unserer Ankunft in Vancouver fotografiert jemand unsere Familie in dem Garten hinter unserem Haus, und wenn ich mir das Foto ansehe, lehne ich das Bild, das es von mir vermittelt, entschieden ab. Dieses linkische Geschöpf, mit seltsam verdrehten Beinen in hochhackigen Pumps und Schultern, die sich beugen unter der Last des Grolls und der Einschmeichelei, das bin nicht ich. Die Entfremdung beginnt ihre Spuren in meinem Körper und in meinem Gesicht zu hinterlassen.

Ich sitze am Küchentisch der Steiners, umgeben von den Scherzen und dem Gelächter der Familienmitglieder. Ich lache beflissen mit, obwohl ich die meiste Zeit nicht verstehe, worum es geht.

Mrs. Steiner, eine Polin, hat mich nahezu adoptiert, und ich verbringe ganze Tage und Wochenenden in ihrem Haus, wo ich halb die verbannte Prinzessin und halb Aschenputtel bin. Halb Prinzessin, weil ich musikalisch begabt bin und, wer weiß, vielleicht einmal eine berühmte Pianistin werde. Mrs. Steiner war in ihrer Jugend auch eine strebsame Klavierspielerin, und sie gefällt sich darin, meine musikalischen Fortschritte zu überwachen. Sie hat eine Klavierlehrerin für mich gefunden und hört oft zu, wenn ich spiele. Aber die Steiners sind sagenhaft reich, und ich bin zu diesem Zeitpunkt in meinem Leben sagenhaft arm – und dieser grundsätzliche Unterschied prägt alles. Er ist genauso greifbar wie der schräge Strahl eines Scheinwerfers, der das Gefälle zwischen uns ausleuchtet und dafür sorgt, daß ich die fundamentale Asymmetrie unserer Beziehung nie vergesse.

Der Reichtum der Steiners übersteigt bei weitem den der Rosenbergs, und er übersteigt meine Vorstellungen vom menschlichen Leben. Sie stehen auf einer Stufe der sozialen Leiter, die für mich völlig unfaßbar ist, und ich kann die Besitzer solchen Reichtums nicht als normale Menschen ansehen. In ihrer Nähe komme ich mir wie eine Märchengestalt vor, weil sie wie im Märchen leben. Rosa Steiner ist eine Stiefmutter, die die Macht hat, mein Schicksal zum Guten oder Bösen zu wenden. Mr. Steiner herrscht einfach nur über sein Reich, still, gelassen und entrückt. Ich würde nicht im Traum daran denken, ihm meine Sorgen anzuvertrauen oder seine Aufmerksamkeit auf mich zu lenken.

Das ist natürlich nur eine Seite der Geschichte, doch es ist die Seite, die mir schmerzlich bewußt ist. Stefan Steiner akzeptiert meine Anwesenheit in seinem häuslichen Leben wohlwollend. Und was Rosa betrifft, so ist sie, abgesehen von allem anderen, eine Freundin, die – im übertragenen und im buchstäblichen Sinne – mehr als irgend jemand anders, den ich in Vancouver kenne, weiß, woher ich komme. Umgekehrt hat sie etwas, das mir bekannt und vertraut ist. Sie ist eine lebhafte, energische Frau in den Vierzigern, auf eine osteuropäische Weise schön, mit hohen Wangenknochen und einer tiefen heiseren Stimme und sehr sicheren, unabhängigen Ansichten, Urteilen und Vorlieben. Sie erinnert mich an die starken Frauen, die ich in Polen kannte, Frauen, die nicht so gehemmt und so penetrant »feminin« wirken wie die Frauen, denen ich hier begegne. Ihre Ansichten sind ungemein vernünftig. Sie findet, daß die Menschen versuchen sollten, so viel Vergnügen, Anerkennung, Geld, Erfolg und Schönheit zu erlangen wie nur möglich. Sie hält nichts von Exzentrik, Ambivalenz oder Selbstzweifeln. Ihre Lebensaufgabe ist es, die Tradition eines normalen Lebens weiterzugeben, und das tut sie mit Vehemenz und Stil. Abgesehen von dem überwältigend ungleichen Einkommen unterscheidet sich ihre innere Welt letztlich gar nicht so sehr von der meiner Eltern. Die Ungleichheit des Einkommens führt dazu, daß sie die zufriedene bürgerliche Frau ist, während meine Eltern sich mit Hoffnungen und Fehlschlägen abfinden müssen. Ihre Zufriedenheit ist es, vermute ich – ja, unsere Gefühle können grausam sein –, die mich selbstsicherer werden läßt. Wenn ich in ihrer Nähe bin, fühle ich, daß Genugtuung und Zufriedenheit möglich sind, und mehr noch, daß jeder Mensch ein unveräußerliches Recht darauf hat – möglicherweise sogar ich.

Mrs. Steiners snobistische Anwandlungen sind resolut wie alles an ihr. Sie glaubt auch, daß es »bessere Menschen« gibt – Menschen, die erfolgreich, klug und vor allem gebildet sind. Sie betrachtet ihr Haus als eine Art Salon, in den sie einige der Auserwählten Vancouvers einlädt; manchmal werde ich zu diesen Anlässen hinzugebeten, um die Stimmung des Abends zu heben und vielleicht auch, um mein eigenes Glück zu schmieden, indem ich etwas von Beethoven oder Chopin vorspiele. Das Haus der Steiners, mit Ausblick auf das Meer und die Berge und den Hafen Vancouvers, liegt inmitten eines weitläufigen Parks. Drinnen im Haus hängen zeitgenössische Gemälde, es gibt mehrere Flügel und riesige Eskimo-Skulpturen. Ich weiß nicht, ob mir diese unvertraute Kunst gefällt, aber ich weiß, daß es darauf nicht ankommt.

Mrs. Steiner lädt mich oft zu sich ein, und ich bin dort am glücklichsten, wenn ich mit ihr allein bin. Dann reden wir stundenlang ohne Unterbrechung, meistens über meine Probleme und mein Leben. Ich schäme mich ein wenig, wenn ich ihr offenbare, wie schwer meine Familie es hat – wie erbittert meine Eltern sich streiten, wieviel meine Mutter weint, wie sehr unsere Hilflosigkeit mich erschreckt und wie sehr ich unter dem Gefühl leide, daß es meine Pflicht ist, die Verantwortung zu übernehmen, um uns aus diesem

Sumpf zu retten. Aber ich kann mir nicht helfen, die Erleichterung ist einfach zu groß, mit jemandem reden zu können, der neugierig und verständnisvoll auf meine Sorgen eingeht. Doch ihr Verständnis hat auch seine Grenzen: nicht immer kann sie die Unterschiede zwischen uns mit ihrem Einfühlungsvermögen überbrücken. Die Stimme meiner Mutter am Telefon macht sie nervös. (»Sie spricht immer so, als wäre etwas passiert, und manchmal spricht sie so leise, daß ich ihr sagen muß, sie soll lauter sprechen.«) Und als mein Vater seine Stellung in einem Sägewerk aufgibt, ist Rosa voller Mißbilligung; er hat eine Familie zu ernähren, erklärt sie mir, ist das nicht etwas verantwortungslos? Plötzlich empfinde ich die ganze Bitterkeit unserer Lage. Mein Vater ist nicht mehr so jung, sage ich zu ihr, und er mußte die schwerste Arbeit im Sägewerk tun. Er mußte den ganzen Tag lang schwere Stämme schleppen – und er hat einen schlimmen Rücken, ein Erbe des Krieges. Rosa ist bestürzt über meinen plötzlichen Ausbruch und zieht sich zurück. Sie sagt, das alles hätte sie nicht gewußt, natürlich könne ich recht haben. Aber es liegt auch eine Ironie in diesem Gespräch, die wir beide nicht verkennen: die Steiners besitzen ein Sägewerk. In der Küche der Steiners habe ich selbst mitangehört, wie sie über die Probleme sprachen, die sie manchmal mit ihren Arbeitern haben.

Trotzdem kann ich offen mit Rosa sprechen; wir können uns über diese Dinge hinwegsetzen. Aber etwas von der Ungezwungenheit unserer Gespräche schwindet, sobald andere Mitglieder der Familie die Szene betreten. Mrs. Steiner liebt ihre Töchter, die in ihren Augen Prinzessinnen sind und bleiben, abgöttisch. Ich glaube ihr – was bleibt mir anderes übrig? Ich bin viel zu schüchtern und außerdem weiß ich zu wenig von ihnen, um herauszufinden, was ich selbst von ihnen halte. Elisabeth, die Ältere, ist gerade auf ein kleines Elite-College gekommen – eine Schule, von der ich nur vermuten kann, daß dort ungeheuer interessante junge Menschen versammelt sind, die meisten von ihnen mehr oder weniger Genies, und daß Elisabeth dort ihrer Vorliebe für seltsame Kleidung, wie mexikanischen Röcken und schwarzen Strümpfen, nachgehen kann. Elisabeth spricht, ohne jemals den Mund ganz zu öffnen, und verschluckt die Enden der Wörter, so daß ich sie noch schlechter verstehe als die meisten anderen Menschen und so oft »Wie bitte?« fragen muß, daß ich es schließlich höflicher finde, so zu tun, als verstünde ich, was sie sagt, als dauernd nachzufragen.

Laurie ist nur zwei Jahre älter als ich und versucht sich mit mir anzufreunden. Sie kommt oft zu uns nach Hause – ich kämpfe unserer Armut wegen jedesmal gegen meine Verlegenheit an –, um mich zu den Steiners zu fahren, und unterwegs erzählt sie mir dann von sich. Meist kostet es mich große Anstrengung, ihrem schnellen Geplauder zu folgen und an den richtigen Stellen ja oder nein zu sagen, um zu reagieren. Ich versuche, meine Unbeholfenheit zu vertuschen, indem ich sie möglichst verständnisvoll ansehe. Aber ich erfahre aus diesen Gesprächen, daß Laurie gerade in einem internationalen Camp in Österreich gewesen ist, daß sie im nächsten Sommer nach Europa fahren wird, daß ihre Eltern anders sind als andere Eltern, weil sie sich liebevoll um sie kümmern – sie hat viele Freundinnen, deren Eltern ihre Gleichgültigkeit mit Geld kompensieren. Ist das nicht schrecklich? An dieser Stelle bemühe ich mich, angemessen mitfühlend dreinzublicken, aber die Skala der Probleme, die sie beschreibt, ist so grundverschieden von der meinen, und unser gegenseitiges Unvermögen, die Erfahrungen der anderen zu verstehen, ist so offensichtlich für mich, daß ich mich gegen sie verhärte. Wenn ich mich wirklich auf ihre Welt einließe, wenn ich mir wirklich ihre Probleme vorstellen würde, dann wäre ich zu Neid verurteilt, der sich unweigerlich in Haß verwandeln würde. Um mich vor der Würdelosigkeit solcher Gefühle zu schützen, wehre ich rigoros den Gedanken ab, daß ich begehren könnte, was sie besitzt – und halte sie auf ausreichend sichere Distanz.

Abends setzen wir uns zum gemeinsamen Essen unter Scherzen und Gelächter an den Tisch – ein amerikanisches Ritual, das die jungen Frauen auf ihre Begegnungen mit der Welt vorbereiten und ihre Überlegenheit in dieser Welt festigen soll. Unter der Führung von Laurie, die klug und schnell ist, ziehen die Steiners einander auf und fordern sich gegenseitig mit witzigen Attacken heraus. Ich fühle mich ausgeschlossen, mir ist erbärmlich zumute, und ich lache zu laut, aber ich weiß, daß ich mich in diesen scherzenden Kreis nicht eingliedern kann. Aschenputtel kann sich schließlich nicht mit ihren Halbschwestern anlegen, oder? Ich kann ihnen nur beipflichten, ich kann sie nicht einmal stillschweigend kritisieren – und das ist eine ebenso grundlegende Definition meines Status wie der Mangel an Geld. Nur Gleichgestellte können einander necken, alles andere wäre eine eindeutige Anmaßung, die meine Unterlegenheit unterstreichen würde. Aber ich bin zu stolz, um mich auf letzteres einzulassen.

Ich habe einen schönen Tag bei den Steiners verbracht; Rosa und ich haben einen langen Spaziergang in flottem Tempo gemacht, wir haben ausgezeichnet zu Mittag gegessen, ich habe für sie Klavier gespielt und sie hat einige Kommentare dazu abgegeben, und jetzt sitze ich an ihrem Küchentisch, dem äußeren Anschein nach fast Mitglied der Familie. Als ich nach Hause komme, bin ich schrecklich deprimiert. Gelbes Licht brennt unten in dem Zimmer, wo meine Mutter auf mich wartet; Vater wird, ich weiß es, vor Ratlosigkeit und Erschöpfung in einen dumpfen Schlaf gesunken sein. Aber als meine Mutter mich nach meinem Tag fragt, mit einer Neugier, die mir weh tut – sie wird fast nie von den Steiners eingeladen –, sage ich nur, daß es schön war.

In späteren Jahren werde ich noch oft bei den Steiners am Tisch sitzen und mich an das höfliche und verbitterte Mädchen erinnern, das ich damals gewesen bin, und leise erschrecken, wenn ich an das kümmerliche Mitgefühl denke, das ich in meiner schwierigen Lage aufgebracht habe. Ich werde erkennen, daß Laurie womöglich eifersüchtig auf mich gewesen ist, daß sie vielleicht sogar befürchtete, ich würde ihr die Liebe ihrer Mutter wegnehmen, aber damals konnte ich mir nicht vorstellen, daß ich irgend jemandes Eifersucht erwecken könnte. Ich werde begreifen, wieviel Zeit und Aufmerksamkeit und guten Willen die Steiners mir damals geschenkt haben, mehr als die meisten Leute in den hektischen Zeiten heutzutage einander zu geben bereit sind. Sie haben sich wirklich Gedanken über mich gemacht, ernster als ich mir selbst. Wer war ich damals schließlich schon? Evas Geist, vielleicht, ein Gespenst, das sich bemühte, nicht zuviel Platz einzunehmen. Sie waren mir gegenüber großzügiger als ich ihnen gegenüber; doch das Gefühl, benachteiligt und unterlegen zu sein, versetzt einen nicht gerade in die Lage, die Warmherzigkeit wahrer Großzügigkeit zu empfinden.

In *Sprich, Erinnerung, sprich*, äußert Vladimir Nabokov die poetische, oder die spielerische, Vermutung, daß die russischen Kinder vor der Revolution – und seinem Exil – mit einem Überfluß an sinnlichen Erfahrungen gesegnet waren, der sie für das, was auf sie zukommen sollte, entschädigte. Natürlich spielt das Schicksal keine vorwarnenden Spiele, aber die Erinnerung kann retrospektive Manöver vollführen, die uns für das Schicksal entschädigen. Der Verlust ist ein magisches Konservierungsmittel. Die Zeit bleibt im Augenblick der Trennung stehen, und keiner der nachfolgenden Eindrücke kann das Bild in deinem Kopf trüben. Das Haus, der Garten, das Land, das du verloren hast, werden für immer so sein wie in deiner Erinnerung. Heimweh – das poetischste aller Gefühle – verfestigt sich um diese Bilder wie Bernstein. Darin eingesperrt bleiben das Haus, die Vergangenheit, klar und lebendig und noch schöner durch das Medium, das sie umhüllt, und durch ihre Reglosigkeit.

Heimweh ist eine Quelle der Poesie und eine Form von Treue. Es ist auch eine Art von Melancholie, die gewöhnlich als Krankheit angesehen wird. Wenn ich durch die Straßen Vancouvers gehe, bin ich schwanger mit Bildern Polens, schwanger und krank. *Tesknota* überzieht alles um mich herum mit einem Schleier und lenkt meinen Blick nach innen. Am meisten gegenwärtig in mir ist das Heraufsteigen von Abwesendem, von etwas, das ich verloren habe. Diese Schwangerschaft ist zugleich ein Phantomschmerz.

Ich weiß nicht, was ich mit dieser ureigenen Schwere machen soll, mit dieser Schwangerschaft ohne die Möglichkeit einer Geburt. »Du bist so treu«, sagt Mrs. Steiner, als ich ihr erzähle, daß Mrs. Witeszczak eine wunderbare Klavierlehrerin war. In dem vermeintlichen Kompliment steckt ein Hauch Kritik; die Methoden des Klavierunterrichts sind hier fortschrittlicher, meint Mrs. Steiner, und ich solle mich nicht an Vergangenes klammern. Das erweckt in mir den Wunsch, Mrs. Witeszczak um so heftiger zu verteidigen. Nicht alles dort ist altmodisch, nicht alles hier besser! Aber jeder ermuntert mich zu vergessen, was ich zurückgelassen habe. Es war dort nicht gut für uns, sagen unsere jüdischen Bekannten, warum willst du wieder dahin, du warst dort sowieso nicht willkommen. Trotzig lasse ich unter dem Peitschenhieb dieser klugen Einsicht den Kopf hängen. Kann ich wirklich so mühelos aus mir herausreißen, was ich gewesen bin? Kann ich von einem Kontinent zum andern springen, als wäre es ein Spiel wie Seilhüpfen?

In unseren hochideologischen Zeiten hat sogar das Heimweh seinen politischen Aspekt. Die konservativen Anhänger der Gefühle glauben, daß die Wiederentdeckung der eigenen vergessenen Geschichte ein Gegenmittel gegen die allgemeine Seichtheit sein kann. Die Zukunftsideologen sehen in der Verbundenheit mit der Vergangenheit das furchtbarste aller Schreckgespenste, den Agenten der Reaktion. Die Vergangenheit muß aus der Seele gerissen werden, gnadenlos und ohne Selbstmitleid, denn sie behindert den unausweichlichen Gang der Dinge ins nächste Utopia. Nur ein paar osteuropäische Schriftsteller, die zu oft gezwungen wurden, in die Zukunft zu marschieren, kennen die regressiven Gefahren sowohl des Vergessens als auch des Festhaltens an der Vergangenheit. Andererseits gehören sie in unserer Welt zu den Experten im Trauern, da sie nicht eine archäologische, sondern eine lebendige Geschichte verloren haben. Und so preisen sie die Tugenden wahrer Erinnerung. Nabokov beschwört und belebt ungeniert seine Kindheit in den leuchtenden Farben der *tesknota* wieder. Milan Kundera weiß, daß ein Mensch, der mühelos vergißt, ein Don Juan der Erfahrungen wird, ohne Bindung und sich wiederholend, leidend an der unerträglichen Leichtigkeit des Seins. Czeslaw Milosz erinnert sich an die Menschen und Stätten seiner Jugend mit der besonderen Zärtlichkeit, wie sie Objekten der Liebe vorbehalten ist, die von anderen nicht mehr hochgehalten werden.

»Liebe Basia«, schreibe ich, »ich sitze am Fenster und sehe hinaus auf einen Garten, in dem ein Kirschbaum, ein Apfelbaum und Rosensträucher stehen, die gerade blühen. Die Rosen hier sind kleiner und wachsen wild, aber stell dir vor: All das mitten in einer Stadt! Und morgen gehe ich zu einer Party. Hier gibt es dauernd Parties, mein gesellschaftliches Leben, könnte man sagen, blüht.« Ich wiederhole ein Ritual, das von unzähligen Einwanderern zelebriert wurde; sie schrieben Briefe nach Hause, die ihre Freunde und Verwandten – und wahrscheinlich sogar sie selbst – beeindrucken und davon überzeugen sollten, daß ihr Leben sich zum Guten gewendet hätte. Ich lüge. Aber ich versuche auch, mein Heimweh abzuwehren. Ich könnte meine Vergangenheit nicht leugnen, selbst wenn ich es wollte, doch was kann ich hier mit ihr anfangen, wo sie nicht existiert? Nach einer Weile beginne ich die Bilder der Erinnerung zu verdrängen, sie aus meinem Bewußtsein zu verbannen, unter meinen Gefühlen zu verstecken. In ein inneres Dunkel verbannt, vergrößern sie den Bereich des Dunkeln in mir, und im Dunkeln kehren sie zurück, in meinen Träumen. Ich träume dauernd von Krakau, ich schlängele mich durch vertraut-unvertraute Straßen, suche nach einem Weg, der nach Hause führt. Mehrere Male bin ich fast da; fast, aber nicht ganz, und ich wache auf, und die Stadt ist so nahe, daß ich sie atmen kann.

Ich kann es mir nicht leisten zurückzublicken, und es will mir nicht gelingen, nach vorn zu sehen. In beiden Richtungen könnte mein Blick auf eine Medusa fallen, und schon spüre ich die Gefahr, in Stein verwandelt zu werden. Ich stehe dazwischen, ich bin steckengeblieben und mit mir die Zeit. Früher lag die Zeit offen vor mir, hell und verheißungsvoll schimmernd. Wenn ich die Zeit einen Augenblick lang anhalten wollte, dann, um sie zu verlängern, sie voll auskosten zu können. Jetzt ist die Zeit ohne Dimension, sie läßt sich weder in die eine noch in die andere Richtung dehnen. Ich halte die Vergangenheit fest und sperre mich gegen die Zukunft; ich möchte den Fluß anhalten. Zur Strafe lebe ich in dem Stau einer andauernden Gegenwart, jener anderen Seite des »Lebens in der Gegenwart«, die nicht die Ewigkeit ist, sondern ein Gefängnis. Ich kann keine Brücke zwischen der Gegenwart und der Vergangenheit schlagen, und deshalb gelingt es mir nicht, die Zeit in Bewegung zu versetzen.

Das Auto ist voll neuer Freunde. Eine Clique, die mich mehr oder weniger als eine der ihren akzeptiert hat, als ein Neuling, als Anhängsel. Sie sind so lebhaft wie junge Hunde, schubsen sich gegenseitig mit ihren spitzen Ellbogen, krabbeln übereinander, um Plätze zu tauschen, und verleihen ihrem Wohlbehagen und ihrer Leutseligkeit Ausdruck, indem sie sich gegenseitig zu überschreien versuchen. Es ist Samstag abend, *Saturday Night*, und es herrscht die obligate Party-Stimmung. Wir sind auf dem Weg zu dem örtlichen »White Spot«, einer frühen kanadischen Version von McDonald's, wo wir das, wie ich finde, barbarische Drive-in-Ritual zelebrieren werden. Diese Aktivität, die darin besteht, daß man auf einem großen Parkplatz im Auto sitzt und sich dicke Hamburger auf einem Tablett servieren läßt, dazu fettige Pommes frites, die aus ihren Schachteln quellen, Senf, kleckerndes Ketchup und eine übelriechende Würze, scheint meine Altersgenossen mit Behagen und guter Laune zu erfüllen. Mich erfüllt es mit zimperlichem Widerwillen. Ich merke, wie mein Mund ungewöhnlich schmal wird, was mich wiederum mit leichtem Haß gegen mich selbst erfüllt.

»Los, fremdes Mädchen, nur Mut«, sagt ein Junge in einem geblümten Hawaii-Hemd und mit einem Bürstenhaarschnitt, wobei er mir einen gutmütigen Rippenstoß versetzt. »Was ist los, gefällt es dir hier nicht?« Also bemühe ich mich, während das Auto davonschießt, in Stimmung zu kommen. Ich versuche mitzukichern, wenn die Mädchen bedeutungsvolle Blicke austauschen – obwohl mein Kichern meist eine verräterische Sekunde zu spät kommt. Ich versuche, mich von der allgemeinen Heiterkeit mitreißen zu lassen, als jemand den neusten Elefantenwitz erzählt. Dann – es ist immer ein Fehler, sich allzusehr zu bemühen – beschließe ich, meinen guten Willen zu zeigen und selbst einen Witz zu erzählen. Ich finde eine Pause, in der ich meine unsichere Stimme erhebe und stürze mich in die Übersetzung einer leicht anrüchigen Anekdote, die ich meinen Vater einmal auf polnisch habe erzählen hören, zweifellos in der Hoffnung, Punkte dafür einzuheimsen, daß ich etwas Gewagtes erzähle und mich als guter Kumpel erweise. Aber als ich meine heisere, um Sicherheit bemühte Stimme höre, als ich höre, wie ich völlig den Ton verfehle, der »komisch« sein und die »Pointe« treffen soll, erröte ich vor Verlegenheit. Das Ende ist lahm. Schweigen. »Das sollte wohl komisch sein«, sagt jemand. Ich verkrieche mich in meinen Sitz.

Oh, diese Demütigung, dieses elende Scheitern bei dem Bemühen, amüsant zu sein. Der Vorfall kratzt an meiner Eigenliebe, so, als bekäme ich gesagt, daß ich plump oder häßlich sei. Einen Witz erzählen bedeutet, eine Sprach-Pirouette zu drehen. Wenn du auf die Nase fällst, heißt das nicht nur, daß du nicht das Zeug dazu hast, sondern auch, daß du deine eigenen Fähigkeiten falsch eingeschätzt hast, daß du so dumm bist, etwas zu versuchen, was du nicht kannst – und dieser Mangel an Selbstbeherrschung oder Selbsterkenntnis ist zugleich ein Mangel an Anmut.

In dieser Zeit muß ich meine ganze Willenskraft zusammennehmen, um die Worte, die ich von mir gebe, abzuwägen. Ich muß ganze Sätze vorformulieren, ehe ich sie ausspreche, weil ich sonst zu leicht mitten im Satz steckenbleibe. Meine Art zu sprechen klingt, ich merke es selbst, monoton, befangen, schwerfällig – eine akustisch wahrnehmbare Maskierung, die mir nicht steht und mir überhaupt nicht entspricht. Diese gewollte Selbstkontrolle ist das Gegenteil von wirklicher Meisterschaft, die aus dem Vertrauen zu den eigenen verbalen Fähigkeiten erwächst und den freien Fluß der Sprache zuläßt, mitsamt ihren spontanen Ausbrüchen und schnellen Antworten, die Vergnügen bereiten und in Heiterkeit münden können. Gelächter ist der Blitzableiter in diesem Spiel, die Erotik des Gesprächs; vorerst habe ich die Fähigkeit, Funken zu sprühen, eingebüßt.

Ich bin nie affektiert gewesen, aber so werde ich jetzt von meinen neuen Freunden eingeschätzt. Ich versuche nicht oft, Witze zu erzählen, ich beherrsche ihren Slang nicht, ich habe keine schlagfertigen Antworten parat. Ich liebe die Sprache zu sehr, um ihren Rhythmus zu mißhandeln, und mein Stolz ist zu groß, um das Unverständnis zu riskieren, auf das solche Streifzüge stoßen. Ich werde eine sehr ernste junge Person, meiner Sprache fehlen die Register von Witz und Ironie, obwohl ich die Ironie überall sehe.

Wenn Affektiertheit eine leise Abneigung gegenüber den Dingen ausdrückt, die anderen ein herzhaftes, schlichtes Vergnügen bereiten, bin ich wirklich affektiert geworden. Obschon ich nicht tapfer oder einsiedlerisch genug bin, um jeden Abend allein zu Hause zu sitzen, tue ich nur so, als wäre ich ein Teenager wie die anderen. Zu vieles in dem Auto mißfällt mir. Mir mißfällt Cindys blauer Lidschatten und die Pomade in Chucks Haar, oder wie das Auto mit quietschenden Reifen anfährt und dann abgebremst wird, weil alle so tun, als hätten sie Angst vor der Polizei. Mir mißfällt ihre Art zu lachen. Ihre »häßlichen« Witze oder ihre Fünfhundert-Pfund-Kanarienvogelwitze, ihre Gurkenwitze oder ihre Elefantenwitze interessieren mich nicht. Und am meisten hasse ich es, so tun zu müssen, als ob.

Der Knoten, der mir zusätzlich die Kehle zuschnürt, ist vielleicht Wut. Ich bin wütend auf die falsche Person, in die ich gesteckt bin wie in einen plumpen, aufgepumpten Astronautenanzug. Ich bin wütend auf meine gleichaltrigen Freunde, weil sie meine Verkleidung nicht durchschauen und dahinter nicht die leichtfüßige Tänzerin erkennen, die ich in Wirklichkeit bin. Sie sehen nur dieses Elefantenbaby, das viel zu laut trompetet, als wollte es ständig etwas verkünden.

Es wird Jahre brauchen, bis ich mir aus dem Babel der amerikanischen Sprache den witzigen Stil, der zu mir paßt, herauspicken kann. Ich werde jahrelang üben müssen, bis die Nuancen und Muster der Sprache genau in die Synapsen meiner Gehirnzellen passen und ein Feuerwerk von Worten erzeugen können. Ich werde jahrelang die diskreten Leiden der verschiedenen Klassen beobachten müssen, bis ich den ebenso diskreten Charme der Cartoons im *New Yorker* verstehe.

Einstweilen starre ich, wenn ich eine Ausgabe des *New Yorker* in die Hand bekomme, auf die Zeichnungen gutbetuchter Leute, die irgendeine Unzufriedenheit mit ihren Lebensumständen zum Ausdruck bringen, und betrachte dies als ein weiteres Kuriosum meiner Umwelt. »Was ist daran komisch?« fragt meine Mutter verwirrt. »Ich weiß nicht«, sage ich, und wir zucken beide die Schultern und schütteln den Kopf. Und während das Auto durch die Straßen Vancouvers mit seinen säuberlich gestutzten Hecken und den wenigen Menschen fährt, weiß ich, daß ich, neben anderen Fähigkeiten, auch meinen Sinn für Humor verloren habe. Ich werde nicht den Versuch machen, meine Freunde zu antirussischen Witzen zu bekehren. Ich schlucke die Verletzung hinunter und lache gekünstelt über den Fünfhundert-Pfund-Kanarienvogelwitz.

Quietschvergnügt sausen wir zum »White Spot«.

Wenn du dort geblieben wärst, wäre dein Haar glatt frisiert und du hättest eine Baskenmütze schräg auf dem Kopf getragen.

Oder hättest du dir in der Zwischenzeit einen Pferdeschwanz wachsen lassen? Wie die Mädchen mit den sexy Gesichtern in dem Magazin, das du damals gelesen hast?

Ich weiß nicht. Du wärst inzwischen fünfzehn. Nicht mehr dreizehn.

Du würdest mit Zbyszek ins Kino gehen und danach vielleicht in ein Café, wo ihr eine Gruppe von Freunden getroffen und bis spät in die Nacht geredet hättet.

Vielleicht hättest du aber auch Ärger mit deiner Mutter und deinem Vater gehabt. Sie hätten es nicht gern gesehen, daß du so spät noch unterwegs bist.

Das wäre lustig gewesen. Normal. Mein Gott, ein junger Mensch sein zu können, der versucht, sich von seinen Eltern abzunabeln!

Aber das darfst du nicht. Du mußt dich um sie kümmern. Und im übrigen – mit wem könntest du hier ausgehen? Mit einem von diesen Flegeln, die Flaschendrehen spielen? Du bist ernster geworden als du früher warst.

Was für Witze erzählen sich deine Freunde in Krakau? Ich kann es mir nicht vorstellen. Was macht Basia? Vielleicht hat sie am Theater angefangen. Und macht genau das, was sie sich vorgenommen hat. Das muß ihr Spaß machen.

Aber vielleicht wärst du auch dort ernster geworden.

Möglich.

Aber du wärst anders, ganz anders.

Ganz bestimmt.

Und dir gefällt sie besser, die Krakauer Ewa?

Ja, sie gefällt mir besser. Aber ich kann sie nicht sein, ich habe ihre Spur verloren. In ein paar Jahren werde ich nicht mehr wissen, wie sie ihr Haar getragen hätte.

Aber sie ist trotzdem realer?

Ja, sie ist die richtige.

Penny schenkt mir zum Geburtstag ein Tagebuch, das mit einem kleinen Schloß mit Schlüssel versehen ist, damit das, was ich schreibe, vor zudringlichen Augen geschützt ist. Aber das kleine Schloß – sichtbares Zeichen für die Intimität, in der das Tagebuch geführt werden soll – stürzt mich in ein tiefes Dilemma. Wenn ich wirklich etwas ganz allein für mich selbst schreibe, in welcher Sprache schreibe ich dann? Mehrmals schlage ich das Tagebuch auf und schließe es wieder zu. Ich kann mich nicht entscheiden. Wenn ich jetzt auf polnisch schreibe, wäre das ein bißchen so, als zöge ich mich auf Latein oder Altgriechisch zurück – ein bißchen exzentrisch für ein Tagebuch, in dem du deine unmittelbarsten Erfahrungen und unzensierten Gedanken in einer spontanen Sprache festhältst. Polnisch wird zu einer toten Sprache, der Sprache der unübersetzbaren Vergangenheit. Aber nur für mich allein auf englisch schreiben? Das wäre wie Schularbeiten machen, oder wie Spiegelfechten, ein leicht perverser Akt des Selbst-Voyeurismus.

Weil ich mich für irgend etwas entscheiden muß, entscheide ich mich schließlich für Englisch. Wenn ich über die Gegenwart schreibe, muß ich in der Sprache der Gegenwart schreiben, auch wenn es nicht meine Sprache ist. Das hat zur Folge, daß dieses Tagebuch mit Sicherheit zu den unpersönlichsten gehören wird, die je von einem heranwachsenden jungen Mädchen produziert wurden. Es enthält weder sentimentale Ergüsse unerwiderter Liebe noch Ausbrüche von Familienstreitigkeiten, noch tröstliche Sentenzen über den Tod. Englisch ist nicht die Sprache solcher Gefühle. Statt dessen notiere ich meine Gedanken über die Häßlichkeit von Ringkämpfen, über die Eleganz Mozarts und warum Dostojewski mich an El Greco denken läßt. Ich schreibe meine GEDANKEN auf. Ich SCHREIBE.

In diesem naiven Snobismus liegt ein gewisses Pathos, denn das Tagebuch ist ein ernsthafter Versuch, einen Teil der Persönlichkeit auszudrücken, die ich meiner Vorstellung nach im Polnischen geworden wäre. In der Einsamkeit dieser äußerst privaten Handlung schreibe ich in meiner Sprache für die Öffentlichkeit, um jeweils auf den neuesten Stand zu bringen, was aus meinem anderen Ich vielleicht geworden wäre. Das Tagebuch handelt von mir und zugleich überhaupt nicht von mir. Aber auf einer bestimmten Ebene erlaubt es mir den ersten Sprung. Durch das Schreiben lerne ich Englisch, und das Schreiben verleiht mir ein geschriebenes Selbst. Gebrochen durch die doppelte Distanz des Englischen und des Schreibens, gerät dieses Ich, mein englisches Ich – seltsam objektiv; es nimmt hauptsächlich wahr. Es existiert ungezwungener in der abstrakten Sphäre der Gedanken und Beobachtungen als in der Welt. Eine Weile lang ist dieses unpersönliche Ich, diese kulturell verneinende Fähigkeit, das Wahrhaftigste an mir. Wenn ich schreibe, besitze ich eine reale Existenz, die dem Vorgang des Schreibens eigen ist – eine Existenz, die auf halbem Wege zwischen mir und dem Bereich der Kunstfertigkeit, der Kunst, der reinen Sprache stattfindet. Die Sprache ist im Begriff, ein anderes Ich zu erfinden. Doch entdecke ich etwas Sonderbares. Es scheint, daß ich, wenn ich in Englisch schreibe (oder genauer gesagt, englisch denke), nicht das Wort »Ich« benutzen kann. Ich treibe die Schizophrenie nicht soweit, daß ich »sie« sage, aber ich werde, wie durch einen Zwang, zu dem Double getrieben, dem siamesischen Zwilling »Du«.

Meine Stimme treibt komische Dinge. Sie scheint nicht mehr aus denselben Körperteilen zu kommen wie früher. Sie kommt von einer Stelle in meinem Hals, ist gepreßt, dünn und matt – eine Stimme ohne die Modulationen, Höhen und Tiefen, die sie früher hatte, als sie aus meinem Bauch den ganzen Weg bis zum Kopf hinaufsteigen mußte. Natürlich engt mich mein Akzent ein, den ich hören, aber nicht ändern kann, und der mich verlegen macht. Einige meiner Freundinnen in der Highschool werfen mir vor, ich behielte ihn absichtlich, um mich »interessant« zu machen. Tatsache ist, daß ich alles tun würde, um ihn loszuwerden, und wenn ich allein bin, übe ich die Laute, für die meine Sprechorgane kein Gefühl haben, zum Beispiel das »th« (indem ich die Zunge zwischen die Zähne schiebe) und das »a«, das im Polnischen länger und offener ist (indem ich meinen Mund zu einem gebremsten Grinsen verziehe). Es sind einfache Wörter wie »cat« oder »tap«, mit denen ich die größten Schwierigkeiten habe, weil sie aus nur einer Silbe bestehen und die Leute sie deshalb oft falsch verstehen. Wenn möglich, mache ich kleine unelegante Schlenker, um sie zu vermeiden, oder ich mache eine Pause und versuche, sie sehr deutlich auszusprechen. Und trotzdem, wenn Menschen mich reden hören – zum Beispiel Verkäuferinnen – und nicht darauf eingestellt sind, mir genau zuzuhören, verstehen sie mich beim erstenmal oft nicht. »Girls' shoes«, sage ich und »girls« kommt gequetscht heraus. »Girls' shoes«, wiederhole ich und gebe mir Mühe, die Silbe richtig auszusprechen, und die Verkäuferin lächelt meist freundlich und schickt meine Mutter und mich in die richtige Abteilung. »Thank you«, sage ich dann mit einem liebenswürdigen Lächeln und mit einem Gefühl, als hätte ich zu Unrecht ein Privileg beansprucht und wäre zu Unrecht bevorzugt worden.

Gut sprechen zu können ist für mich genauso wichtig wie ein Musikstück fehlerlos spielen zu können. Wenn ich entstelltes Englisch höre, quält mich das ebenso, wie wenn die Kreide auf der Tafel kratzt oder wie alles, was stümperhaft und falsch getan wird, jede Form mangelnder Anmut. Das Seltsame ist, daß ich genau weiß, was richtig, flüssig und gut ist, lange bevor ich es selber so sagen kann. Das Englisch, das von unseren polnischen Bekannten gesprochen wird, klingt in meinen Ohren zerhackt und plump, und ich weiß, daß ich es nicht nachahmen darf. Der Ton, der in Fernsehkomödien angeschlagen wird, stößt mich ab – die Erwartung von Gelächter, wie das flehende Schwanzwedeln eines Hundes, eingebaut in die Pausen der Schauspieler, die verkürzten, abgehackten Rhythmen. Ich mag die Art, wie Penny spricht, unangestrengt, flüssig und mit regelrechtem Vergnügen daran, den Worten üppige Fülle zu verleihen. Ich mag, was ich in manchen Filmen hören kann – und einmal gastiert das »Old Vic« in Vancouver und führt *Macbeth* auf, und obwohl ich kaum ein Wort verstehen kann, bin ich hingerissen von der Sicherheit und der Meisterschaft, die die Sprache der Schauspieler zu solchen majestätischen Satzperioden formen.

Soziolinguisten könnten einwenden, daß ich diese Sprachbotschaften als klassenspezifische Signale empfange, daß ich den Klang der Vollkommenheit mit dem sozialen Status des Sprechenden verbinde. Das ist zu einem Teil sicherlich richtig. Die klassenbedingte Erfahrung, die ich pauschal aus Polen mitgebracht habe, besagt, daß die Zugehörigkeit zu einer »besseren« Klasse absolut abhängig ist von der Fähigkeit, eine »bessere« Sprache zu sprechen. Und speziell in meiner Lage weiß ich, daß die Sprache das entscheidende Instrument sein wird, daß ich das Stigma meiner Randgruppenzugehörigkeit, das Gewicht der Vorurteile gegen mich nur dann überwinden kann, wenn der beruhigend richtige Klang aus meinem Mund kommt.

Ja, die Sprache ist ein Hinweis auf die Klasse. Aber indem ich all die unterschiedlichen Sprechweisen um mich herum wahrnehme, werde ich, glaube ich, auch noch für etwas anderes sensibilisiert – etwas, das in den Bereich der Ästhetik, vielleicht sogar in den der psychischen Gesundheit fällt. Es ist bekannt, daß erfahrene Küchenchefs beurteilen können, ob ein Gericht aus der Küche eines fremden Landes gut zubereitet ist, auch wenn sie es noch nie gegessen haben und nicht wissen, zu welcher Art Küche es gehört. Es scheint da irgendwelche tieferen Qualitätsmerkmale zu geben – die Konsistenz, die Proportionen der Zutaten, die Ausgewogenheit der Gewürzmischung –, die den Geschmacksknospen des kultivierten Gourmets kulinarische Meisterschaft signalisieren. Ebenso hat jede Sprache ihre eigene unverwechselbare Musik, und selbst wenn man ihre einzelnen Bestandteile nicht kennt, kann man doch ziemlich schnell die Stimmigkeit der Muster, zu denen die einzelnen Komponenten zusammengesetzt werden, die Harmonien und Disharmonien erkennen. Das entscheidende Merkmal für das Ohr beim Hören gesprochener Sprache ist vielleicht der Grad der Selbstsicherheit und Souveränität des Sprechenden.

Wenn ich Menschen zuhöre, die diese fremde Sprache, Englisch, sprechen, dann höre ich, wenn sie sich verhaspeln oder zu oft dieselben Floskeln wiederholen, wenn sie bei ihren Sätzen den Faden verlieren – oder, im Gegenteil, wenn ihre Sätze ausdrucksstark und rund sind und sie die Kraft und den Atem haben, dem Ende eines Satzes eine hübsche Wendung zu geben oder genau die richtige Pause vor einem dramatischen Punkt zu machen. Mit anderen Worten, ich spüre, wie weit jemand ungezwungen oder angespannt spricht, das Ausmaß der Autorität, das den Rhythmus ihrer Sprache bestimmt. Autorität – einerlei, in welchem Dialekt oder in welcher Umgangssprache – scheint etwas zu sein, was wir alle begehren. Nicht daß wir alle King's-English sprechen wollten, aber ob wir wie die Appalachen sprechen oder Harlem-Englisch oder Cockney, oder Kreolisch wie auf Jamaika, wir wollen uns in unserer Sprache zu Hause fühlen. Wir möchten in der Lage sein, uns und unsere Sicht der Welt genau und uneingeschränkt ausdrücken zu können. In einer von John Fowles Geschichten, in *The Ebony Tower*, greift ein junger Mann einen älteren Schriftsteller und dessen Manuskripte grausam an, weil dieser das Vermächtnis der Sprache nicht richtig an den jungen Vandalen weitergegeben hat. Mir scheint dieser Vorwurf sehr einleuchtend. Die linguistische Enteignung ist ein ausreichendes Motiv für Gewalt, weil sie der Enteignung des Ich sehr ähnelt. Blinde Wut, hilflose Wut ist eine sprachlose Wut – eine Wut, die einen mit ihrer Dunkelheit überwältigt. Und wenn man dauernd ohne Wörter lebt, wenn man im Zustand der Sprachlosigkeit lebt, ist diese Bedingung an und für sich schon eine Frustration, die zwangsläufig Wut hervorbringt. In meinem New Yorker Apartment höre ich fast jede Nacht Kämpfe, die unten auf der Straße wie Buschfeuer ausbrechen – und in den sich wiederholenden, immer wütender klingenden Sätzen (»Laß das, Mann, du verfluchter Hund, ich bringe dich um«) vernehme ich nicht die Genugtuung männlicher Stärke, sondern ein wütendes Toben gegen die Sprachlosigkeit, gegen die Unfähigkeit, sich verständlich zu machen, sich ins rechte Licht zu rücken. Wut kann ausgelebt werden – sie kann sogar befriedigend sein –, wenn sie in Worte gefaßt und sich in einem Sturm oder in einer florettscharfen Attacke entladen kann. Aber ohne dieses Ventil richtet sie sich nur nach innen, brodelt hoch und wird zu einer ohnmächtigen, mörderischen Wut. Wenn jede Therapie eine Heilung durch Sprechen ist – eine Sprechkur –, dann ist vielleicht jede Neurose Ausdruck einer Sprach-Krankheit.

Meine Eltern, meine Schwester und ich haben eine Kette gebildet, die von der Seitenstraße durch den Garten und in unseren Keller führt, wo wir ein seltsames Sammelsurium von Sachen unterbringen: ein heruntergekommenes Sofa, aus dem die Polsterung hervorquillt, einen Staubsauger, eine fleckige Matratze, ein paar schwere Metallteile von unklarer Herkunft. Die Gegenstände sind staubig, sperrig, schwer; aber das schlimmste ist, daß allem die drückende Last der Degradierung anhaftet. Solches Zeug heranschleppen zu müssen, ist keine angenehme Beschäftigung für Leute der Mittelschicht.

Meine Eltern haben es fertiggebracht, eine Anzahlung für ein »kleines stuckverziertes Haus«, wie es in der Zeitungsanzeige hieß, zusammenzukratzen – immer wieder habe ich solche Anzeigen studiert und versucht, die Unterschiede zwischen Holzhäusern und alten englischen Villen und, ja, stuckverzierten Häusern herauszufinden. Und jetzt haben wir uns in dieser minimal möblierten Zelle des Amerikanischen Traums eingerichtet, die zugleich der Sitz einer rudimentären Firma ist. Rudimentär, aber mit Hoffnungen befrachtet. Viele von unseren neuen Bekannten haben so angefangen – als Trödler. Für mich ist allein schon die Berufsbezeichnung in ihrer derben Eindeutigkeit ein Ärgernis. Aber in der Gemeinde, in die es uns verschlug, hat das Wort »Trödel« einen bestimmten reizvollen Klang. Denn bei manchen Leuten hat sich der Schrott buchstäblich zuerst in Gold und dann in geräumige Häuser mit dicken Teppichen verwandelt. Mr. Landauer besitzt immer noch einen großen Schrottplatz, aus dem er fette Gewinne zieht. Und im übrigen, wenn man, wie mein Vater, mittellos ist, die Sprache nicht spricht und keinen anerkannten Beruf hat – was kann man dann schon mit seinen Händen anfangen? Diese elementare Form des Handels, in dem der große Kreislauf der Wirtschaft beginnt und endet, ist der logische Start für einen Immigranten, der bei Null beginnt. Und so hat mein Vater einen kleinen Laster erworben – ein klappriges Gebrauchtfahrzeug, dessen Scheppern und Rattern die unvermeidliche Begleitmusik unserer ersten Immigrantenjahre sind und auf dem ich später fahren lernen werde. Mit diesem lärmenden Vehikel steuert er tagsüber unbekannte Ziele an, von denen er diese bunt gemischten Abfälle des Vorstadtlebens mitbringt. Diese Gegenstände werden dann, in unserer Version freien Unternehmertums, in unseren Keller geschafft, von wo aus wir sie zu verkaufen versuchen – für eine geringfügig höhere Summe, als die, die mein Vater dafür bezahlt hat.

Das Ganze ist wirklich so elementar, daß ich immer wieder nach einer versteckten Falle suche. Die Transaktion ist tatsächlich verblüffend einfach, aber jeder einzelne Schritt ist für meine Eltern mit Anspannung verbunden, aus dem verblüffend simplen Grund, daß buchstäblich unser Überleben davon abhängt. Wir sind in einer ungünstigen Zeit nach Kanada gekommen – zwischen zwei

Einwanderungswellen, in einer Zeit, in der es offenbar keine Hilfsmaßnahmen gibt, die den Einwanderern die ersten Schritte erleichtern. Wir sind auf uns selbst gestellt, und die offenkundigsten Bestandteile jedes Handels sind für uns Hürden, die wir erkennen und meistern müssen. Zum Beispiel die Tatsache, daß man eine Anzeige in der Zeitung aufgibt. Für mich ist das eine völlig neue Vorstellung. Anzeigenwerbung war in Polen ebenso verboten wie jedes damit verbundene private Unternehmen und angesichts der spärlich vorhandenen Waren, die keine Konkurrenz hatten, auch überflüssig. Eine Zeitlang verwirren mich die vielen Anzeigenseiten in den Zeitungen von Vancouver ebenso wie die vielen Schilder »Durchgang verboten«, die mir plötzlich das Betreten von Waldwegen oder von Gegenden verbieten, die so aussehen, als könnten sie niemandem gehören außer den Göttern der Natur. Angesichts dieser Schilder und bestürzt von der Absurdität, freie Natur als Privatbesitz zu reklamieren, begreife ich, wie tief sich politische Doktrinen in unsere Wahrnehmungen einschleichen können.

Natürlich haben meine Eltern Systeme kommen und gehen sehen. Trotzdem sind sie unsicher, was man hierzulande in einer Anzeige schreibt oder wie man auf Anrufe reagiert, die auf eine aufgegebene Anzeige hin kommen. »Es ist eine sehr gute Couch«, versichert mein Vater jemandem am anderen Ende der Leitung. »Welche Farbe?« Hilfesuchend sieht er meine Mutter an. »Grau. Nein, nein, grün.« Seine Stimme klingt jetzt sehr bestimmt, ungeduldig resolut. »Sie können nur feststellen, ob sie ihnen gefällt, wenn Sie herkommen und sie sich ansehen«, teilt er der Person am anderen Ende mit.

Manchmal kommen die Leute tatsächlich und steigen in den Keller hinunter, um sich das Durcheinander von Sachen anzusehen und über den Preis zu verhandeln. Aber verhandeln ist nicht ganz das richtige Wort für das, was dann vor sich geht – weil meine Eltern eher Methoden kennen, die dem Feilschen näherkommen. Dieser höchst rituelle Tanz begleitete in Polen alle inoffiziellen Geschäfte und war mit einer großen Anzahl dramatischer und allgemein verständlicher Gebärden verbunden. Man tat so, als wäre man beleidigt über den lächerlich hohen verlangten Preis oder, auf seiten des Verkäufers, über den absurd niedrigen Preis, der geboten wurde, und man erhob empört die Stimme, weil man nicht für dumm verkauft werden wollte, man drohte damit wegzugehen, und so weiter. Ich höre noch die Nuancen in den Stimmen meiner Eltern – Tricks und fuchsschlaue Wendungen, wie sie zu jedem Geschäft gehören –, und ich höre noch das Mißverhältnis zwischen ihrer Verkaufstaktik und den einfachen, unnachgiebigen kanadischen Stimmen, die ihnen antworten. Manchmal – oft genug jedenfalls, um uns über Wasser zu halten – kommen sie zu einer Einigung, und in diesen frühen Tagen wird jede abgeschlossene Transaktion wie ein Triumph gefeiert; jeder Mißerfolg ist eine kleinere Katastrophe, die von Niedergeschlagenheit und Selbstvorwürfen begleitet ist.

Ungefähr ein Jahr lang führen meine Eltern das Geschäft von zu Hause aus, dann mieten sie einen Laden, in dem sie von nun an die Sachen verkaufen, die mein Vater mit seinem Laster heranschafft. Das ist ein großer Schritt voran, und meine Eltern sind nervös und aufgeregt. Aber es erweist sich nicht als der Anfang einer wundersamen Erfolgsstory; mein Vater wird nicht das große Möbelimperium errichten, er wird nicht der Immobilienbaron, er wird nicht jedes Jahr ein tolles neues Auto kaufen. Jetzt verbringen beide den größten Teil ihrer Zeit in einem dunklen staubigen Raum, der angefüllt ist mit einem Durcheinander von alten Möbeln, an den Wänden lehnenden Matratzen, irgendwelchen Küchenutensilien, Kochherden, Kühlschränken, Werkzeug, alten Büchern – ein Raum wie aus Malamuds Roman *Der Gehilfe*, ein Raum, in dem man auf Erlösung wartet. Wie immer fällt es meiner Mutter leichter, jede Situation, die ihr zugemutet wird, hinzunehmen und einen gewissen Spaß daran zu finden. Sie überredet die »Kunden«, in den Laden zu kommen, schmeichelt, handelt, überzeugt. Gemessen an der gedämpften Atmosphäre Vancouvers ist mein Vater ein grober Klotz, mit unvermittelten, unqualifizierten Äußerungen und übertrieben resoluten Bewegungen. Hartnäckige Kunden machen ihn wütend und einige Male wird er handgreiflich – vielleicht will er so die alte Erregung und Tatkraft seiner früheren Kleinunternehmerjahre wiederbeleben. In den langen Stunden, in denen niemand kommt, liest er – zuerst mit Hilfe eines Englisch-Polnischen Wörterbuches. Aus irgendeinem Grund fängt er mit einem dicken Roman von Faulkner an, den er nur lesen kann, indem er bei jedem zweiten Satz im Lexikon nachschlägt. Faulkner scheint der am wenigsten geeignete Autor zu sein, um Englisch zu lernen, aber dank dieser mühsamen Methode erwirbt sich mein Vater ein umfangreiches, wenn auch mit einem schweren Akzent behaftetes Vokabular. Meine Mutter, die ihr Leben lang Sprachen schnell, wie durch Osmose, absorbiert hat und allein schon durch den wechselvollen Verlauf der Geschichte nicht nur Hebräisch und Jiddisch, sondern auch Deutsch und Russisch und Ukrainisch gelernt hat, lernt Englisch aus Büchern, in Gesprächen und atmet es mit der Luft ein – und bald spricht sie es fließend und ohne Mühe.

Mein Vater lernt zwar die Sprache, aber er begreift nie wirklich, wie anders die Regeln hier sind, wie höflich und vernünftig in Vancouver die Geschäftsgepflogenheiten sind. Es ist, als wende sich seine Kraft, da nichts da ist, woran sie sich reiben könnte, nach innen, gegen ihn selbst, als verkäme sie in diesen stillen, regnerischen Straßen und unter diesen Menschen, die ihm mit ihrer unfehlbaren, undurchdringlichen Höflichkeit gegenübertreten.

Meine Mutter erinnert sich und uns daran, daß mein Vater ein Mann ist, den nie sein Einfallsreichtum verlassen hat, der sich nie in einer Situation befunden hat, aus der er sich nicht befreien konnte. Aber zum erstenmal findet er nicht den nötigen Mut, kleine Entscheidungen machen ihm Angst, und hinterher hat er Angst, die falschen getroffen zu haben. Was macht ihn so ängstlich – ihn, der furchtlos tödlicher Gefahr ins Auge sah? Ich glaube, es ist der Umstand, daß es keine Gefahr gibt. Ohne einen Feind, den er austricksen kann, ohne ein unsinniges Gesetz, über das er die Nase rümpfen kann, ist er verloren. Das Ambiente, in dem er sich bewegt, hat sich verändert. Da sind keine Hindernisse mehr, über die er sich waghalsig hinwegsetzen kann, keine verschlossenen Türen, die er öffnen kann. Alles scheint offen zu stehen, nur – warum sollte er eintreten? Wie kann man manövrieren, wenn es nichts zu manövrieren gibt? Wie kann man kämpfen, wenn weit und breit kein Gegner zu sehen ist? Mein Vater ist gewohnt, mit dem Schicksal zu ringen. Hier sieht er sich einer scheinbar keinerlei Widerstand leistenden amorphen Masse gegenüber, einer sanften Materie, in der sich Boxhiebe verlieren. Er müßte mehr von Tai Chi verstehen, einer Methode, die eigene Kraft zu lenken und zu beherrschen, weil niemand anders einem das abnehmen kann. Er müßte ein Buch über Zen in der Wall Street lesen.

Statt dessen versinkt er in eine Verzweiflung, die bleiern ist wie das Tote Meer. »Und was ist der Zweck der Übung?« fragt er, wenn jemand ihn auffordert, mit ins Kino zu gehen oder einen Spaziergang zu machen. »Warum quälst du dich selbst so?« schreie ich ihn an. »Was willst du denn?« Die Antwort erstaunt mich. »Ich will meinen Seelenfrieden wiederfinden«, sagt er. »Früher habe ich meinen Seelenfrieden nie verloren.«

Ja, denke ich, das stimmt wahrscheinlich. Während des Krieges, als seine nächsten Angehörigen umkamen, und danach, als er sich sein Leben in Polen aufbaute, hatte mein Vater niemals seine geradezu animalische Gemütsruhe verloren; sie bestand aus einem ungebrochenen Lebenswillen und genügend Vitalität, um zu wissen, daß sein Wille so oder so die Oberhand behalten würde. Und jetzt verwirrt ihn dieses liebenswerte Vancouver mit seiner Gesittetheit und seinen kurzgeschorenen Rasenflächen. Was ist es, das ihn daran hindert, reich und erfolgreich zu werden? Es hilft nichts, zu wissen, daß wir bei unserer Ankunft ungastliche Bedingungen vorfanden und daß meine Eltern das Rennen nicht unter gleichen Bedingungen und mit fairen Chancen antreten konnten. So viele Menschen haben es geschafft, und wenn man es nicht schafft, muß man sich wohl selbst die Schuld geben. Das – diese zersetzende Logik – ist die andere Seite des Traums der Neuen Welt, der vermeintlich selbstverursachte Alptraum, in dem man sich vor Schuld, die einem die Eingeweide zerfrißt, dreht und windet.

Und ich frage mich, welche sonderbare Laune der Geschichte bewirkt hat, daß ich, seit ich dreizehn Jahre alt bin, nicht mehr weiß, was Seelenfrieden ist, so daß mir das Wort wie ein Ausdruck aus einer anderen Welt vorkommt. Liegt es daran, daß ich ein Kriegskind bin, während meine Eltern vor dem Krieg geboren wurden? Liegt es daran, daß ich nur gegen Gespenster gekämpft habe – ihre Gespenster und andere –, während sie sich mit der harten Wirklichkeit auseinandersetzen mußten? Irgendwie haben sie sich ihre Kraftreserven erhalten, solange ihre Existenzbedingungen – selbst als sie am schrecklichsten waren – sie forderten und nicht verunsicherten. Nur der Wurm des Selbstzweifels untergräbt ihre Selbstsicherheit.

»Das ist wirklich sexy«, sagt Penny anerkennend, als Sharon einen hautengen langen Slip anzieht. »Findest du?« überlegt Sharon, die sich kritisch im Spiegel inspiziert. Wir haben uns in Pennys Zimmer versammelt und machen uns für eine Party zurecht – die Mädchen geben sich kokett, um zu testen, wie sie bei den Jungen ankommen. Nach den Slips und den Nylonstrümpfen wird ausdauernd Make-up aufgelegt, mit Beratungsgesprächen über die Farbe des Lidschattens, der Wimperntusche und des Lippenstifts.

Ich fühle mich geschmeichelt, daß ich zu dieser intimen Versammlung eingeladen worden bin, doch wie immer befinde ich mich in einer Außenseiterposition. Ich besitze keinen Seidenslip, ich schminke mich nicht gern, und diese aufwendigen Vorbereitungen beunruhigen mich irgendwie, so als wären wir in einem Harem und verwandelten uns in eine besondere Spezies – »girls« –, damit wir der anderen, fremden Spezies, den »boys«, gefallen. Von ihnen wird natürlich erwartet, daß sie kommen und uns abholen, aber erst, wenn wir uns in diese appetitlichen und etwas zu bunten Bonbons verwandelt haben. In dem konspirativen Gekicher, das den Raum wie Geflüster erfüllt, liegt eine unausgesprochene Übereinkunft: Wir werden ihnen nicht zeigen, wer wir sind, wir werden ihnen zeigen, was sie erwarten.

Die Party selbst findet bei irgend jemandem zu Hause statt, im »Spielzimmer«, und erweist sich als nervige Angelegenheit. Heranwachsende Jungen und Mädchen streifen in getrennten Gruppen durch den Raum und sehen sich schüchtern an. Die Mädchen kichern gedämpft, während sie so tun, als schenkten sie den Jungen keine Beachtung, die ihrerseits in Cliquen zusammenstehen und mit ihrem Bierbüchsengeklapper ein kesseres, frecheres Kichern produzieren und zu laut reden. Warum herrscht auf dieser Party so viel Gekicher und Prahlerei und Nervosität?

Der Plattenspieler beginnt Frankie Avalons klebrig-süße Melodien zu gurren, deren Charme ich mich hilflos hingebe, und die Spannung ändert ihren Charakter. Die Jungen, die jetzt wissen, was sie tun müssen, durchqueren den Raum. Einer fordert mich zum Tanzen auf, und als das Licht ausgeht – noch mehr Gekicher –, führt er mich mit vorsichtigen und zugleich übertriebenen Schaukelbewegungen von einer Seite des Raums zur anderen. »Er hat aber sehr eng mit dir getanzt«, teilt mir eines der Mädchen mit, als der Tanz zu Ende ist und ich wieder bei den Vertreterinnen meines eigenen Geschlechts abgeliefert worden bin. Ihr Tonfall alarmiert mich. Habe ich gegen irgendeine Anstandsregel verstoßen? Ich beobachte ein tanzendes Paar etwas genauer und sehe, daß sie sich in einem Kleinkrieg befinden, einem Gezerre, bei dem das Mädchen sich gegen die Umarmung des Jungen wehrt.

Ich würde mich so gern in der Musik verlieren. Ich würde so gern wieder mit dem Jungen tanzen, auch wenn ich nicht weiß, wie ich mit ihm reden soll, und er mir offenbar nichts zu sagen hat. Ich möchte mich so gern in ein Abenteuer, ins Vergnügen stürzen. Doch statt dessen spüre ich jene leichte förmliche Mißbilligung. Das ist »unnatürlich«, entscheide ich – ein neues Tadelwort in meinem Vokabular, und zwar eines, das ich von nun an auf viele Situationen anwende, in die ich gerate. So viele Verhaltensweisen um mich herum empfinde ich als »unnatürlich« – angestrengt und übervorsichtig, trotz der Freizügigkeit. Selbstverständlich sehe ich es aus meiner Außenseiterperspektive – ein sicheres Rezept, um das Künstliche im dem scheinbar Spontanen zu erkennen. Aber meine eigene Förmlichkeit ist eine Reaktion auf die ungemütliche Spannung, die in der Luft liegt, die fehlende Leichtigkeit zwischen Jungen und Mädchen, bei der frühe Sexualität sich nicht in Freundlichkeit verwandelt, sondern in verklemmte Anzüglichkeit. Die Kids hier haben Angst, eine falsche Bewegung zu machen. Einzige Ausnahme ist die flotte Sharon, in deren Lachen und Bewegungen immer eine winzig kleine Provokation liegt – gleichsam eine Antwort auf den Kreis von Neid und Mißtrauen, der sie umgibt. Aber Sharon zahlt einen hohen Preis dafür, daß sie sich ihrer Sexualität bewußt ist; wenn sie »sexy« ist, dann muß sie auch »freigebig« sein, und sie hat einen gewissen »Ruf«. Jeder weiß, daß sie einmal Schwierigkeiten haben wird, wenn sie heiraten wird.

Als die Party schließlich mit Flaschendrehen weitergeht, glaube ich, daß ich bei einem fremden Stamm von Jugendlichen gelandet bin – einer in Polen verhältnismäßig unbekannten Spezies –, und daß dies ein trauriger Abstieg ist von Marek und den Rudeln von Jungen und Mädchen, mit denen ich in Krakau zusammen war. Zumindest ist es ein Absturz aus meinen Phantasien von einer abenteuerlichen weiblichen Zukunft, zu denen gewöhnlich extravagante Romanzen gehörten, auf die eine »zivilisierte« Ehe folgte – also eine Ehe, in der es als abgemacht galt, daß wir beide, ich und mein Mann, Liebesaffären haben dürften. Ich weiß nicht, woher ich diese dekadenten Vorstellungen hatte, zumal sie von völlig unrealistischen Bildern großer, eleganter Wohnungen begleitet wurden, in denen »zivilisierte« Ehearrangements ausgelebt werden konnten. Woher sie auch gekommen sein mögen, Flaschendrehen war jedenfalls nicht das, wovon ich träumte. Und während der Abend voranschreitet, ziehe ich mich immer mehr zurück und beobachte das Geschehen, als wäre ich eine höchst distanzierte, unbeteiligte Anthropologin. Ich komme zu dem Schluß, daß meine Rolle im Leben die einer »Beobachterin« ist – und mache eine armselige Tugend aus der Realität, aus der ich mich so ausgeschlossen fühle.

»Der Kommunismus ist eine politische Philosophie, die auf der Vorstellung basiert, daß es kein Privateigentum gibt und alles gleichmäßig unter allen verteilt werden sollte«, erklärt der Lehrer den Schülern der neunten Klasse.

»Aber ist Kommunismus nicht etwas Schlimmes?« fragt jemand. »Bringen sie dort drüben nicht Leute um?«

Mr. Jones – er hat ein freundliches, kantiges Gesicht und trägt einen Bürstenhaarschnitt, der sein Haar wie Roßhaar aussehen läßt – hat auf diese Frage hin eine Eingebung. Er wendet sich an mich und bittet mich, zu beschreiben, wie das Leben in einem kommunistischen Land wirklich ist.

Wie es wirklich ist? In Wirklichkeit bin ich dem Kommunismus nie auf der Straße begegnet. In Wirklichkeit gibt es dort Leben, Wasser, Farben, sogar Glück. Ja, sogar Glück. Die Menschen leben ihr Leben. Wie soll ich es erklären? In den Köpfen meiner Mitschüler vermute ich Visionen von einem dunklen Höllenreich, in dem eine geisterhafte Bevölkerung gebeugt unter dem Joch der Unterdrückung umherwandelt. Allein schon das Wort »Kommunismus« scheint ihnen eine Gänsehaut über den Rücken zu jagen, als befänden sie sich in einem Horrorfilm; er ist der unbekannte Dämon. Leidet dort nicht jeder unter dem Joch der Unterdrückung? Es gibt keine Freiheit dort!

Doch, es gibt sie, erzähle ich ihnen und werde vehement in meiner Enttäuschung. Vielleicht mehr als hier. Die Politik ist eine Sache, aber was nützt Freiheit, wenn du dich wie ein Konformist verhältst, wenn du nicht lachst oder weinst, wenn dir danach zu Mute ist? Mein Ausbruch wird mit weit aufgerissenen Augen aufgenommen, nicht unbedingt feindselig, sondern eher verständnislos. Was für sonderbare Ideen diese fremdländische Schülerin hat. Der Lehrer, offensichtlich entzückt von dem, was ich gesagt habe – er hat eine Verbündete in seinem Kampf gegen den provinziellen Dünkel gefunden –, versucht, eine Diskussion in Gang zu bringen. Dann hält er inne und fragt, ob alle in der Klasse wissen, wo Polen liegt. Verneinendes Kopfschütteln. Nein, nicht alle wissen es. Er zeigt es auf der Landkarte; die Schüler nehmen es pflichtschuldig zur Kenntnis. Es ist klar, daß die meisten das kleine Viereck auf der Landkarte, eingeklemmt zwischen größeren Blöcken in anderen Farben, bis morgen wieder vergessen haben werden. »Gehört Polen zu Rußland?« fragt eine besonders wißbegierige Seele. Ah – jetzt verstehe ich. Es hat keinen Sinn, daß ich mich so aufrege. Natürlich werde ich die Teenager in diesem Klassenzimmer in Vancouver nicht davon überzeugen können, daß Polen das Zentrum des Universums ist und nicht ein kleiner grauer, von Geistern bewohnter Zipfel Land. Ich bin diejenige, die lernen muß, mit einer doppelten Sicht zu leben. Bis jetzt hat Polen in meinem Kopf einen Platz eingenommen, der den Dimensionen der Realität entsprach, und alle anderen Orte auf dem Globus wurden nach ihrer Entfernung von dort eingestuft. Jetzt sehe ich es gleichzeitig mit den Augen meiner Mitschüler – als einen fernen Punkt, irgendwo an der Peripherie der Vorstellung, zwischen unzähligen anderen schwer zu behaltenden Orten, die genauso unbedeutend sind. Die Bezugspunkte in meinem Kopf beginnen zu tanzen. Für mich ist das der deutlichste Ausdruck der Entwurzelung. Ich bin von meinem Mittelpunkt der Welt entfernt worden, und die Welt ist aus meinem Mittelpunkt gerückt worden. Es gibt keine feste Achse mehr, auf die meine Vorstellung sich bezieht; sie beginnt zu schwanken, und ich rotiere unstet um sie herum.

Immigrantin zu sein gilt, so lerne ich nach und nach, als eine Position für sich – und oftmals überdies als eine günstige. Im unaufregenden Vancouver bin ich immerhin eine solche Kuriosität, daß auch ich die fünfzehn Minuten Ruhm genieße, die man den osteuropäischen Exoten oft zugesteht, ehe sie durch einen neuen Schwung ersetzt werden. Die Lokalzeitung hat mich zu ihrem Liebling auserkoren: man druckt mein Bild, als ich im Jüdischen Gemeindezentrum ein Konzert gebe, und fragt mich nach meinen Ansichten, als ich von einer Busreise zu den Vereinten Nationen, die ich bei einem Redewettbewerb gewonnen habe, zurückkomme. Man will meine Meinung über die Städte, die ich besucht habe, wissen, und ich zögere nicht, sie ihnen zu sagen. »New York ist die eigentliche Hauptstadt der Vereinigten Staaten«, verkünde ich bereitwillig. »In Washington ist einfach nur die Regierung. Es ist keine aufregende Stadt.« Ich empfinde diese Art von Aufmerksamkeit zum Glück als normal, so daß ich nicht allzu überrascht bin, als mir der Papst eines lokalen Radiosenders, der mich zusammen mit anderen Schülern kennengelernt hat, erklärt, daß er an meiner Meinung über alles mögliche interessiert sei; deshalb will er mir einen seiner Fünfzehn-Minuten-Spots widmen, die ihm mit ihrer wöchentlichen Regelmäßigkeit Ruhm eintragen. Zu diesem Zeitpunkt meiner Initiation in die englische Sprache verfüge ich über ein Vokabular von ungefähr sechshundert Wörtern, aber ich komme nicht auf den Gedanken, daß ich sie falsch benutzen könnte. Ich möchte den Kanadiern sagen, wie langweilig sie sind. »Kanada ist das langweiligste Land der Welt«, schreibe ich, als ich mir Notizen für meine Rede mache, »weil es das konformistischste ist.« Die Leute tun vielleicht so, als hätten sie liberale Überzeugungen, fahre ich fort, aber in Wirklichkeit sind sie ein lahmer Haufen und haben nie gewagt, aus ihren bürgerlichen Konventionen auszubrechen. Mit der Überheblichkeit, wie sie nur vierzehnjähriger Unschuld entspringen kann, sehe ich diese Beobachtungen als erwiesen an, weil ich sie gemacht habe. Und natürlich komme ich gar nicht auf den Gedanken, daß meine Zuhörer gekränkt sein könnten, wenn ihnen so streng die Leviten gelesen werden; schließlich sage ich doch nur die Wahrheit.

Ich habe diesen Auftritt selbst nie gehört, weil ich nicht weiß, wie ich den Radiosender finde, der diesen kleinen Kulturkommentar ausstrahlt. Aber irgend jemand, der die Sendung gehört hat, erzählt mir, daß mein Gönner einige sehr schmeichelhafte Dinge über meine kleine Schmährede gesagt hat. Offenbar schätzen es die Leute in Vancouver, wie die meisten Menschen, einen Zerrspiegel oder, in diesem Fall, überhaupt einen Spiegel vorgehalten zu bekommen. Und ich erfahre zum erstenmal, daß es Vorteile hat, eine schräge Ansicht zu haben, und daß es Spaß macht, Wut in Argumente umzuwandeln.

Sobald meine Schwester und ich mühelos den Heimweg von der Schule finden, fangen wir an, unterwegs herumzutrödeln und uns die Schaufenster anzusehen. Unser Weg führt uns durch die Main

Street, ein heruntergekommener, niedrig bebauter Stadtteil, ein zufällig, ohne besondere Ordnung oder Zweck errichtetes Nichts, so scheint es: einige große Parkplätze, Ansammlungen schmaler Holzhäuser und anonymer Flachbauten aus Beton, so wahllos hingestellt, als hätte die Stadt sich hier in eine Müllkippe verwandelt. Aber es gibt auch einige Schaufensterauslagen – die ich später als das einstufen werde, was sie sind, nämlich als ärmlich und typisch für die falsche Seite der Stadt –, die jetzt jedoch die Kraft haben, uns mit ihren uns nicht vertrauten Gegenständen zu faszinieren. In diesem Stadium unserer Bekanntschaft mit den Spielarten des westlichen Lebensstils können Alinka und ich mehrere Minuten lang über eine Tupper-Schüssel diskutieren oder über eine Bluse mit einem hübschen Stickkragen.

Vancouver steht in dem Ruf, nach Rio de Janeiro die zweitschönste Stadt der Welt zu sein, womit die Einwohner oft prahlen. Das hängt damit zusammen, daß in Vancouver zwei gewöhnlich unvereinbare Elemente, das Meer und die Berge, als malerisches Nebeneinander zusammenkommen. Das zerklüftete Kettengebirge endet hier und scheint – so zumindest sieht es aus manchem Blickwinkel aus – jäh in den unermeßlichen Ozean zu stürzen. Die vorherrschende Ansicht der Menschen lautet, daß dies schön und atemberaubend sei. Doch meine Seele erfreut sich nicht an solchen spektakulären Aussichten, die mich ablehnen, weil ich sie ablehne. Ich wünsche mir Landschaften, die menschliche Dimensionen haben und zugänglich sind. Die Berge hier sehen aus wie eine Ansichtskarte, wie etwas, das man lieber betrachtet als betritt, und an den vielen grauen Tagen umschließen sie Vancouver wie eine düstere Mauer. Inmitten dieses abweisenden natürlichen Rahmens ist Vancouver um 1960 eine unfertige Stadt, nicht viel älter als das Jahrhundert, an der noch der Geruch der Pionierstadt haftet. Das Zentrum besteht aus einer Ansammlung niedriger Gebäude mit tagsüber flackernden Neonreklamen, die mir Kopfschmerzen verursachen, so ungewohnt sind sie für mich. In den Geschäftsstraßen sieht man nur wenige Menschen und weniger noch in dem endlosen Netz der Wohnstraßen, die sich in geisterhafter Stille kreuzen.

Ich gehe durch diese Straßen, ohne irgend etwas klar erkennen zu können, als wäre vor meinen Augen eine Jalousie heruntergelassen worden, eine Jalousie, die meine Sicht verdunkelt und verwischt. Mir fehlen die Signale, die mir »Stadt« zurufen: die verschiedenen Ströme, die Menschen zu einem gemeinsamen Zentrum der Schwerkraft hinziehen, die Schichten unendlicher Geschichte im Gegensatz zu den geologischen Epochen. Der Puls des Lebens scheint hier eher langsam zu gehen. Das nicht zentrierte Wachstum der Stadt, die Ausdehnung von Einfamilienhäusern, folgt nicht dem Raster irgendeiner Vorstellung, und deshalb strengt mich das, was ich vor mir sehe, an. Ein paar Jahre später, als ich zu meinem ersten Footballspiel mitgenommen werde, erlebe ich wieder, daß meine Sicht sich trübt. Da ich die Spielregeln nicht kenne und nicht weiß, worauf ich achten muß, sehe ich nie, wo der Ball gerade ist. Man kann den Ball offenbar nur dann mit den Augen verfolgen, wenn man zumindest eine vage Vorstellung von seinen Bahnen hat. Selbst an Tagen, an denen die Sonne zum Vorschein kommt, und die Luft die besondere nördliche Klarheit hat, sehe ich Vancouver infolge dieser Störungen meines Sehvermögens als eine dämmrige Welt.

Wenn wir die größeren Verbrauchermärkte besuchen – das Army- oder das Navy-Warenhaus oder den Supermarkt bei uns an der Ecke –, dann bin ich fast blind. Konfrontiert mit zehn verschiedenen Sorten Seife oder Zahnpasta, stehe ich wie gelähmt da, und meine Blutgefäße verengen sich, bis ich panikartige Kopfschmerzen habe. Wie soll ich wissen, welches die beste, die ideale Zahnpasta ist? Doch langsam versuchen wir, die uns neue Hierarchie und Ordnung der Dinge zu entschlüsseln. Wir sehen uns aufmerksam die Fernsehwerbung an, in der Hoffnung, Aufschluß darüber zu bekommen, ob Colgate besser ist oder Crest. Wir empfangen die Botschaft, daß mehr Zahnärzte mit ernster Miene Colgate empfehlen, und von nun an sind wir dieser Marke treu ergeben.

Als wir selbstbewußter werden, auch wenn das Geld nicht Schritt damit hält, wagen meine Mutter, Alinka und ich uns in die modischeren Kaufhäuser, durch die wir uns wie durch die Kammern der Vorhölle treiben lassen. Der Überfluß an Waren im »Hudson's Bay« – Vancouvers Einkaufsparadies – ruft Sehnsucht und Ekel in mir hervor, gleichzeitig und miteinander zusammenhängend: vielleicht ist es das, was früher Lust oder, allgemeiner noch, Sünde genannt wurde. Oh, Geld zu haben, um diese Ledertasche kaufen zu können, diese Rayon-Blusen, diese süßlichen Parfüms! Wir verschwenden Stunden damit, Kleider in falschen Größen anzuprobieren, nur um zu sehen, wie sie uns stehen. Wenn irgend etwas im Preis heruntergesetzt wird, reagieren wir aufgeregt: Vielleicht können wir es uns leisten. Wir können es selten. Trotzdem fassen wir alles prüfend an, versuchen Kunstleder von echtem Leder zu unterscheiden, Modeschmuck von echtem Silber. Aber die Dinge drohen mich mit ihrer Präsenz, mit ihrer unorganischen Vielzahl, mit ihrer Sinnlosigkeit zu zermalmen. Ich kriege Kopfschmerzen im »Hudson's Bay«. Bleich und erschöpft komme ich heraus.

Nachdem ich mich immer wieder und wieder von Lust und Abscheu habe auf die Hörner nehmen lassen, ziehe ich mich von beiden zurück. Ich beschließe, die Wünsche abzustellen. Das ist für mich eine seltsame Kehrtwendung: meine Gelüste sind stark, und ich hatte niemals den Ehrgeiz, sie durch Askese abzutöten. Aber der neue Entschluß ist die logische Konsequenz meiner Situation. Da ich nichts davon haben kann, auch wenn ich es weiter begehre, würde das Gefühl der Entbehrung niemals enden. Es würde ständig da sein, wie ein nie aufhörender leiser Zahnschmerz. Ich kann mir solche Zahnschmerzen nicht leisten; ich kann mir das ständige Begehren nicht leisten. Wie ein Mönch gewordener Sybarit, der sich auf die Probe stellt, indem er sich in verführerische Situationen begibt, kann ich jetzt zwischen den Taftkleidern und der seidenen Unterwäsche umhergehen, ohne den Hauch einer Versuchung zu spüren. Ich bin immun geworden gegen das Begehren. Ich ersticke die Gefahr des Habenwollens im Keim.

Mit dem gleichen Bewußtseinstrick immunisiere ich mich gegen den Neid. Wenn ich mich ihm überließe, würde auch dieses Gefühl niemals aufhören. Ich müßte jeden beneiden, jeden Tag, in jedem Moment. Aber mit meiner neuen Losgelöstheit kann ich in Ruhe betrachten, was meine Freundinnen und Freunde besitzen, als lebten sie in einer anderen Welt. In der räumlichen Verzerrung, in die ich mich selbst begeben habe, macht es mir nichts aus, daß sie in großen Häusern wohnen, mit weitläufigen Gärten und Swimmingpools und Autos und unzähligen Röcken und Blusen und Schuhen. Auf diese Weise kann ich freundlich zu meinen Freundinnen sein. Ich kann mich mit ihnen freuen und Verständnis haben für ihre Wohlstandsprobleme. Das gelingt mir, weil ich mich immunisiert habe. Natürlich, sie wären sicher empört, wenn sie vom Ausmaß meiner Gleichgültigkeit Kenntnis hätten, aber sie ahnen nichts.

Doch es gibt etwas, das ich haben kann, ohne Bargeld oder eine

Anzahlung dafür hinlegen zu müssen, ohne entsprechend wohlgeboren zu sein: ich kann innere Güter besitzen. Daran war mir zwar schon immer gelegen, aber noch nie so sehr wie jetzt. Wenn ich Erfahrung nicht in Wirklichkeit besitzen kann, dann kann ich sie mir vielleicht im Geiste aneignen. Wenn ich alles kenne, wenn ich alles verstehe, dann kann ich – auch wenn ich kein Haus mit Terrasse und Swimmingpool haben kann und nicht den Freund, den ich mag – in gewisser Weise doch die ganze Welt besitzen. Wie Thomas Wolfe träume ich davon, jedes Buch in der Bibliothek zu lesen, beginnend bei A. Und wie Ben Franklin, dessen Namen ich noch nie gehört habe, entwerfe ich Lernprogramme für meine Weiterentwicklung. Auf meinem täglichen Schulweg stürze ich mich in grandiose Pläne, die meiner Vervollkommnung dienen. Ich komme zu dem Schluß – und dieses klare Schema erfüllt mich mit tiefer Befriedigung –, daß der Mensch aus vier Teilen besteht, dem körperlichen, dem geistigen, dem seelischen und dem kreativen Teil. Wenn ich zwei Stunden täglich daran arbeite, jeden dieser Teile weiterzuentwickeln, dann kann ich schließlich das werden, was man später »eine voll entfaltete Persönlichkeit« nennen wird. Meine kreative Entwicklung, sage ich mir, wird durch das Klavierspielen gefördert; außerdem werde ich zwei Stunden täglich wichtige Bücher über alles mögliche lesen: Religion, Literatur, Naturwissenschaften; meiner körperlichen Gesundheit wird der Sportunterricht guttun. Was die seelischen Übungen betrifft, weiß ich nicht recht, woraus sie bestehen sollen, doch habe ich die vage Vorstellung, daß das Nachdenken über den Sinn des Lebens dazugehört. Ich bin fest entschlossen, herauszufinden, worin er besteht.

Als ich durch Zufall einige Bücher über Zen in die Hände bekomme, fühle ich mich in meinem Entschluß bestätigt. Ja, natürlich ist Loslösung erstrebenswert. Welche Bedeutung haben diese illusionären Erfahrungen, die ich durchlebe? Als ich D.T. Suzuki in einem überfüllten Bus lese und in die leeren, ausdruckslosen Gesichter um mich herum blicke, spüre ich ein Gefühl des Triumphs. Ich kann mich über all das hinwegsetzen, es verschwindet fast, wenn ich will.

Ich wünschte, ich könnte Marek von diesen Experimenten erzählen. Aber es gibt niemanden, mit dem ich so sprechen könnte; das ist der Hauptgrund, warum ich bei ihnen Zuflucht suche. Penny würde mich bestimmt für verrückt halten. »Die Philosophie ist eine Krücke, die ich wegwerfen werde, wenn ich wieder glücklich bin«, schreibe ich in einem meiner höchst abstrakten Gedichte, mit denen ich mehrere Preise gewinne.

Seltsamerweise trägt die »Philosophie«, um die ich mich so ernsthaft bemühe, einige sehr amerikanische Züge; doch schließlich muß ich mich ja auch mit sehr amerikanischen Problemen herumschlagen. In Krakau hätte ich meine Jugend ausgekostet – ich wäre in die Kellercafés gegangen und hätte in der erhitzten Atmosphäre geröteter Gesichter und angeregter Gespräche über Politik und Musik und moderne Lyrik diskutiert. Ich hätte unter der Kontrolle wachsamer klatschfreudiger Freundinnen gelitten, darunter, daß mein Freund und ich nirgendwo hätten hingehen können, wo wir allein gewesen wären, und unter der Frustration, die aus täglicher Ohnmacht kommt. Ich hätte Gedanken über Macht und Gerechtigkeit und Ansichten über Liebe und Herzeleid entwickelt. In meiner luxuriösen Westlichen Sahara sehe ich mich einem quälenden Überfluß gegenüber, der nicht sättigt, und einer Einsamkeit, die mich aushöhlt und ein Gefühl schwindelnder Leere erzeugt. Ich reagiere darauf mit einer Art geistigem Individualismus. Da mir die üblichen Freuden normaler Geselligkeit versagt sind, wende ich mich gänzlich nach innen. Das einzige Ich, auf das es ankommt, sage ich mir, ist ein universales, reines wesentliches Ich, das sich über alle aktuellen Ereignisse erheben kann wie ein in den Lüften schwebender Vogel. Ich erhebe mich mit großem Erfolg. Das einzige, worunter ich leide, ist eine Art Höhenkrankheit. Die Intensität, mit der ich mich selbst unterdrücke, verwandelt sich zeitweise in eine unwirkliche Exaltiertheit. Mir dreht sich der Kopf, und manchmal wird mir schwach vor lauter Bemühen, über mich selbst hinauszuwachsen.

Zwei Jahrzehnte später, als die Welle östlicher Religionen die Subkultur überschwemmt, habe ich das Gefühl, daß ich die allamerikanische Verzweiflung verstehe, die die frisch Bekehrten dazu treibt, in Ashrams zwischen San Francisco und Manhattan ihre Mantras zu singen. Die frohe Botschaft vom Losgelöstsein paßt ebensogut zu einer Überflußgesellschaft wie zu einer Gesellschaft von radikaler Armut. Sie fällt da auf guten Boden, wo eigene Wünsche gefährlich sind, weil sie mit Sicherheit nicht erfüllt werden – oder weil sie in so viele Richtungen gehen, daß sie die eigene Integrität bedrohen, die Einheit der eigenen Person. Gewiß, wir alle wollen zu viel, wollen das Falsche, wollen etwas, was wir nicht haben können – dieses Begehren ist Teil der Conditio humana. Wir alle lernen, einen erträglichen Kompromiß zu schließen zwischen dem stets unersättlichen Ich und dem stets unzulänglichen Realitätsprinzip. Aber Amerika ist das Land der Sehnsucht, und vielleicht werden nirgendwo anders die eigenen Wünsche so unbarmherzig stimuliert; nirgendwo anders ist der Kompromiß so schwer zu erreichen. Unter dem beständigen Ansturm des Überflusses fällt es schwer, sich damit abzufinden, daß man nur ein einzelner Mensch ist, und um diese einfache Identität zu erlangen, ist man manchmal gezwungen, extreme Wege zu beschreiten. Eine Möglichkeit besteht darin, sich darauf einzulassen, das Spiel mitzuspielen, so gut es geht; eine andere ist, jedem Wunsch vollständig zu entsagen – eine Lösung, um die sich Altersgenossen von mir eine Zeitlang mit ernstem und erfolglosem Eifer bemühen. Eine dritte Möglichkeit ist, beides gleichzeitig zu versuchen – das Spiel mitzuspielen und zu wissen, daß es nicht geht. Das versuchen viele eben dieser Altersgenossen, nachdem sie mit dem mönchischen Leben gescheitert sind. Vielleicht hat das Geld in Amerika eine so extreme Macht, daß es zu einer religiösen Kraft wird, einer verwirrenden Gottheit, die Anbetung oder aber geistige Übungen erfordert.

Eine lange Zeit, in der ich mich den Gefahren der inneren Zerrissenheit und der Entbehrungen gegenübersehe, kultiviere ich eine rigorose Selbstleugnung. Ich vermute, das tut mir gut. Wie ein reisender indischer Yogi lerne ich, mich an niemandem zu messen und mich überall zu Hause zu fühlen. Nur kein Neid – das ist die Voraussetzung für diese Würde und dafür stehe ich mit meinem Leben ein. In gewisser Weise ist mein Leben der einzige Boden, den ich unter den Füßen habe. Wenn ich manchmal im College mit einer Laufmasche in meinen Strümpfen herumrennen muß, oder wenn ich mir die lange Heimreise in den Weihnachtsferien nicht leisten kann, macht das nichts aus. Ich habe meine Menschlichkeit, jene lebensnotwendige Menschlichkeit, an die ich als jüdisches Mädchen in Polen zu glauben lernte und die ich mir jetzt gerettet habe mit Hilfe von Verzicht und Gleichmut. »Manchmal sehe ich dich mit einer Stahlrute im Rückgrat«, sagt einmal ein Freund zu mir. Er sieht mehr als die meisten.

Meine Losgelöstheit wäre mir eine noch bessere Hilfe, wenn sie gänzlich aufrichtig wäre. Das ist sie nicht. Unter meiner sorgfältig geübten Abgeklärtheit verbergen sich ein siedender Kessel voller verlorener Lieben – und Wut über den Verlust. Und das ist – eben deshalb – das Verlangen nach einem weniger anstrengenden Weg, meine Identität und meinen Stolz zu bewahren. Ich möchte Erfahrungen mit meinen beiden Händen sammeln können, nicht nur mit meiner Seele. Lebensnotwendige Menschlichkeit ist schön und gut, aber wir brauchen die Farben unserer Zeit und den Schutz eines uns angemessenen Raumes. Ich kann nicht immer draußen stehen – wir leben nun einmal in festen Häusern, in Gemeinschaften, wir kleiden uns – und manchmal, auf einer Gartenparty, mitten im belanglosesten Geplauder, oder an einem freien Tag in meinem fast leeren Zimmer, vergesse ich meine asketische Technik, und der Wunsch nach Wärme und Anerkennung in dieser Gesellschaft überfällt mich mit so beängstigender Wucht, daß all mein Mut zusammenzuckt und sich schnell wieder in sein Versteck zurückzieht.

Es ist ein regnerischer Frühlingsnachmittag. Ungefähr ein halbes Dutzend Autos parken vor dem Haus der Leitners. Wir sind mit unserem Lieferwagen gekommen, der sich jetzt zu mehreren Wagen mit langen Heckflossen gesellt. Das Haus: ein typisches Vorort-Wohnhaus der fünfziger Jahre. Die Architektur: nicht näher definierbar. Die Farbe: helles Rosa. Respektvoll nähern wir uns dem Gebäude. Die Leitners zählen zu den Säulen der kleinen polnisch-jüdischen Gemeinde, in der wir gelandet sind, und Mrs. Leitner gehört zu den tonangebenden Gastgeberinnen. Niemand kocht so gut wie sie, niemand richtet das Essen so elegant an. Als wir eintreten, ist das Wohnzimmer bereits voller Gäste – alle kennen einander von der nicht abreißenden Kette von Einladungen zum Kaffee, zum Abendessen und Zusammenkünften, die von dieser Gruppe in rotierender Folge abgehalten werden. Sie stehen zwischen weinroten Plüschsofas und tiefen, mit Samt bezogenen Sesseln und unterhalten sich ein wenig steif. Sieht man von ihrer Sprache ab, einem wilden Durcheinander von Polnisch, Jiddisch und Englisch, wäre ihre Herkunft für einen zufälligen Zuschauer schwer bestimmbar.

Die Frauen, die ihre müßigen Tage mit Einkäufen und dem Zusammenstellen ihrer Garderobe verbringen, sind nach der Mode der Zeit gekleidet und sehen jetzt ein bißchen wie ausgestopft aus:

sorgfältiges Make-up, in steife Kleider gehüllt und mit genau dazu passenden Accessoires versehen, ständig lächelnd. Die Männer tragen Anzug und Krawatte und reden, wie immer, über Geschäfte. Nach einer Weile gehen mehrere Leute in die Halle, um die »Lawrence Welk Show« oder die »Ed Sullivan Show« im Fernsehen zu sehen – Programme, die sie sehr schätzen. Ich gebe mir ernsthaft Mühe, sie ebenfalls zu schätzen. Ich sitze vor dem großen Fernsehschirm, versuche, hinter den Charme der Andrew Sisters und Dinah Shores zu kommen – dem Liebling dieser Gruppe –, aber sie singen so gespenstisch traurig, daß ich, statt mich zu amüsieren, wie es von mir erwartet wird, griesgrämig werde und Kopfschmerzen bekomme.

Der Tisch im Eßzimmer ist mit Bergen von Kuchen beladen, alles selbstgebacken, köstlich, und auf kostbaren Platten dargeboten. Dies ist sichtbarer Konsum in seiner reinsten Form; sie besagt: wir, die wir hungern mußten oder doch kurz davor waren, können jetzt nach Herzenslust schlemmen, und wir tun es mit Stil. Zweck dieser Parties ist unter anderem, der Gastgeberin Anlaß zu geben, ihre Fähigkeiten und ihre Aktivitäten auf ein Ziel zu lenken, und Mrs. Leitner, eine kleine fröhliche Frau mit humorvollem Augenzwinkern, eilt geschäftig und völlig glücklich zwischen Küche und Wohnzimmer hin und her. Nein, das Rezept für ihre Dreischichtentorte wird nicht verraten, das bleibt ihr Geheimnis. Und was die delikate französische Pastete angeht, nun ja, mehrere Frauen in diesem Raum haben sich schon daran versucht, aber niemals mit diesem Erfolg . . .

Das Ganze könnte leicht mit einer gewöhnlichen Vorstadt-Party verwechselt werden – aber nur fast. Was stimmt hier nicht? Vielleicht ist es der Kontrast zwischen den bewußt höflichen Manieren und dem gelegentlichen Schlag auf den Rücken, oder ein lautes Lachen, das sich Bahn bricht. Die Leute hier verhalten sich so tadellos, als täten sie es für irgend jemand anderen. Aber wer beobachtet sie? Ein kanadisches Über-Ich, nehme ich an – irgendeine allegorische Vorstellung von dem, was hier als korrekt gilt und was vulgär und »grün« ist. Und so legt sich ein Schleier von Langeweile über die Gesellschaft, die Leute machen sich gegenseitig Komplimente über ihre Kleider und unterhalten sich über ihre Gärten und über das Wetter. Es ist eine Imitation einer kanadischen Unterhaltung – höflich, zurückhaltend, nett. Es ist auch eine Unterhaltung ohne einen Zusammenhang. Obwohl diese kleine Gruppe den ernsthaften Versuch unternimmt, sich zu assimilieren, ist sie doch kaum erst in das Gewebe des kanadischen Lebens eingedrungen. Alle, die hier versammelt sind, würden behaupten, daß sie das von ihnen gewählte Land lieben; sie haben es hier zu etwas gebracht, sie sind wohlhabender und leben friedlicher, als sie es sich in Polen je hätten träumen lassen. Aber ihre Liebe blüht in seltsamer Isolation: sie interessieren sich nicht einmal für kanadische Politik oder für die lokale Kultur, noch nicht mal für ihre Nachbarn, mit denen sie, wie sie selber als erste sagen würden, nichts gemein haben.

Und während die Männer ihren Geschäften nachgehen, haben die meisten Frauen in diesem Raum tatsächlich nur ein Mindestmaß an Verbindung zu der Welt außerhalb ihrer Häuser. Keine von ihnen denkt auch nur daran, eine Stellung anzunehmen. Müßiggang – etwas anderes als das Ausruhen, das nach der Arbeit kommt – ist genau das, was sie immer erstrebt haben, ein bedeutsames Zeichen dafür, daß sie es geschafft haben – und der Ehrgeiz ihrer Männer, um von ihrem eigenen ganz zu schweigen, würde es ihnen gar nicht gestatten, für Geld arbeiten zu gehen. Der Ehrgeiz der Männer reicht allerdings nicht immer aus, die Frauen glücklich zu machen, und Geschichten von ehelicher Niedertracht machen regelmäßig die Runde. Der Mann einer Frau ist darauf spezialisiert, sie in aller Öffentlichkeit zu beleidigen, und schreckt offenbar nicht davor zurück, sie zu Hause zu schlagen; ein anderer ist so eifersüchtig, daß er seiner Frau nicht erlaubt, allein ihre Freundinnen zu besuchen, und einmal, in einem Anfall von wahnwitziger Wut, schießt er ihr eine Kugel in den Arm und verletzt sie schwer. Keine dieser Frauen unternimmt irgend etwas zu ihrer Verteidigung: sie sind es nicht gewohnt, sich ihren Ehemännern zu widersetzen, und die Ausbrüche männlichen Temperaments überraschen sie nicht weiter. So sind die Männer nun einmal, und natürlich haben sie noch nie etwas von Möglichkeiten von Selbsthilfegruppen oder von »Beziehungsarbeit«, gehört. Trotzdem, in Polen hätten sie den Klatsch und die Mißbilligung der Nachbarn auf ihrer Seite gehabt; hier sind sie, wie modisch sie sich auch kleiden, sehr viel hilfloser und allein mit ihren Problemen. Sie wohnen zu weit voneinander entfernt, um ein zwangloses, ungeniertes Gespräch aufrecht erhalten zu können, und da sie in das andere System gesellschaftlicher Spielregeln nicht voll eingegliedert sind, profitieren sie auch nicht von dem jeweils gültigen Ehrenkodex.

Oft sitze ich mit ihnen in den stickigen dicken Käfigen ihrer Autos, wir fahren kreuz und quer durch die gnadenlos symmetrischen Straßen Vancouvers, vom Haus zum Einkaufszentrum, zu einer endlosen Kette alkoholfreier Parties – Frauen, die alles bekommen haben, was sie sich wünschten, und die so wenig haben, um sich gegen die Langeweile oder ihre privaten Kümmernisse zu wehren, so wenig, um sich aufrecht zu erhalten. Sie haben innerhalb weniger Jahre das erreicht, was ihre jüdischen Vorgänger in der Bronx mindestens zwei Generationen gekostet hat, und im großen und ganzen glauben sie, daß sie zufrieden sind, daß es ihnen gut geht. Aber mit ihrer vollendeten Wohlanständigkeit verwirren sie mich. Sie sind eine Version dessen, was ich werden könnte, stellen vielleicht sogar eine Versuchung dar, der ich erliegen könnte: eine Frau zu sein, die sich des Komforts erfreut, innerhalb der perfekt erkennbaren Ordnung der Konventionen der Mittelschicht zu leben. »Bald solltest du nach einem netten Mann Ausschau halten, so ein kluges, begabtes Mädchen wie du«, sagen sie zu mir. Und wirklich, warum sollte ich so arrogant sein, anderes zu erstreben? Und wonach, genau, sollte ich streben? Die Geschichte ihrer Einwanderung ist eine Geschichte des Erfolgs, und das ist die Geschichte ihres eigenen Lebens, wie sie es akzeptieren. Doch vielleicht, wenn sie in einfachen Worten sagen könnten, was sie empfinden, käme etwas anderes dabei heraus, die schwer faßbare Klage über ein schwer faßbares Leid. Denn wenn Sinn etwas Zwischenmenschliches ist und aus der Dichte menschlicher Verbindungen erwächst und daraus, wie tief andere einen kennen, dann haben diese erfolgreichen Einwanderer einen Teil vom Sinn ihres Lebens verloren. In ihrer Vereinzelung und ihrem Schweigen wird ihr Wissen – das, was sie tief innen, mit jeder Pore wußten – unterdrückt und vertrocknet ein bißchen. Wahrscheinlich ist die vollkommene Assimilation in ihrer Phase des Einwandererlebens unmöglich, und bei dem Versuch, mit den Fallen ihrer neuen Umgebung fertig zu werden, haben sie statt dessen eine fast perfekte Entwurzelung erreicht: sie bewegen sich in einer gespenstisch gemäßigten Zone, wo die Wertigkeit kultureller Vitalität nahezu bei Null liegt. Aufrecht sitzen sie in ihren Autos, in ihren tadellos gebügelten Kleidern, halten ihre Häuser pingeliger sauber als die

Einheimischen und bestätigen sich gegenseitig: »Mir geht es gut, alles ist in Ordnung«, und sie glauben fast, daß es stimmt.

Meine Schwester, die inzwischen elf ist, hat sich angewöhnt, ihre Beine zu rasieren, ihre Augen mit großen Mengen Make-up zu umgeben und Lippenstift zu benutzen. Als sie uns ihre bemalten Wimpern und ihre enthaarten Beine zum erstenmal vorführt, weint meine Mutter. Was ist aus unserer Alinka geworden? In unseren Kreisen in Polen haben nur leichte Mädchen so etwas gemacht, und bestimmt keine in Alinkas Alter. Auch mich erschreckt die Metamorphose meiner Schwester. Wen äfft sie nach?

Augenscheinlich irgendwelche Beatniks, obwohl das in den meisten Teilen des Kontinents schon wieder vorbei ist. Sie zieht sich schwarze Sachen an und geht nur noch barfuß durch die Straßen. Letzteres ist ein Schlag für die gesamte Familie. Wie kann sie sich derart aufführen?

Alles in allem scheint Alinka bemüht, sich in eine normale amerikanische Jugendliche zu verwandeln. Das Problem ist nur, daß niemand von uns weiß, was das ist, und meine Schwester quält uns mit ihrer Wandlungsfähigkeit und damit, daß sie so anders wird als sie früher war. Ohne etwas zu sagen, geht sie aus dem Haus und sucht sich ihre eigenen Vergnügungen. Meine Mutter macht sich Gedanken über die Freunde ihrer jüngeren Tochter. Sind es anständige Kinder, aus guten Familien? Aber die Kategorien scheinen sich nicht übersetzen zu lassen. Die Kinder, die Alinka gelegentlich mit nach Hause bringt, leben in gutbürgerlichen Verhältnissen, und bestimmt sind es anständige Jugendliche. Aber es sind nicht die »besseren« Kinder, wie wir sie in Krakau kannten. Die Mädchen hier sind gleichzeitig schüchtern und frech, und sie halten sich nur an wenige Anstandsregeln; wenn sie überhaupt mit Erwachsenen reden, lassen sie die Köpfe hängen und ziehen sich auf abwehrende einsilbige Antworten zurück. Es sind keine Kinder, die auf der Couch sitzen und über ein kürzlich gelesenes Buch diskutieren würden, oder die sich höflich bei jedem mit einem Handschlag verabschieden, ehe sie gehen. »Sie sind so schlecht erzogen«, wundert sich meine Mutter. »Sie grüßen nicht, sie sagen nicht vielen Dank, wenn sie gegessen haben . . . Was für ein seltsames Land.«

Alinka wird ebenfalls im jüdischen Geiste erzogen, strenger noch als ich. Meine Eltern haben sie auf eine Hebräische Schule geschickt – ironischerweise eine Geste der Anpassung –, und eine Zeitlang versucht sie, uns zu überreden, koscher zu essen, oder debattiert mit uns über die Berechtigung, Nichtjuden in das neue Zentrum der Jüdischen Gemeinde von Vancouver aufzunehmen. Meine Mutter hat nicht die Absicht, wieder zu der koscheren Küche ihrer Kindheit zurückzukehren, aber ich finde diese paradoxe Wendung der Dinge überhaupt nicht komisch. Ich weiß noch nichts von den komplexen historischen Debatten, welche die Ideen speisen, die Alinka mit nach Hause gebracht hat, aber ihre Neigung zu einer ethnischen Exklusivität stört das harmonische Gleichgewicht zwischen Judentum und einem säkularen Humanismus, das ich für mich entwickelt habe. Jüdisch sein heißt in meiner Vorstellung, gegen Unterscheidungen zu sein, festzuhalten an dem Gedanken der reinen und schlichten Gleichheit aller Menschen. »Aber du bist doch überhaupt nicht religiös!« schreie ich sie an, fest davon überzeugt, daß keine Schwester von mir je wiedergeboren wird. »Und wenn du es nicht bist, dann solltest du dich nicht so aufführen, als ob du es wärst. Und was soll das heißen, daß du Nichtjuden nicht in die Gemeinde lassen willst? Das ist eine Diskriminierung! Es geht um ein Gemeindezentrum. Vergiß das nicht!« »Aber es ist unser Gemeindezentrum«, erwidert Alinka mit unsicherer Stimme; sie ist sichtlich hin- und hergerissen zwischen den moralischen Vorschriften, mit denen sie in der Schule einer geachteten Institution bekannt gemacht wurde, und der schwesterlichen Wut, die sich über sie ergießt – und plötzlich tut sie mir leid und ich mir selbst auch. Alles gerät hier durcheinander, und meine Überzeugungen, derer ich mir so sicher gewesen bin, können meine Schwester tatsächlich verletzen.

Was mich betrifft, so verweigere ich inzwischen sogar die minimale Beachtung religiöser Gebote, wie ich sie in meiner Kindheit gewohnt war. Das hängt damit zusammen, daß Vancouvers konservative Synagoge – das Gebetshaus, das meine Eltern für das Geeignetste gehalten haben, nun, da sie zwischen verschiedenen Richtungen ihres Judentums wählen können –, mir den unangenehmen Eindruck vermittelt, daß ein Konzentrat von Gefühlen, dem Gefühl des Mysteriums, in ihrem Innern ausgegossen und verbreitet worden ist. Die Synagoge befindet sich in einem weißen, ordentlichen Gebäude, das die absolut nüchterne Architektur seiner Umgebung wiederholt. Im Erdgeschoß befinden sich eine Halle und öffentliche Räume, die genauso aussehen wie die Flure in meiner Schule, und die sich an den hohen Festtagen mit herausgeputzten Kindern und Jugendlichen füllen. Der Gebetsraum ist voller Frauen, die aufmerksam die Hüte und Kostüme der anderen Frauen mustern, und von Männern, die einander freundlich auf die Schulter klopfen, genau wie auf den Parties. Ich weiß, daß sie alle für ihre Plätze bezahlt haben und daß jeder genau weiß, wer sich was leisten kann. Aber erst das helle Holz der Bänke und der Fußböden und das Tageslicht, das ungehindert in das freundliche Oval des Raumes fällt, machen für mich einen weltlichen Ort daraus.

Also entziehe ich mich, und meine Eltern hindern mich nicht. Sie versuchen kaum noch, mich zu beeinflussen. »In Polen hätte ich gewußt, wie ich dich erziehen soll, ich hätte gewußt, was ich machen muß«, sagt meine Mutter nachdenklich, hier jedoch hat sie ihre Selbstsicherheit, ihre Autorität verloren. Sie weiß nicht, wie heftig sie mit Alinka schimpfen soll, wenn diese zu spät nach Hause kommt; sie kann sich nur Sorgen machen über die unklaren abendlichen Unternehmungen ihrer Tochter. Sie ist immer freundlich zu uns gewesen, und sie will die Zügel nicht anziehen und sie wüßte auch nicht wie. Aber die Familienbande scheinen ihr hier gefährlich locker zu sein!

Um die Wahrheit zu sagen, möchte ich auch nicht, daß sich das Netz von Treue und Liebe auflöst, auch wenn Verpflichtungen dazugehören. Ich möchte nicht, daß meine Eltern uns verlieren, ich möchte unser gemeinsames Leben nicht verraten. Ich möchte unsere Würde verteidigen, die so zerbrechlich ist, so gefährdet. Wir sind nur ein kleines Häufchen, wir vier, die wissen und bewahren können, was immer wir bis jetzt an menschlichen Erfahrungen gesammelt haben. Und so bin ich wild entschlossen, es zu schützen. Ich möchte nicht, daß wir uns in ewig freundliche Vorstädter verwandeln, mit einem hygienischen Lächeln auf den Lippen und ebenso hygienischen Gefühlen. Ich möchte sogar unsere Traurigkeit bewahren, die große Traurigkeit, aus der meine Eltern kommen.

Ich beschwöre meine Schwester, gut zu meinen Eltern zu sein. Ich möchte nicht, daß sie die Autorität meiner Mutter in Frage stellt – sie ist so leicht in Frage zu stellen. Meine Eltern scheinen mir verletzlicher zu sein als Alinka, und ich möchte, daß sie sie beschützt. Alinka kämpft mit mir wie ein wildes Tier, das Angst hat, gefangen zu werden; auch sie möchte durch Dickichte und Wiesen streifen. Auch sie möchte frei sein.

Meine Mutter sagt, ich würde »englisch« werden. Das tut mir weh, denn ich weiß, sie meint, ich würde kalt werden. Ich bin nicht kälter als ich jemals gewesen bin, aber ich lerne, weniger überschwenglich zu sein. Ich lerne es von einer Lehrerin, die mir rät – nachdem sie meine Handbewegungen beobachtet hat, mit denen ich mir weiterhelfe, als ich das Verdauungssystem der Frösche beschreibe –, ich solle mich auf meine Hände setzen und dann versuchen zu sprechen. Ich lerne meine neue Zurückhaltung von Menschen, die einen Schritt zurücktreten, wenn wir miteinander sprechen, weil ich ihnen zu nahe komme, sie bedränge. Die Distanz in den verschiedenen Kulturen ist unterschiedlich, werde ich später im Soziologieunterricht lernen, aber das weiß ich bereits. Ich lerne Zurückhaltung von Penny, die ein gekränktes Gesicht macht, als ich aufgeregt ihren Arm schüttele, so als wäre meine Geste aggressiv und nicht freundschaftlich gemeint. Ich lerne von einer Mitschülerin, die sich losreißt, als ich mich unterwegs bei ihr einhake – diese Regung freundschaftlicher Nähe scheint ihr unangenehm zu sein.

Ich lerne auch, daß bestimmte Wahrheiten unhöflich sind. Man sollte die Person, mit der man gerade zusammen ist, nicht kritisieren, jedenfalls nicht direkt. Man sollte nicht sagen: »Da haben Sie unrecht«, doch darf man sagen: »Andererseits ist auch zu berücksichtigen . . . « Man darf nicht sagen: »Das steht dir nicht«, doch kann man sagen: »Ich sehe dich lieber in dem anderen Kleid.« Ich lerne, meine Schärfe abzuschwächen, meine Worte sorgfältiger zu wählen.

Vielleicht hat meine Mutter doch recht, vielleicht werde ich kälter. Mit der Zeit passen sich die Gefühle dem Handeln an, die Antwort fällt wärmer oder kälter aus, je nach den Gesten. Ich überlege sorgfältiger, was ich sage, wie laut ich lache, ob ich mir Kummer anmerken lasse. Die stürmischen Gefühlsausbrüche, die in unserer Familie vorherrschen, gelten hier als übersteigert, und die ungeschriebenen Gesetze für das, was als normal gilt, haben ihren osmotischen Effekt.

Da ich nicht gehört werde, habe ich das Gefühl, daß ich nicht gesehen werde. Meine Worte scheinen andere oft zu verblüffen. Sie sind unangemessen oder gewollt oder einfach nur unverständlich. Die Menschen sehen mich verwundert an, sie murmeln irgendeine Antwort – irgend etwas Unpassendes. Jedenfalls funktionieren Rede und Gegenrede hier anders. Die Menschen antworten einander oft nicht. Aber der matte Blick in ihren Augen, mit dem sie mir zuhören, löscht mein Gesicht aus, verflacht meine Züge. Die Lebhaftigkeit meines Gesichts rührt von der Lebhaftigkeit der Worte her, die an die Oberfläche kommen, und von den Gefühlen, durch die sie freigesetzt werden. Diese Lebendigkeit entzündet sich an einem reagierenden Blick, an einem Ausdruck schnellen Verstehens. Aber jetzt kann ich spüren, wie mein Gesicht sich von innen her erhellt; ich empfange von anderen nicht die gespiegelte Bewegung meines Gesichtsausdrucks, meiner lebhaften Sprache. Die Menschen sehen an mir vorbei, wenn wir uns unterhalten. Wie wirke ich hier? Unscheinbar, nehme ich an, unverständlich, blaß, gesichtslos.

»Wenn ich an Liebe denke, dann stelle ich mir vor, daß ich mit jemandem Hand in Hand über eine sonnige Wiese laufe«, sagt Penny verträumt und räkelt sich auf ihrem Bett.

»Sonnig?« frage ich überrascht. »Wenn ich an Liebe denke, stelle ich mir einen dunklem Wald vor, den man auf einem schmalen Pfad betritt.« In Wirklichkeit denke ich natürlich an Marek, aber das ist ein zu heikles Thema, um darüber mit der neuen Freundin zu sprechen. Penny und ich liegen auf zwei schmalen Betten in ihrem rosa und weiß gehaltenen Zimmer, und ich werde bei ihr übernachten – eine der luxuriösen Annehmlichkeiten, die große Häuser mit vielen Zimmern zu bieten haben. Wir haben unsere Nachthemden an und unterhalten uns in jener angenehm schläfrigen, vertrauensseligen Stimmung, in der man langsam sprechen und seine geheimsten Gedanken äußern kann.

»Weißt du, was Larry heute zu mir gesagt hat?« fragt Penny, sie hört sich jetzt wie ein kleines Schulmädchen an.

»Was?«

»Er hat gesagt, Mädchen, du wärst was für eine einsame Insel.«

»Ach ja?« sage ich interessiert. »Heißt das, daß er dir einen Antrag gemacht hat?«

»O Gott«, seufzt Penny mit gespielter Empörung. »Manchmal glaube ich, du bist ein hoffnungsloser Fall. Das war kein Antrag. Ich glaube, er mag mich.«

»Oh«, sage ich demütig. »Glaubst du, daß du mit ihm ausgehen wirst?«

»Das hoffe ich«, seufzt Penny, plötzlich ganz ernst. »Er sieht so gut aus. Findest du nicht?«

»Ich glaube schon«, sage ich unsicher. Die Schönheitsmaßstäbe sind hier ganz anders als die, an die ich gewöhnt bin, und die meisten Jungen, die ich kennenlerne, finde ich zu dick oder zu schmächtig oder zu schlaksig. Einige, die auf meine Schule gehen, sind so muskulös und gutgebaut und gutaussehend wie Männer in Anzeigen für Zigaretten, aber es ist unmöglich, in ihre Gesichter zu sehen, und meistens stellt sich heraus, daß sie Sportler sind, und die sind offenbar sowieso tabu.

Ich baue darauf, daß Penny mir einiges von diesen Dingen erklärt. Sie ist eine glückliche, lebhafte Person mit gelocktem Haar und roten Wangen, und sie ist das Genie in der Klasse, diejenige, die immer die besten Noten bekommt. Sie ist in Vancouver geboren, und Vancouver ist in ihren Augen die schönste Stadt der Welt, obwohl ich natürlich weiß, daß das Krakau ist. Wir können einander ziemlich gut leiden, obwohl ich mir nicht sicher bin, ob das, was zwischen uns besteht, »Freundschaft« ist – ein Wort, das in Polen Treue einschließt und eine an Liebe grenzende Zuneigung. Anfangs habe ich voller Skrupel zwischen »Freunden« und »Bekannten« zu unterscheiden versucht, weil es in meinen Ohren ein bißchen verlogen klingt, von einer »Freundin« zu sprechen, wenn man es nicht wirklich so meint, aber nach einiger Zeit gebe ich das auf. »Freundin« oder »Freund« ist im Englischen ein netter, schnell gebrauchter Begriff, der nahezu alle Bereiche abdeckt, während »der Bekannte« etwas hochgestochen klingt – es ist das, was ein Snob sagen würde. Meine Eltern dagegen sind nie von dieser Unterscheidung abgewichen, und mit einer bewundernswerten Widerstandskraft gegen sprachliche Freizügigkeit halten sie daran fest, die meisten Menschen, die sie kennen, als »Bekannte« zu bezeichnen.

Nach hiesigem Sprachgebrauch ist Penny natürlich eine Freundin, und wir verbringen viele Stunden zusammen, schwatzen über unsere Mitschülerinnen, unsere Lehrer, über unsere Zukunft. Und natürlich über unsere Verabredungen. »Ein Date zu haben« ist für Penny das höchste Glück, der Mittelpunkt, um den zu einem großen Teil ihr Denken und Handeln kreist. Sie verbringt eine Menge Zeit damit, die verschiedensten Make-up-Sorten auszuprobieren und grübelt, welche ihr das »gewisse Etwas« verleiht – eben das, was damals jedes Mädchen haben wollte. Sie analysiert genau alle Zeichen, die auf Gunst und Interesse von Jungen hinweisen. Was bedeutet es, daß Tommy sie im Flur angesehen hat, oder daß Larry gegen ihr Schließfach getreten hat?

Dates zu haben ist ein mir unbekanntes Ritual, unbekannt auch unter meinen Altersgenossen in Krakau. Abgesehen davon, daß uns bestimmte notwendige Requisiten – wie Autos, eigene Zimmer, Taschengeld – fehlten, sind wir in Rudeln von Jungen und Mädchen herumgerannt und hatten keinerlei Regeln für unser Verhalten gegenüber dem anderen Geschlecht. Ein Date scheint eine Angelegenheit von ausgeklügelter Semiotik, bei der jeder Schritt eine genau festgelegte Bedeutung hat und deshalb sorgfältig bemessen werden muß. Ich habe ein paar Artikel darüber studiert und nach Schlüsseln gesucht und habe mir im Fernsehen einige Beispiele angesehen, aber ich bin mir überhaupt nicht sicher, ob ich es den Spielregeln nach richtig machen könnte. Etliche der Regeln kenne ich: Erstens, du darfst einem Jungen nie erlauben, daß er draußen vor deinem Elternhaus hupt; er muß aussteigen und hereinkommen, damit du ihn deinen Eltern vorstellen kannst, die dann ein paar Minuten mit ihm plaudern können. In meiner Vorstellung ist dies schon die erste große Hürde. Es ist mehr als unwahrscheinlich, daß ich meine Eltern dazu bringen könnte, mit der Mischung lächelnder Freundlichkeit und zwangloser Beiläufigkeit zu agieren, wie ich es bei amerikanischen Eltern im Fernsehen gesehen habe, oder daß sie sich zu Plaudereien herbeiließen wie: »Nett, Sie kennenzulernen, junger Mann.« Oder: »Und bringen Sie mir meine Tochter auch wieder pünktlich nach Hause.« Dann die angespannten Momente des Einsteigens und des Verhandelns darüber, wie der Abend verbracht werden soll, und anschließend, was als extrem verzwickte Herausforderung dargestellt wird, die Aufgabe, Konversation zu machen. Offenbar wird darunter verstanden, daß das Mädchen dem Jungen dazu verhelfen soll, daß er sich wohl fühlt und aus sich herausgeht – ein Artikel in *Seventeen* empfiehlt, ein sportliches Ereignis zur Sprache zu bringen, denn für Sport würden sie sich alle interessieren. Eine peinliche Pause kann immer noch dadurch überbrückt werden, daß man über ein unerschöpfliches Thema spricht – über ihn.

Ich habe nicht gerade den Eindruck, daß ein ideales Date auch nur einem von beiden Spaß machen könnte. Tatsächlich schreckt es mich eher ab. Ich bin nie auf den Gedanken gekommen, daß die Unterhaltung mit einem Jungen ein Unternehmen sein könnte, dem besondere Schwierigkeiten innewohnen oder das besonderer Vorbereitung bedarf. Wie kann man den frischen Wind der Freundschaft oder der Freiheit mit solchen Handschellen spüren? Bei den wenigen Dates, zu denen ich gehe, bin ich mir so sehr der vielen Fehler bewußt, die ich machen könnte, und so wenig interessiert an meinem Begleiter, daß mir vor lauter Unbehagen zumute ist, als trüge ich ein enges viktorianisches Korsett mit hohen piksenden Stäben. Und die Regeln und Zwänge des Sexualverhaltens, in die Penny mich nach und nach einführt, sind eher noch komplizierter. Ich schwöre mir, mich niemals so würdelosen und »unreifen« Prozeduren zu unterziehen. Trotzdem scheinen die Mädchen, die ich kenne, auf nichts so begierig zu sein wie auf Dates, besonders auf Verabredungen am Samstagabend, die als der höchste Beweis für die Beliebtheit eines Mädchens, für die Stärke ihrer Persönlichkeit und ihre Heiratschancen gelten. Denn das Ziel all dessen ist natürlich die Heirat. In Pennys Vorstellungen liegt ihr Leben vor ihr wie eine gepflegte sonnige Straße. Sie will heiraten, sie wird vielleicht irgendeine Stellung annehmen; sie will Kinder haben. Sie wird so freundlich und einfühlsam sein, wie sie jetzt ist – erstaunlich freundlich und einfühlsam, was mich betrifft. Wo versteckt sie ihre Launen, ihre Leidenschaften, den unsichtbaren, dunkleren Teil ihrer Persönlichkeit? Ihre Offenheit hat für mich etwas Ungreifbares; sie bietet mir nicht genügend Kanten und Überraschungen, bei denen man einhaken könnte.

Aber das denke ich nur deshalb, weil ich noch nicht weiß, wo die Überraschungen eines Lebens wie des ihren liegen, wo die schmerzlichen Dinge verborgen sind. Einmal, als ich bei ihr übernachte, nimmt unser Gespräch einen völlig anderen Verlauf. Als das Licht gelöscht ist und ich im Begriff bin einzuschlafen, fängt sie leise an zu weinen.

»Was ist?« frage ich sie.

Nach einer langen Pause erzählt Penny mir mit leiser, schmerzerfüllter Stimme von Janet, ihrer älteren Schwester, die versucht hat, sich umzubringen, ihrem Leben ein Ende zu machen.

»Aber warum?« frage ich ungläubig. Dieses gemütliche Haus, diese Atmosphäre prosaischer, alltäglicher Sorgen, sind in meiner

Vorstellung nicht die Umgebung für den Selbstmordversuch eines jungen Mädchens.

»Oh«, sagt Penny. »es hat mit meiner Mutter zu tun. Sie kann sie in Wirklichkeit nicht leiden. Sie streiten sich dauernd. Janet hat schreckliche Minderwertigkeitskomplexe. Meine Mutter ist eigentlich ein guter Mensch, aber sie ist so gemein zu Janet . . . «

»Das ist ja furchtbar«, sage ich und weiß wirklich nicht, was ich noch dazu sagen soll. Ein guter Mensch? Aber hat sie nicht ihre Tochter zu dieser Tat getrieben? Das paßt nicht zusammen, jedenfalls nicht in meiner Welt, und erst später, als ich noch hinter viele solcher schauerlichen Geheimnisse gekommen bin, die in den Häusern dieser intakt wirkenden Vorstadtfamilien schwelen, bekomme ich eine Ahnung davon, was alles ihre Bewohner quälen kann, von dem unterdrückten Leid, das in ihnen wächst. Bisher habe ich noch nicht gelernt, in Pennys Gesicht, oder den Gesichtern von Menschen ihresgleichen, zu lesen, was sich hinter der Fassade verbirgt, und die Widersprüche zu erkennen, die eben in dieser Glattheit liegen.

Ich bin von New York auf Besuch und sitze auf einem hohen Felsen in einem der Naturparks von Vancouver. Der Ozean donnert gegen die steinerne Küste mit weißen, wild spritzenden Wellen, die abwechselnd von Wolken verdunkelt und von der Sonne beleuchtet werden. Ich atme tief diese herbe Schönheit ein und erinnere mich, wie ich vor vielen Jahren hier gesessen habe, gefangen in einer Wolke von Unglück und Unwissenheit, und nur die Schrecken dieser Szenerie und ihre Leere empfand. Das reicht schon, um einen Berkeleyaner aus einem zu machen, diese quecksilbrige Veränderlichkeit jeder Realität unter der Last der Seele. Oder einen Wittgensteinianer – denn es ist unmöglich, die Bedeutung einer Sache zu verstehen, ohne das Muster der sie umgebenden Dinge zu kennen. Ohne das Farbspektrum gäbe es kein Gelb oder Blau, und wie könnte man, ohne ihre Farben zu sehen, von der Schönheit der Welt angerührt werden?

Vancouver wird nie die Stadt sein, die ich am meisten liebe, weil ich gerade hier aus dem Netz der Bedeutung in die Schwerelosigkeit des Chaos fiel. Doch jetzt habe ich Augen, um ihre blühenden Gärten zu sehen, und ich höre die kleinen Freundlichkeiten hinter dem tonlosen kanadischen Akzent. Ich erkenne in den Geschichten der Menschen, denen ich auf den Parties bei den Leitners begegnet bin, die Bewegungen eines gewöhnlichen Lebenskampfes und gewöhnlicher Freuden. Ihre Lebensläufe haben ihr Maß an Veränderung und Kummer und Zufriedenheit. Jetzt weiß ich besser, daß Leere nicht so leicht zu erreichen ist und daß sie sicherlich am reinsten in der Seele anzutreffen ist.

Sobald wir in Vancouver angekommen sind, beginnt die Suche nach einer Musiklehrerin. Nachdem wir mehrere Pädagogen konsultiert haben, die ich entweder langweilig, zu oberflächlich oder zu inkompetent finde, komme ich zu der Überzeugung, daß ich tatsächlich in der »kulturellen Wüste« gelandet bin, von der ich in der Krakauer Wochenzeitschrift *Querschnitt* gelesen habe. Da bringt mich Mrs. Steiner zu dem Mann, der mein neuer musikalischer Lehrer wird. Piotr Ostropow ist ungefähr siebzig, als ich ihm vorgestellt werde; er ist gebürtiger Russe, und russisch ist sein Akzent, und er sieht aus wie ein Künstler – die romantische Version des neunzehnten Jahrhunderts. Er hat eine große rosafarbene »Platte« auf dem Kopf, die umgeben ist von einem Kranz weißer, eindrucksvoll nach oben stehender Haare. Seine Augen leuchten auf in einem schelmischen Funkeln, und er verstreut achtlos seinen Pfeifentabak. Ich spiele ihm eine Scarlatti-Sonate vor und eine Nocturne von Chopin, und er konferiert angeregt mit Mrs. Steiner. »Mehr Leben!« schreit er mich an, und ich möchte zurückschreien, daß ich normalerweise mit mehr Leben spiele, aber ich bin zu schüchtern, und außerdem – warum sollte er mir glauben? »Ah, das ist sehr schön«, sagt er an einer anderen Stelle. »Du hast ein gutes Einfühlungsvermögen. Jetzt erlaube mir, daß ich dir zeige, was man auf dem Klavier machen kann, selbst mit einer einfachen Etüde, mmmhm?« Und Mr. Ostropow setzt sich ans Klavier, um mir an einigen Czerny-Etüden zu demonstrieren, was er mit »Leben« meint. Er senkt seine großen, schön geformten Hände auf die Tasten, Zauberer und Schlangenbeschwörer zugleich, als wäre er drauf und dran, Wasser aus einem Ast hervorsprudeln zu lassen und seine Zuhörer mit seiner Macht in Bann zu ziehen. Dann schlägt er die ersten Tasten an und beginnt mit einem Stück, das nichts weiter ist als ein Arrangement von Tonleitern; doch während er seine Finger über die Tasten gleiten läßt und jede Tonleiter mit einem einschmeichelnden Triller versieht, bringt er die Reihen von

Noten zum Glitzern und zum Leuchten wie einen munteren Bach. Seine Augen blitzen, und er sieht zu mir hoch wie ein Zauberer, der gerade seinen frechsten, amüsantesten Trick zum besten gegeben hat. Ich schenke ihm das schönste *jeune fille*-Lächeln aus meinem Repertoire, und unsere Freundschaft ist besiegelt. »Verstanden?« schreit er mich an, als er aufsteht und seine Pfeife nimmt und mir dabei Tabak auf den Pullover streut. »Verstehst du, was ich meine? Leben, Leben! Aber du hast ein hübsches Lächeln«, fügt er hinzu und sieht mich aufmerksam an. »Du weißt viel, nicht wahr? Du bist nur schüchtern.«

Es scheint mein Schicksal zu sein, daß meine richtigen Freunde in Vancouver alle mehrere Generationen älter sind als ich; andererseits, bedenkt man die historische Zeit, aus der wir uns herleiten, sind sie meine wahreren Zeitgenossen. Nachdem Mr. Ostropow beschlossen hat, mich als Schülerin anzunehmen, beginnt zwischen uns eine stürmische musikalische Beziehung, die an reinste Liebe grenzt. Jede Woche hält ein großer Cadillac vor unserem Haus, und dann fährt mich der Chauffeur der Ostropows zu einem großen viktorianischen Haus. Dort erwartet mich Mr. Ostropow an der Tür und führt mich durch eine Suite herrlicher Räume in ein Studio mit englischen Antiquitäten, Teppichen, alten Gemälden und einem schönen Steinway Stutzflügel.

Meistens kann er nicht widerstehen, sich zuerst an das Instrument zu setzen; er tut es unter dem Vorwand, mir etwas Neues aus dem Bereich der Technik oder der Interpretation vorführen zu wollen. Er zeigt mir, wie ich den Daumen halten muß, so als wäre er ein abnehmbares Teil, oder wie ich den weichen Legato-Effekt durch eine ungewöhnliche Fingerhaltung erreiche. Dann spielt er ein ganzes Stück – einen Satz aus einer Sonate von Beethoven oder eine seiner Lieblingsmazurken von Chopin. Wenn er etwas spielt, das ihm besonderen Spaß macht – ein Ornament, das er mit filigranhafter Anmut ausführt, oder eine Folge von Oktaven, die er bravourös durchjagt – Technik und Genauigkeit sind nicht seine Stärken –, sieht er mich mit koboldhafter Zufriedenheit an und sagt: »Na? Na?« Und ich nicke mit der größten Bewunderung, die ich in ein Kopfnicken zu legen vermag. Dann springt er auf und schreit: »Na! Hast du gesehen?« und bedeutet mir, daß ich jetzt an der Reihe bin. Doch kaum habe ich zu spielen angefangen, greift er ungeduldig nach meiner Hand und sagt: »So! Du mußt jede Note lieben!« Manchmal legt er seine Hand über meine und führt und formt sie in den Höhen oder Tiefen oder zu den zarten Schwingungen der lyrischen Passagen. Oder er knetet heftig meinen Arm und summt mit unmelodischer krächzender Stimme mit, um mir bei den dramatischeren Crescendos, Diminuendos oder Rubatos Mut zu machen.

Obwohl diese Sitzungen manchmal bis zu drei Stunden dauern können – Mr. Ostropow gehört nicht zu den Musiklehrern, die ständig auf die Uhr schauen –, ruft er mich manchmal mitten in der Woche an, um mir zu erzählen, daß er gerade eine »revolutionäre« Idee gehabt habe, die er mir sofort mitteilen müsse. Dann kommt er zu uns ins Haus und übernimmt die Herrschaft über unser Wohnzimmer. Er schreitet auf und ab, fuchtelt mit den Armen, er schreit, scherzt, verstreut seinen Pfeifentabak. Meistens hat seine revolutionäre Idee etwas mit einer neuen Art der Gewichtsverteilung der Arme oder mit der Haltung der Finger zu tun, die manchmal sehr gerade und manchmal gekrümmt wie Klauen sein sollen. Ich versuche so gut ich kann, mich an diese göttlichen Offenbarungen zu halten, aber Mr. Ostropows Kunst ist eher von Leidenschaft bestimmt als von Methodik.

Die Irrfahrt, die Mr. Ostropow nach Vancouver geführt hat – ein seltsamer Ort für einen Menschen seiner Art –, nahm ihren Anfang bei einer wirklichen Revolution, der Russischen Revolution von 1905. Manchmal erzählt er mir ein wenig davon, was nach diesem Ereignis geschah: von den Konzerten, die er mit seinen beiden Brüdern – sie bildeten zusammen das Ostropow-Trio – im gesamten Britischen Empire gab; von Kutschfahrten auf durchweichten Wegen in Australien, davon, wie er einem Mädchen den Hof machte, das sich dann als kanadische Nickelerbin aus einem Französischen Lyzeum entpuppte, oder von den Giganten unter den Pianisten, die er kannte – Teodor Leszetycki, Ignaz Friedman, Josef Hofmann – und von der Schwerelosigkeit, der »Menschlichkeit« ihres Spiels.

All das wird eingestreut in seine Minilektionen über die Moral des Klavierspielens und die Kunst des Lebens – die für Mr. Ostropow untrennbar verbunden sind. Ein großer Musiker kann nur werden, wer ein richtiger Mensch ist, und ein richtiger Mensch ist . . . Ja, tatsächlich wird Mr. Ostropow, was das betrifft, ziemlich präzise. »Was ist ein Mensch?« fragt er mich rhetorisch während einer der Unterrichtsstunden, und dann zeigt er, wortlos, den Mittelfinger anmutig ausgestreckt, unter dreimaligem rhythmischen Klopfen auf seinen Kopf, sein Herz, und – nach einer winzigen synkopischen Pause – zwischen seine Beine. Dann sieht er mich wie ein Kobold an. Ich lächle ihn zurückhaltend und, wie ich hoffe, wissend an. »Spiel weiter«, sagt er, »die Ballade!«

Aber in Wirklichkeit kommt es beim Menschen auf das Feuer an, das Flair, den heiligen Funken der Inspiration. Mr. Ostropow ist der Ansicht, daß die Energie sich nicht nur im Spielen, sondern auch in jeder Geste äußern sollte; sie sollte alle Bewegungen kraftvoll, kunstvoll, musikalisch machen. »Wenn du irgend etwas machst – eine Schachtel Streichhölzer hinlegst, sie wieder in die Hand nimmst –, dann solltest du es nicht einfach nur tun. Du mußt es mit Temperament tun. Wenn du ein Zimmer betrittst, dann möchte ich, daß du es so tust, daß jeder aufblickt und einen Moment lang verstummt.« Er zeigt mir, wie ich gehen müßte, um dieses zu erreichen; er hebt den Kopf und verleiht seinem Gesicht einen düsteren, stolzen Ausdruck. Das spricht jede auf Größenwahn und Romantik gerichtete Faser meines Körpers an. Wenn ich doch nur von innerem Feuer leben könnte! Wenn ich doch genügend magnetische Kraft besäße, um jede Unterhaltung zum Verstummen zu bringen, wenn ich ein Zimmer betrete! Nur kann ich mir nicht so richtig vorstellen, wo diese Flüge von *polot* – denn das ist es, wovon er spricht, das *polot* meiner Kindheit – in Vancouver stattfinden sollten, oder daß sie in Sharons Partykeller gut ankommen würden.

Ich gestehe mir nur halb ein – für mich ist er eine großartige Persönlichkeit –, daß Mr. Ostropows Erhabenheit gespielte Tapferkeit ist, daß nicht alle seine Hoffnungen sich erfüllt haben. Er ist nicht in das Pantheon der Großen, die er so bewundert, gelangt, und er ist ein schillernder Fisch in Vancouvers Gewässern. Eben weil er so gänzlich außerhalb seiner natürlichen Umgebung lebt, und weil weit und breit niemand ist, der so wäre wie er, mit dem er zwanglosen Umgang haben und bis spät in die Nacht herumschreien und geistessprühende Diskussionen führen könnte, eben weil er aus seinem Mittelpunkt herausgerissen wurde, ist er zu dieser erkennbaren Spezies des exzentrischen Émigré geworden – ein liebenswerter, temperamentvoller, ein bißchen verrückter russischer Künstler.

Mr. Ostropow akzeptiert diese Rolle zum Teil und spielt sie mit all seiner Phantasie: er erscheint zu Konzerten in einem auffallenden Samtjackett, er packt Leute an der Schulter und fixiert sie mit seinen Koboldaugen, er fährt mit seinem Auto los, ohne zu bemerken, daß ein Tablett mit Teegeschirr auf dem Kofferraumdeckel abgestellt ist. Trotzdem glaube ich nicht, daß er wirklich exzentrisch ist oder verschroben. Sein Unterricht ist weder systematisch noch streng, und auch seine Fingerhaltungen bringen mich in meiner Technik nicht viel weiter. Aber er ringt mit dem Klavier, als wäre es Dämon und Muse zugleich, und als sich etwas von dieser Besessenheit ein wenig auf mich überträgt, möchte auch ich die Tasten schöner und kraftvoller anschlagen. »Du mußt jeden Ton lieben«, sagt er. »Lieben. Das Klavier ist eine Maschine, und nur so kannst du es menschlich machen.« – »In der Natur gibt es keine geraden Wege«, sagt er einmal zu mir, »und es gibt keine geraden Linien in der Musik.« Irgendwie verstehe ich, was er mit diesem Anflug von pantheistischem Mystizismus sagen will, und ich suche das Leben der Musik in den Kurven, Abweichungen und Zacken ihrer Linien – die Parabeln, die das Auf und Ab unseres Seelenlebens beschreiben und vielleicht das Drama des Verlangens aller organischen Formen.

Obwohl Mr. Ostropow mich unter seine Fittiche nimmt und mit mir Konzerte besucht, wo er mich stolz als seine begabte Schülerin vorzeigt, fragt er mich wenig danach, wie es mir geht, und ich sage auch nicht viel zu ihm; es ist schwer, bei ihm zu Wort zu kommen, und außerdem würde er sowieso nicht richtig zuhören. Aber er hört mir sehr genau zu, wenn ich spiele, und mit seinen irrationalen und manchmal ungebührlichen Äußerungen empfange ich Botschaften, die wie helle Glocken nachklingen. Und wenn ich gebeugt über dem Klavier sitze bei diesem siebzig Jahre alten Mann, der mir manchmal Angst macht und bei dem ich manchmal ungeduldig die Zähne zusammenbeiße, spüre ich dennoch, daß wir eine Sprache sprechen, die wirklich zählt. Außerdem gehört Mr. Ostropow zu den wenigen Menschen, die durch die Mauern meiner Traurigkeit und Niedergeschlagenheit und Zurückgezogenenheit etwas sehen können, woran sie glauben. »Warten Sie nur ab«, sagt er zu Mrs. Steiner, »sie wird einen Bombenerfolg haben. Sie sieht schon fast wie Beethoven aus!« Er ist auch der Meinung, daß ich einen Brotberuf lernen sollte, aber er hält etwas in mir wach und lebendig.

»Die Synonyme für ›stark‹ sind: mächtig, kraftvoll, gewaltig, stämmig, robust«, lese ich. Auf diese Reihung von Wörtern folgen Sätze, mit deren Hilfe ich die genaue Schattierung dieser Adjektive erkennen kann. Auf einem anderen Blatt stehen verschiedene Sätze mit Lücken, in die ich das gesuchte treffende Wort einsetzen kann. Ich fülle sie schnell aus und mache mich dann an meine Geschichtsaufgaben. Das erfordert mehr Konzentration wegen der fremden Namen, die ständig auftauchen – Lake Champlain, Frontenac, Diefenbaker –, und weil die Beschreibungen der Pionierstädte und der Erschließung des Westens nicht dieselben Muster von Konflikten, Kriegen, Rhetorik und historischen Kostümen aufweisen wie sie mir aus dem Geschichtsunterricht vertraut sind. Wo sind die großen Persönlichkeiten, die grandiosen Schlachten, die Patina der Jahrhunderte? Diese Histörchen von Scharmützeln in kleinen Siedlungen, von Menschen, die sich ihren Weg bahnen durch unwirtliche Wälder und die eisigen nördlichen Weiten des Kontinents, bewegen sich eher horizontal durch den Raum als vertikal durch die Zeit. Sie beschwören Bilder von winzigen Punkten in einer unermeßlichen Landkarte, Häufchen von Menschen, die dicht beieinander hocken und dann kaum sichtbare Tintenstriche über die Landkarte ziehen, und es fällt mir schwer, diese Bewegungen als geschichtliche Ereignisse wahrzunehmen, die einen Anfang, eine Mitte und ein Ende haben.

Doch im Moment ist Sommer, und die Sonnenstrahlen fallen durch die klare Luft auf die Decke in unserem kleinen Hinterhofgarten, wo ich für Fernkurse lerne, die ich belegt habe, damit ich die Highschool in drei, statt in vier Jahren schaffe, und so Anschluß an die Schüler meines Alters bekomme, nachdem ich als Neuling ein Jahr zurückgestuft wurde.

Diese Grammatikkurse, wie auch die Spiele, die ich dafür spielen muß, mache ich gern wie alles, wovon ich weiß, daß es mir nicht weiter schwerfällt. Aber es gibt noch ein anderes Motiv, das mich antreibt, einen zusätzlichen Anreiz für meinen Ehrgeiz – einen Anreiz, der mir früher fremd war und der eine Version der Großen Angst ist. Ich weiß, wie schutzlos meine Familie geworden ist; ich weiß, daß aus mir etwas werden muß, sonst . . . Dieses »sonst« nimmt viele Formen in meiner Vorstellung an – unscharfe Bilder von Hilflosigkeit und Einschränkung und ewiger Armut. »Die Bowery«, nenne ich diese Anhäufung von Ängsten. In der Bowery von

New York werde ich enden, wenn ich nicht alles genau richtig mache. Ich muß mir einen stählernen Brustpanzer aus Leistungen und guten Zensuren schmieden, damit ich herauskomme – und hineinkomme, damit ich Zugang zur Gesellschaft gewinne, auch von der heiklen Position am Rande aus, wo ich stehe. Ich fühle mich überwältigt von der neuen Erkenntnis, daß ich mich selber wehren muß; sie treibt mich noch mehr an als meine alte Neugier oder schlichtes Konkurrenzdenken.

»Einwanderer-Energie«, eine wunderbare Bezeichnung zwar, die für sich spricht, ist für mich kein ausschließlich erfreuliches Phänomen. Ich sehe die Verzweiflung als treibende Kraft dahinter. Aber ich sehe auch, wie es kommt, daß so viele Einwanderer à la Horatio Alger sich wider Erwarten selbst übertreffen, wenn sie sich auf ihren schnellen Bahnen durch sämtliche Schichten der Gesellschaft bis an die Spitze bewegen. Von außen betrachtet sieht alles, was innen ist, gleichermaßen undurchdringlich aus, von unten alles, was oben ist, gleichermaßen unerreichbar. Es bedarf der gleichen starken Willenskraft, um auf irgendeinem bescheidenen Fleck Fuß zu fassen, wie um auf dem Eintritt in ein inneres Heiligtum zu bestehen, und diese Beharrlichkeit, Unkenntnis und Mißachtung der Regeln und der sozialen Unterschiede – ganz zu schweigen von »deinem eigenen Platz« – kann dich überall hinführen. Als radikale Außenseiterin hast du die Wahl, dich von jeder Situation einschüchtern zu lassen, oder allen mit dem gleichen besitzergreifenden Blick, dem gleichen draufgängerischen und hartnäckigen Mut zu begegnen.

Auch ich lasse mich antreiben von der doppelten Peitsche des Ehrgeizes und der Angst, und ich beziehe eine seltsame Kraft – eine wilde Stärke – aus dem Gefühl meiner Verantwortung, dem Gefühl, daß mein Überleben in meinen Händen liegt. Ich bin kein Kind mehr, und der Ernst meiner, unserer Lage drückt mich nieder und schärft meine Sinne. Ich weiß, daß ich alles tun kann, was ich tun muß. Ich könnte aus dem Zimmer im ersten Stock springen, wie es mein Vater getan hat, oder durch diese Tür fliehen. Die schiere Notwendigkeit – diese berühmt-berüchtigte zwiespältige Meisterin – befreit mich von kleinen Furchtsamkeiten. Die Große Angst überlagert die kleinen Ängste der Jugend. Ich wappne mich für die Kämpfe, die mich erwarten, doch wird sich herausstellen, daß kein Kampf jemals so hart ist wie der imaginäre, den ich gegen die Gefahren in meinem Kopf führe. Auch ich leide unter dem klassischen Mißverständnis der Einwanderer und kann nicht unterscheiden zwischen dem normalen und dem beschwerlichen Lebensweg, zwischen bescheidener und großer Leistung. Anwältin erscheint mir genauso schwer zu werden wie Oberste Richterin; eine Englischlehrerin ist in meiner Welt ebensosehr Respektsperson wie eine Schuldirektorin. Ich stelle mir nicht vor, daß ich eine dieser herausragenden Positionen durch eine normale Abfolge von Schritten erreichen könnte. Ich muß mich selbst antreiben, muß ständig auf der Hut sein.

Der einzige Haken ist, daß ich, getrieben wie ich bin, das Gefühl dafür verloren habe, wohin ich eigentlich getrieben werde. Meine Lebensstrukturen sind dermaßen unterbrochen worden, daß ich keine durchgehenden Linien inmitten des Wirrwarrs erkenne. Langsame Veränderungen in einem bestimmten Zusammenhang, in einem bestimmten überschaubaren Bereich bedeuten keine Schwierigkeit; der Kampf nach allen Seiten ist etwas anderes. »Pianistin sein« heißt in meinem neuen kulturellen Umfeld etwas gänzlich anderes. Es ist nicht mehr ein glanzvoller Höhepunkt oder der Gipfel des Schönen. »Was für eine hübsche Melodie« sagen meine Freundinnen, wenn ich ihnen eine Beethoven-Sonate vorspiele, aber ich merke, daß sie ihnen eigentlich nichts bedeutet. Außerdem teilen mir Mrs. Steiner und andere Leute mit, daß es ein unsicherer Beruf sei, und es sei auch nicht sicher, ob ich davon leben könne. »Woher willst du das Geld für das Musikstudium in New York nehmen?« fragt mich jemand anders. »In deiner Lage mußt du praktisch denken.« »Du bist zu intelligent, um Musikerin zu werden«, sagt ein anderer. Dabei gibt es nichts auf der Welt, das so viel glühende Intelligenz erfordert, die Intelligenz, die Einsicht einer ganzen Person! möchte ich entgegnen.

Trotzdem beginne ich zu begreifen, daß meine »Bestimmung« mich nicht länger zu sich hinzieht, so als säße ich in einer von den Göttern gezogenen Kutsche. Selbst das Muster und das Drängen unserer Leidenschaften werden zu einem großen Teil von der Umgebung und der Zeit bestimmt, in der wir zufällig leben, und ich bin noch nicht so fest geformt, daß die weiche Form nicht noch verändert werden könnte, obwohl sie schon so ausgeformt ist, daß die Umformung schmerzen wird. Die Einheit, das scheinbar organische Wachstum meiner Wünsche, wird zerstückelt, zerrissen. Die

Ganzheit, die aus der Einfachheit meiner Wünsche kam – wie sie uns vielleicht nur in der Kindheit zuteil wird. Jetzt weiß ich nicht mehr, was ich mir oder wie ich es mir wünschen soll. Der polnische Romantizismus, wie naiv auch immer er meine Phantasie durchdrungen hat, kann den nüchternen Pragmatismus, der mir hier abverlangt wird, nicht ohne weiteres übertünchen. Bei meinen einsamen Spaziergängen führe ich lange Debatten mit mir darüber, wieviel ich Gott schulde und wieviel Cäsar. Ist es richtig, daß ich mich über das Verlangen meiner Gefühle hinwegsetze, die mir sagen, daß die Musik mein Medium ist? Nein, sagt eine innere Stimme – aber es ist die Stimme, die ich zum Schweigen bringen will. Es könnte sein, daß sie inzwischen eine falsche Sirene ist; rein persönliche Wünsche sind, wie sich herausstellt, ein Luxus, den sich nur diejenigen leisten können, die ein gewisses Maß an Sicherheit besitzen – zumindest an innerer Sicherheit. Ich lerne, die Kraft der Umstände zu respektieren, obwohl ich gerissen genug bin, mich ihnen nicht gänzlich zu überlassen. »Doch jede Erfahrung ist ein Torbogen, durch den die unbereiste Welt schimmert . . . « beginnt die Rede, die ich bei unserer Abschlußfeier an der Eric Hamber Highschool halten darf. Stürzt euch ins Leben, fordere ich meine Mitschüler mit beachtlichem Feuer auf, kostet es, begreift soviel wie möglich von der Natur des Menschen, macht eure Erfahrungen. Denn in diesem Augenblick lasse ich meine Wünsche sprechen, und ich spüre den wilden, klaren Drang, die Flucht zu ergreifen.

Aber wohin? Ich habe keine Landkarte der Erfahrungen vor mir, ich habe nicht einmal eine normale Jugend vorzuweisen. Abgesehen von den endlosen Variationen der Kleider sowie der Swimmingpools und Autos weiß ich nicht, welche Güter dieser Kontinent zu bieten hat. Ich weiß nicht, was man hier lieben kann, was man sich als vertraut verinnerlichen kann – und später, als die Dämme des Neids wieder brechen, beneide ich am meisten diejenigen, die in Amerika das Gefühl hatten, zu Hause zu sein.

Ich spüre zum Beispiel absurde Anwandlungen von Neid, wenn ich *The Education of Henry Adams* lese – dieses eigenartige Werk, so anders als alles, was ich sonst im amerikanischen Literaturunterricht kennengelernt habe. Das also bedeutet es, ein richtiger Amerikaner zu sein! All die Jahre habe ich von Einzelgängern und Außenseitern gelesen, von Entfremdung und Grenzüberschreitung – was, wie ich vermute, alles auf das gleiche hinausläuft. Aber für

Henry Adams – und für ein paar andere – ist Amerika eine geeignete Heimstatt für den Geist gewesen, nicht nur ein Ideengebäude; ein Feld für bedeutsame Taten, nicht nur Abschußrampe für individuellen Ehrgeiz, für den privaten Aufstieg. Ein Kommilitone in Harvard – denn dort wird mir diese Mini-Offenbarung zuteil – kann es verständlicherweise nicht glauben. Genausogut, sagt er, könnte ich den König von Siam beneiden; er weist auf Henry Adams' schreckliches Gefühl des Scheiterns hin. Doch bei Henry Adams begegne ich – ungeachtet seiner verwickelten Seelenqualen – einem Gefühl der Zugehörigkeit und eines natürlichen Erbes. Und genau das ist es, wie sich zeigt, wonach ich mich in meiner Entwurzelung sehne – nach dem Trost, der von der Geborgenheit in einer Kontinuität herrührt, nach der Befreiung aus der Bedeutungslosigkeit. Je mehr ich von Amerika weiß, um so mehr habe ich das schwindelerregende Gefühl, daß ich ein Quantenpartikel bin, das bemüht ist, sich im Wirbel der Atome zurechtzufinden. Wieviel Zeit und Energie werde ich noch aufwenden müssen, nur um einen ganz gewöhnlichen Platz für mich abzustecken! Und wieviel mehr noch, bis ich weiß, was für ein Platz das sein kann, wo ich auf der Welt einen stabilen Fleck finden könnte, der so aussieht, als sei es meiner, und von dem aus ich friedlich die Welt beobachten kann. »Solche Plätze gibt es nicht mehr«, erklärt mir mein Kommilitone. »In dieser Gesellschaft bist du das, was du zu sein glaubst. Niemand verleiht dir hier deine Identität, du mußt sie dir jeden Tag neu erfinden.« Ich vermute, daß er recht hat, nur weiß ich nicht, wie das gemacht wird. Sagt man einfach, was man ist, und alle glauben es einem? Das kommt mir wie Hochstapelei vor, und ich glaube nicht, daß ich dazu imstande bin. Dennoch, irgendwie muß ich mich selbst erfinden. Aber wie wähle ich mir eine Identität unter all den möglichen, die mir zur Verfügung stehen? Wieder wird mir ganz schwach angesichts des Überflusses, fühle ich mich wie gelähmt – wie damals, als ich die zehn Sorten Zahnpasta sah.

Und noch später, als ich erkenne, daß ich meine Abenteuer beim Schreiben und beim Lesen erlebe, werde ich die jüdischen New Yorker Intellektuellen beneiden, wie Alfred Kazin oder Norman Podhoretz, die den kleinen Vorteil hatten, daß sie hier geboren sind, und die deshalb schneller gewußt haben, wohin sie reisen wollten – Parabeln ihres Ehrgeizes. Ihre Reisen von den äußeren Bezirken nach Manhattan kamen ihnen lang und hart vor, doch wußten sie wenigstens, wo das Zentrum war, sie empfanden die drängende Verlockung der glitzernden Lichter. Ihre Träume waren amerikanische Träume; ihre Wünsche waren in die amerikanische Sprache eingeschrieben. Meine Wünsche sind unbändig, sobald sie von ihrer schützenden Hülle befreit werden, und sie sind unkanalisiert wie das Es eines Kleinkindes. Ich werde neue Gewässer für sie finden müssen. Lange Zeit werde ich herumzappeln wie ein Fisch, der aus dem Süßwasser in das salzige Wasser des Meeres geworfen wurde.

Wir fahren zum Flugplatz, und wir sind sehr ernst gestimmt, der Bedeutsamkeit des Augenblicks entsprechend. Ich fahre fort, nach Houston, Texas, ich werde auf ein College gehen: »Du warst so gut, du mußt so stolz sein, deine Eltern müssen stolz auf dich sein« – wie oft habe ich das in den vergangenen Monaten gehört. Schließlich steht die Rice Universität, die ich besuchen werde, in dem Ruf, hohe akademische Maßstäbe zu haben, was zu diesem Zeitpunkt mein Herz mit Ehrfurcht erfüllt –, und man hat die Freundlichkeit gehabt, mich mit einem Geldsegen zu überschütten, der mir den Besuch der Universität möglich macht. Als nacheinander die Briefe eintreffen, die mich über die verschiedenen Stipendien unterrichten, die mir gewährt wurden, halte ich sie vorsichtig zwischen den Fingerspitzen, als wären es Luftgespinste, oder als könnte mein Glück unter dem leisesten Druck zerbrechen.

Ich habe Houston auf der Landkarte gesucht, und ich sehe, daß es weit weg ist. Vorstellungen vom Wilden Westen, wie ich sie habe, sind überlagert worden von Fotos aus dem *Time*-Magazin, die hohe Gebäude, Öltürme und andere Wahrzeichen eines Wirtschaftsbooms zeigen. Man hat mir erzählt, daß es dort sehr heiß ist.

Als ich mich anschicke, durch die Sperre zu gehen, um das erste Flugzeug meines Lebens zu besteigen, umarmt mich meine Schwester mit einer Heftigkeit, die mich an ihr stummes Flehen erinnert, als sie klein und sehr unglücklich war – und ich fühle wieder, daß in dieser Trennung, die mich möglicherweise viel weiter von ihnen entfernt als das Flugzeug, vielleicht ein Verrat liegt. Es ist schwer, mich von Alinka loszureißen, es ist schwer, in ihr plötzlich flehendes Gesicht zu sehen. Ich versuche mich daran zu erinnern, daß Mrs. Steiner – die mich mit ihren Töchtern zu diesem Schritt geführt hat – sagte, ich müsse mein eigenes Leben leben. Für mich ist es nicht so einfach, diese Vorstellung zu akzeptieren, mich aus dem Netz der Bedürfnisse und der Liebe der Familie zu lösen, und an die Vorzüge eines eigenständigen Lebens zu glauben. Ich habe gezögert, aber ich habe keine Chance, dem Ruf zu widerstehen. Ich denke an Perspektiven des Wissens, an Stufen, die zum Tempel der Weisheit hinaufführen. In meiner Bewerbung habe ich gesagt, ich wünsche mir, ein wahres Verständnis der Natur des Menschen zu erlangen, und genauso habe ich es gemeint.

Im Flugzeug fange ich eine Unterhaltung mit dem hochgewachsenen, sonnengebräunten Mann neben mir an, und nach etwa einer Stunde schlägt er vor, daß ich in San Francisco mit ihm aussteige und ein paar Tage in seinem Haus verbringe. Ich tue so, als ob ich seinen Vorschlag ernsthaft bedenke, ich bin jetzt eine Frau, die tun und lassen kann, was sie will, aber ich komme zu dem Schluß, daß ich die ersten Unterrichtsstunden nicht versäumen sollte. Der Mann lacht über meine Bedenken und versucht mich zu überzeugen, daß es auf ein paar Tage nicht ankommt, und daß er mir wirklich San Francisco zeigen könne. Er sieht tatsächlich sehr gut aus, aber ich bleibe standhaft und lehne sein Angebot mit königlicher Anmut ab.

In Wirklichkeit war es natürlich keine Frage für mich, und als der Mann weg ist, beginne ich darüber nachzudenken, was nun vor mir liegt. Ich weiß wenig, aber ich spüre den Kitzel der Erwartung. Ich bin auf der Reise ins Reich der ERFAHRUNG.

Unter den vielen Einwanderergeschichten, die ich kenne, gibt es eine, für die ich eine besondere Zuneigung hege. Die Geschichte wurde zu Beginn des Jahrhunderts geschrieben, von einer jungen Frau namens Mary Antin, und ähnelt in bestimmten Details so sehr meiner eigenen, daß die Autorin mir wie ein amüsanter Poltergeist vorkommt, der mir zeigen soll, daß jedweder Glaube an meine Einzigartigkeit, den ich womöglich besitze, nichts weiter ist als alberne Eitelkeit. Doch diese Vorfahrin läßt mich auch erkennen, wie sehr ich, selbst in meiner offenkundig unzulänglichen Anpassung an meine Umwelt, ein Geschöpf meiner Zeit bin – so wie sie, in ihrer Art der Anpassung, ein Geschöpf ihrer Zeit war.

Mary Antin wurde 1880 in einer kleinen Stadt in Rußland geboren und kam mit ihrer Mutter und einem jüngeren Bruder nach Amerika – ihr Vater war einige Jahre früher vorausgefahren –, als sie vierzehn Jahre alt war; sie kam mit einer jener riesigen Wellen, die ganze jüdische Bevölkerungsgruppen auf überfüllten, von Typhus verseuchten Schiffen nach Amerika schwemmten. Die Familie durchlitt, nachdem sie sich in Boston wiedergefunden hatte (warum sie in Boston landeten und nicht irgendwo anders, wird nie erklärt), ein Jahrzehnt zermürbender, hoffnungsloser, dem Verhungern naher Armut – einer Armut, in die Einwanderer unserer, in mancher Hinsicht günstigeren Zeit fast nie geraten. Aber Mary hatte einiges, was ihr zu Hilfe kam. Erstens und vor allem war sie ein kluges kleines Mädchen. Sie hatte eine gewisse Sprachbegabung und besaß einen neugierigen, wachen Verstand – ihre Bücher haben eine ungekünstelte, zauberhafte Frische, sie ist eine respektlose Beobachterin, und ihre Kindheitserinnerungen sind voller lyrischer Details. In Amerika anvancierte sie schnell zur Starschülerin. Sie schrieb inspirierte Essays und Gedichte über George Washingtons Heldentum und die Tugenden der amerikanischen Republik. Und sie war couragiert genug, um in die Redaktion ihrer Lokalzeitung zu gehen und zu fragen, ob sie ihre Gedichte veröffentlichen würden. Bald wurde sie von wichtigen Leuten entdeckt und hofiert; sie wurde in ihre Häuser eingeladen, freundlich behandelt und gehätschelt. Dann kam sie als erfolgreiche Schülerin auf die Latin Highschool in Boston, und eine Zeitlang war ihr Leben zerrissen zwischen dem Bemühen, ein paar Pennies zusammenzubringen, damit ihre Familie die Miete bezahlen konnte, und ihrem gesellschaftlichen Verkehr mit Bostons Elite.

Ah, wie ich mich wiedererkenne in Mary Antins jugendlicher Chuzpe, in ihrem Wunsch, glücklich zu sein, und ihren Sorgen, in dieser Kombination von jugendlicher Schüchternheit und Frühreife, die ihr durch die Umstände aufgezwungen wurden! Aber sobald sie einen Moment davon abweicht, ihre Geschichte zu erzählen und uns ihre Ansichten darüber mitteilt, endet jede Ähnlichkeit zwischen uns. Denn trotz der Härten, die uns aus den Seiten entgegenspringen, besteht Mary darauf, ihr Leben als eine reine Erfolgsstory anzusehen: als einen Erfolg für sie persönlich, für den Gedanken der Assimilation, für das große amerikanische Experiment. Ihre Autobiographie, die sie *The Promised Land* nennt, endet damit, daß sie aufs College kommt, mit dem Ziel, Naturwissenschaftlerin zu werden – und sie gibt uns zu verstehen, daß alles für sie wunderbar erfolgreich weitergegangen ist.

Es gibt nur einen einzigen Hinweis darauf, daß diese Geschichte auch eine andere Seite hat, und der steht im Vorwort. »Angesichts des Zeitpunkts, in dem sie geschah«, schreibt Mary, »bekam die Emigration die allergrößte Bedeutung für mich persönlich. All die Prozesse der Entwurzelung, der Überfahrt, des neuen Wurzelschlagens, der Akklimatisierung und der Weiterentwicklung fanden in meiner eigenen Seele statt. Ich fühlte den Schmerz, die Angst, das Wunder und die Freude darüber. Ich kann es niemals vergessen, denn ich trage die Narben. Aber ich möchte vergessen – manchmal sehne ich mich danach, zu vergessen ... Es ist schmerzhaft, zwei Welten so genau zu kennen. Der wandernde Jude in mir sucht das Vergessen. Ich habe keine Angst, immer weiter zu leben, wenn ich mich nur nicht an zu vieles erinnern müßte.«

Ich bin eine aufmerksame Leserin solcher Bemerkungen, ich kann ganze Bände von Bedeutungen darin entdecken. Aber sich auf diese Art von Bedeutung einzulassen, genau dazu wurde Mary Antin nicht ermutigt. Und so gibt es nur eine Spur, die sie nie weiter verfolgt hat: eine Spur der anderen Geschichte hinter der Geschichte ihres triumphalen Erfolgs.

Vielleicht war Mary Antin genetisch zu mehr Optimismus veranlagt, als ich es bin, aber ich bezweifle das. Es ist einfach so, daß sie, wie ich, von den Gefühlen ihrer Zeit beeinflußt war, und diese Gefühle machten aus ihr eine unbeirrbar positive Denkerin. Das Amerika ihrer Zeit gab ihr bestimmte Kategorien vor, in denen sie sich sehen konnte – den Glauben an die eigene Weiterentwicklung, an die Fähigkeit des Menschen, Vollkommenheit zu erlangen, an moralischen Auftrieb –, und diese Kategorien brachten sie dazu, bestimmte Teile ihrer eigenen Erfahrungen in den Vordergrund zu stellen und ganze Blöcke davon in den kaum sichtbaren Hintergrund zu schieben.

Und welches ist die Form meiner Geschichte, der Geschichte, die meine Zeit mir zu schreiben aufträgt? Vielleicht kann die Geschichte nur unter Vermeidung einer einzelnen Form erzählt werden. Vor hundert Jahren hätte ich vielleicht eine Erfolgsstory geschrieben, ohne große Selbstzweifel oder Fragwürdigkeiten. Vor hundert Jahren hätte ich vielleicht die Privilegien eines ausgeglichenen, selbstsicheren Ichs genutzt, die unbeirrbare Kraft einer vorwärts gerichteten Bewegung und die erregende Begeisterung für ein größeres nationales Ziel. Aber ich bin in ein anderes Amerika gekommen, und statt eines zentralen Ethos sind mir die Segnungen und die Schrecken der Vielfältigkeit zuteil geworden. Als ich in Houston aus dem Flugzeug steige, trete ich in eine Kultur ein, die splittert, zerfällt und sich wieder neu zusammensetzt, wie ein Puzzle beim Tanz in einem Quantenfeld. Wenn ich mich an meine Generation anpassen will, an meine Zeit, muß ich mich den vielfältigen Perspektiven und ihren ständigen Veränderungen anpassen. Wer in meiner Generation weiß genau, was Erfolg ist und was Scheitern? Wer ist sich über Zweck, Bedeutung und nationale Wirklichkeit im klaren? Wir wechseln mit so akrobatischer Leichtigkeit zwischen Definitionen hin und her, daß unmittelbares Erzählen unmöglich geworden ist. Ich kann meine Geschichte nicht als einfache Erfolgs- oder Leidensgeschichte gestalten. Jede selbstsicher vorwärtsdrängende Zeile wäre eine Sentimentalität, eine Überheblichkeit, eine Übertreibung, eine Unwahrheit. Vielleicht ist meine Intoleranz in dieser Hinsicht, mein Faible für Ungewißheit als die einzige Wahrheit, die es gibt, letztlich der beste Maßstab für meine Assimilation; vielleicht ist es der Mangel an Anpassung, der mich passend macht. Vielleicht ist ein erfolgreicher Einwanderer eine übertriebene Version des geborenen Amerikaners. Von jetzt an werde ich, wie ein Mosaik, aus Fragmenten bestehen – und dem Bewußtsein, daß es so ist. Und nur in diesem beobachtenden Bewußtsein bleibe ich am Ende schließlich doch die Einwanderin.

Dritter Teil

DIE NEUE WELT

April 1979. Ich stehe in einem überfüllten Wohnzimmer an der Upper West Side, trinke Wein und beobachte meine Umgebung. Der Raum, einfach eingerichtet, bis auf die pompösen Bücherregale ringsum an den Wänden – es handelt sich um ein Treffen von Literaten oder zumindest schreibenden Menschen –, dröhnt von den Gesprächen sich lebhaft unterhaltender Gruppen. Eine Szene, die mir bis in jede Einzelheit vertraut ist: der hohe getäfelte Raum mit dem gepflegten Parkett, die unprätentiöse Einrichtung, darunter einige alte Eichenmöbel, das angenehme Durcheinander von Zeitungen und Zeitschriften, Platten mit französischem und italienischem Käse, Äußerungen von unbekümmerter Fröhlichkeit und von angestrengter guter Laune, das schnelle witzige Geplänkel, die lauten Stimmen, die schwungvoll Anekdoten zum besten geben oder einfach nur dominieren wollen.

In der Gruppe neben mir wird über X diskutiert, einen bekannten Schriftsteller und Literaturkritiker, dessen Ansichten, nach Ansicht dieser Gruppe, schrecklich falsch sind. »Der Mann ist bei Saul Bellow stehengeblieben, und wir wissen ja, wie lange das her ist«, äußert ein kleiner dicklicher Mann bedächtig in schleppendem Ton.

»Und er attackiert jeden, dem etwas einfällt«, meint jemand anders. »Er kann grundsätzlich niemanden leiden, der jünger ist als er und in sein Territorium eindringt.«

»Das nennt man die Angst vor dem Thronfolger. Die kommt ungefähr zwei Minuten nachdem man die Angst vor der eigenen Macht überwunden hat«, werfe ich ein und irgend jemand kichert freundlich über meine Heimtücke.

Die sechsjährige Tochter der Gastgeber, hochrot vor Aufregung in ihrem Laura-Ashley-Kleid, läuft vorbei, offensichtlich selig, und plötzlich fällt mir eine Party vor ungefähr dreißig Jahren in einem Bauernhaus ein, und ich höre die hallenden Schritte von Leuten, die auf den Dielen tanzen, und meine Mutter nimmt meinem Vater ein Glas Wodka aus der Hand, weil er schon zuviel getrunken hat. Er könne das nicht vertragen, erinnerte sie ihn, sie selber vertrug mehr als er.

Der Redakteur einer Zeitschrift, die zur Zeit in Mode ist, kommt auf mich zu, und wir unterhalten uns darüber, wie es mit Y's Bücher-Kolumne abwärts gegangen ist, während Z sich aber erstaunlich gemausert hat. Ich muß sie anrufen und ihr einen Artikel vorschlagen, versuche ich mir zu merken. Dann höre ich einen jungen Mann über die neue Schule New Yorker Schriftsteller sprechen, mit einer solchen Leidenschaft erster Liebe, daß ich mir fest vornehme, am Montag, wenn ich wieder in meinem Büro bei der *New York Times* bin, einen Blick in seinen Artikel zu werfen.

Ich gehe zur anderen Seite des Zimmers hinüber, wo ich Jiri aus Ungarn sehe, der für ein Jahr hier ist und an der New York University unterrichtet; er steht ziemlich schüchtern am Rand eines kleinen Zirkels. Das Gespräch dieser Gruppe dreht sich um Kuba, wo einer der Männer kürzlich zwei Wochen verbracht hat.

»Die besten Partys haben die Russen gegeben«, sagt er salopp. »Der Kaviar war erstklassig.«

»Meistens haben sie mehr als Kaviar dabei«, sagt Jiri, und alles schweigt pikiert, als hätte er einen fürchterlichen Fauxpas begangen. »Nicht, daß ich Batista gut fand, oder daß ich meine, die Amerikaner sollten sich dort einmischen«, fügt er hastig hinzu. »Wirklich nicht.« Aber die anderen wenden sich von ihm ab, und Jiri und ich vermeiden es beflissen, einander anzusehen.

Mein Freund Peter kommt mit seinem langbeinigen, betont langsamen Gang auf mich zugeschlendert, streicht mir über die Wange und drückt meinen Arm, als würde er mir damit eine Gunst erweisen. Er weiß, daß er der Hauptgewinn in diesem Raum ist – ein vitaler, unverheirateter, intelligenter Mann –, und nachdem er ein paar sprunghafte Bemerkungen gemacht hat, blickt er sich gelassen um, wie ein Löwe, der sein Terrain überwacht und weiß, daß er der König ist. Lydia gesellt sich zu uns, wie immer flötet sie vor überschwenglicher Begeisterung, und ihre Augen leuchten, als ob es kein Morgen gäbe. »Peter!« ruft sie. »Du bist genau der Mann, den ich treffen wollte! Heute rief mich ein deutscher Fernsehsender an, sie wollen eine Sendung produzieren, und ich finde, du solltest als Experte dabei sein. Oh, es wäre so wunderbar, wenn es klappen würde! Vielleicht könnten wir zusammen nach Berlin fliegen . . .« Sie flötet weiter, es klingt wie der Gesang eines Vogelweibchens, dazu bestimmt, Männchen anzulocken. Aber sie bemüht sich zu sehr, und außerdem ist es das falsche Lied. Peter sieht über ihren Kopf hinweg, legt seine Hand auf ihre Schulter und sagt: »Ah, entschuldige mich, ich sehe da drüben jemanden, den ich kenne . . .«

Amerika, denke ich. Dieses gottverdammte Land.

»Hallo, dumme kleine Polin!« Das ist Miriam, und so lange sie aus ihrem Mund kommt, ist diese Anrede mit ganzen Schichten von Zuneigung befrachtet. »Nun«, sagt sie und senkt ihre Stimme, »amüsieren wir uns, oder ist das ein weiteres schillerndes Ereignis, das wir durchstehen müssen?«

»Als ob die Dinge jemals so einfach wären«, sage ich, und wir sehen einander mit einer Grimasse an. »Was gibt's Neues?« frage ich sie – eine Frage, die nach fünfzehn Jahren enger Freundschaft die Vielschichtigkeit einer mit vielen Kammern versehenen Nautilus hat.

»Heute bin ich ganz obenauf«, antwortet sie. »Ich war letzte Nacht sieben Stunden lang ununterbrochen *nicht* schlaflos, Robert hat eingewilligt, zweimal in der Woche zu kochen, ich habe zwei passable Seiten meiner Geschichte geschrieben, und der Computer hat sie nicht verschlungen. Was könnte eine Frau mehr verlangen?«

»Nicht viel«, stimme ich zu. »Jedenfalls wüßte ich nicht, was.«

Wir unterhalten uns, klatschen ein bißchen über die Leute im Raum, wissen, daß wir uns unsere Bemerkungen wie Bälle zuwerfen und auffangen können, und dann kommen noch andere Freundinnen hinzu, und die Atmosphäre im Raum wird immer dichter und intimer und das Gelächter klingt hell und warm.

Dieses gottverdammte Land ist jetzt meine Heimat, und manchmal bin ich verblüfft, wie wohl ich mich in seiner herben, überhitzten, unsicheren, wohlmeinenden, expansiven Atmosphäre fühle. Ich kenne alle Themen hier und alle Codes. Wachsam wie eine Fledermaus empfange ich all die unterschwelligen Signale, die von Worten, Blicken, Gesten ausgehen. Ich weiß, wer ungefähr was über Feminismus, Nicaragua, Psychoanalyse und Woody Allen denkt. Die Spur eines Akzents verrät, daß ich nicht hier geboren bin, aber meine Freunde hören ihn schon gar nicht mehr. Sie betrachten mich als eine der ihren, auch wenn meine Meinungen manchmal etwas schief liegen im Verhältnis zum allgemeinen Konsens. Wenn ich über mich im Rahmen kultureller Kategorien nachdenke – was ich vielleicht zu oft tue –, dann weiß ich, daß ich ein erkennbares Exemplar einer bestimmten Spezies bin: eine berufstätige New Yorkerin und ein Mitglied einer internationalen neuen Klasse der Nachkriegszeit; eine Frau, die mit sich und der Welt im Einklang steht und im Beruf verhältnismäßig gut vorankommt, und die so todgeweiht und couragiert, so tüchtig und so unverheiratet ist wie die meisten Frauen hier – ein Mitglied der neuen Generation, geprägt vom Jet-Zeitalter und der Subkultur und den Ambitionen der Mittelschicht und dem amerikanischen Durchsetzungswillen.

Ich passe hierher, und meine Umgebung paßt zu mir. Nur daß ich mitten in einem Gespräch über die jüngsten Zusammenstöße zwischen der PLO und der Christlichen Miliz im Libanon, oder über die Renaissance des Wiener Fin de Siècle, oder wenn wir in einer Geste der Zustimmung und Freundschaft die Gläser heben, leicht ein wenig zu sehr über den Dingen schwebe, so daß der Raum ein Ort wird, an dem ich ohne Absicht bin, wo ich mich auf Grund eines seltsamen Zufalls wiedergefunden habe. Eine fast unbewußte Stimme nimmt ständig eine unhörbare Triangulation vor – dieses Verfahren, mit dem die alten Griechen, ausgehend von zwei Punkten eines in den Sand gezeichneten Dreiecks die Entfernung des Mondes von der Erde extrapolierten. Von meinem entlegenen, abstrakten Vorgebirge aus sieht dieses Apartment an der Upper West Side wie ein großes Objekt im Vordergrund eines Gemäldes von Magritte aus. Schwerelosigkeit hat mich ereilt; ich bin hier, ich spüre die Strömungen von Konflikten und Wärme, aber von dem anderen Punkt des Dreiecks aus gesehen ist das hier nur eine zufällige Spielart der Realität. Der Raum entmaterialisiert sich, scheint es. Nichts hier muß zwangsläufig so sein, wie es ist; die Leute könnten sich auch anders verhalten; ich könnte anders aussehen, anders flirten, gänzlich andere Gespräche führen. Keine bestimmten Gespräche; der andere Ort in meinem Denken hat keinerlei Besonderheit mehr. Da ist nur das Bewußtsein, daß es einen anderen Ort gibt – einen anderen Punkt auf der Basis des Dreiecks, der diesen Ort zu etwas Relativem macht und mich in diese Relativität hineinstellt.

In den frühen Morgenstunden winke ich mir ein Taxi heran und fahre durch die vertrauten leeren Straßen nach Hause. Broadway: da ist der koreanische Obststand, wo ich meine Pfirsiche und Birnen kaufe, dort das Deli, wo ich mir Mahlzeiten zum Mitnehmen hole, da die Reinigung, der ich die Jahre über absurd treu geblieben bin, ohne je ein Zeichen des Dankes erhalten zu haben. Eine Frühlingsbrise weht durch das Taxifenster, und die Uhr auf dem Apthorp-Gebäude sagt mir, daß ich viel zu bald wieder aufstehen muß. »Hatten Sie einen schönen Abend?« fragt der Taxifahrer in dem Versuch, meine Bereitschaft zu einem Gespräch zu erkunden.

»Ganz nett«, sage ich lakonisch und signalisiere damit, daß ich mich lieber nicht unterhalten will. Er versteht und stellt das Radio an. Ein Madonna-Song. Plötzlich bin ich in diesem Taxi, in diesem funkigen Rhythmus, hier, in dieser Stadt. Die schummrig beleuchteten Straßen werden am Morgen voller Leben sein. Das ist nicht ein Ort, wo ich zufällig lebe, es ist zufällig der Ort, wo ich lebe; es ist der einzige Ort. Wie könnte es anderswo realer sein als hier? Ich steige aus dem Taxi und gehe hinauf in mein Apartment, ich gehe ins Bett, ohne Licht zu machen. Seltsam, denke ich, was aus mir geworden ist, und dann hören die Worte auf, und in meiner Schläfrigkeit werde ich ein animalisches Wesen, das ich schon immer gekannt habe, werde ich nur ich selbst.

Die Luft in Houston steht vor Hitze und Feuchtigkeit und verlangsamt jede Bewegung zu einem trägen, matten Schlendern. Die Feuchtigkeit ist von so vielen Gerüchen durchzogen, daß ich einen Hauch Krakauer Sommer darunter entdecke, der mich mit plötzlichem Heimweh durchweht, wie nach einer Liebe, um die zu trauern man fast schon vergessen hat. Aber das hält nicht lange an, denn das, was um mich herum vorgeht, ist viel zu spannend. Der Campus von Rice hat eine formale und etwas steife Ästhetik, in der Mitte befindet sich ein durch schnurgerade Hecken in Abschnitte unterteiltes Viereck, das umschlossen ist von den Klinkerhäusern der Institute, manche mit weißen Säulen und einem Portikus. Ich gehe, angenehm aufgeregt und verwirrt, über die gepflegten Wege: wieder bin ich in einem anderen Land, das sich von Vancouver unterscheidet wie Lagado von Liliput. Das ist das wirkliche Amerika, denke ich überzeugt, weil ich nicht ahne, daß ich in einem besonderen Teil von Amerika bin und dies zu einem spezifischen und eher ungewöhnlichen Zeitpunkt seiner Geschichte.

In Wirklichkeit befinde ich mich natürlich auf einer College-Insel, die auf den ersten Blick einen freundlichen und überschaubaren Eindruck macht. Meine Kommilitonen wirken intelligent und strahlend und wahnsinnig adrett – die Mädchen in ihren Schottenröcken und weißen Söckchen, die Jungen mit ordentlich gebügelten Hemden und lebhaften, offenen Gesichtern. »Entschuldigung«, sagt jeder, den ich kennenlerne, höflich, »aber ich habe bemerkt, daß du einen Akzent hast. Darf ich dich fragen, woher du kommst?« Sie dürfen, zumal ich sehr bald merke, daß meine Antwort einen guten Eindruck macht. »Wie interessant«, sagen sie, wenn ich ihnen erzähle, daß ich aus Polen komme, und manche stellen mir respektvoll irgendwelche Fragen, als ob allein diese Tatsache mich schon auf eine höhere Stufe stellte. Umgekehrt höre ich neugierig zu, wie sie sprechen – eine ganze Skala von gedehntem Südstaatensingsang und texanischem Näseln; ich finde diese Dialekte frech und musikalisch und wünschte wirklich, ich könnte sie imitieren.

Abends versammeln sich in den Gemeinschaftsräumen unseres Studentenwohnheims junge Mädchen mit lernbegierigem Blick und frischer Pfirsichhaut; zu den Klängen einer Gitarre singen sie inbrünstig »Swing Low, Sweet Chariot«, und »Kumbaya« und »Five Hundred Miles«, Lieder, die manche von ihnen zu Tränen rühren, die mir aber zunächst seltsam flach vorkommen und mich kalt lassen; es dauert eine Weile, bis ich mich an die derben, getragenen Melodien gewöhnt habe.

Mein Zimmer ist schlicht und rein zweckmäßig eingerichtet – ein Bett, ein Schrank, ein Tisch –, aber ich fühle mich wohl dort, weil es ein Zimmer wie alle anderen ist, ein Raum, der Unterschiede verwischt. Hier muß ich mir nicht so viele Gedanken um soziale Unterschiede machen, und genauso ergeht es wahrscheinlich allen anderen; hier kann ich einfach die sein, die ich bin. Und wenige Stunden nach meiner Ankunft kommt Lizzy dazu, die das Zimmer mit mir teilen wird. Ein hochgewachsenes knochiges Mädchen mit klaren blauen Augen und einem großen nachdenklichen Mund. »Woher kommst du?« fragt sie sofort, und ich sage es ihr. »Und du?« frage ich, und Lizzy erzählt mir, daß sie aus Cleveland kommt und evangelisch-lutherisch ist. Als ich sie verdutzt ansehe, erklärt sie, daß ihre Vorfahren aus Deutschland kommen und daß die amerikanischen Lutheraner ein besonders strenggläubiger Zweig des Protestantismus und ihre Eltern beide Personen von hohen Prinzipien sind.

Ich finde heraus, daß die soziale Landschaft, die mir zuerst so homogen erschien, in äußerst komplexe Strukturen unterteilt ist, die jeder an subtilen Zeichen erkennt – Zeichen, die mir hingegen völlig entgehen. Lizzy zeigt mir Baptistinnen aus kleinen Städten des Südens, die sich als Mathematikgenies entpuppen, Abkömmlinge alteingesessener texanischer Familien, die schon ihre politische Zukunft planen, kluge Mädchen aus dem Norden mit Bohemienattitüden, kokette Debütantinnen aus den Südstaaten, die ihre Intelligenz lieber verstecken, literarisch ambitionierte Intellektuelle und angehende religiöse Führer. Und alle herausgeputzt mit diesen schottischen Karos und weißen Söckchen und dem freundlichsten Lächeln und mit strahlend weißen Zähnen. Gulliver hatte es gewiß mit einem Land zu tun, das einfacher zu verstehen war!

Da sind zum Beispiel all die Bräuche, von denen mir niemand erzählt hat –, die schikanösen Taufen für männliche Erstsemester, die Aufnahmeriten literarischer Gesellschaften, in die alle Mädchen eintreten möchten, und die Barbecue-Partys auf sonnenbeschienenen Rasenflächen. In den ersten Herbstwochen marschieren alle männlichen Erstsemester mit äußerst unvorteilhaften »beanies« auf dem Kopf – die wie helle bunte Kappen aussehen – in Zweierreihen in das riesige Sportstadion zum obligatorischen Footballspiel. Dort werde ich Augenzeugin von Ritualen, die ebenso geheimnisvoll sind wie aztekische Zeremonien – kunstvolle Tänze der von Flutlicht beschienenen *cheerleader*, kollektive Kniefälle vor einer ausgestopften Eule, dem Maskottchen der Universität, und einmal kommt es fast zu einem Aufstand, als wegen einer Entscheidung des Schiedsrichters Scharen von Jungen von beiden Universitäten der kämpfenden Mannschaften die Ränge hinunterrennen, um sich gegenseitig zu verprügeln – was nur dadurch verhindert wird, daß die Rice-Band die Nationalhymne anstimmt. Ihr Respekt vor Gesetz und Ordnung erstaunt mich ebenso wie ihre blutrünstige Wut, aber ich sage mir: es sind Studenten und gute Jungs. Bei diesen Spielen begreife ich auch, daß man als Zuschauer das Spiel nicht verfolgen kann, wenn man die Regeln nicht kennt, und so sitze ich Abende lang, ohne hinter das Geheimnis zu kommen, was da unten in dem großen Stadion abläuft, wo surrealistisch gekleidete Männer sich heftig ineinander verkeilen und dann wieder auseinanderlaufen.

Ich stoße noch auf andere Phänomene, die ich nicht richtig einordnen kann. Ziemlich regelmäßig passiert es, daß Studenten, die ich kaum kenne, mich in der Cafeteria oder in der Bibliothek ansprechen und mir ihr Herz ausschütten. Die Außenseiter der Universität fühlen sich zu mir hingezogen, vielleicht weil sie in mir auch die Außenseiterin wittern, die sie nicht nach den gängigen Maßstäben beurteilen wird. Sie sagen lobend, daß ich eine »gute Zuhörerin« sei, aber sie irren sich. Ich bin eher wie eine Naturwissenschaftlerin, die sich in einer unerforschten Landschaft zurechtzufinden sucht und die Flora und Fauna um sich herum mit einer Mischung aus Neugier und Objektivität betrachtet. Vielleicht wären sie empört, wenn sie wüßten, wie sehr ich sie als eine rätselhafte Spezies betrachte, so jedoch sehen sie nur meine unvoreingenommene Aufmerksamkeit. Da ich nicht weiß, was hier normal ist und was verrückt, höre ich unparteiisch und höflich jedem zu, der mich anspricht. Auf diese Weise erfahre ich die Geschichte eines Mädchens, das mit Zungen redet und sich jedes Wochenende von ihrem religiösen Mentor auspeitschen läßt. Ich höre einem Jungen zu, der mir mit feurig-verzückten Augen erzählt, daß die Welt verdorben sei, von Krebs befallen, schlecht – schlecht durch den Kommunismus, den Sex und die Korruption – und der an demselben Abend, bei einem Zwiegespräch mit Gott, vom Dach des Studentenwohnheims fällt. Dann die drei Mädchen, die mich, nachdem ich geschworen habe, ihr Geheimnis nicht zu verraten, bitten, ihnen in den Keller des Studentenwohnheims zu folgen. Dort teilen sie mir atemlos flüsternd mit, daß sie eine große Unternehmung vorbereiten und möchten, daß ich dabei mitmache. Sie seien im Besitz hellseherischer und telepathischer Fähigkeiten, und sie seien überdies überzeugt, daß ich sie auch besäße, daß ich diese Gabe nur unterdrückte, weil ich in jenem schrecklichen »System« aufgewachsen sei. Sie haben dank ihrer Hellseherei erkannt, daß die Russen von Kuba aus in die USA einmarschieren wollten. Wenn es soweit ist, werden sie kämpfen. An diesem Punkt öffnen sie einen großen Lederkoffer, den ich inspizieren soll. Ich sehe Büchsen mit Nahrungsmitteln, Trockenmilch und – inmitten dieser unschuldigen Dinge – zwei große, stahlblaue Revolver. Die drei Mädchen planen, mit Hilfe dieser Waffen ihren Guerillakrieg zu führen, und sie sind bereit – ja, sogar begierig –, in dieser letzten Schlacht zu sterben, denn sie wissen auch schon, was nach dem Tod kommt. Sie zeigen mir düstere, blutrünstige, lächerliche Gedichte, die sie geschrieben haben, Gedichte, in denen die Heldinnen, nachdem sie verwundet und verstümmelt wurden, zu einem anderen Planeten emporsteigen, von dem aus sie auf den sich über die ganze Erde ausbreitenden Kampf herabblicken.

Sogar ich erkenne, daß das nicht normal ist, auch wenn es nicht in dem Sinn verrückt ist, in dem ich das Wort verstehe. Ich erinnere mich an den Verrückten in unserer Straße in Krakau; dieser Mann, den ich nie gesehen habe, schrie hinter den Fenstern seines kleinen Hauses wie ein Tier, deshalb wußte man, daß er verrückt war. Ein anderes Beispiel für Verrücktheit war Pani Grodzinskas Schwester, die Angst hatte, auf die Straße zu gehen, und Zeitungen zerriß und über ihr ganzes Zimmer verteilte. Aber das hier ist etwas anderes: diese Mädchen besuchen ihre Vorlesungen, sie schreien nicht und fuchteln nicht mit ihren Waffen in der Öffentlichkeit herum. Sie haben einfach nur diese Ideen. Jede Kultur bringt ihre eigenen Wahnvorstellungen hervor, wie ich später begreifen werde, und diese amerikanischen Kommilitoninnen scheinen an einem Zuviel an moralischem Eifer zu leiden. Doch unterscheiden sie sich darin anscheinend gar nicht sehr von dem Rotary-Club-Mann, der mich in sein großes komfortables Haus einlud, mir seine Gewehrsammlung zeigte und sagte, während sein Gesicht sich zornig rötete, man könne der Regierung nicht trauen, aber falls die Kommunisten jemals in diese Gegend kämen, dann werde es wenigstens ein paar Männer in Texas geben, die ihr Land zu verteidigen wüßten. »Das ist Amerika«, sage ich mir, wenn ich dergleichen Bekenntnisse höre, aus denen ich mir keinen Reim machen kann.

Selbst ein relativ vernünftiger Mensch wie Lizzy stellt mich vor Übersetzungsprobleme. Sie – und viele andere um mich herum – wäre in Polen ebenso undenkbar wie ein Greif oder ein Einhorn. In der ihr eigenen Mischung aus Idealen und Verständnis, Einfühlungsvermögen und Selbstdarstellung ist sie eine eindeutig amerikanische Persönlichkeit. Ist sie so klug wie Basia? Ebenso hitzköpfig? Ebenso anziehend? Aber die Begriffe überqueren nicht die Kontinente. Das menschliche Mittelmaß ist hier anderswo angesiedelt, und Eigenschaften wie Abenteuerlust oder Klugheit oder Schüchternheit werden mit anderen Maßstäben gemessen und anders verzeichnet. Man kann menschliche Sinnvorstellungen nicht ohne Einbuße von einer Kultur in eine andere hinüberbringen, so wenig wie einen Text. Trotzdem haben Lizzy und ich uns vorgenommen, einander zu verstehen – und wir verrennen uns in Mißverständnisse, erleben herbe Überraschungen, sind wie zwei Widder, die mitten auf einer schmalen Brücke aufeinanderprallen. Abends sitzen wir stundenlang auf unseren Betten und reden. Es zeigt sich, daß Lizzy Überzeugungen hat, die für sie, wie es scheint, selbstverständlich sind und die im krassen Gegensatz zu Wahrheiten stehen, die für mich genauso selbstverständlich sind. Natürlich diskutieren wir über die großen Fragen – ob der Mensch frei oder ob ihm sein Schicksal vorbestimmt ist, und wie man die eigenen Möglichkeiten ausschöpfen kann, und was es heißt, glücklich zu sein. Dann aber gibt es Fragen, die sich mir nie gestellt haben, die aber für Lizzys moralische Weltsicht von entscheidender Bedeutung sind – zum Beispiel die Verantwortung des einzelnen Bürgers und wie die amerikanische Verfassung zu interpretieren ist und wie man das Ideal der wirtschaftlichen Autarkie erreichen kann.

»Weißt du, ich glaube, Barry Goldwater hat recht«, erklärt Lizzy, während wir Kekse aus der Cafeteria knabbern. »Der Wohlfahrtsstaat ist etwas Schreckliches. Wenn man den Leuten ohne Gegenleistung etwas schenkt, zerstört man ihre Würde.«

»Und wenn Leute auf Hilfe angewiesen sind?« frage ich. »Es gibt so viele reiche Leute in diesem Land. Es ist nicht gerecht, daß sie soviel haben und andere gar nichts.« Ich kann Barry Goldwater nicht von Adlai Stevenson unterscheiden, aber vielleicht bin ich doch beeinflußt von den Ideen der gerechten Güterverteilung, die mir in der Grundschule eingetrichtert wurden. Vielleicht aber ist es auch einfach so, daß die berühmten amerikanischen »Gegensätze« immer noch die Macht haben, mich aufzubringen.

»Wenn man den Leuten etwas ohne Gegenleistung gibt, zerstört man ihre Individualität«, versichert Lizzy. »Du kannst deine Würde nur wahren, solange du autark bist.«

»Aber warum sollten Menschen sich nicht gegenseitig helfen?«, frage ich, weil ich es wirklich nicht begreife. Es gibt im Polnischen kein gebräuchliches Wort für »Autarkie«, und es klingt in meinen Ohren wie ein trostloser Zustand, wie ein hartes und künstliches Ideal.

»Weil Abhängigkeit den Charakter verdirbt«, erwidert Lizzy.

»Aber wir sind doch alle aufeinander angewiesen!« sage ich und formuliere damit etwas, was mir selbstverständlich erscheint.

»Findest du es nicht beschämend, abhängig zu sein?« fragt Lizzy. Sie spricht aus einem anderen Verständnis vom Wesen des Menschen heraus über Würde und Zufriedenheit, und sie ist genauso verstört über diese Meinungsverschiedenheit in grundsätzlichen Fragen wie ich.

»Nein, das finde ich nicht. Was ist, wenn du in Schwierigkeiten gerätst? Was, wenn du deine Arbeit verlierst? In Zeiten der Arbeitslosigkeit muß irgend jemand seinen Job verlieren! Findest du nicht, daß dann jemand anders dir helfen sollte?«

»Die Leute bekommen, was sie verdienen«, sagt Lizzy, und ihr schöner Mund wird schmal und sieht aus, als wollte sie mir zu verstehen geben, daß meine Ansichten etwas Unappetitliches an sich haben, womit sie lieber nicht in Berührung kommen möchte. »Wenn du deinen Stolz hast, bettelst du nicht um Almosen.«

Aber hinter meiner Stirn verdichtet sich die Wut. »Glaubst du, daß jeder mit der gleichen Anzahl von Möglichkeiten beginnt?«, frage ich sie, und meine Enttäuschung schnürt mir die Kehle zu. »Glaubst du, jeder hat die gleichen Chancen? Was ist mit den Menschen, die dumm, unbegabt oder krank sind? Willst du sie zum Abfall werfen, sollen sie auf der Müllhalde landen?« Ich habe auch meinen Stolz, und ich sage nicht: »Und was ist mit den Einwanderern, die mit leeren Händen anfangen müssen?« Aber natürlich ist es meine Familie, die ich bei diesem Streit verteidige, und es ist der Gedanke an meine Familie, der mich aufbringt.

»Wenn du genügend Charakter hast, kannt du dich immer am eigenen Schopf herausziehen«, sagt Lizzy mit stählerner Stimme. »Darauf kommt es in diesem Land an, und das ist die Philosophie, die aus dem Land das gemacht hat, was es ist.«

»Dann ist es eine herzlose und grausame Philosophie!« schreie ich.

»Ich nehme an, deine Philosophie ist rosa getönt!« faucht Lizzy. Mit verletzter Miene rennt sie aus dem Zimmer und schlägt die Tür hinter sich zu. Schwer gebeutelt von unserem Streit bleibe ich zurück, und Lizzy rennt, wie sich später herausstellt, zum Dach des Studentenwohnheims hinauf, wo sie Tränen der Wut und Enttäuschung vergießt. Aber am nächsten Tag reden wir wieder miteinander, unterhalten uns darüber, was wir alles ausprobieren wollen und wie wir als Erwachsene sein möchten. Auch bei diesem Thema zeigt sich, daß unsere Vorstellungsbilder ziemlich gegensätzlich sind. Lizzy findet, Reife sei ein Zustand, der, koste es, was es wolle, vermieden werden müsse. »Alle sagen ständig, du mußt dich ordentlich anpassen«, sagt sie. »Aber ordentlich anpassen an was?« Erwachsensein steht in ihrem Denken für die gleichförmigen Tage ihrer Mutter, für Reihenhäuser in den Vorstädten, in denen niemals etwas Neues oder Aufregendes geschieht, und für eine Konventionalität, die Menschen davon abbringt, neugierig und lebendig zu sein. Erwachsensein ist in diesem Bezugssystem das Gegenteil von Erfahrung – eine Art Schrumpfprozeß der Seele. Ihre Mutter, erzählt Lizzy, habe keine Ahnung davon, wie es ist, sehr glücklich oder sehr unglücklich zu sein, oder daß man sich nach Abenteuern sehnen könne; so, als gehörte sie zu einer gänzlich anderen, nicht ganz menschlichen Gattung, und Lizzy hat große Angst davor, so zu werden wie ihre Mutter oder wie andere Erwachsene, die sie kennt. Da ich mich mit ganzer Seele danach sehne, erwachsen zu werden, versuche ich, Lizzy von der Souveränität und der Sicherheit zu überzeugen, die ich mir erhoffe, und von den Möglichkeiten, mich uneingeschränkt ausdrücken zu können. Ich gebe mir Mühe, ihr ein Bild von dem zu entwerfen, was meine Vorstellung bestimmt: Pani Witeszczak, die sanft und beherrscht Klavier spielt. Ich erzähle ihr, daß meine Mutter nicht irgendeine Strohpuppe ist, die nie gelitten hätte oder die nie weinte oder wütend war. »Wir sind alle Menschen«, sage ich, meine Mutter zitierend. Ich möchte ihr begreiflich machen, daß Reife bedeutet, in den großen Strom der Erfahrung einzutauchen, zu erfahren, was Menschen immer schon erfahren haben. Lizzy sieht mich nachdenklich an, aber sie kann das alles buchstäblich nicht sehen; ihre Vorstellung ist mit anderen Bildern vollgestellt, und so wie ich mir die Bilder ihrer Kindheit nicht vorstellen kann, kann sie aus diesen Bildern nicht herausspringen, sie kann sich nicht vorstellen, was nicht zu ihrer Erfahrungswelt gehört. Das Erwachsenwerden wird sich für sie als schmerzlich schwierig erweisen, so schwierig wie für die meisten ihrer – unserer – Generation.

Zwischen diesen ernsten Gesprächen bringt Lizzy mir bei, meine Augen unauffällig zu schminken, und rät mir, die üblichen Turnschuhe zu kaufen und andere Kleider, damit ich äußerlich mehr dazugehöre. Als ich ihr sage, daß ich kein Geld habe, ist sie entsetzt.

»Aber du siehst immer gut aus, egal, was du anziehst«, versichert sie mir, und ich bin ihr dankbar dafür. »Kennst du Mary, aus der Oberstufe, die so weiblich aussieht?« fährt sie fort. »Ja«, sage ich, »wieso?« – »Also«, Lizzy zögert, »ich habe gehört, daß sie mit ihrem Freund schläft. Sie ist so fraulich. Ich möchte wissen, wie das bei dir sein wird.« Das aufregende Problem des Frauseins kommt immer wieder und bei vielen Anlässen zur Sprache. Bei nächtlichen Zusammenkünften in ihren Zimmern versuchen die Mädchen herauszufinden, was man beim ersten Date tut, und daß Rachel nie eine Verabredung hat, weil sie so groß und männlich ist, und Moselle auch nicht, weil sie zu schön ist und die Jungen deshalb Angst vor ihr haben. Ich wäre nie auf die Idee gekommen, daß man irgend etwas Besonderes tun muß, um weiblich zu sein – es müßte doch reichen, eine Frau zu sein, oder? Aber diese Überzeugung, die für mich eine Gegebenheit ist, empfinden meine Kommilitoninnen als sehr exzentrisch.

Auch die Jungen, die sich mit mir verabreden, halten mich für exzentrisch. Vorläufig bin ich noch nicht gehemmt durch sexuelle Erfahrungen, und die einheimischen sexuellen Spielregeln kenne ich nicht. Mit der Unbekümmertheit vollkommener Unschuld erzähle ich meinen Freunden von meinem Vorsatz, drei Affären zu haben, ehe ich heirate, und von meinem Entschluß, mich nicht auf so etwas Unreifes wie Petting einzulassen, das mir wie eine »puritanische Sitte« vorkommt. Und tatsächlich finde ich den Anblick der gestrengen Lizzy, wenn sie mit rauhen Lippen und wundem Kinn und glasigen Augen von ihren Dates zurückkommt, peinlich. Ich wende den Kopf ab, wenn ich Paare sehe, die sich in Autos auf öffentlichen Parkplätzen wie wild küssen. Ich finde es viel weniger peinlich, mit jemandem ins Bett zu gehen, als mich auf dieses ungeschickte Gerangel einzulassen. Aber bis jetzt hat mir noch keiner etwas so Gewagtes vorgeschlagen, obwohl es ständig Jungen gibt, die mich einladen, sie zu derben Biergelagen zu begleiten, oder zu Spaziergängen auf der rund um den Campus führenden Allee, wo sie dann schüchtern meine Hand halten und mit mir über Literatur sprechen oder über die Schönheiten der Mathematik und die Schwierigkeiten der Liebe. Sie wollen wissen, wie ich darüber denke und sind fasziniert von der Tatsache, daß ich »Europäerin« bin, was in ihren Augen die Garantie für ein geheimnisvolles und umfassendes Wissen beinhaltet.

Ich muß zugeben, daß ich nichts unternehme, um diesen Eindruck zu zerstreuen. Statt ein störender Webfehler in der glatten Textur dieser jugendlichen Existenz zu sein, habe ich den Status einer exotischen Fremden erworben, und das läßt meine Wangen erglühen und schärft meine Überzeugungen. Ich bin selbst beeindruckt von meinem Anderssein, das mich umgibt wie eine helle pralle Blase. Nach einiger Zeit wird sich daraus ein heikler Zustand entwickeln, denn es wird schwer sein, aus meinem Anderssein auszubrechen und den Status der Normalität, in dem wir letzten Endes alle leben wollen, zurückzufordern. Aber ich bin hier immer noch wie zu Besuch, ich gehöre immer noch nicht ganz dazu, und im Moment gefalle ich mir darin, »interessant« zu sein. In der Mitte des Studienjahres richtet meine Musiklehrerin es ein, daß ich ein Konzert in der Aula des Colleges gebe, und als ich zu Ende gespielt habe, erhebt sich mein jugendliches Publikum und applaudiert lange. Danach kommen mehrere Jungen mit vor Bewunderung leuchtenden Augen zu mir und sagen höflich, ich hätte großartig gespielt, und ich hätte wirklich hübsch ausgesehen da oben in meinem langen grünen Kleid. Und im Überschwang des Augenblicks habe ich das Gefühl, daß das Leben wieder so ist, wie es sein sollte.

Labour is blossoming or dancing where
The body is not bruised to pleasure soul,
Nor beauty born out of its own despair
Nor blear-eyed wisdom out of midnight oil.
O chestnut-tree, great-rooted blossomer,
Are you the leaf, the blossom or the bole?
O body swayed to music, O brightening glance,
How can we know the dancer from the dance?

Mühsal ist Blüte oder Tanz, wo nicht
Der Leib geschunden wird zur Lust der Seel,
Schönheit nicht wächst aus bitterstem Verzicht,
Triefäugige Weisheit nicht aus Mittnacht-Öl.
Kastanienbaum, großwurzliges Geflecht,
Bist Blüte, Blatt oder Stamm du wohl?
O Leib, musik-beschwingt, o Blickes Glanz,
Wie scheiden wir den Tänzer von dem Tanz?

Ich sitze auf einem erfrischend unbequemen Stuhl in der College-Bibliothek und lese langsam, konzentriert. Der Kastanienbaum, der in dieser Strophe vorkommt, beschwört meinen eigenen Kastanienbaum, und die letzte Zeile bewegt mich schon für sich genommen, denn genauso ist es beim Klavierspielen, in diesen Momenten, wenn ich nicht mehr weiß, ob ich die Musik spiele oder die Musik mich. Aber was bedeutet »*bole*« oder »*blear-eyed*« oder »*midnight oil*«? Ich kann es nur ahnen, und bis ich die Wörter im Lexikon nachgeschlagen und die Übersetzung vom Klang zur Bedeutung vollbracht habe, ist es schwer, sie in den Fluß der Zeilen einzuordnen, in die nahtlose Sequenz der musikalischen Bedeutung. Ich konzentriere mich sehr, zu sehr, und die Zeilen kommen geradezu eckig heraus, obwohl ich intuitiv eine Schönheit begreife, die ganz nahe ist. Und so bemühe ich mich noch heftiger, hinter das Geheimnis der Strophe zu kommen, wie eine frustrierte Geliebte, deren Verlangen noch geschürt wird durch die unerreichbare Nähe des Objekts ihrer Liebe.

Vieles, was ich lese, verstehe ich nicht, es geht mir verloren im Brausen und Tosen ungenau verstandener Worte. Das bekümmert mich zwar, aber ich merke doch bald, daß ich in meinen Kursen sehr gut bin. Ich glaube, nicht trotz, sondern gerade wegen meines Handicaps: weil mir so wenig Sprache zur Verfügung steht. Wie jede Behinderung, hat meine ihren eigenen Ausgleichsmechanismus hervorgebracht, und mein Denken, bis zu einem gewissen Grade der Worte beraubt, ist zu einem geschickten Instrument der Abstraktion geworden. In meinem Kopf gibt es keinen andauernden, täglichen Monolog, der mich ablenken könnte, keine Schichten verbalen Filigrans, die erst abgetragen werden müßten, ehe das Skelett eines Arguments deutlich werden kann. Ohne dieses sinnliche Beiwerk kommt mir die Geometrie meiner eigenen Wahrnehmungen so nackt vor wie die noch sichtbaren, noch nicht vom eigentlichen Haus verborgenen Träger. Wenn ich mit einer Aufgabe konfrontiert werde – einem Problem oder einem Buch –, fällt es mir leichter, die Gesamtstruktur zu erkennen als die äußeren Einzelheiten.

Und gerade weil ich weiß, wie ausgedünnt die Luft der Abstraktion sein kann, werde ich die größte Hochachtung vor der Bedeutung der Oberfläche und des konkreten Details entwickeln. Aber vorerst ergibt es sich so, daß meine zufällige Prädisposition ganz zu den pädagogischen Prämissen der Zeit paßt. Die Ausbildung, die ich an der Rice University erhalte, ist fast ausschließlich formalistisch, und was wir mit den Texten, die wir lesen, anfangen sollen, ist genau das, was mir in meiner verbalen Behinderung am meisten liegt. In dem philosophischen Überblick, der uns in die mittelalterlichen religiösen Denker und den französischen Existentialismus einführen soll, werden wir nicht gefragt, ob die Argumente, Gott oder das Absurde betreffend, richtig erscheinen, sondern wie die

Argumente, die Wahrheit betreffend, angelegt sind. In einem Geschichtskurs über die Renaissance brauchen wir nicht zu wissen, welche Folge von Ereignissen zur Reformation geführt hat, sondern wir werden aufgefordert, über den Sinn retrospektiven Wissens nachzudenken, oder darüber, ob eine genaue Interpretation der Vergangenheit möglich ist. Das kann ich, indem ich Blöcke abstrakter Ideen zu einem logischen Muster zusammenfüge, ohne über die trügerischen Untiefen des Besonderen stolpern zu müssen.

Ich brauche eine Weile, bis ich entdecke, daß dies ein wertvolles Talent ist. Anfangs habe ich keine Lust, überhaupt zu lernen, aus Angst, daß ich elendiglich versage. Dann erörtert ein Professor in einem Philosophiekurs die platonischen Eigenschaften »Größe« und »Kleinheit« und fragt, ob wir über eine große oder eine kleine Orange sprechen wollen, und als ich frech vorschlage: »Wie wär's mit einer mittelgroßen?« wirft er entzückt ein Stück Kreide nach mir. In meinem Englischkurs wird meine Arbeit über ein Sonett von John Donne laut vorgelesen, und ich komme zu dem Schluß, daß es sich vielleicht doch lohnt, sich anzustrengen.

Nicht, daß meine Anstrengungen sehr diszipliniert wären. Ein allzu systematisches oder zu hartes Studium würde gegen meinen polnischen Ehrenkodex verstoßen – daß man, in welchem Bereich auch immer, gegen möglichst viele Regeln verstoßen muß – und es nähme dem Spiel den spannenden Kick. Aber ich begreife, daß hier ein anderes Spiel gespielt wird – ein intellektuelles Spiel –, das ich sehr gut beherrsche. Ich sauge das akademische Vokabular jener Zeit mit geradezu verdächtiger Leichtigkeit in mich auf; für mich ist es eher eine elementare als eine fortgeschrittene Sprache, die ich da lerne, während ich mit meinem Englisch noch in den Kinderschuhen stecke. Sie muß sich nicht durch Schichten eines anderen Vokabulars ihren Weg bahnen, und ich kann mit Leichtigkeit damit jonglieren, als besäße sie nicht das geringste Gewicht.

Auch in der Literatur, der am sinnlichsten strukturierten Ausdrucksmöglichkeit, erweist sich meine Fähigkeit zur Abstraktion als nützlich. Das English Department der Rice University ist Mitte der sechziger Jahre fest in der Hand des »New Criticism« – jener Labormethode, die sich weder mit dem Leben der Schriftsteller noch ihrer Welt beschäftigt –, und ob ich Chaucer lese oder eine Tragödie aus der Zeit Jakob I. oder *Schall und Wahn* – man erwartet von mir, daß ich Passagen des Textes zerlege, so als handelte es sich um grammatische Konstruktionen. »Form ist Inhalt« bedeutet im Verständnis, daß es so etwas wie Inhalt nicht gibt.

Ich habe Glück, daß es keine Welt außerhalb eines Textes gibt; Glück deshalb, weil ich so wenig von der Welt weiß, auf die sich das, was ich lese, bezieht. Wenn ich ein Gedicht oder einen Roman lese, ist es meine Aufgabe, Symbole herauszufinden, die sich wiederholen, Wortmuster, wiederkehrende Motive und Motive, die gegenläufig sind. Letztere werden besonders gepriesen, weil sie in die ehrenwerten Kategorien »Ironie« oder »Paradoxie« fallen. Das sind Übungen, die mir leicht fallen. Die lokalen Details, an denen sich die meisten Leser sofort und zuallererst erfreuen, stehen mir nicht im Weg. Die Kleider, die die Menschen in Romanen tragen, die Orte, an denen sie leben, ihre charakteristischen Gesten, ihre Art, sich auszudrücken, haben für mich im Englischen keine mimetischen Entsprechungen. Daisy in *Der große Gatsby* steht in meinem Kopf nicht für einen bestimmten Typ des verwöhnten Ostküstenmädchens aus weißer protestantischer Familie, wie vielleicht für andere Leser; für mich ist sie eine formale Einheit, das Symbol, das Gatsby, auch eine symbolische Konstruktion, braucht. Sie sind Symbole, die auf den Buchseiten aufeinanderprallen, bis zu ihrem Zerfall in der klaren Auflösung ihres Dramas – symbolisch für amerikanische Tragödien, für Amerika selbst.

Ich entwickle mich zu einer Spezialistin für symbolische Muster. Sie scheinen in verschiedenen Spielarten vorzukommen. In der amerikanischen Literatur sind es Individualismus und die Grenze, sowie Gesellschaft gegen Natur und das Ich gegen die Gesellschaft – und da ist, an erster Stelle und vor allem in jenen Tagen, die Entfremdung. Ich entwickle mich auch zu einer Spezialistin für Entfremdung. Ich stelle fest, daß dieses Thema in der amerikanischen Literatur häufiger vorkommt als anderswo und einen speziell amerikanischen Zug hat. Die Menschen in amerikanischen Romanen sind oft einsam und können nicht gut miteinander reden; sie haben es schrecklich schwer, Kontakt zu anderen Menschen aufzunehmen und so finden sie sich oft allein in schäbigen Zimmern wieder oder aber als einsame Sucher in der Wildnis. Was Frauen und Männer betrifft, so sprechen sie entweder sehr gefühlvoll miteinander, wie zum Beispiel in *Wem die Stunde schlägt*, oder sie finden einander von Herzen abstoßend, wie in *Schreiben Sie Miss Lonelyhearts.*

Daß ich selbst eine Fremde inmitten all dieser Entfremdung bin, erweist sich nicht als Nachteil. Zum einen ist der »New Criticism« eine entfremdete Art des Lesens, gedacht für Menschen, die Fremde im Land der Literatur sind. Er schätzt Distanziertheit, Objektivität und mehr die kritischen als die einfühlsamen Fähigkeiten. Es sind sehr kühle, aber eben auch egalitäre Kriterien, weil sie keine privilegierte Vertrautheit mit der Kultur voraussetzen, keine aristokratische, den Besitzenden vorbehaltene Kennerschaft.

Aber meine besondere Art der Fremdheit erweist sich auch für mich als nützlich, denn ich finde bald heraus, daß die Methode der trigonometrischen Vermessung bei der Auseinandersetzung mit Literatur brauchbarer als im Leben ist. Wenn ich lese, orientiere ich mich an meinen persönlichen Kriterien und meinen eigenen Leidenschaften, und aus dem schiefen Winkel meiner Fremdheit bemerke ich Dinge, die für meine Kommilitonen oft unsichtbar sind. Als ich *Der Fänger im Roggen* lese, fällt mir sofort Holden Caulfieds Unreife auf, und ich schreibe eine Arbeit, in der ich seine unstimmige, spröde Naivität kritisiere – meine alten polnischen Begriffe der Ablehnung. Die Lektüre von *Die Gesandten* verlangt qualvolle Konzentration, aber der erste Eindruck Strethers, als er in Frankreich an Land geht und die minutiösen Veränderungen des Lichts und der Gerüche und der Gesichter und Blickwinkel wahrnimmt, schenkt mir ein aufregendes Wiedererkennen: Genauso ist es, wenn man an einer fremden Küste landet, und ich würde Henry James gern einen Dankesbrief schreiben, weil er das Unbeschreibliche mit solcher Genauigkeit eingefangen hat. In Malamuds *Der Gehilfe* fesselt nicht die religiöse Parabel meine Aufmerksamkeit, sondern der schmuddelige, dunkle kleine Laden, in dem der jüdische Kaufmann sein hoffnungsloses Leben fristet, und wieder bin ich dankbar, daß jemand aus solchen Lebensbedingungen Literatur gemacht hat.

Eine intellektuelle Leidenschaft – oder vielleicht eine Leidenschaft für die Arbeit des Intellekts – wird durch diese friedlichen Exegesen geschürt. Zum einen habe ich gelernt, daß in einem demokratischen Erziehungswesen, in einer demokratischen Lese-Ideologie mir nie das Gefühl vermittelt wird, daß ich eine auf fremdem Besitz wildernde Außenseiterin bin. In diesem Land des Lernens bin ich genauso willkommen wie die anderen, und die demokratisierende Macht der Literatur bewirkt, daß ich mich in Amerika zu Hause zu fühlen beginne, noch ehe ich viel über die Literatur oder Amerika – oder über das, was beide verbindet – weiß.

Zunächst entdecke ich, daß es sich um eine verwirrend indirekte Verbindung handelt. Ein Besucher, der in die Vereinigten Staaten kommt, gerüstet mit Kenntnissen von Melville, Hemingway, Faulkner, John Updike, Harold Robbins und Stephen King, wäre immer noch nahezu unvorbereitet auf das breitgefächerte und intime Spektakel, mit dem ihn das gegenwärtige Land konfrontiert. Eine Fahrt auf der Interstate 1 wäre immer noch eine immense Überraschung, und mit der New Yorker Subway zurechtzukommen, ist eine Erfahrung für sich; der Besuch einer Party in San Francisco oder die Teilnahme an einer Hochzeit auf Long Island wäre so fremd wie das Erlebnis der Riten, die in einem japanischen Roman beschrieben werden. Und während die Freiheitsstatue vielleicht vom Schutzumschlag eines Buches her bekannt ist, wäre eine normale Unterhaltung in einem normalen Wohnzimmer für den Besucher voller seltsamer Blickwinkel, Lichter und Ausbrüche des Fremden, das Henry James auf so unheimliche Art wahrgenommen hat. Erst nach einer Weile wird der Besucher vielleicht anfangen, die lebendige Kultur und die Literatur, die sie hervorgebracht hat, zusammenzufügen: die verrückten frommen Reden eines Straßenpredigers am Times Square decken sich vielleicht mit einer Erinnerung an Hazel Motes; das aggressive Staccato eines New Yorker Intellektuellen, der irgendeinen aussichtslosen politischen Antrag formuliert, deckt sich vielleicht mit den Prosa-Rhythmen eines Norman Mailer; auf einer langen Autofahrt durch die Weite unbewohnter Wildnis werden womöglich Thoreaus Obsessionen verständlich. Die Mimesis funktioniert, so scheint es, nur in eine Richtung reibungslos, und das Leben weigert sich angenehmerweise, die Kunst zu spiegeln, in der es angeblich gespiegelt ist.

An diesem Punkt meiner Erziehung kann ich nicht zurückübersetzen. Die Literatur vermittelt mir noch nicht Amerikas Besonderheiten – obwohl ich, wenn ich Emerson und Thoreau und Walker Percy lese, den Atem eines allgemeinen Geistes spüre: genau gesagt, den Geist der Fremdheit, eines Kontinents und einer Kultur, die immer noch neu und ungemütlich sind und eine Vision, die zur Philosophie wird oder zur Qual, weil sie uns mit einer noch nicht vom Wort bewohnten Welt konfrontiert.

Am Ende meines ersten Studienjahres fahre ich mit dem Bus nach Vancouver zurück. Es ist eine lange Reise – zweiundfünfzig Stunden alles in allem –, und der Bus bewegt sich scheinbar eine Ewigkeit durch die steinige Mondlandschaft des Texas Panhandle. Neben mir sitzt eine junge Frau mit teigigem Gesicht und Lockenwicklern im blonden Haar. Sie ist an einer der Haltestellen im Panhandle zugestiegen, in einem Ort, der keiner ist, und als wir uns den Rocky Mountains nähern, fängt sie an zu beten und nimmt meine Hand, weil sie noch nie Berge gesehen hat und Angst hat, sie würden auf sie herabstürzen. Hin und wieder halten wir an einer trostlosen Bus-Stop-Cafeteria, wo ich mich nicht überwinden kann, ein pappiges Sandwich oder klebrigen Kirschauflauf zu essen. Nach einer schlaflosen Nacht komme ich im Greyhound Terminal in Vancouver an, wo ich von meinen Eltern begrüßt werde, die ich seit September nicht mehr gesehen habe. Sie berichten mir, daß jemand von ihren Bekannten mir einen Ferienjob als Kassiererin in einer chemischen Reinigung besorgt hat. Ich bin froh über den Job, aber ich hasse den niedrigen, überheizten Raum, in dem ich arbeite, und die Unterhaltungen in der Mittagspause über Astrologie oder die letzten Flugzeugkatastrophen, und die ewigen Papierstreifen, die ich an sauberer und schmutziger Wäsche befestigen muß. Ich hasse es mehr, als ich zugeben kann, denn zu kündigen oder irgendeine andere Art der Rebellion ist nicht möglich, und so schlüpfe ich wieder in eine undurchschaubare Gleichgültigkeit – meine Form des Protests. Der einzige Trost in diesem Sommer sind die Gespräche mit Alinka, die nachdenklich und philosophisch geworden ist und jetzt Sartre und Simone de Beauvoir liest, wenn sie den Unterricht schwänzt. Sie neigt dazu, abends lange mit ihren nicht gern gesehenen Freunden auszugehen und sich mit Männern unterschiedlichen Alters zu verabreden. Ich fange auch schon an, mütterlich besorgt zu sein, und ermahne sie zur Vorsicht: innerhalb unserer Familienkonstellation genieße ich die Privilegien des abenteuersuchenden Sohnes, aber Alinka, die Kleine, das Mädchen, muß beschützt werden. Es ist klar, daß meine Schwester schneller als ich die Familienregeln durchbricht und sich mit vollem Herzen in alles hineinstürzt, was sie hier findet.

Die Heimkehr ist verwirrend. Keiner von uns weiß genau, was aus uns werden wird. Als ich eines Nachmittags von meiner Arbeit nach Hause komme, gibt mir meine Mutter einen Brief. Er ist von einem meiner Literaturprofessoren. Er hat mir geschrieben, um mir zu sagen, daß ich wirklich sehr gut sei in seinem Fachgebiet. Er würde nicht zögern, schreibt er, mich jetzt schon zur Graduate School der Universität zuzulassen. Ich solle mir überlegen, ob ich nicht mit Englisch weitermachen wolle. Ich sehe mir diese kurze beschwingende Botschaft lange an. Im Moment ist die klare, überschaubare Welt der Gedanken und der literarischen Übungen für mich ein überaus willkommenes Gegenmittel zum traurigen Durcheinander meines Alltags – dem niederdrückenden Job und meinem widerwilligen Nachhausekommen am Nachmittag. Außerdem bin ich ebenso anfällig für Lob wie jeder andere. In mir reift der Entschluß, Literatur im Hauptfach zu studieren.

Aber erst viele Jahre später, erst als ich mein Studium erfolgreich abgeschlossen und meinerseits angefangen habe, Literatur zu unterrichten, überwinde ich die letzte Barriere zwischen mir und der Sprache, die Barriere, die ich gefühlt habe, aber nicht durchbrechen konnte, als ich »Among School Children« von Yeats las. Es geschieht, als ich Eliots »J. Alfred Prufrocks Liebesgesang« lese, das ich am nächsten Vormittag einer Klasse von Erstsemestern an der Universität von New Hampshire erklären möchte. »Komm, wir gehen, du und ich«, lese ich, »Wenn der Abend ausgestreckt ist am Himmelsstrich / Wie ein Kranker äthertaub auf einem Tisch; / Komm, wir gehn durch halbentleerte Straßen fort / Den dumpfen Zufluchtsort ...«

Meine Augen gleiten, wie gewohnt, stumm über die Zeilen, und dann – als ob sich eine Klangtür wie von selbst geöffnet hätte – höre ich ihre Melodie und ihre stillen Untertöne. Im Laufe der Zeit habe ich so viele Erklärungen dieser Strophen gelesen, daß ich sie auf ein halbes Dutzend geniale Arten analysieren könnte. Aber jetzt bin ich plötzlich, durch eine geheimnisvolle Fähigkeit meines geistigen Ohres, auf ihren inneren Sinn eingestimmt; ich höre die leise Melancholie jenes Refrains, die zivilisierte Beschränkung der Rhythmen, die die hügeligeren Schwingungen des Gefühls zügelt, die nachdenkliche, schwermütige Resignation der Melodie. »Und Augen hab ich schon gekannt, kam nicht umhin – / Augen, die im Gespräch dich abschätzig begucken ...« Ich lese, ich schmecke die Klänge auf der Zunge ab, lausche den Sätzen zwischen Zunge und Verstand. Bingo, denke ich, das ist es, das Besondere, das Wesen der Sprache jenseits von Funktion und Kritik. Ich bin heimgekehrt zur Musik der Sprache, und Eliots Worte kommen mit Anmut über mich. Worte werden, wie sie es in der Kindheit waren, zu schönen Dingen – nur daß dies noch besser ist, weil sie jetzt verwoben sind mit vielschichtiger Bedeutung, mit der Klangfülle empfundener, durch die Sinne wahrgenommener Gedanken.

Wie spricht man mit einem Fremden? Sehr behutsam. Als ich mich in meinen ersten Amerikaner verliebe, verliebe ich mich auch in das Anderssein, in die weiten Räume zwischen uns und die Entfernungen, die wir überwinden müssen, um zur Quelle unserer Anziehung zu kommen. Mein blonder Texaner ist hochgewachsen und blauäugig und hat ein schönes Lächeln, für das man ihn gernhaben muß. Entzückt betrachte ich seine lockeren, anmutigen Bewegungen; dies ist eine neue Art männlicher Schönheit, und ich bin umso mehr fasziniert, als ich sie auf Plakaten und in Filmen gesehen habe und ich kaum glauben kann, daß er aus lebendigem, verletzlichem Fleisch und Blut ist. Wenn ich mit ihm in seinem Apartment Flaschen herben Weins trinke oder in einem nahen Restaurant – mit einer gewaltigen Plastikkuh auf dem Dach – Hamburger esse, höre ich ihm mit vor lauter Intensität geröteten Wangen zu, und der Kopf schmerzt mir vor Anstrengung. Wovon redet er? Leere. Eine große Leere, ein Vakuum ist in ihm, und es gibt nichts, das diese Leere füllen könnte. Er war von Anfang an ein Goldjunge, Präsident der Senior Class in der Highschool und Leiter des Debattierclubs – einer von denen, die darauf aus sind, die führenden Männer in ihrer Gemeinde oder mächtige Manager einer Ölgesellschaft zu werden. Aber dann erkannte er, daß er keinerlei Erfahrungen gemacht hat, daß er Angst hat. Er hatte Angst, das einzige Mädchen, das er liebte, zu lieben, erzählt er mir traurig. Er hat Angst, mich zu lieben. Er ist nach New York gegangen, auf der Suche nach – irgend etwas. Dort verkroch er sich in einem unbeheizten, von Kakerlaken bevölkerten Apartment. Er gab sich alle Mühe, Erfahrungen zu sammeln, irgend etwas Reales. Er versucht es immer noch.

»Du mußt den Glaubenssprung wagen«, sagt er, und schmerzliche Inbrunst leuchtet in seinen Augen auf. »Du mußt alles aufgeben, was du hast, alles, was du begehrst. Du mußt loslassen. Dann wird dir alles geschenkt werden. Du darfst die Dinge nicht zu fest halten.«

Mir dröhnt der Kopf vor Anstrengung, ihn zu verstehen. Die

Worte, die mein Texaner spricht, kommen aus einem unbekannten Ort; ich weiß nicht, von welcher Gefühlsbürde sie getränkt sind, was ihn auf diesen Weg gebracht hat, zu dieser jugendlichen Extremposition. Wenn ich mir seine Kindheit vorstellen könnte, die Einsamkeit und die große Leere, von der er mir erzählt, könnte ich vielleicht begreifen, welche Bedeutung diese Worte für ihn haben. Aber wenn er sein neokoloniales Haus beschreibt und seinen Vater, der fortwährend im Keller bastelt, und seine Mutter, die zuviel allein war und die ihm geraten hat, einfach nur zu lieben, bleiben die Bilder, die er malt, melodramatisch und starr in meiner Vorstellung, weil ich das Leben, das sie hervorgebracht hat, nicht kenne.

»Ich möchte dich lieben«, sagt mein Texaner zu mir und sieht mich gequält an, »aber ich habe Angst, die Verantwortung für dich zu übernehmen.«

»Aber wieso Verantwortung?« frage ich ehrlich überrascht angesichts einer so unerschütterlichen und moralischen Haltung auf dem Feld der Liebe. »Wenn Menschen einander lieben, dann doch, weil es Spaß macht, oder?«

»Ich habe Angst, dir weh zu tun«, sagt er.

»Wenn du mir weh tust, werde ich es dir sagen«, sage ich so verständnisvoll wie möglich. »Mach dir um mich nicht so viele Sorgen. Ich bin ziemlich stark, weißt du.« Ich sage das alles in völliger Unbefangenheit. Später werde ich lernen, Worte wie »Verantwortung« und »wehtun« als verräterische Töne zu erkennen, mit denen die Männer meiner Generation signalisieren, daß sie sich nicht wirklich einlassen wollen. Sobald ich das begriffen habe, ist es mit meiner eigenen Freiheit vorbei, und auch ich werde Zuflucht suchen bei den Verrenkungsmanövern, mit deren Hilfe die Frauen meiner Generation ihre Sehnsüchte verstecken, um die Männer nicht zu verschrecken. Aber vorerst sehe ich, daß mein blonder Texaner von diesem Dilemma heftig gebeutelt wird, geplagt von einem Gefühl der Sünde und niedergedrückt von einem schrecklichen Drang, sich aus seinem Körper emporzuheben. Am allermeisten fürchtet er sich davor, mit mir zu schlafen. »Aber an Sex ist nichts Unreines«, erwidere ich, wenn er sagt, daß er nicht meine Reinheit beflecken will.

Sehr viel später finde ich heraus, daß seine Eltern nicht gerade glücklich waren über seine Beziehung zu einer Ausländerin und noch dazu einer Jüdin. Ich bin schwerlich das Mädchen, das der einstige Goldjunge zur Gefährtin haben sollte, und ich nehme an, daß es auch für ihn Momente gegeben haben muß, in denen das Gefühl der Zufälligkeit, das alle Beziehungen heimsucht – wie ist dieser fremde Mensch in mein Leben getreten? –, noch verstärkt wird durch die extreme Unwahrscheinlichkeit dieser Paarung. Wir sind jung und verliebt genug, um zu versuchen, über diese Klippen zu springen. Aber unsere Vorstellungen von Liebe sind so verschieden – und Verliebtsein ist so anders als das, was ich mir darunter vorgestellt hatte. Es ist Intensität und Schmerz ohne Pause. Als ich erst einmal Sex und Liebe kennengelernt habe, weiß ich, daß ich nur noch mit meinem Texaner zusammensein will. Wenn ich ihn sehe, möchte ich auf ihn zustürzen. Ich möchte, daß wir einander alles sagen, auch wenn wir frei sind in unserer Freundschaft. Aber ich weiß, daß er Angst hat, und ich fange an, meine Gesten zurückzunehmen. Ich beherrsche meinen Gang und mein Gesicht, wenn ich ihn sehe; ich gebe ihm das Gefühl, daß er so viel Unabhängigkeit haben kann, wie er will.

Auch die Frage nach meiner Weiblichkeit beginnt mich zu quälen. Wie kann ich eine Frau nach amerikanischem Geschmack werden, wie kann ich in die Seelenlandschaft meines Texaners passen? Die Allegorien der Geschlechter sind hier anders und entfalten sich an anderen Typologien und anderen Themen. Ich kann keine »Pani« werden: weder eine autoritäre Pani Orlowska noch eine vamphafte, praktische Pani Dombarska, noch die charmante romantische Schriftstellerin, der ich einst begegnete. Keine dieser Spielarten von Weiblichkeit ergibt hier einen Sinn, keine würde ein entsprechendes Gegenstück finden unter den Männern, die ich kenne.

Mitten im dritten Studienjahr höre ich von meiner Mutter, daß Marek im fernen Israel geheiratet hat. Ich hatte eine Zeitlang vergessen, an ihn zu denken, aber trotzdem stürzt mich die Nachricht in eine stumme Wiederholung meines früheren Kummers: ich muß also auch noch die Phantasie aufgeben, eines Tages an der Küste auf ihn zuzulaufen; ich muß von ihr lassen und hier eine junge Frau werden.

Aber ich weiß nicht recht, wie ich mich auf die neue erotische Wertigkeit einstellen kann. Für die schmeichelhaften Beinamen, die ich als junges Mädchen zu hören bekam, gibt es im Amerikanischen keine Entsprechungen. »Eine wahnsinnige Frau«, behauptet man von X, was heißt, daß sie in großem Maße Klasse, Verstand und Schönheit besitzt. Oder: »Sie ist eine fabelhafte Frau«, was bedeutet, daß sie eine beliebte Mischung von Launenhaftigkeit und Witz und einer Spur Rücksichtslosigkeit besitzt. Ich sollte ein ernsthafterer Mensch werden, ich sollte von sensibleren Melodien beseelt sein. Die Persönlichkeitsstruktur wird mindestens ebenso stark von der Kultur beeinflußt wie vom Geschlecht – oder anders ausgedrückt: Jede Kultur formt beide Geschlechter so, daß sie sich gegenseitig in ihrer Verschiedenartigkeit erkennen können. Gefangen in unseren fremden Strukturen, können mein Texaner und ich nicht spielerisch mit den Gegensätzen umgehen; wir mißverstehen die Feinheiten unserer erotischen Einfälle, finden nicht zum Herzen des anderen. So versuchen wir weiterhin, die weiten Räume zwischen uns zu durchreisen. Wir führen weiterhin anstrengende, konzentrierte Gespräche, hoffen, daß wir uns einander übersetzen können, und aus dieser Anstrengung erwächst zwischen uns Zärtlichkeit. Er kämpft mächtig mit mir, so als ob ich eine wichtige Aufgabe wäre, die ihm von einem verwirrenden Schicksal auferlegt wurde. Er möchte Zugang zu mir finden, möchte seine eigenen Schalen durchbrechen. Aber die Fremdheit bleibt – und es ist nicht einfach nur die Fremdheit der Erkenntnis, daß der andere unvermeidlich ein anderer bleiben wird. Es ist eine Ironie, daß mein Texaner und ich gerade bei den kleinsten, stillsten Sätzen, in denen wir den weichen, verletzlichen Höhlen, wo Vertrautheit wohnt, am nächsten sind, besonders deutlich spüren, daß wir nicht genau die gleiche Sprache sprechen. »Ich liebe dich, Eva«, sagt er mit seiner sanften und schrecklich angespannten Stimme, und ich höre eine seltsam blutleere Phrase. Er wünscht sich eine ätherische, heilige Liebe, ein Treffen der Geister. Seine Sehnsucht rührt mich, aber ich vermisse die Kraft und die Ungezwungenheit der Freundschaft. Wir reden und reden, um diese winzigen unermeßlichen Gletscherspalten zwischen uns auszufüllen. Wir erklären uns wie Texte. Wir lernen, einander zu lesen, so wie man lernt, Hieroglyphen zu entziffern. Aber wir begegnen uns nie in dem Blitz des jähen Erkennens, dem intuitiven Klicken, das aus der Kenntnis des Spiels und der Oberflächen der Persönlichkeit des anderen entsteht. Ich erfahre nach und nach alle wichtigen und trivialen Einzelheiten über ihn: daß er einmal seine Schwester geschlagen und seine Mutter ihn dafür nicht streng genug bestraft hat, über die

Wutanfälle seines Vaters und warum er Frank Capra liebt. Er weiß von allen wichtigen Augenblicken meiner Biographie. Die Stereotypen fallen ab, werden bedeutungslos. Es ist nun nicht mehr wichtig, daß er ein Texaner ist, ein Amerikaner, oder daß in seinem Elternhaus eine Sammlung alter Feuerwaffen prangt. Er ist einfach er selbst, in seiner spezifischen Form der Fremdheit. Er wird vertraut – was nur meine Verwunderung darüber verstärkt, daß das Vertraute so fremd sein kann, das Nahe so fern.

In meinem ersten Studienjahr wird Kennedy ermordet. Es geschieht so nahe bei uns – fast als wäre der Schuß in der Nachbarschaft abgefeuert worden. Die Menschen trauern zuhauf, und einige befürchten, es sei vielleicht die Tat einer Volksjustizgruppe gewesen und möglicherweise stünden weitere Gewaltausbrüche bevor. Ein Junge, mit dem ich gelegentlich ausgegangen bin, hat Seite an Seite mit Oswald im »Dallas Book Depository« gearbeitet. Er ist erschrocken, daß er ihn gekannt hat, erschrocken, daß er ganz normale Gespräche mit ihm geführt hat. Lizzys Augen werden groß und nachdenklich, und nach dem Gedenkgottesdienst für Kennedy kommt sie in unser Zimmer und weint; wie immer ihre politische Überzeugung ist, dies ist ein schrecklicher Schlag für ihren Glauben an Amerika. Ich begreife die Tragik dessen, was geschehen ist, nicht aber die volle Tragweite: meine amerikanische politische Erziehung ist noch nicht weit genug gediehen, als daß ich überblicken könnte, was verloren gegangen ist und was für eine schwere Erschütterung dieser politische Mord darstellt. So geht es mir mit vielen Dingen. Weil ich die Hintergründe nicht kenne, begreife ich oft das Geschehen im Vordergrund nicht.

Während meines zweiten Studienjahres klebt mein Philosophie-Professor ein Schild an seine Tür, das verkündet: DIE STONES SIND DIE HARTEN MÄNNER DES ROCK, DIE BEATLES DIE ZARTEN. Die harten und die zarten Männer von Rice lassen sich die Haare bis über den Kragen wachsen. Mein Englisch-Professor wird des öfteren dabei beobachtet, wie er ostentativ hübsche junge Frauen küßt. In einer besonderen Vorlesung für Auserwählte macht uns Dr. O'Rourke, Spezialist für die Geschichte des Mittelalters, eines Sonntags mit Marshall McLuhan und R.D. Laing bekannt. Auf Partys herrscht eine belebte Atmosphäre allgemeiner Zuneigung; jeder der Anwesenden ist gut, jeder gehört dazu. Uns alle verbindet ein Geheimnis; wir alle sind gläubige Diener eines Geheimkults. Timothy Leary besucht unsere Universität und berichtet uns, daß die Gehirnzellen ab dreißig zu degenerieren beginnen – eine Information, die ich entsetzlich finde, die aber von dem dichtgedrängten Publikum in dem großen Auditorium mit heiterer Genugtuung begrüßt wird. Gegen Ende meines zweiten Studienjahres hat der Philosophie-Professor einen Artikel über die Transzendenz bei Thomas von Aquin und Jefferson Airplane geschrieben. Die Gegenkultur hat den Campus erreicht.

Ausgerechnet während ich mich bemühe, das Material der Sprache in mich hineinzustopfen, fangen meine Kommilitonen an, eine gewollte Sprachlosigkeit zu kultivieren, als ob mehrere vollständige Sätze hintereinander eine fragwürdige Investition in eine kranke Zivilisation darstellten. »Hey«, sagen sie, wenn sie sich zufällig über den Weg laufen, blicken einander bedeutungsvoll in die Augen, lachen sodann und nuscheln irgend etwas und schaukeln in heftigen langen Umarmungen hin und her – eine bizarre Vortäuschung spontaner Aufrichtigkeit, die mir ebenso aufgesetzt erscheint wie Marie Antoinettes Versuche, das naive und sentimentale Milchmädchen zu spielen.

Bei jeder Party wird die Stimmung versüßt durch die dröhnenden Rhythmen von Aretha Franklin und den Stones und Janis Joplin, und wie die anderen überlasse auch ich mich den neuen Bewegungen, die diese Musik in meinem Körper weckt. Dieser Teil des Geschehens ist eindeutig gut. Bei dem Rest bin ich mir nicht so sicher.

Überall um mich herum ertönen die Signale des Neuen und wie auf ein Stichwort machen meine Kommilitonen die verblüffendsten Verwandlungen durch. So zum Beispiel Janice, ein schüchternes unscheinbares Mädchen, die mit ihrem formlos geschnittenen braunen Haar und ihrer Nickelbrille kundtut, daß sie sich nicht schön findet und nicht möchte, daß irgend jemand sie näher ansieht. Janice kommt aus einer fundamentalistischen Familie, in der, wie sie mir trocken erzählt, »Sex als etwas angesehen würde, das unter die Aufsicht der Kirche gehört«. Ihre Mutter weinte bittere Tränen, als Janice beschloß, nach Rice zu gehen, in dieses gefährliche Sündenbabel, diese Heimstatt weltlicher Irrlehren. Eine Zeitlang verschlingt Janice die Irrlehren mit geradezu religiöser Inbrunst. Dann ereignen sich andere Dinge.

Nach unserem zweiten Studienjahr verbringt Janice den Sommer damit, Swjatoslaw Richter hinterherzureisen. Sie fährt mit einem Stipendium nach Europa, um Französisch zu studieren, aber dann hört sie Richter in einem Konzert und vernimmt so etwas wie einen Ruf. Sie bringt Richters Tourneeplan in Erfahrung und reist ihm per Zug oder mit dem Bus hinterher. Wo immer der Pianist auftritt, in Aix-en-Provence, Marseille, Mailand, Düsseldorf: sie ist dabei. Schließlich wird irgend jemand aus Richters Umgebung auf sie aufmerksam, Janice erhält ihren Lohn: sie wird in die Künstlergarderobe geführt und dem Objekt ihrer Verehrung vorgestellt. Nachdem sie ihm erzählt hat, was sie getan hat, ist Richter jedenfalls so beeindruckt oder bewegt, daß er ihr die Hand küßt.

Während Janice von ihren Abenteuern erzählt, funkeln ihre Augen hinter der Brille; und ich weiß nicht, während ich dasitze und ihr zuhöre, ob ich ihren so erstaunlichen und eigentlich gar nicht zu ihr passenden Wagemut bewundern soll oder ob mich das Irreale daran nicht doch verstört.

In unserem dritten Studienjahr setzt ein dramatischer Wandel ihres Äußeren ein. Die Brille wird abgeschafft und durch Kontaktlinsen ersetzt. Die uneleganten langweiligen Röcke weichen farbenfrohen, gefährlich kurzen Kleidern und knallbunten Hosen mit Schlag, in denen sie sich so ernst und steif bewegt, als ob das Tragen dieser Kleidung eine Pflicht sei, die sie entschlossen erfüllt. Dann verrät sie mir eine wichtige Neuigkeit: Sie hat sich in ihren Geologieprofessor verliebt, und sie haben ein Verhältnis! Unglücklicherweise ist der Professor verheiratet, aber Janice läßt sich dadurch nicht beirren. Sie will mit seiner Frau reden und dann zu ihnen ziehen. »Liebe muß freizügig fließen«, sagt sie mit vor lauter Überzeugung düsterem Gesicht. »Es ist genug für alle da.« Ihre Pläne erstaunen mich, aber die Macht ihres Selbstvertrauens triumphiert, und Janice bekommt, was sie will. Sie zieht zu dem Geologieprofessor und dessen Frau, und eine Zeitlang geht sie mit der träumerischen und abwesenden Miene einer liebenden Frau und frisch Bekehrten durch die Welt. Dann merkt sie, daß sie schwanger ist, und das Arrangement zerbricht. Das nach dem Gesetz verheiratete Paar wünscht, daß Janice auszieht; der Professor bietet an, eine Abtreibung in die Wege zu leiten, und sie willigt ein; aber danach wird ihr Verhalten merkwürdig. »Gott hat es nicht gewollt«, sagt sie zu mir, nun mit trüben und nach innen gerichteten Augen. »Die

Welt besteht aus Rosen und aus Dornen, und ich gehöre zu den Dornen. Ich bin nichts wert. Ich weiß nicht, wieso ich gedacht habe, daß mich jemand lieben könnte.«

Ich protestiere, dies sei nicht das Ende. Aber Janice sieht mich versteinert an; sie denkt eindeutig, daß dies das Ende ist. Kurze Zeit später beschließt ein lokaler Guru der Gegenkultur, Janice Meskalin zu verabreichen, um sie von ihren falschen Vorstellungen von der Welt abzubringen. Der Guru hat langes Haar, trägt eine alte Armeeuniform und hat sich eine manieriert-unbeholfene Sprache angewöhnt, obwohl er weiterhin Referate schreibt, die oft als brillant beurteilt werden. »Mach dir keine Sorgen um sie«, sagt er zu mir. »Danach wird sie alles anders sehen. Sie wird erkennen, daß sie alles akzeptieren kann.«

»Und was ist, wenn sie durchdreht? Wenn sie einen Nervenzusammenbruch bekommt?« frage ich, bestürzt, daß er auf etwas baut, was ich für ein schreckliches Risiko halte.

»Beruhige dich, reg dich nicht auf«, sagt er mit einer Lässigkeit, die meine Sorge fast lächerlich erscheinen läßt. »Sie hat sowieso nichts zu verlieren.«

Nach dieser Begegnung bin ich sehr bekümmert, nicht nur ihretwegen, sondern auch meinetwegen. Jahre später, bei einem Aufenthalt in Jerusalem, verlaufe ich mich im arabischen Teil der Altstadt. Und während ich durch das Labyrinth der verwinkelten weißen Gassen wandere und immer wieder den Stadtplan studiere und immer konfuser werde, komme ich an Frauen im Tschador vorbei, die mit schnellen Schritten und niedergeschlagenen Augen vorübergehen, an kleinen Jungen, die bei einem Spiel, das ich nicht kenne, Knöpfe auf den Bürgersteig werfen, und an Gruppen von Männern mit verschränkten Armen, die mich mit grimmigem Blick anstarren. Alles ist überaus fremd und faszinierend, aber auch auf eine besondere Weise beängstigend. In der einen Stunde, die ich ungefähr brauche, bis ich dort wieder herausfinde, habe ich – ob zu recht oder zu unrecht, weiß ich nicht – das Gefühl, daß ich, falls ich hier als unerwünschter Eindringling betrachtet würde, nicht die allergeringste Möglichkeit hätte, an diese Menschen zu appellieren: sinnlos, mit den Augen zu signalisieren, daß ich nichts Böses im Schilde führte; solche Signale würden keinerlei Reaktion in den Augen der Männer, die ich in diesen Straßen sehe, hervorrufen; ihre Gesichter scheinen eine andere emotionale Welt zu verbergen und zu offenbaren. Ich bezweifle, daß sich Gemeinsamkeiten finden ließen.

Genau diese Differenz, dieses Ausgestoßensein empfinde ich, als sich die Gestalt in Armeeklamotten mit ziemlich schwankenden Schritten entfernt. Mein Appell ist wie Wasser an ihm heruntergelaufen; seine Überzeugungen scheinen ihn verhärtet zu haben, und er ist genauso unzugänglich wie jene arabischen Männer – als wären wir Gefangene verschiedener Realitätsprinzipien.

Gibt es ein Realitätsprinzip in Texas? Oder hat es sich in den Weiten des Staates verflüchtigt? Ich meine, eine merkwürdige Gestaltlosigkeit zu spüren, wenn ich bei unseren New-Cult-Versammlungen mit anderen, in der Gruppenintimität, Zärtlichkeiten austausche. Bei diesen Treffen rauchen wir Joints und sitzen da, berauscht vom Miteinander und von veränderten Wahrnehmungen. Endlich das Wahre! Die Musik klingt so viel klarer; wir hören plötzlich den raga-artigen Baß in einem Beatles-Song oder die drei unabhängigen musikalischen Leitmotive einer Bachschen Fuge. Ab und zu sagt jemand irgend etwas, und manchmal brechen wir der Reihe nach in ansteckendes Gelächter aus. Eine Hälfte von mir bleibt zu nüchtern. Oh, ich bin fasziniert von alledem, von der Farbigkeit dieses neuen Happenings. Ich mag die bunten neuen Kleider und die rauhen Rhythmen der Musik. In Gedanken streite ich mich mit R.D. Laing, und einmal nehme ich Meskalin. Mein privater Erfahrungskult schreibt es mir vor, und tatsächlich bewirkt die Stimulation durch diese Substanz eine Erfahrung, und mein Bewußtsein bringt eine Reihe schöner und beunruhigender Trugbilder hervor. Aber ich kann diese einzelne Erfahrung nicht in lebendige Erfahrungen umsetzen, in etwas, das Teil meiner Persönlichkeit werden, das ich bis ins Mark spüren könnte. Für meine Gefährten bei den nach Marihuana duftenden Sitzungen aber scheint der Ansporn zu dem Abenteuer genau das Gegenteil zu sein, ich habe das Gefühl, sie würden am liebsten aus sich heraus springen, um in einem einzigen Augenblick der Verwandlung etwas zu werden, was sie nicht sind. Ich möchte innerhalb der Sprache leben und innerhalb eines kulturellen Rahmens festgehalten werden, sie möchten die Fesseln der Sprache und der Kultur sprengen. Vielleicht waren diese Fesseln zu eng; vielleicht liegt hier die Wurzel dieser Rebellion. Aber die Unterdrückung, unter der sie leiden, habe ich nie erfahren, deshalb kann ich ihren Kampf – gegen die etablierten Bedingungen der Mittelklasse – auch nicht teilen. Die Konflikte und Widersprüche liegen für mich woanders; ich muß gegen andere Idole ankämpfen. Mir fehlt das Gefühl der Solidarität; doch von meinem Anderssein aus betrachtet, kommt mir diese Jugendrevolte zu sehr wie ein Hochamt und wie eine Maskerade vor. Und während meine Kommilitonen interessante Metamorphosen anstreben, versuche ich mich an einigen ganz gewöhnlichen Bezugspunkten festzuhalten. Für mich ist es schon kompliziert genug, unter solchen Umständen ich selbst zu bleiben. Ich bin schon mit so viel Veränderung bombardiert worden – vielleicht muß ich deshalb so sorgfältig unterscheiden zwischen wahren Bereicherungen meines Wissens und unechten Entdeckungsreisen. Ich habe Angst, mich jenseits meiner Grenzen zu verlieren, Angst, mich in ein falsches Ich zu verwandeln. Für mich zählt nicht, was ich aus mir herausholen, sondern was ich wirklich in mich aufnehmen kann.

Wenn ich in den abgedunkelten Zimmern mit meinen Freunden zusammensitze, bin ich eine heimliche Verräterin am Geist dieser Treffen. Ich möchte nicht so etwas wie ein Mitglied der fünften Kolonne sein, ich würde gern dazu gehören, eine von ihnen sein, jetzt und hier. Aber das »Hier«, von dem wir ausgehen, ist an unterschiedlichen Orten gelegen, und deshalb verlaufen auch unsere Aufbrüche verschieden. Vielleicht liegt es daran, daß ich nicht recht weiß, woher meine Altersgenossen kommen, daß ich ihren Weg nicht kenne. Ich werde in den Kreis hineingezogen. Ich mag viele der Menschen hier wirklich gern, ich spüre ihre Freundlichkeit und Wärme. Doch dann, um nicht den Boden unter den Füßen zu verlieren, den Grund, auf dem ich stehe, reiße ich mich los. Und weil ich mich zu weit entfernt habe, treibe ich wie ein Astronaut in einem unermeßlich einsamen Weltall. Ich weiß, daß ich an meinem Gefühl einer abgetrennten Realität nicht ewig festhalten kann, denn schließlich ist die einzige wirkliche Realität eine geteilte Realität auf einer gemeinsamen Basis.

Ich weiß, daß die amerikanischen »Expatriates« und andere, die nach Westeuropa gegangen sind, darüber klagen, daß die englische oder die französische Gesellschaft eine geschlossene Klassengesellschaft und für den Außenstehenden unzugänglich sei. Der Prozeß meiner Amerikanisierung beginnt in einer nicht im geringsten snobistischen Gesellschaft; die Übergänge zwischen den Generationen sind fließend. Diese große Mobilität – nach oben, in die Breite und in topologischen Variationen, die in der klassischen Symmetrie nicht vorkommen – macht den Versuch der Assimilation fast zu einer altmodischen Vorstellung.

Die verblüffenden Verwandlungen, die ich zuerst in Rice erlebe, setzen sich im folgenden Jahrzehnt fort und nehmen ihr inzwischen vertrautes Muster an. Lizzy, die nichts von Halbheiten hält, stürzt sich in eine Odyssee, die ebenso extrem wie archetypisch ist. Ungefähr zehn Jahre nach ihrem Examen wird sie heiraten, Gewerkschaftsfunktionärin werden, eine Zeitlang mit Frauen schlafen, einen Selbstmordversuch machen, in Politologie promovieren, eine hoch gelehrte und fast etwas brave Strukturanalyse der Arbeiterbewegung im England des ausgehenden achtzehnten Jahrhunderts schreiben und einen Lehrstuhl an einer der anerkannteren Universitäten des Landes erhalten. Schließlich heiratet sie wieder, bekommt ein Kind, kauft ein hübsches Haus in einem Vorort. So weist ihr Leben – zumindest in seinen äußeren Aspekten – am Ende überraschende Ähnlichkeiten mit dem ihrer Eltern auf.

Ich wundere mich über das Extreme an diesen Veränderungen, und ich frage mich, was Lizzy bei ihrer Suche antreibt. Allen Tate verwendet, Milan Kundera vorgreifend, den Begriff »Angelismus«, um die dunkle Seite der transzendenten Impulse in der amerikanischen Literatur zu beschreiben, und manchmal scheint mir, daß meine Kommilitonen an einer Form von Angelismus leiden – an dem Wunsch, reinere, engelhafte Wesen zu werden, Verkörperungen unbefleckter Phantasie. Sie wollen sexuell befreit sein, emotional gereinigt, politisch unschuldig, und so hangeln sie sich von einer utopischen Vision zur anderen, von Hoffnung auf Transzendenz zu Ernüchterung und zur nächsten Hoffnung auf eine endgültigere Transzendenz.

Manchmal fühle ich mich getäuscht von dieser Verquickung rigide vertretener Meinungen und proteusartiger Veränderlichkeit, die meine Kommilitonen für mich unfaßbar macht. In den Nebelschwaden von Proklamationen und Argumenten ist es schwer für mich, Moden von ehrlichen Meinungen zu unterscheiden, leidenschaftliche Überzeugungen von defensiven Dogmen. Was denken sie, was fühlen sie, was ist ihnen lieb und teuer? Für einen Außenseiter ist es ohnehin schwieriger, diese Unterscheidungen zu treffen – und ganz besonders wichtig, sie zu vollziehen, denn nur, wenn man den Standpunkt eines Menschen ausmachen kann, ist wirkliches Vertrauen möglich. Aber als Außenstehende, die einbezogen werden möchte, bin ich zum falschen Zeitpunkt gekommen, denn inmitten all dieser wirbelnden und sich immer wieder zerteilenden Bewegungen ist allein schon die Vorstellung von außen und innen so absonderlich wie das neuplatonische Universum. Ich muß nicht die Schmerzen früherer Einwanderer erleiden, denen der Zugang zu exklusiven Klubs oder guten Wohngegenden verwehrt blieb. Im Rahmen meiner Fähigkeiten und meiner Ambitionen kann ich überall hingehen und werde überall akzeptiert. Der Witz ist nur, daß es kein überall mehr gibt.

Wie und woran soll man sich in einer zersplitterten Gesellschaft assimilieren? Anpassung an die Zersplitterung? Mit meinem Eintritt ins College mündet das Flüßchen meiner eigenen Geschichte in den Strom der umfassenderen Saga meiner Generation, und die Ereignisse in meinem Leben beginnen, denen meiner Altersgenossen zu ähneln. Heirat, Scheidung, Unschlüssigkeit, was den Beruf betrifft, Umzüge von einer Stadt in die andere, Ambivalenzen in der Liebe, in der Arbeit und in allen fundamentalen Bereichen des menschlichen Lebens. Ich teile mit den Amerikanern meiner Generation ein akutes Gefühl der Zerrissenheit und die ebenso akute Herausforderung, einen Platz und eine Identität im Leben für mich erfinden zu müssen, ohne daß ich mich auf Traditionen stützen könnte. Man könnte behaupten, die Generation, der ich angehöre, ließe sich dadurch charakterisieren, daß sie sich unverhältnismäßig lange geweigert hat, sich anzupassen – und eben in meiner Entwurzelung bin ich eine Angehörige dieser Generation. Tatsächlich könnte man sagen: Das Exil ist die archetypische Lebensbedingung in unserer Zeit.

Eine der Möglichkeiten, mich auch weiterhin nicht gänzlich assimiliert zu wissen, ist ironischerweise mein Restheimweh – das viele meiner Freundinnen ein bißchen peinlich finden, so als ob ich eine beschämende Schwäche eingestünde –, meine Sehnsucht nach stabiler Verankerung, nach Zuhausesein.

Ich wünschte, ich könnte die Luft atmen, die Nabokov in seinen Büchern verbreitet. Ich wünschte mir jene olympische Freiheit des Geistes, die es Nabokov in seiner Autobiographie gestattet, der Russischen Revolution nicht mehr als eine beiläufige Bemerkung zu widmen – als ob derart gewöhnliche Ereignisse nicht die Macht hätten, fundamentale Veränderungen in seinem Leben zu erzwingen, oder als wäre es vulgär, taktlos, sich über ein so brutales, so rüde kollektives Geschehen zu verbreiten. Ich könnte mich – ähnlich wie Nabokov sowohl sich selbst als auch seine Gestalten definiert – über das verräterische Detail definieren, eine Vorliebe für Pfefferminzbonbons gegenüber Pastillen, Ungeschick beim Kricket, die Neigung, Handschuhe oder Regenschirme zu verlieren. Ich wünschte, ich lebte in einer Welt prismatischer Brechungen, sorgfältig unterschiedener Farben von Sonnenuntergängen und englischen Schals, synästhetischer Wiederholungen und wiederkehrender Überraschungen – in einer Welt, in der sogar gerötete Nasenflügel eher als kostbare Schattierung angesehen werden können und weniger als Symptom für eine leidige ordinäre Erkältung. Ich wünschte, ich könnte an einer solchen Welt teilhaben, weil sie in mancher Hinsicht unsere realste und geliebteste Welt ist, die Welt äußersten individuellen Empfindens, nicht zertrampelt von der Geschichte oder den fürchterlichen Aufdringlichkeiten gesellschaftlicher Umstände. Oh ja, ich glaube, daß die Welt Nabokovs hell ist, licht und erleuchtet durch äußerst präzise Zuneigung. Eine solche Liebe ist unsentimental, weil sie frei ist und sich freien Objekten zuwendet. Ich bemerke eher, was anbetenswert (oder hassenswert) ist, als das, was durch höhere, größere Kräfte geformt und deformiert worden ist. Die Gestalten in Nabokovs Werken sind ganz und gar sie selbst, sie erlangen die begnadete Amoralität ästhetischer Objekte.

Wie banal und langweilig ist es dagegen, sich als ein durch historische Ereignisse geformtes und durch soziologische Kategorien definiertes Wesen zu sehen. Ich bin Jüdin, Immigrantin, halb Polin, halb Amerikanerin . . . Ich leide unter bestimmten Syndromen, weil ich mit Geschichten über den Krieg gefüttert wurde . . . Bei einer Party im Haus alteingesessener reicher Bostonians spüre ich, daß ihr huldvolles Lächeln eine vollendete Herablassung maskiert . . . Ich bin weder meiner Vergangenheit noch meinen Lebensumständen entronnen; sie schnüren mich ein wie ein Korsett, machen mich steifer, kleiner. Ich habe noch nicht die Stufe erklommen, ab der nur noch meine persönlichen Züge zählen – die hübsche Kurve meines Halses etwa, oder mein trockener Humor. Nabokov hat Amerikas Großzügigkeit mit *Pnin* und *Lolita* vergolten, mit nie durch Säuernis getrübtem Amüsement. Unter all den Antworten auf die Lebensbedingung Exil ist seine mit Sicherheit die triumphierendste, unverdorben durch Zorn, Minderwertigkeitsgefühl oder Ehrgeiz. Seine Beobachtungen sind die eines absolut freien Mannes; doch womöglich kann diese Art aristokratischer Freiheit, die über alles Einengende und Materielle erhaben ist, nur unter einer bestimmten Voraussetzung entstehen: vielleicht ist sie ein aristokratisches Privileg. Letzten Endes ist es vielleicht gar nicht möglich, die Grenzen unserer Lebensumstände gänzlich zu überschreiten.

Wir, mein Texaner und ich, fahren in seinem klapprigen alten Chevrolet von Houston nach Austin, wo wir Freunde besuchen wollen. Der Highway ist ziemlich leer, und es ist sehr heiß. An der Böschung Büschel hohen blaßgrünen Grases und hier und da Flecken mit Salbei und Lavendel. Sonst gibt es weit und breit nichts außer uns und der Geschwindigkeit des Autos und dem endlos zurückweichenden Horizont. Freiheit. Wir sprechen wenig, genießen das Geschenk unserer Einsamkeit. Ab und zu erhebt sich vor uns – wie ein Segen, wie ein Geschenk Gottes – ein Hügel. Einerlei, was mir widerfahren wird, denke ich, dies wird es immer geben. Es wird immer Landschaften geben, und ich werde immer die Freiheit haben, sie zu genießen, wenigstens die Möglichkeit, sie zu betrachten. Ich werde immer die Freiheit meiner Bedeutungslosigkeit besitzen. Selbst diese leere Straße pulsiert unter dem Schweigen meiner eigenen Erfahrung. Ich brauche mich eigentlich nicht so zu ängstigen.

Sollst du ihn heiraten? Die Frage stellt sich mir auf englisch.

Ja.

Sollst du ihn heiraten? kommt das Echo der Frage auf polnisch.

Nein.

Aber ich liebe ihn; ich bin in ihn verliebt.

Wirklich? Wirklich? Liebst du ihn so, wie du lieben kannst? So, wie du Marek geliebt hast?

Vergiß Marek. Dein Texaner ist ein anderer Mensch. Er ist hübsch und freundlich und gut.

Du empfindest nicht die natürliche Wärme. Du machst dir etwas vor. Du machst dir deine Gefühle vor. Du willst es erzwingen.

Du willst mich also davon abhalten, daß ich heirate? Du weißt, daß dies eine wichtige Entscheidung ist.

Ja. Deshalb mußt du auf mich hören.

Warum sollte ich auf dich hören? Du mußt nicht unbedingt alles über mich wissen, nur weil du diese Sprache sprichst. Nur weil du aus meinem tieferen Innern zu kommen scheinst.

Das ist nicht der Augenblick, um dich selbst zu belügen.

Ich lüge nicht. Aber ich bin kein Kind mehr. Meine Gefühle sind vielschichtiger geworden. Ich bin weniger eindeutig.

Wenn du heiratest, mußt du jemandem von ganzem Herzen zugetan sein.

Das ist eine romantische Illusion.

Wenn du mich nicht zufriedenstellst, wirst du immer unzufrieden sein.

Geh weg. Du entwickelst dich zu einem Alptraum.

So einfach wirst du mich nicht los.

Ich brauch dich nicht mehr. Ich möchte, daß du schweigst. Halt den Mund.

Sollst du Pianistin werden? Die Frage stellt sich mir auf englisch.

Nein, das darfst du nicht. Das kannst du nicht.

Sollst du Pianistin werden? kommt das Echo der Frage auf polnisch.

Ja, das mußt du. Um jeden Preis.

Der Preis wird zu hoch sein.

Das macht nichts. Die Musik ist deine Bestimmung.

Sei nicht so dramatisch. Ich kann für mich selbst spielen. Zu meinem Vergnügen.

Mach dir nichts vor. Du möchtest für andere spielen. Du möchtest den Applaus hören.

Das ist ein hohles Ideal.

Die Augen der Menschen, wenn sie dich spielen gehört haben . . .

Am Ende werde ich Konzerte in Kleinstädten und an Colleges geben. Es gibt zu viele Pianisten auf der Welt, die immer wieder dasselbe ermüdende Repertoire spielen. Was kann ich den vielen Schallplattenaufnahmen der Chopinschen Etüden hinzufügen?

Vernunftgründe, alles Vernunftgründe . . . Du bist leidenschaftlich versessen darauf . . . Du hast dir selbst gegenüber eine Verpflichtung.

Ich lebe hier und jetzt. Ich kann nicht einfach die Augen verschließen und meinen Leidenschaften frönen. Ich muß darüber nachdenken, was ich aus meinem Leben machen will.

O Gott, ich weiß es nicht. Ich weiß nicht mehr, was ich tun soll.

Ich liebe die Literatur. Ich bin gut darin. Vielleicht kann ich eines Tages schreiben. Manchmal schwebe ich in demselben hohen ...

Nein, nicht demselben. Nichts anderes vermag so viel auszudrücken ... Was sonst wirst du je so lieben können?

Ich werde andere Dinge lieben, andere Menschen. Ich verspreche es.

Erinnere dich an deine Gefühle, als ...

Nein. Ich will mich nicht erinnern.

Und was willst du? Was willst du?

Ich will ... Ich will mich nicht mehr so oft verändern müssen. Aber ich muß. Ich muß mit mir Schritt halten. Es geht nicht nur um die Musik, wie du weißt.

Ja, ich weiß. Aber es wird dir weh tun, sie aufzugeben.

Ja, es wird mir weh tun.

Aber wir werden irgendwie zurechtkommen.

Ja, wir werden zurechtkommen.

April 1969. Ich schlendere über den Harvard Yard. Mein erstes Jahr in Harvard neigt sich dem Ende zu. Ich komme gerade aus einer Vorlesung über Viktorianische Ästhetik und will mich mit Freunden in der Cafeteria treffen, wo wir über Literarisches und Persönliches plaudern. Wie so viele Ereignisse in meinem buntscheckigen amerikanischen Leben, verdanke ich meine Anwesenheit hier einer Art Zufall. Mitten in dem Jahr, das ich an der Yale Music School verbrachte – einem Jahr, das ich mir zugestanden hatte, um das Problem mit der Musik zu lösen –, fuhr ich mit einem Freund nach Boston, und die hügeligen schmalen Straßen der Innenstadt, die Brownstonehäuser, die rosig im Licht der Wintersonne glühten, eine Apotheke mit schimmerndem hölzernen Inventar und eine plötzliche, vorzeitige Dämmerung sprachen so sehr eine tiefe Sehnsucht in mir an, daß ich mir, als ich mich entschloß, am Ende doch die wissenschaftliche Laufbahn einzuschlagen, ganz sicher war, daß dies der Ort sei, wo ich studieren wollte.

Daß ich tatsächlich nach Harvard gelangte, verdanke ich einem letzten Auflodern unbekümmerten Einwandererwagemuts. Ich hatte den vorangegangenen Sommer mit der lähmenden Frage verbracht, was ich als nächstes tun wollte; so ist es schon Herbst, als ich endlich das Büro des English Department betrete und dem Direktor erkläre, er müsse mich zulassen. Zu diesem Zeitpunkt bin ich bereits mit genügend Ehren und Stipendien ausgezeichnet worden, um über den Verdacht der Hochstapelei erhaben zu sein, aber der Direktor, ein brummiger freundlicher Mann, der mich mit einiger Neugier ansieht, als ich ihm meine so offensichtlich unsinnige Forderung vortrage, erwidert, selbst wenn John Donne höchstpersönlich zu diesem so späten Termin erschiene, könnte er nichts für ihn tun – und außerdem würden »sie« dabei nicht mitspielen. »Wer sind sie«, frage ich, und der Direktor erklärt mir, damit sei das Zulassungsbüro gemeint, das sich mit Sicherheit weigern würde, eine so spät eingegangene Bewerbung zu bearbeiten. »Und wenn sie doch einwilligen würden?« frage ich mit einem konspirativen Lächeln, und der Direktor komplimentiert mich mit gespielter Empörung aus dem Büro. Nachdem er mir eine erste Tür geöffnet hat, ist alles ein Kinderspiel, und ich setzte die anderen mit meiner Notlage unter Druck und ziehe alle Register meines polnischen Charmes, um die Zuständigen der Reihe nach davon zu überzeugen, daß es an ihnen jedenfalls nicht scheitern soll. Nach ein paar Tagen bin ich immatrikuliert.

Nach diesem Ausbruch von Willensstärke, diesem letzten Auflodern von polnischem *polot*, verfalle ich in eine trübe glasige Verzagtheit. In dem Moment, in dem ich das Vergnügen des Erfolgs genießen sollte, schwindet meine Willenskraft, als hätte ich sie überstrapaziert. Jetzt, wo ich da bin, wo ich hin wollte, bin ich so orientierungslos wie eine Brieftaube, der man die Augen verbunden und die man zu oft um die eigene Achse gedreht hat, so daß sie nun nicht mehr die Richtung weiß, in die sie nach Hause fliegen muß. »Ich bin Eva. Ich wohne in Cambridge, Mass. und studiere an der Harvard University«, sage ich mir immer wieder. Ich bin in ein tiefes Loch gefallen. Ich war zu lange eine Fremde.

Und als ich aus dem Loch wieder herauskomme, beginne ich, durch die verwinkelten, kopfsteingepflasterten Straßen von Cambridge zu laufen, als versuchte ich vorsichtig, eine neue Heimat auszuprobieren. Mir gefallen die niedrigen Holzhäuser, die baufällige Gemütlichkeit, die Cafés, in denen ich zu viele Stunden mit

Freunden verplaudere, und die überbordenden Buchhandlungen – obwohl sie mir auch ein Gefühl der Angst vor Fülle vermitteln: so viel ist bereits geschrieben worden, so vieles gilt es zu lernen. Mir gefällt die Bescheidenheit New Englands auf dem Harvard Yard: mir gefallen die holzgetäfelten Räume, in denen das English Department seine endlosen Sherry-Partys abhält, und die Professoren in ihren Tweed-Jacketts und mit ihren leicht vertrockneten Gesichtern und ihrem exemplarischen professoralen Gehabe.

Meine Freunde versichern mir, nunmehr, an der Ostküste der Staaten, sei ich endlich im wahren Amerika angekommen. »Amerikaner sein heißt, daß du das Gefühl hast, die Norm zu sein«, sagt einer meiner Freunde zu mir, »und die Ostküste ist die Norm, die Norm, die die Maßstäbe setzt.« Dieses Statement wird ironischerweise zu einem Zeitpunkt abgegeben, in dem gerade meine Freunde versuchen werden, jede Norm, die von ihren Eltern – und allgemein von der Kultur – auf sie übertragen wurde, auseinanderzunehmen, aufzulösen und zu zertrümmern. Eine Zeitlang werden sie ihr Erbe und ihren Anspruch nutzen und von dem luxuriösesten aller Rechte Gebrauch machen, dem Recht, die eigenen Privilegien auszuschlagen; eine Weile lang zumindest werden sie sich weigern, das Erbe der Welt anzutreten.

Was mich betrifft, so wünsche ich mir noch dringlicher als zuvor herauszufinden, wo mein Platz in diesem Amerika ist, das aus so vielen Subamerikas besteht. Auf irgendeine Weise möchte ich den Zustand des Fremdseins beenden. Ich möchte den Leuten keine anheimelnden Geschichten mehr aus der »alten Heimat« erzählen, ich möchte nicht mehr »exotisch ist erotisch« gesagt bekommen oder daß ich »diese osteuropäische Leidenschaft« hätte oder nachdenkliche galizische Augen. Ich möchte nicht länger von meiner Immigranten-Chuzpe oder Desperado-Energie oder meinem Usurpator-Ehrgeiz angetrieben werden. Ich möchte nicht länger das kratzbürstige, unerbittliche Bewußtsein haben, inmitten einer spezifischen Kultur zu leben. Es ist an der Zeit, den Vorhang wegzuziehen und die Welt unmittelbar zu sehen, als die Welt. Ich möchte wieder – durch welchen Spiegel auch immer, wenn er mich nur dort hinbringt – in einen Status der normalen Realität eintreten.

Und im gleichen Moment fange ich an, mich mit meinen Freunden anzulegen.

Obwohl ich mich immer für einen nachgiebigen, allzu entgegenkommenden Menschen gehalten habe, gerate ich jetzt ständig in Streit. Wenn ich mit einem Freund nachmittags bei einem Kaffee im »Pamplona« sitze oder mit einem anderen durch die eher bukolischen Straßen von Cambridge wandere, befinden wir uns plötzlich mitten in einem Wortwechsel, dessen Heftigkeit uns beide überrascht. Er kann durch alles ausgelöst werden, jede Unterhaltung kann plötzlich eine Wendung nehmen, die uns auf den Kriegspfad führt. Wir streiten uns über die normalsten und die absurdesten Dinge: über den Wert von sportlicher Betätigung und gesunder Ernährung, die Auswirkungen der chinesischen Kulturrevolution, darüber, ob Fotografie eine Form von Gewalttätigkeit ist und ob die Familie ihrem Wesen nach repressiv ist. In den Gesprächen mit meinen Freunden spüre ich kulturelle Klischees auf wie ein Hund die Witterung des gejagten Wildes. Eine harmlose Bemerkung wie: »Also, ich weiß nicht, was ich dazu sagen soll, es hängt wirklich davon ab, wie dir zumute ist«, provoziert mich zu den bittersten Reflexionen über den amerikanischen Individualismus und darüber, wie die Toleranz des Laissez-faire eine Maske gefühlloser Gleichgültigkeit sein kann. Hinter dem Satz: »Du mußt immer die Kontrolle behalten«, wie er oft in eine Unterhaltung eingeworfen wird, entdecke ich, rachsüchtig wie ich bin, eine paradoxe Repression seitens derer, die Repression am meisten hassen. In den neuen Normen, die meine Altersgenossen verkünden, erkenne ich die Struktur der Normen, die sie angeblich ablehnen, zwar umgekehrt, wie eine Unterwasserspiegelung, aber noch deutlich erkennbar.

Oft tobe ich vor Wut. Ich nenne es Immigrantenwut, und sie kann jeden Moment ausbrechen, auf scheinbar winzige Provokationen hin. Sie richtet sich mit gleich großer Kraft gegen »die Kultur« – diesen gespenstischen Käfig, in dem ich gefangen bin – wie gegen meine engsten Freunde. Oder vielmehr gegen die Kultur »in meinen Freunden«. Es ist mein Pech, daß ich das Netz eines allgemeinen Konsenses über individuelle Persönlichkeiten geworfen sehe, daß ich die Unterwerfung unter kollektive Ideologien erkenne, wo ich nur das freie Spiel der Subjektivität sehen sollte. In den gewöhnlichsten Zwischengesten – Heimlichtuerei in Gelddingen, oder in dem Zögern, sich Traurigkeit anmerken zu lassen – spüre ich die Tyrannei unterschwelliger Konventionen. Wo meine Freunde glauben, ihre tiefsten Überzeugungen auszusprechen, wittere ich das Dogma intellektueller Moden; mitten in einer Diskussion höre ich auf, das Gesicht der einen Person zu sehen und fange an, gegen die Mauer der unsichtbaren, undurchdringlichen kollektiven Gewalt anzurennen.

In Peter Schneiders Roman *Der Mauerspringer* hat der westdeutsche Erzähler eine ostdeutsche Freundin, die Lena heißt. Lena hat sich dafür entschieden, auf der Westseite der Berliner Mauer zu leben, aber sie urteilt sehr streng über das, was sie dort sieht. Als ihr Freund beiläufig auf die Titelseite eines *Playboy*-Hefts blickt, wirft sie ihm Dekadenz vor, und als er und seine Freunde sich in einer Kneipe Witze erzählen, tadelt sie die Niveaulosigkeit der Männer. Sie findet die politische Einstellung der Westdeutschen frivol und ihre Vergnügungen schal. Ihr Freund erkennt, wie sehr sie an dieser Überempfindlichkeit leidet; eine Zeitlang bewundert er ihre Strenge, aber am Ende wird er sie deshalb verlassen.

Ich weiß, was ich eigentlich von Lena halten sollte, aber ich identifiziere mich mit ihr. Ich denke, daß sie recht hat. Ich möchte mich um strengere Maßstäbe der Ernsthaftigkeit bemühen. Mit anderen Worten: ich bin eine Plage.

Ich glaube, ich kenne auch den Grund für Lenas Abwehrhaltung und ihre scheinbare Arroganz: ihre Version der Dinge gerät automatisch in Verdacht und wird gering geachtet. Das ist der wahre Grund für meine Kämpfe, die bohrende Provokation hinter den trivialen Auseinandersetzungen. Meine Sicht der Wirklichkeit, stark und verletzlich, läuft Gefahr, unter die Vorherrschaft der hier Geborenen zu geraten. Meine Gesprächspartner bei diesen Zusammenstößen starren mich ungläubig oder erschrocken an. Worüber rege ich mich so auf? Sie haben sich doch einfach nur unterhalten. Sie wollen nicht jeden Satz auf die Goldwaage legen, und das haben sie auch nicht nötig; das Maß an gemeinsamer Überzeugung ist so groß, daß es etwas Absolutes darstellt, eine eigene Wirklichkeit. Sie setzen mir höflich und bestimmt auseinander, wo ich mich irre. Oder sie geraten selber in Wut. Bei Partys werden meine Einsprüche oft mit eindeutigem Schweigen übergangen, als brauchte man darauf nicht einzugehen. Das verstärkt meine Frustration, meinen Zorn noch mehr. Zensur im Wohnzimmer, murmele ich verbittert, und nach einer Weile fange ich an, mich selbst zu zensieren.

»Wenn du nie eine richtige Tomate gegessen hast, glaubst du, die

Plastiktomate sei die echte Tomate«, sage ich zu meinen Freunden. »Aber erst wenn du beide gekostet hast, weißt du, daß es einen Unterschied gibt, auch wenn es fast unmöglich ist, ihn zu beschreiben.« Das Beispiel erweist sich als mein überzeugendstes Argument. Meine Freunde reagieren betroffen auf den Vergleich mit der Plastiktomate. Aber wenn ich versuche, ihn auf geistige Bereiche zu übertragen, sperren sie sich. Mit Sicherheit seien die Erlebnisse in unseren Köpfen und Seelen universelle Erfahrungen, der Ozean der Realität ein und derselbe und unteilbar. Nein, schreie ich laut bei jedem unserer Streitgespräche, nein! Es gibt eine Welt da draußen; es gibt viele Welten! Es gibt Gefühlserlebnisse, die sich nicht miteinander vergleichen lassen, Erfahrungswelten, die man von den eigenen begrenzten Erfahrungen her nicht einmal erahnen kann.

Ich nehme an, meine Freunde verdächtigen mich oft einer perversen Weigerung, an ihren Spielen teilzunehmen, einer unerklärlichen Lust, sie zu provozieren und ihren bequemen Konsens zu stören. Ich vermute, in ihrem Konsens sind sie bemüht, mich zu kolonisieren und mir meine Eigenart und das Besondere an mir zu rauben. Trotzdem muß ich mich damit irgendwie arrangieren. Ich bin keine Besucherin mehr und kann darum nicht länger die realen Bedingungen, die hier vorherrschen, ignorieren oder am Rande sitzen und die seltsamen Sitten der alteingesessenen Amerikaner beobachten. Ich muß lernen, damit zu leben, eine gemeinsame Basis finden. Es ist die Angst, zuviel von meiner Substanz abgeben zu müssen, die mich mit dieser leidenschaftlichen Wut erfüllt.

Meine amerikanische Freundin: Wie fandest du eigentlich den ungarischen Film letzte Woche?

Ich: Ich fand ihn ziemlich stark.

M.a.F.: Ich auch. Es war ein sehr kluger Beitrag zum Thema, wie wir alle von Institutionen vereinnahmt werden können.

Ich: Nicht wir alle. Es ging um die kommunistische Partei in Ungarn um 1948.

M.a.F.: Kollaboration ist nicht das Monopol der Kommunisten. Du kannst auch von Kapitalisten mit Erfolg gekauft werden.

Ich: Ich denke schon, daß es einen winzigen Unterschied zwischen diesen beiden Organisationen gibt.

M.a.F.: Du mit deinen liberalen Spitzfindigkeiten. Ich glaube, daß du dieses Land immer noch nicht richtig siehst.

Ich: Um Himmels willen, begreifst du denn nicht, was dort passiert ist? Daß man Menschen eingesperrt, gefoltert, aufgehängt hat?

M.a.F.: Reg dich nicht so auf. Es war ein ungarischer Film. Du brauchst dich nicht mit ganz Osteuropa zu solidarisieren.

Ich: Ich schätze ein gewisses Quantum von Genauigkeit, was man von dir nicht behaupten kann! Die Welt ist nicht einfach eine Projektionsfläche für deine Ideen, wie erhaben und richtig sie auch sein mögen.

M.a.F.: Ich kann die Welt interpretieren, wie ich will. Das nennt man Theorie, damit du Bescheid weißt.

Ich: Das nennt man unreflektiert, soweit ich weiß. Du darfst nicht zulassen, daß Theorien dich für Unterschiede blind machen.

M.a.F.: Verschone mich mit deinem Sarkasmus. Wenn dort drüben schreckliche Dinge passiert sind, heißt das noch nicht, daß hier nicht auch schreckliche Dinge passieren. Du neigst dazu, die Unterschiede zu übertreiben, als wolltest du dich abseits halten.

Ich: Es geht hier nicht um eine philosophische Frage!

M.a.F.: Auf einer bestimmten Ebene geht es immer darum.

Ich: Dann möchte ich auswandern.

M.a.F.: Niemand hält dich davon ab.

Ich: Wie läuft's mit Doug?

M.a.F.: Schrecklich. Wir vögeln, bis wir den Verstand verlieren, und er will seiner Frau nicht einmal sagen, daß wir was miteinander haben!

Ich: Das stelle ich mir allerdings auch sehr schwer vor.

M.a.F.: Warum?

Ich: Hast du noch nie etwas von Besitzdenken gehört? Von Eifersucht?

M.a.F.: Doch, ich habe davon gehört. Nur glaube ich nicht, daß es sich dabei um natürliche Instinkte handelt, die wir als heilige Kühe hinnehmen müssen. Sie mögen im Paläolithikum einen gewissen Zweck erfüllt haben, aber wir sind nicht mehr Jäger und Sammler, falls du das schon bemerkt haben solltest.

Ich: Doch, habe ich. Aber ich habe auch bemerkt, daß wir weiterhin besitzergreifend und eifersüchtig sind.

M.a.F.: Weißt du was? Du entwickelst dich zu einer vollendeten Spießerin.

Ich: Und du dich zu einer gewöhnlichen Stalinistin. Man darf nicht eifersüchtig sein, man darf keine Schuldgefühle haben, man muß sich mit seiner Wut auseinandersetzen ... Was ist das, eine Art moralisches Eingreifkommando?

M.a.F.: Mir kommt der Verdacht, daß du dich bedroht fühlst, weil ich soviel herumvögele.

Ich: Von mir aus kannst du so viele Affären haben, wie du willst.

M.a.F.: Siehst du, du bringst nicht einmal das Wort vögeln über die Lippen.

Ich: Ich bringe das Wort vögeln sehr wohl über die Lippen. Vielen Dank.

M.a.F.: Warum reagierst du so feindselig?

Ich: Weil ich glaube, daß du mich angreifst.

M.a.F.: *Ich* greife *dich* an?

Ich: Ich kann es nicht leiden, wenn man mich wegen meiner Wortwahl verhört.

M.a.F.: Du hast mich die ganze Zeit deine Mißbilligung spüren lassen. Du stempelst mich zu einem naiven amerikanischen Provinzmädchen ab.

Ich: Ich glaube, du tust nur so unschuldig. Manche Dinge erklären sich hinreichend von selbst, verstehst du.

M.a.F.: Das stimmt nicht, das gilt nur für Reaktionäre.

Ich: Das halte ich nicht mehr aus!

M.a.F.: Glaub mir, das beruht auf Gegenseitigkeit.

Die Dialoge sind nicht beendet, wenn wir verstimmt auseinandergehen oder uns auf irgendwelche Kompromißversuche geeinigt haben. Wenn ich danach die Straße hinuntergehe und kaum wahrnehme, was um mich herum vorgeht, oder nachts, wenn ich mich im Bett wälze, setze ich die wütenden Auseinandersetzungen in Gedanken fort. Ich mache mir die Stimmen der Gegenseite zu eigen und jede von ihnen ist bereit, die andere Meinung zu zerfetzen. Einmal bin ich drauf und dran, die gesamte amerikanische Kultur als ein falsch angelegtes Experiment abzutun. Voller Verachtung denke ich, daß hier zu oft das Rad neu erfunden wird. Das Rad ist bereits erfunden worden, warum dann immer wieder die Mühe? Man staunt hier immer noch über die Tatsache, daß die Erde rund ist, und beharrt zu sehr darauf, daß die Sonne sich vielleicht doch um uns dreht. Meine amerikanischen Freunde denken privilegierte

Gedanken, sage ich mir, Gedanken, die nichts kosten und die nicht aus der harten Schule eigener Erfahrungen kommen. Es sind überschüssige Gedanken, die nicht mit Konsequenzen bezahlt werden müssen. Glauben sie, wenn sie ihren Standort bestimmen und sich nachts Rechenschaft ablegen, daß ein Ehekrach Ursachen hat, die zu tief sind, als daß man sie analysieren könnte, oder daß Eifersucht durch ein ideologisches Machtwort überwunden werden kann, oder daß die Revolution hinter der nächsten Ecke wartet? Es liegt an meiner Unfähigkeit, mir die geheimen Gedanken meiner Freunde vorzustellen, daß die Kluft zwischen uns bestehen bleibt. Ich durchschaue nicht genügend, um zu erkennen, wo die Überzeugungen aufhören und die Selbstdarstellung beginnt. Natürlich sagen meine amerikanischen Freunde nicht bewußt Dinge, die sie für unwahr halten, nur damit sie selbst besser dastehen und jemand anders schlechter. Heuchelei, dieses altmodische und unamerikanische Laster, bedarf eines öffentlichen Tugendideals, um sich zu entfalten; sie braucht außerdem ein unerschütterliches Selbstbewußtsein, um wirkungsvoll täuschen zu können. Trotz ihrer vielen Gewißheiten scheinen meine Freunde nicht zu jener Härte oder Hinterhältigkeit imstande, die sie befähigen würde, Lippenbekenntnisse zu den geforderten Tugenden abzulegen und ihre wahren Meinungen für sich zu behalten. Der Tanz der Persönlichkeit vollzieht sich hierzulande anders, und das Ideal persönlicher Aufrichtigkeit – das vielleicht gewöhnliche Tugenden ersetzt – ist tief verwurzelt. Meine Freunde möchten aufrichtig glauben, was sie gern glauben würden. Ich frage mich nur, wieviel Spielraum dabei für eine bewußte Selbsttäuschung bleibt – diesen subtilen Betrug, den das Ich nur halb durchschaut. »Wir Franzosen belügen andere. Amerikaner belügen sich selbst«, hat ein Franzose, den ich kenne, einmal bemerkt, und manchmal denke ich, daß der Wunsch meiner Freunde, im Besitz der wahren Idee zu sein, sie davon abhält zu erkennen, welche Ideen wirklich ihre eigenen sind.

Doch wenn die Kraft meiner Mißbilligung erschöpft ist, vollführe ich im Dialog mit mir selbst eine Kehrtwendung, und ich erinnere mich daran, daß meine Wut die Wut des Immigranten, mein Mißtrauen das unwürdige, blindmachende Mißtrauen des Outsiders ist. Um der Gerechtigkeit willen versuche ich dann, vom Standpunkt der anderen aus zu denken, mich an das andere Ende der Basis des Dreiecks zu stellen. Was sich hier abspielt, ist, glaube ich, eine neue Version des Emersonschen Experiments, des ewigen amerikanischen Experiments, das eben darin besteht, das Rad neu zu erfinden, nichts als selbstverständlich hinzunehmen und die menschliche Natur mit einer ursprünglichen Neugier zu betrachten, als ob nie zuvor irgend etwas jemals beobachtet oder gedacht worden wäre. Das ist der Geist, der die Baumwollentkörnungsmaschine und Whitmans freie Verse erfand – und die offene Ehe. Meine amerikanischen Freunde probieren einfach nur ein paar theoretische Experimente an sich selbst aus – und warum auch nicht, bei so wenigen Gegebenheiten in ihrem Leben und so wenigen Verboten? Sie leben in einer noch jungen Kultur, in der die Codes und Konventionen noch zum Greifen nahe sind. Da es keine festen Regeln für Liebende gibt, müssen sie die Dynamik einer Affäre selbst ermitteln, als ginge es um ein kompliziertes physikalisches Experiment, und ihr Denken entwickelt bei diesem Prozeß neue Kräfte. Meine amerikanischen Freunde sind zu Einsichten über menschliche Verhaltensweisen gekommen, die sie wohl nie gewonnen hätten, wenn sie nicht die elementarsten Fragen nach Liebe und Zorn und Sexualität hätten stellen müssen. Ihre Forschungen sind ein Weg zu einem neuen, nicht zu einem überlieferten Wissen – einem womöglich schwierigen und unbequemen Wissen, wie es jugendliches Wissen nun einmal ist, aber unabdingbar in einer Welt, deren soziale, wenn nicht gar physikalische Grenzen immer noch fließend und offen und unvollständig verzeichnet sind.

Theodor W. Adorno, der schärfste aller ausländischen Kritiker Amerikas, hat einmal seine Mitflüchtlinge davor gewarnt, das Gefühl der Fremdheit zu verlieren, wenn sie nicht ihre Seele verlieren wollten. Das ist eine erfrischend kompromißlose Vorstellung von Integrität; aber ich bezweifle, daß Adorno sie ein Leben lang hätte aufrechterhalten können, ohne die Hoffnung auf Heimkehr – ohne daß er nicht dort drüben ein wohlwollendes Publikum für seine dialektischen Satiren gehabt hätte. Die Seele kann schrumpfen unter dem Übermaß an kritischer Distanz, und wenn ich nicht für den Rest meines Lebens in einem dürren inneren Exil bleiben will, muß ich einen Weg finden, um mein Gefühl der Fremdheit loszuwerden, ohne mich selbst zu verlieren. Aber wie läßt man sich auf eine andere Kultur ein, wie erlangt man eine elastische Balance zwischen Rigidität und Selbstaufgabe? Wie hört man auf, die äußeren Merkmale eines fremden Stammes wahrzunehmen und sich tiefer hineinzubegeben in das Innere ihrer Bedeutungen? Jeder Anthropologe kennt die Schwierigkeit eines solchen Schritts – und ebenso jeder Immigrant.

Es ist kein Wunder in unserer Zeit der Massenmigrationen, des Zusammenpralls von Kulturen, der mühelosen Jet-Reisen, bei denen uns jedesmal, wenn wir uns in die Lüfte erheben, die ganze Welt zu Füßen liegt und ganze Länder vorüberziehen wie Teile eines Schachbretts, das uns gehört und auf dem wir spielen – es ist kein Wunder, daß wir in dieser Zeit ganze Philosophien kultureller Abhängigkeit entwickelt und gelernt haben, ganze Literaturen, Landesgeschichten und kulturelle Entwicklungen zu betrachten, als wären sie Bauklötze, die wir beliebig aufstellen und umstoßen können. Es ist auch kein Wunder, daß wir eine ganze Metaphysik zum Thema Unterschied und Andersartigkeit erdacht haben. Aber trotz unserer ausgeklügelten Gewandtheit bei multikulturellen Begegnungen birgt der fundamentale Unterschied, wenn er dich über den Tisch hinweg aus dem nahen Gesicht eines anderen Menschen anstarrt, immer auch ein Element der Gewalttätigkeit. Meine amerikanischen Freunde und ich empfinden es als Angriff auf die Identität des jeweilig anderen, wenn wir etwas Fremdes, Unvertrautes im verschlungenen Gewebe seines inneren Lebens berühren. Ich nehme an, daß wir – einer Art Philosophie folgend – eine Haltung wohlwollender Offenheit füreinander entwickeln und die Unterschiede zwischen uns als interessant und schön bezeichnen könnten. Aber diese sanfte Toleranz ist eher einem indischen Swami gegenüber möglich, der immer exotisch und damit ungefährlich bleibt und nicht die Absicht hat, unser persönlicher Freund zu werden. Oder wir könnten, einer späteren und skeptischeren philosophischen Mode folgend, einer des anderen unwandelbare Andersartigkeit akzeptieren und unser stechendes und schmerzliches Hin und Her aufgeben. Wir könnten einander als Produkte unterschiedlicher Kulturen annehmen – denn eben das sind wir natürlich – und es respektvoll dabei belassen. Aber das würde uns vereinzelt und unzugänglich zurücklassen – was wiederum leichter zu akzeptieren ist, wenn es um unpersönliche Dinge wie Klasse, Geschlecht oder Land geht, als um einen Mitmenschen, der schreiend um Verständnis fleht.

Meine amerikanischen Freunde und ich sehen uns zu einem Experiment gezwungen, das ziemlich ungewöhnlich ist; wir wollen in die Strukturen, die Regungen und die Eigenarten unserer sehr unterschiedlichen Subjektivität eindringen – und dazu bedarf es eines großen Maßes an Einfühlungsvermögen und überdies eines Übermaßes an Vorstellungskraft von wohltuender Gleichgültigkeit oder respektvoller Distanz.

Natürlich sind unsere Ausgangspositionen bei diesen Verstrickungen nicht genau gleich. Wenn es um die Politik alltäglicher Wahrnehmung geht, bin ich entschieden im Nachteil. Meine amerikanischen Freunde sind so zahlreich, und sie teilen so viele Überzeugungen, die für sie selbst unsichtbar sind, gerade weil sie sie teilen. Es handelt sich um Annahmen, die fundamentale menschliche Angelegenheiten betreffen, subkutane Überzeugungen, wie sie jeder politischen Meinung oder jeder offenen Ideologie zugrunde liegen: wieviel »Raum«, physisch oder psychologisch, wir uns gegenseitig zugestehen müssen, wieviel »Kontrolle« wünschenswert ist, was privat ist und was öffentlich, und inwiefern großes Interesse an den Angelegenheiten eines anderen Menschen Sympathie und inwiefern es Einmischung ist, was ein hübsches Gesicht und was ein schöner Körper ist, worüber man sich lustig machen darf und was wir achten müssen, wieviel wir verbergen müssen, um uns selbst zu offenbaren. Außerhalb solcher allgemeinen Übereinkünfte zu verharren, bedeutet, außerhalb der Realität zu bleiben – und wenn ich nicht bereit bin, eine leichte kulturelle Schizophrenie zu riskieren, muß ich mich im inneren Wesen verändern. Ich muß mich übersetzen. Aber wenn mir das gelingen soll, ohne von meiner neuen Welt assimiliert – das heißt vereinnahmt – zu werden, muß diese Übersetzung sehr vorsichtig erfolgen, müssen sich die Wendungen der Psyche zwanglos vollziehen. Fremde Begriffe zu benutzen, ohne ihre Bedeutung verinnerlicht zu haben, birgt das Risiko, allzu glatt, verfälscht zu werden. Eine richtige Übersetzung ergibt sich aus voranschreitendem Verständnis und Einfühlungsvermögen: sie geschieht durch langsamen Zuwachs, Satz für Satz, Formulierung für Formulierung.

Ist es für diese Standortbestimmungen immer noch von Bedeutung, daß meine Version der Realität in Osteuropa geformt wurde? Es ist bekannt, daß das System dort drüben, indem es sich auf Betrug spezialisierte, bei seinen Bürgern Heißhunger nach etwas hervorgerufen hat, was sie seltsamerweise immer noch Wahrheit nennen. Natürlich ist die Wahrheit leichter zu erkennen, wenn sie schlicht das Gegenteil von Lüge ist. Osteuropäisches Denken bewegt sich zu einem großen Teil auf der Achse bipolarer Vorstellungen, es ist noch unberührt von der besonderen Schärfe und Unbeständigkeit, die durch eine mehr dezentrierte Welt geschaffen worden ist. Vielleicht bin ich den Herausforderungen der postmodernen Ungewißheit nicht ganz gewachsen. Aber während ich in Gedanken mit meinen amerikanischen Freunden ringe, werde ich nicht von Sehnsucht nach Gewißheit, sondern von der fast greifbaren Idee des Normalen verfolgt. Das Normale ist in meinem geistigen Ideogramm mit einem Gesicht verbunden: mit dem Gesicht Pani Rutas vielleicht oder mit dem von Piotr Ostropovs. Es ist kein unschuldiges oder besonders freundliches Gesicht; im Gegenteil, es drückt sowohl eine schnelle Auffassungsgabe aus als auch eine ungezwungene Ernsthaftigkeit. »*C'est normal*«, sagt dieser Gesichtsausdruck. »*N'exagère pas.*« Es ist ein Gesicht, das viel gesehen hat und nicht so leicht zu überraschen ist. Es kennt – in seinem kulturellen Gedächtnis – die Grenzen menschlicher Ideale und die Begrenztheit menschlicher Leidenschaften. Kleine Schwächen sind unter diesem steten Blick einfach das, was sie sind: kleine Schwächen. Dieses Gesicht neigt nicht dazu, sich zu ereifern und in moralische Erregung oder analytische Betrübnis zu geraten. Es besitzt ein gespeichertes, über Generationen hin weitergegebenes Wissen von den gewundenen Wegen des menschlichen Herzens, und es hat gelernt, wo das Niedrige in der Seele liegt und was Exzeß ist. Das Normale leitet sich nicht von einer konventionellen Norm ab, sondern aus dieser Kenntnis der Proportionen. Das Gesicht drückt Skepsis aus, die um Haaresbreite von Zynismus entfernt ist, aber es ist auch geneigt, die Dinge so zu akzeptieren, wie sie sind, und nicht, wie sie sein sollten oder sein könnten in einer idealeren, einer weniger menschlichen Welt.

Ich glaube, wenn ich die Subjektivität dieses Gesichts erlangen könnte, dann könnte ich sowohl mich selbst als auch meine amerikanischen Freunde mit meinem Blick umfassen. Ich könnte unsere Polaritäten in einem größeren, weiteren Rahmen sehen und unsere Streitigkeiten, unsere Antithesen durch eine weitere Synthese lösen. Ich könnte sehen, daß wir beide – und diese Worte sind ein Echo aus meiner Kindheit – nur Menschen sind. Eben dieses Gesicht habe ich bei meinen wütenden Mono-Dialogen und Standortbestimmungen wie ein Leuchtfeuer vor Augen. Ich will eine Sprache, die alles ausdrücken wird, was dieses Gesicht weiß, eine ruhige und schlichte Sprache, die den schrillen Klang spezieller Jargons und partieller Visionen zusammenfassen wird, eine Sprache, alt genug, um sich unter die oberflächlichen Unterschiede zwischen Zeichen zu graben und zu den tieferen Bedeutungsschichten vorzustoßen.

Mein japanischer Freund ärgert sich über andere Dinge als ich. Bei ihm sind es Bankangestellte und Verkäuferinnen in Warenhäusern, die seinen Zorn erregen. Sie sind dermaßen unverschämt, sagt er, sie sprechen undeutlich und ignorieren dich, und da er sehr höflich ist und sich nicht gern vordrängt, steht er einfach nur da und wartet darauf, daß er beachtet wird. Doch innerlich kocht er.

Mein japanischer Freund liebt Amerika. Er kam hierher, weil er mit der japanischen Weltanschauung nicht leben konnte. »Du weißt, wie die Japaner ihre Gefühle kontrollieren«, sagt er. »Mir dagegen hat es immer mehr gelegen, meinen Gefühlen Ausdruck zu verleihen. Ich finde diese Überkontrolle unheimlich.« Aber dann ertappt er sich dabei, daß er sich über Bankangestellte und Verkäuferinnen aufregt, besonders dann, wenn sie seine Vorstellungen von Höflichkeit verletzen. »Und dann hasse ich mich selbst«, sagt er mit einer gewissen Verblüffung.

Ich begreife nicht, warum gerade unhöfliche Verkäufer meinen Japaner aus der Fassung bringen. Die meisten Menschen in meiner Umgebung sind mir gegenüber sehr höflich. Worüber regt er sich so auf? Ich versuche, meine Standortbestimmung in einer gänzlich anderen Richtung vorzunehmen, irgendwo fernöstlich meiner üblichen Bezugspunkte. Ich weiß, daß ich für ihn oft wie ein Puzzle bin, und daß in seiner Vorstellung ganz Osteuropa ein kleines abstraktes Gebilde irgendwo im Westen seiner Welt darstellt. Plötzlich sehe ich uns beide als Gestalten einer Burleske winkend auf einer Bühne umherrennen, die zu eng geworden und zu überfüllt ist, als daß sich der einzelne noch ernst nehmen könnte. Das Drama des interkulturellen Zusammenpralls, das sich so oft ereignet hat, ist zur Farce geworden. Vielleicht würden Computerwesen besser in diese übervölkerte Welt passen. Sie hätten kein so ausgeprägtes Ego, das in einem mittelgroßen Land vielleicht noch angebracht war, aber in einer weltumspannenden Kleinstadt jede Überzeugungskraft verloren hat. In unserer neuen Situation würden sie sich mit weniger Getue und mit mehr selbstverständlicher Würde bewegen.

Wie weit ist dies alles von Krakau entfernt, von der Zeit, als Schatten, die sich über die Zimmerdecke bewegten, eine Welt darstellten, deren Mittelpunkt fraglos ich war. Wir sind aufgerufen, weit über unsere Grenzen hinaus zu reisen, aber weder mein japanischer Freund noch ich können uns jener irrationalen, instinktiven Reaktionen entledigen, die wir brauchen, um wir selbst zu sein – die Personen, die wir sind. Wenn wir das täten, würden wir damit aus unserer Haut schlüpfen. Wie kann man mit dieser bifokalen Sicht den eigenen Mittelpunkt bewahren? Und welchen Mittelpunkt sollten wir versuchen zu bewahren? Das Festhalten an unserer Besonderheit scheint so altmodisch geworden zu sein wie das Tragen vieler Röcke übereinander. Und doch, solange wir keine Computerwesen sind, können wir unsere Subjektivität, unsere Fähigkeit, durch Erfahrung zu lernen, nicht aufgeben. Manchmal erkenne ich, was ich brauche: eine objektive Subjektivität, einen Laserstrahl, der meine Energien konzentriert und das gebündelte Licht nutzt, um die Welt zu erhellen und zu reflektieren.

Ein schöner Frühlingstag. Ich bin mit mehreren Freunden in einem Auto unterwegs nach Lincoln zu einem Picknick. Mein zweites Jahr in Harvard geht zu Ende. Die wunderbare Landschaft zwischen den Städten, darüber die vollkommene Klarheit des neuenglischen Himmels, zartes Laubwerk, leuchtend gelbe Narzissen und ein paar weidende Kühe als pittoreske Zugabe. Wir vier im Auto sind voll jugendlicher Lebenskraft, hochgespannter Hoffnungen und übertriebener Ängste. »Bloomsbury oder Bumsbury« – so beschreiben wir witzelnd unsere Zukunftsaussichten. In der unentschiedenen Art unserer Generation zögern wir, uns in die Welt der Erwachsenen zu stürzen und brennen andererseits darauf, ihrer Privilegien teilhaftig zu werden – und ich selbst schließe mich, was unsere allgemeinen Ängste betrifft, mit ein. Jeder in dem Auto ist bester Laune, wie es sich für das Ende des Semesters und bei dem wunderbaren Wetter gehört. Ich trage einen roten Minirock, in dem ich mich sehr wohl fühle; denn nachdem ich mich jahrelang sparsam auf grau und marineblau und schwarz beschränkt habe, lerne ich jetzt, farbige Sachen zu tragen. »Ist das denn bequem?«

wollte meine Mutter angesichts dieses extrem kurzen Teils wissen. »Klar«, log ich, denn tatsächlich stellt es mich, wenn ich mich bücke, vor einige logistische Probleme. »Außerdem ist es ein Test für Männer. Wenn sie dich in dem Ding nicht als Sexualobjekt betrachten, dann weißt du, daß sie wirklich Fortschritte gemacht haben.« Ich weiß, daß ihr diese Art Witz gefällt.

Vorn im Wagen fängt jemand an zu singen. »I'm Walking In The Rain«, und alle fallen ein; dann gehen wir über zu »Poetry In Motion«, und danach zu einem Song von Little Richard. Ich summe mit, da ich die Texte nicht auswendig weiß. Es gibt bestimmte Lücken in meiner amerikanischen Erziehung, die ich, so traurig das auch ist, niemals aufholen werde. Dann folgen Reminiszenzen an alte Folgen von »I Love Lucy« – TV-Heldinnen, *recherche du temps perdu*. Bei diesen regressiven Ritualen ist mir nie ganz wohl zumute, weil ich nicht zu den gleichen Plätzen zurückkehren kann. Ich kompensiere mein Unbehagen, indem ich sage: »Das war vor meiner Zeit.«

Das Gespräch im Auto trägt, ebenso wie die frischen, ungeschminkten Gesichter der jungen Frauen und die langen Haare der Frauen und der Männer, alle Merkmale der Zeit, obwohl es in diesem Moment natürlich ein Gespräch für alle Zeiten zu sein scheint – oder vielmehr ein Gespräch für eine neue Zeit, für eine neue Welt.

»Also wirklich, Lucy ist doch das perfekte Beispiel für falsches Bewußtsein«, wirft Paul, ein schlanker schöner junger Mann mit wildem Haarschopf in seinem üblichen nonchalanten Ton ein. »Eine Serie über Angehörige der Arbeiterklasse fürs Fernsehen! Was für eine Art, politische Energien zu entschärfen.«

»Aber die Leute können sich nicht dauernd mit Politik beschäftigen«, sage ich, fast gegen meinen Willen. Ich weiß nicht, welcher Teufel mich reitet, daß ich meine Freunde mit diesen schulmeisterlichen Ansichten versorge.

»Wenn die Menschen in diesem Land nicht mit all diesem Quark gefüttert würden, könnten sie über ihre eigentlichen Interessen nachdenken«, antwortet Paul, und der Hauch einer Drohung schwingt in seiner Stimme mit. Er ist der Unruhe schürende Radikale in der Gruppe, und er warnt mich, meinen Faden weiter zu verfolgen.

»Es mag ja Quark sein, aber du siehst ihn dir doch gern an«, sage ich. »Warum sollen andere nicht auch ihren Spaß daran haben, selbst wenn sie zur Arbeiterklasse gehören?«

»Hör zu«, sagt Beth, die vorn sitzt, leidenschaftlich erregt. »Dieses Land bietet falsche Belohnungen an. Es blendet die Menschen mit seinen Versprechungen.«

Jetzt habe ich sie alle gegen mich. Heiße Wut steigt in mir hoch. »Stimmt«, sage ich. »Stimmt genau. Aber manche Menschen können es sich eben nicht leisten, auf diese Belohnungen einfach so zu verzichten. Warum sollten sie auch? Soweit ich sehe, verzichtet ihr ja auch nicht auf eure festverzinsten Wertpapiere.«

Aus. Ich habe zuviel gesagt.

»He, Leute, hört auf!« ruft Don, ein Psychologiestudent, der Auseinandersetzungen haßt. »Das ist eine theoretische Diskussion.«

»Eines Tages wirst du uns verzeihen müssen, daß wir besser dran sind«, sagt Miriam mir zugewandt, nach einer Pause. Ihre Stimme klingt sanft aber ziemlich entschieden.

»Ich nehme an, du hast recht«, antworte ich kleinlaut, weil sie den Nagel auf den Kopf getroffen hat. Sie hat recht, und ich bin dankbar, daß sie genügend Vertrauen zu mir hat, es mir zu sagen.

»Da wir gerade von falschem Bewußtsein reden«, sagt Don beiläufig, »habt ihr Petersons Artikel schon gelesen? Oder sollte ich besser Zombie-Traktat sagen? Ich meine, der Typ ist doch halb Mann, halb Buch, und wer weiß schon, welche Hälfte was ist . . . «

»Klar, wer glaubt, daß Bulwer-Lytton der größte Schriftsteller ist, der je gelebt hat, muß sich natürlich einige Fragen gefallen lassen«, sage ich, und wir befinden uns wieder auf sichererem Boden, erleichtert, daß die Spannung vorbei ist. Dann erreichen wir die liebliche Umgebung des DeCordova-Museums, und wir beschließen, am See zu picknicken. Friedlich wandern wir gemeinsam durch den Wald, und dann packen wir die Weinflaschen aus und Brot und köstliche Leckereien nach Rezepten aus Julia Childs Kochbuch, das in jenen Tagen ein Muß ist für alle, einerlei ob Bohemiens, Rebellen oder Revolutionäre.

»Was ist das?« fragt Miriam mich in strengem Ton und zeigt auf eine Schar Enten, die über den See schwimmt.

»Eine Entenschar«, sage ich mit übertriebenem Stolz.

»Ah, ich sehe, du hast etwas gelernt, kleine dumme Polin«, sagt sie in gespieltem Lehrerinnenton, und dann sitzen wir da und starren eine Zeitlang auf den See. Morgen werden Paul und Beth und ich uns treffen, um über ein Drehbuch zu sprechen, an dem wir gemeinsam arbeiten – Teil unserer Bemühungen, Bloomsbury statt Bumsbury zu erreichen. Wir malen uns aus, was geschähe, wenn ... Paul drückt mit träumerischem Blick meinen Arm. »Wir werden es zusammen noch weit bringen, mein Kind«, gurrt er. »Du wirst es erleben, wie weit.« – »Im Moment möchte ich nur hier bleiben«, sagt Miriam, und ich kann ihr nur zustimmen. Paul und Don erheben sich und werfen träge eine Frisbeescheibe hin und her. Ich ruhe mich aus im Schatten des späten Nachmittags, der kühlenden Brise und der Vertrautheit, die uns umfängt. Liebevoll betrachte ich meine Freunde: Ich kenne sie so gut. Doch die Scherben der albernen Auseinandersetzung stecken noch in meinem Fleisch und verursachen mir hin und wieder einen kleinen stechenden Schmerz. Warum kann ich die Dinge nicht auf die leichte Schulter nehmen, so wie sie wahrscheinlich gemeint sind? Warum muß ich den Savonarola des Alltags spielen? Seltsam, daß diese Konflikte schärfer geworden sind, seit ich näher an die Menschen um mich herum herangekommen bin; als stünde ich unter den gnadenlosen Scheinwerfern einer Grenzpatrouille, die einer Person, die über die Grenze will, die Möglichkeiten – hier die eine Seite, dort die andere – nackt und plastisch vorführen. Das ist natürlich der Augenblick, in dem der Einsatz in die Höhe schnellt. Es wäre einfach, diese Meinungsverschiedenheiten abzuschütteln, wenn mir die Menschen, mit denen ich hier picknicke, gleichgültig wären. Aber wenn ich hier leben will – wenn ich wissen möchte, wohin und zu wem ich gehöre –, dann muß ich meine Freunde mit der ganzen Ernsthaftigkeit akzeptieren, die man nur denen zuteil werden läßt, mit denen man eine Welt teilt. Eine Scherbe, die mir zwischen den Rippen steckt, signalisiert mir natürlich, daß ich vielleicht nirgends wirklich dazugehören werde, daß ich mit meinen Empfindungen und Ansichten immer zwischen den Stühlen sitzen werde. Aber wenn ich lache und ausgelassen bin und zum Himmel aufblicke – wenn ich aus meiner Savonarola-Marotte wieder in die Unbeschwertheit des Frühlings gleite –, weiß ich: ich kann es mir leisten, diese Buschfeuer ausbrechen zu lassen, weil sie von einem größeren Gebiet der Zuneigung umgeben sind. Und ich weiß, daß meine Freunde mich, trotz meiner unbequemen Ansichten, nicht weniger mögen. Vielleicht sind diese Scharmützel Grenzkämpfe, ein Zeichen, daß die Grenzüberquerung begonnen hat.

Ich bin von Worten besessen. Ich sammle sie, verstecke sie, wie ein Eichhörnchen, das Nüsse für den Winter hortet, ich schlinge sie hinunter und hungere nach mehr. Wenn ich genügend in mich hineinschlinge, kann ich mir vielleicht die Sprache einverleiben, sie zu einem Teil meiner Psyche und meines Körpers machen. Ich werde kein Bild unbewortet lassen, werde keinen Gedanken durch meinen Kopf gehen lassen, ohne daß ich die richtige Formulierung finde, um den Schatten festzuhalten. Jede Woche auf meiner Fahrt durch die laubreichen Straßen Neuenglands nach New Hampshire, wo ich an der Universität unterrichte, bekomme ich einen heißen Kopf, als ob der Stromkreis überlastet wäre. »Konisch, gemeißelt, geformt, geriffelt«, sage ich vor mich hin, als ich an einen hölzernen Lampenständer, der mir gefiel, denken muß. Ich sehe mich selbst, wie ich in meinem orangefarbenen VW durch die Gegend rase, eine komische Figur, die eine Litanei von Adjektiven herunterleiert wie eine übereifrige Studentin im ersten Semester. Aber diesen hypertrophen Bewußtseinsstrom kann ich einfach nicht aufhalten. Ich suche nach der genauen Schattierung einer am Strand gefundenen perlmuttrosa Muschel, als hinge mein Leben davon ab, und bis zu einem gewissen Grade tut es das auch. Ich kann nicht für immer in einer windigen, uneingerichteten Vorstellung leben. Ich muß es mir behaglich machen, mir ein wenig Hausrat anschaffen, ein paar komfortable Dinge für den täglichen Gebrauch, vielleicht eine konische Lampe. Ich muß der Sprache, die ich von oben her gelernt habe, eine Basis hinzufügen.

Der Gedanke, daß es Bereiche der Sprache gibt, die mir gänzlich fehlen, könnte mich in eine leichte Panik versetzen, als ob solche Lücken fehlende Teile der Welt oder meines Bewußtseins wären – als ob die Totalität der Welt und des Geistes im Zusammenhang stünden mit der Totalität der Sprache. Oder als wäre die Sprache ein riesiges, feinmaschiges Netz, das die Wirklichkeit enthält – und wenn Löcher darin sind, dann kann ein Teil der Wirklichkeit entweichen, aufhören zu existieren. Wenn ich schreibe, möchte ich jedes Wort im Lexikon benutzen, um die Dichte und Schwere der Wörter zu erhöhen, damit sie das spezifische Gewicht der Dinge gewährleisten. Ich möchte aus den getrennten Wortpartikeln jene

Ganzheit der Kindheitssprache wiederbeschaffen, die keine Worte besitzt.

Ich stürze mich auf Ausdrücke der Umgangssprache, jene Brocken von Americana, in denen die kulturelle Sensibilität am lebendigsten ist – so als ob ich mir dadurch Amerika selbst aneignen könnte. »*Hair of the dog that bit me*« (Den Kater in Alkohol ersäufen), lasse ich mir immer wieder auf der Zunge zergehen; »*pork-barreling*« (für abgezweigte Staats- und Schmiergelder), »*I'm from Missouri, show me*« (dem Sinn nach: Das mußt du mir erst beweisen), »*He swallowed it hook, line, and sinker*« (Er schluckte den Köder mit allem Drum und Dran). Beim Sprechen sind mir solche Vertraulichkeiten peinlich; es kommt mir immer noch wie eine Anmaßung vor. Aber wenn ich schreibe, beanspruche ich jedes territoriale Vorrecht. Wenn ich mein Netz weit genug auswerfe, umspannt es vielleicht den ganzen Kontinent.

Meine Stimme ist immer noch ein höchst unzuverlässiges Instrument. Sie verrät mich in den seltsamsten Augenblicken: sie stockt, krächzt, versagt mir gänzlich. Sie benutzt nur leise, gedämpfte Register, und manchmal kann ich sie buchstäblich nicht finden. Manchmal scheint sie sich in einem widerhallenden Brunnen verirrt zu haben, manchmal verlegt sie ihren Sitz nach oben in meine Kehle, wo sie angespannt und erstickt klingt. In einem Café in Cambridge, wo ich gern sitze und mit einem Freund plaudere oder einfach nur zuhöre, fängt sie plötzlich an, mir ihre Streiche zu spielen.

»Da stand ich also« – erzählt Tom, eine seiner Geschichten abspulend, »in diesem indischen Dorf, mitten im Punjab, ich weiß selber kaum, wie ich dort hingekommen bin, außer daß ich mit diesem Guru-Typ mitgegangen bin, einem Amerikaner, aber der lebte dort schon seit einiger Zeit, also machte er sich zum Anführer von uns eifrigen Burschen, da stehe ich also, am frühen Morgen, nichts rührt sich, nichts, sage ich dir, bis auf einen räudigen Köter, der da plötzlich herauskommt, nein, das war kein brahmanischer Köter, ich sage dir, das Tier kann keinen Ton von sich geben, so verhungert ist es, und da ist diese ungepflasterte Straße mitten durchs Dorf, und alles ist so still, daß du denkst, jetzt ist es vielleicht soweit, daß Krishna sich zeigt, ich meine, es ist seine Art, an den unwahrscheinlichsten Plätzen aufzukreuzen – und dann, plötzlich, ich sag's dir, ich weiß nicht, warum, aber es war signifikant, der absolute Siedepunkt, und ich erkannte, es kam einfach zu mir, Bingo, einfach so: Das war nicht im Fernsehen! Das war echt! Dann kommt diese Frau aus der Lehmhütte, ich glaube, sie war aus Lehm, die Hütte, und sie trägt einen prächtigen Sari, du weißt, wie üppig die sind, du kannst es kaum glauben, daß dies nicht in *Semiramis* ist oder so, aber sie rieb sich ihre Augen, weil sie gerade erst aufgewacht ist, und sah irgendwie verärgert aus, und das war sie auch! Da wußte ich, daß irgend etwas passiert war, und das ist das Ende der Geschichte, Kind, aber seitdem ist nichts mehr so, wie es war, ich sage dir, selbst das gottverdammte Haus meiner Eltern in Westchester nicht, ich meine, wieviel unwirklicher kann man noch werden – und sogar das ist real, ja, jedenfalls in gewisser Weise . . . «

Das ist eines von Toms Solos, sein Riff – die allamerikanische Form, die Gestalt, die die Sprache annimmt, wenn sie nicht von Klassen- oder Anstandsregeln niedergehalten wird, oder von einem allgemeinen Repertoire übernommener Phrasen. Ein Riff ist eine Geschichte, die sich aus sich selbst entwickelt, von nichts anderem vorangetrieben als von der Imagination – eine Geschichte, die überallhin führen und sich in die Stratosphäre erheben kann, ohne daß jemand Einspruch erhebt . . . Tom erfindet sich selbst mit jedem Satz, denn jeder Satz ist für ihn selbst eine Überraschung; er verliert sich in endlosen Abschweifungen, dirigiert ganze Jam-Sessions mit sich selbst, schlägt funkelnde Metaphern aus sich heraus, als wären sie in seinen Chromosomen kodiert. Die Sprache fliegt auf wie ein Schwarm Schwalben, Beobachtungen kollidieren unerwartet und bringen Witz hervor, die Wörter schwirren umher wie Feuerfliegen, so daß man nicht sagen kann, was oben oder unten ist, was auf der Erde und was im Weltraum, auch nicht, wo die immer fragilere Verbindung zwischen Worten und Wirklichkeit abbricht und die reine Show die Überhand gewinnt. Es macht mich schwindlig, dieses Herausschleudern grotesker verbaler Bälle in die klare Luft, mit meiner erdverbundenen Sensibilität möchte ich den Boden berühren, möchte wissen, wo das Wirkliche ist. Aber wer weiß das schon, und wen interessiert es: Das hier ist Amerika, wo alles möglich ist, und dieses schillernde Reden – wie Jazz oder Action-Painting – ist die Einblendung des Selbst in den Raum der grenzenlosen Möglichkeit.

Wenn Tom redet, höre ich atemlos zu, registriere jede Synkope, jede Betonung, jeden verrückten Sprung über eine geistige Hürde. Wenn ich dann versuche, mit vergleichbarer Spontaneität zu antworten, suche ich verzweifelt nach dem angemessenen Ton, dem angemessenen Jargon. Gedehntes Texanisch mischt sich in ein neuenglisches Tempo, ein gehämmerter abgerissener Satz streitet sich mit einem elegant-satirischen Kommentar. Ich möchte Amerikanisch sprechen, aber welches Amerikanisch? »Mann«, sage ich, »was für ein Trip, in jeder Bedeutung des Wortes.«

Tom ist mit dieser Antwort völlig zufrieden. Es klingt ganz natürlich, ich rede wie jeder andere. Aber ich selbst höre das Künstliche, und einen Moment lang suche ich nach Halt. Die Kehle ist mir wie zugeschnürt. Eine Lähmung droht. Sprachlosigkeit gehörte früher zu den üblichsten Symptomen der klassischen Hysterie. Mir ist, als würde in mir die Hysterie durch Zungenlähmung hervorgerufen.

Als ich mich verliebe, bin ich von der Sprache verführt. Als ich heirate, bin ich von der Sprache verführt. Mein Mann ist ebenfalls ein Meister des Riffs, und wenn ich ihn improvisieren höre, über Whitmans Dichtung oder seine jüdischen Tanten und Onkel, oder über eine Hochzeit in einer reichen Ostküstenfamilie in Connecticut, denke ich: vielleicht kann mich dieses Bebop-Reden direkt ins Herz Amerikas tragen ... Es ist ein vertrackter Vertrag, und ich verirre mich zwischen meinem Mann und seiner Beredsamkeit, abgelenkt wie vom Schatten- und Lichtgeflimmer, das durch eine Camera obscura auf eine weiße Leinwand geworfen wird, aber ich möchte das Wortspiel begreifen, mich mitreißen lassen vom Schwung der Saltos, vor und zurück, mich den sorglosen Sprüngen überlassen ...

Um mich herum das Babel der amerikanischen Stimmen, die harten Stimmen der Leute aus dem Mittelwesten, freche New Yorker Stimmen, schnelle, junge Stimmen, Stimmen, die sich unter der Last verschiedener Gegenströme krümmen. Ich bin eine Expertin in Stimmendiagnostik und Stimmenneurosen geworden. Ich erkenne, wie Menschen zumute ist, wie sie sind – nicht an dem, was sie sagen, sondern daran, wie ihre Stimmen klingen. Ich höre die »Haken« und die gebrochenen Rhythmen der Nervosität, die Sprünge im Tonfall, die dann eintreten, wenn jemand sich nicht wohl fühlt, die Anspannung der Stimmbänder beim Ausdruck von

Mißbilligung. Ich höre auch, wenn jemand bei guter Gesundheit ist – die gleichmäßigen Töne des Selbstvertrauens, den intensiven Wohlklang, der einem tiefen Gefühl entspricht, den klaren Gesang reiner Begeisterung.

Da ich keine eigene Stimme besitze, dringen die Stimmen der anderen in mich ein, als wäre ich eine schweigende Bauchrednerin. Sie prallen in mir aufeinander, führen Gespräche, leihen mir Modulationen, Intonationen, Rhythmen. Sie gehören mir noch nicht, ich gehöre ihnen. Aber einige befriedigen ein Bedürfnis; einige bleiben zwischen meinen Rippen stecken. Ich könnte die modisch-ironischen Dehnungen übernehmen, die X' Markenzeichen für ständigen Spott sind; in meinem Temperament ist etwas, das dazu paßt, und ich könnte lernen, einen Teil von mir dadurch sprechen zu lassen. Und jene verkürzte, absichtliche Trockenheit, die Y als ihr Gegenmittel gegen Gefühle nutzt, öffnet mir die Tür zu einer bestimmten neuenglischen Empfindsamkeit, deren Reichtum ich sonst nie verstanden hätte. Die Stimmen dringen in mich ein; indem ich sie übernehme, mache ich sie mir nach und nach zu eigen. Ich werde neu geschaffen, Fragment um Fragment, wie ein Quilt; die Welt ist reicher an Farben, als ich je dachte.

Wie eine Touristin in einer fremden Stadt, die noch nicht »ihr Viertel« gefunden hat und sich daher immer mit »der Stadt« als Ganzem konfrontiert sieht, sehe ich, die noch unvollkommen assimilierte Immigrantin, mich ständig immer mit »der Kultur« konfrontiert. Auch in dieser Hinsicht reagiere ich offensichtlich genauso wie meine amerikanischen Freunde, vielleicht noch ein bißchen stärker. »Die Kultur« ist in Amerika zu einem seltsamen Monstrum geworden – etwas, das draußen vor der Tür pulsiert und vibriert und bellt. Jeder, den ich kenne, mißt die Kultur, taxiert sie, stellt ständig Diagnosen, denn schließlich könnte das Monster ins Wohnzimmer einfallen, und deshalb ist es wichtig, auf der Hut zu sein. Die Kultur wird konservativer, progressiver, versessener auf Berühmtheiten, materialistischer, sentimentaler. Jede Verlagerung wird sorgfältig beobachtet, das Biest könnte am Ende auf der Lauer liegen oder beißen oder uns vereinnahmen, uns ihm ähnlich machen; ein Ding ohne Anmut, plump, spießbürgerlich. Die Kultur ist eine gefährliche Verführerin; man muß ihrem Sog widerstehen.

Ich bin eine aufmerksame Kulturbeobachterin, wie jeder andere auch. Und ich habe zweifellos, wie jeder andere auch, sogar wenn ich prüde meine Röcke festhielt, Teile der Kultur geschluckt und verdaut. Ich sehe dieses Paradox sehr deutlich bei meinen Freunden: Kultur, die zur Gegenkultur wird, und Gegenkultur, die zur Kultur wird, trotz bester Intentionen aller, der Organisator, der dem Drop-out Platz macht und der Drop-out einem neuen Technokraten, Einsamkeit, die Love-ins weicht und dann wieder Einsamkeit wird – als ob jedes Set kultureller Bedingungen notwendigerweise die Bedingungen für die darauffolgende Rebellion bestimmt und als ob die Zurückweisungen den Samen dessen in sich tragen, was zurückgewiesen wird. Es ist immer schwierig zu erkennen, welche Kultur in unseren Adern fließt, und inzwischen habe ich den Überblick verloren, wieviel Amerika in meinen fließt. Fetzen von Songs von Janis Joplin und den Rolling Stones schwirren in meinem Kopf herum, wenn ich durch die Straßen gehe; die Landschaft von Amagansett, wo ich mehrere Sommer verbracht habe, ist unmittelbar unter meiner Netzhaut und wird hervorgeholt, sobald ich an Ferien und Freizeit denke; Filme über New York sind Filme über meine Heimatstadt; »Gimme a break« (»Moment mal«), sage ich, wenn ein Straßenhändler zu aufdringlich wird und die Themen, mit denen ich mich herumschlage – wie macht man Karriere, ohne verrückt zu werden, was kann man essen, ohne sich zu vergiften, wie geht man mit passiven-aggressiven Liebhabern um – sind amerikanische Gesprächsthemen, die von »der Kultur« diktiert werden, ebenso wie die Mode der Saison. Und ich sage nie, niemals mehr: »das ist rein psychologisch.« Vielleicht habe ich hinter meinem Rücken, während ich nicht aufgepaßt habe, ein zweites Unbewußtes erworben, ein amerikanisches, das aus einer anderen kulturellen Materie besteht. Wie jedes Unbewußte läßt es sich schwer festnageln. Ich weiß nur, daß das hybride Wesen, das aus mir geworden ist, aus zwei Teilen Americana besteht, daß meine Tünche zu großen Teilen Lokalkolorit ist. Trotz oder vielleicht gerade wegen meines Widerstands, bin ich eine Teilamerikanerin geworden, eine in Amerika wohnhafte Fremde.

Wie klein die Welt ist, wird mir bei einem Kammermusikkonzert deutlich, das ich eher zufällig in Harvard besuche. Als ich im Programmheft blättere, sehe ich, daß die erste Geigerin des Quartetts, das an diesem Abend spielt, Zofia Ciesin heißt. »Ich kannte in Krakau ein Mädchen, das so hieß« sage ich zu meinem neben mir sitzenden Mann. »Ich frage mich, ob sie es sein könnte.«

Sie ist es – unverkennbar. Ich erkenne Zofias strenges knochiges Gesicht, ihren Schmollmund wieder, sobald sie auf die Bühne kommt. Dabei waren wir beide erst zehn Jahre alt, als wir uns das letzte Mal sahen, und jetzt ist sie eine großgewachsene schöne Frau mit einer eindrucksvollen Mähne schwarzen lockigen Haars. Sie spielt Geige wie ein Derwisch; in der Pause gehe ich hinauf, sage ihr meinen Namen und erinnere sie daran, daß sich unsere Familien vor achtzehn Jahren kannten und daß ihr Bruder bei Pani Witeszczak, meiner Klavierlehrerin, Unterricht hatte. »Oh, mein Gott«, sagt Zofia – die einzig mögliche Reaktion auf eine solche Situation –, und wir sehen uns zutiefst erstaunt an. Wir sind beide solche Begegnungen, die anderen Leuten ständig passieren müssen, nicht gewohnt. Nach dem Konzert kommt sie mit in unsere Wohnung, wo ich, zu unserer weiteren Überraschung, eine Photographie von uns beiden und Alinka ausgrabe, die vor ungefähr zwanzig Jahren aufgenommen wurde: drei kleine Mädchen am Flußufer, die einander bei den Händen halten und stolz die Gänseblümchenkränze auf ihren Köpfen vorführen. Ich kann mich an den Tag, an dem das Bild aufgenommen wurde, noch genau erinnern – an die Dampferfahrt auf der Weichsel, und daß wir ausstiegen, um ein Picknick zu machen, und wie wir drei Blumen suchten, um die Kränze zu flechten, wie es kleine Mädchen früher in Polen taten. Aber als Zofia und ich den Blick zwischen der Photographie und uns hin und her wandern lassen, spüren wir den süßen Betrug. »Oh, mein Gott«, sagt Zofia immer wieder in einer Mischung aus Entzücken und Verwirrung. Wir können nicht über einen so riesigen Abgrund an Zeit hinwegspringen. Und das Bild will sich nicht ganz dem gegenwärtigen Moment anpassen. Vielleicht empfindet nur mein Mann, der die Szene liebevoll betrachtet, eine gewisse Befriedigung dabei – ein klassisches Tableau: zwei Frauen, die aufmerksam ein Photo betrachten, versuchen die Vergangenheit wiederzuerobern.

Zofia und ich geben in der Folgezeit einige Konzerte zusammen, aus denen ich beschwingt hervorgehe. In der Zeitlosigkeit der Musik kann nichts je verloren gehen, und der zusätzliche Reiz des Zufalls verleiht diesen Gelegenheiten eine besondere Dynamik. Bei unseren Proben halten wir manchmal inne, um miteinander zu reden; meist entwickeln sich diese Gespräche zu staunenswerten Berichten über die bunten Wege unserer Angehörigen. Zofias Bruder, den Arthur Rubinstein einst lobte und förderte, ist inzwischen Lehrer an einer Highschool irgendwo in Arizona geworden; ihre Mutter ist Mormonin geworden – verführt von den Menschen, die sich unablässig um sie kümmerten, als sie in den ersten Jahren vereinsamt in Queens lebte. Zofia selbst war verheiratet, ließ sich scheiden und hat wieder geheiratet. Sie hat Erfolg, obwohl irgend etwas sie daran hindert, sich in ihrer Laufbahn voll zu entfalten. Sie leidet an tiefen, unvermittelt auftretenden Depressionen. »Natürlich erwartete meine Familie von meinen Bruder, daß er berühmt würde«, sagt sie nachdenklich, »und mein Analytiker meint, eine Art Tabu hindere mich daran, ihn zu überflügeln. Aber ich frage mich manchmal, ob es nicht daran liegt, daß . . . nun ja, daß ich nicht alles zusammenbringen kann.«

In der gegenwärtigen Welt häufen sich die Zufälle; das liegt an der Fülle der Ereignisse und dem unaufhörlichen Hin und Her der Menschen auf dem Globus. Gegen Ende meines letzten Jahres in Harvard, wenige Monate nach der Begegnung mit Zofia, klingelt das Telefon, und ich höre die Stimme eines Mannes, der polnisch spricht.

»Ewa?« fragt er. Das ist mein Vorname, also kann es niemand vom polnischen Konsulat sein, wo ich kürzlich anrief, um mich nach einem Visum für eine Reise nach Polen zu erkundigen; sonst kenne ich niemanden außer meiner Familie, der meinen Namen so ausspricht. Nein, so unglaublich es scheint, bin ich mir doch ganz sicher, wer das ist.

»Um Himmels willen«, sage ich.

»Wieso?« Er lacht. »Wieso um Himmels willen?«

»Marek«, sage ich. »Stimmt's?«

»Ja, ja, ich bin's.« Und wieder lacht er.

»Wo bist du?« frage ich.

»In New York«, sagt er. »In einem fürchterlichen Apartment. Irgendwo unten in der Stadt.«

»Du meinst downtown«, sage ich.

»Ja, ja, richtig, das meine ich. Kannst du zu mir kommen? Heute?«

Ich überlege mir alles sehr schnell: Der Zufall will es – in einer schwindelerregenden Häufung von unerwarteten Ereignissen, als wollte das Schicksal mir sagen, daß dies ein bedeutsamer Augenblick ist –, daß Marek, wenige Tage bevor mir der Doktortitel verliehen wird, angerufen hat und daß meine Eltern an diesem Nachmittag aus Vancouver kommen. Es ist ihr erster Besuch in Boston und an der Ostküste. Fast undenkbar, daß ich an einem solchen Nachmittag einfach wegfahre. Und natürlich muß ich an meinen Mann denken. Ich bin gewöhnlich äußerst gewissenhaft in solchen Dingen, und impulsive Entscheidungen liegen mir nicht, ganz zu schweigen von solchen, die emotionale Folgen haben könnten. Es zeigt sich, daß all dies unwichtig ist.

»Ja«, sage ich, »ich komme mit dem nächsten Flugzeug.«

Ein paar Stunden später stehe ich vor dem Time-Life-Gebäude, wo wir uns verabredet haben. Wie bei Zofia, fällt es mir nicht schwer, den Mann, der auf mich zukommt, wiederzuerkennen. Zum einen fällt er in dieser Straße auf – er ist dunkel gebräunt, und sein legerer Khakianzug ist zu sorgfältig geschnitten, zu vorsätzlich elegant, um nach hiesigen Maßstäben als geschmackvoll zu gelten. Doch ich erkenne auch die resoluten Bewegungen – und irgend etwas in seinem Gesicht: vielleicht die olivfarbene Haut, vielleicht die Konzentration im Blick. Wir sehen einander in die Augen, während er näher kommt; wir sehen einander unverwandt an, mit großem Ernst – und dann wissen wir nicht, was tun.

»Also, was wollen wir unternehmen, wohin willst du, und wie hast du überhaupt meine Telefonnummer bekommen?« sage ich, und Marek lacht wieder.

»Ich habe meine Mutter gebeten, sie sich von deiner Mutter geben zu lassen«, sagt er, »und vielleicht können wir irgendwo etwas essen. Der Kühlschrank in diesem fürchterlichen Apartment ist völlig leer.«

Und so sitzen wir uns, nach siebzehnjähriger Unterbrechung, ausgerechnet in einem angenehmen New Yorker Restaurant gegenüber, als wären wir zwei alte Bekannte, die sich nach der Arbeit zum Dinner getroffen haben. Was für eine ungereimte Situation. Wir sehen einander ungläubig an. Dieser kräftige gutaussehende Mann ist jemand, den ich überhaupt nicht kenne, aber in ihm steckt ein Mensch, den ich einst sehr gut gekannt habe.

Und so fangen wir an, miteinander zu reden, zweierlei wissend:

daß wir ganz von vorn anfangen müssen, und daß alles gesagt werden kann, ohne die üblichen Präliminarien. Das letzte, was ich von Marek hörte, war, daß er geheiratet hatte. Jetzt erzählt er mir von dieser Ehe, die nicht glücklich ist, und von seinen zwei Kindern, die er kaum kennt. Er hat im Krieg von '68 gekämpft und dann noch einmal im Jom-Kippur-Krieg; im ersten wurde er schwer verwundet, sein Körper an so vielen Stellen von Schrapnellkugeln zerfetzt, daß es mehrerer Operationen bedurfte, um ihn wieder zusammenzuflicken; seine Überlebenschancen waren gering. Er hat an der Universität von Haifa sein Diplomingenieurexamen abgelegt – nicht einmal das habe ich gewußt! –, und jetzt besitzt er eine kleine Fabrik, die elektronische Teile herstellt; einer seiner Kunden ist die israelische Armee. Er hat geschäftlich in New York zu tun, er sieht sich irgendeine High-Tech-Maschinen-Anlage an, die er möglicherweise kaufen will.

»Weißt du« – er sieht mich plötzlich zögernd an –, »als wir in Israel ankamen und ständig von einer kleinen Ortschaft zur anderen gebracht wurden – da gab es nichts als Außenposten in der Wüste, und ich wollte nicht mehr weiterfahren –, da haben sie mir immer wieder gesagt, du wärst im nächsten Ort, damit ich aufhörte, herumzuschreien und um mich zu schlagen. Und ich habe ihnen jedesmal geglaubt.«

Eine Tür hat sich geöffnet. »Weißt du«, sage ich, um einen nüchternen Ton bemüht, »daß ich ein ganzes Jahr nach deiner Abreise immer zu eurem Haus in der Sobieska-Straße 8 gegangen bin, jede Woche?«

»Weißt du noch«, sagt er, »was an der Eisenbahnstrecke passiert ist, als wir uns mit den Dorfkindern von Bialy Dunajec geprügelt haben?«

»Das war nicht an der Eisenbahnstrecke, sondern in dem Weizenfeld«, berichtige ich.

»Ja, aber die Eisenbahnschienen waren ganz in der Nähe«, sagt er, und ich befrage mein inneres Auge und sehe, daß er tatsächlich recht hat, ich sehe die Eisenbahnschienen hinter dem Weizenfeld, wo wir mit einer Horde von Raufbolden aus dem Dorf gekämpft haben.

Dieser kraftvolle gutaussehende Mann, der mir am Tisch gegenübersitzt, ist Marek, und wir sind beide in einem hellen Traum eingesponnen, in dem alles hyperreal ist: das große Zifferblatt der

Uhr an seinem knochigen Handgelenk, die schnelle routinierte Bewegung seiner Finger, mit der er das Feuerzeug zuschnappen läßt. Jedenfalls sind wir die einzigen beiden Menschen auf der Welt, für die ein Ausflug zu einem kleinen Wasserfall im Vorgebirge der Hohen Tatra die Leuchtkraft einer Offenbarung besitzt. Marek besitzt einen Schatz an Erinnerungen: Er erinnert sich an Episoden in dem Lieblingsroman unserer Kindheit, *In Wüste und Dschungel*, die ich, selbst mit seiner Hilfe, nicht mehr aus den Tiefen meiner Erinnerung hervorholen kann; er rezitiert ganze polnische Gedichte; er weiß, wann ich Geburtstag habe. Wir schwelgen in Erinnerungen wie Kinder, die Bonbons lutschen. Doch seltsamerweise hat dies alles nichts Rührseliges an sich. Marek redet eifrig, eine Erinnerung nach der anderen sprudelt aus ihm hervor: Mit wem sonst könnte er darüber sprechen? Dafür sind wir einander der ideale, der einzige Zuhörer. Ich hatte mich in großer Einsamkeit an diese Erinnerungen geklammert, und dann verstaute ich sie so tief im Gedächtnis, daß ich mir nach einer Weile nicht mehr sicher war, ob ich mir nicht alles ausgedacht hatte. Aber das hatte ich nicht. Und Marek ist hier, um zu bestätigen, daß sich alles so zugetragen hat. Hier, vor mir, so unglaublich das klingt, ist der Beweis. Es ist, als ob er mir die Hand gereicht und mir helfen wollte, durch den Spiegel zu gehen, zurück, an einen Ort, wo die Vergangenheit wieder eine plausible Realität gewinnt.

Ein paar Tage später kommt Marek nach Cambridge. »Aber du bist ja ein Mann!« ruft mein Vater entzückt aus, als er erfährt, daß die Person, die vor ihm steht, Marek ist. Marek redet stundenlang mit meinen Eltern; er ist noch immer ein Mitglied der Familie, und sie sprechen dieselbe Sprache.

Nach den Feierlichkeiten anläßlich der Verleihung der Doktorwürde geben die Masters des Harvard-Hauses, in dem mein Mann und ich als graduierte Tutoren gewohnt haben, eine kleine Party. Wie die Gestalten, die in der entscheidenden Szene einer Operette zusammengeführt werden, um eine furios vorgetragene Zusammenfassung zu geben, so haben sich die Hauptgestalten meiner persönlichen Mythologie allesamt an ein und demselben Ort versammelt, gerade in dem Moment, in dem ich das Zeugnis meiner vollen Amerikanisierung erhalte. Durch den Nebel des unvermeidlichen Sherrys spüre ich den verheißungsvollen Schimmer einer Versöhnung. Alles ist zusammengekommen, alles, was ich liebe, wie in den Phantasien meiner Kindheit; ich bin die Summe meiner Teile. Alles hat sich zum Guten gewendet; eine Welle von Dankbarkeit überschwemmt mich. Ich habe so viel Großzügigkeit empfangen. Harvard hat mich akzeptiert, das amerikanische Erziehungswesen ist so gastfreundlich, wie es angepriesen wird. Angesehene Literaturwissenschaftler haben meine literarischen Meinungen ernst genommen, und ich habe genügend Selbstvertrauen entwickelt, um zu beschließen, daß ich schreiben will. Ich habe jetzt klarer erkannt, wie nützlich meine bikulturellen Standortbestimmungen für meinen Beruf sind. »Wo haben Sie gelernt, Kritiken zu schreiben?« fragte mich der Redakteur einer Zeitschrift, für den ich einen Artikel geschrieben hatte, beim Lunch, zu dem er mich in ein schickes Restaurant in Midtown Manhattan eingeladen hatte. »In Harvard, glaube ich«, antwortete ich. »Nein«, sagte er, »da ist noch etwas anderes.« »Ich nehme an, es liegt daran, daß ich Immigrantin bin«, sagte ich. »Ah ja«, sagte er. »Das muß es sein.«

Alles ist gut geworden, aber im nächsten Moment werde ich von Furcht gepackt, und dann sehe ich einzig und allein die Risse zwischen den Teilen. Meine Eltern stehen mit oberflächlich gewahrter Würde in dem von Bücherregalen gesäumten, absichtlich bescheiden gehaltenen Raum. Mein Mann unterhält sich mit unseren Gastgebern – eine leichte, kluge Art der Unterhaltung, wie er sie so gut beherrscht und in der ich mir auch schon eine gewisse Geschicklichkeit angeeignet habe. Unter anderem habe ich ihn deshalb geheiratet, wegen seiner Sprachbegabung, und ich höre ihm mit Bewunderung und mit Vergnügen zu. Aber als ich mich an ihrem kurzen Geplänkel über den gemeinschaftlichen Impuls bei Thoreau beteilige und die Schwierigkeiten, eine Professur zu bekommen, und die Vorzüge der Sellerie-Remoulade in einem neuen französischen Restaurant spüre ich, wie die Augen meiner Eltern mich voller Stolz anblicken: schau, wie weit sie es gebracht hat, scheinen ihre Augen zu sagen, sieh doch, wie gut sie gelernt hat, sich hier zu bewegen – und ich möchte innehalten, ihre Billigung schmerzt mich. Wer ist das überhaupt, der sich hier so benimmt?

Und wer ist dieser Mann, mein Ehemann, der in dieser fremden Sprache redet? Mich rührt seine Freundlichkeit, die sich in dieser Kraft zur Geselligkeit entfaltet, aber ich weiß, daß ich, auch wenn ich von seiner Beredsamkeit gefangen bin, noch immer nicht die Sprache seiner Gefühle lesen kann. Wie bei meinem Texaner fehlt mir nach wie vor ein essentielles Wissen zwischen uns, und ich merke in diesen Momenten sehr genau, wie sehr ich ihn ständig durch meine Distanz verletze.

Marek geht unruhig im Raum umher, als würde er am liebsten davonlaufen, die zurückgenommene Kultiviertheit dieses vornehm-eleganten Wohnzimmers ist ihm fremd. Ich werfe ihm einen aufmunternden Blick zu: bald ist alles überstanden, dann gehe ich mit dir spazieren. Die Punkte meines geistigen Dreiecks haben sich so deutlich nach außen verschoben, daß ich keine Bewegung ohne Mißtrauen machen kann. Wir sind noch nicht fertig mit dir, scheinen sie zu sagen. In diesem Moment ist jedes meiner Bündnisse ein kleiner Verrat.

Marek bleibt ein paar Tage in Boston, und wir sind am glücklichsten, wenn wir allein in meinem VW in die Landschaft hinausfahren. Dann geraten wir in eine Art Schwebezustand, in dem wir beinahe wieder durch eine magische Unversehrtheit gleiten, jene Ganzheit der Kindheit, in der es keine Hindernisse, keine Reibung, keine Uneinigkeit gibt. Beinahe, weil wir die Last unseres Erwachsenseins nicht ganz abschütteln können. Hin und wieder sehen wir einander verwundert an. »Wer bist du?« sagt Marek und betrachtet mein Gesicht. »Manchmal scheinst du eine Frau zu sein, manchmal ein kleines Mädchen . . . « Ich kehre zu seinen Gesten zurück, seinen Bewegungen, wie zu einem aufs unheimlichste vertrauten Traum, obwohl ich sehe, daß sein Gesicht von Erfahrungen gezeichnet ist, von denen ich keine Ahnung habe.

Ich fahre ihn in Boston herum, zeige ihm die ländliche Umgebung. »So viel Grün«, sagt Marek. »So viele Bäume. Das erinnert mich an Polen. Israel ist so klein. Sobald du dich umdrehst, bist du schon wieder am Ende angelangt. Dieses Land ist endlos.« Aber selbst in diesen weiten Räumen bewegt er sich rastlos, ungeduldig, als wäre seine Energie eingekerkert. »Manchmal . . . empfinde ich eine große Traurigkeit«, sagt er und legt die Hand auf sein Herz, in der unbewußten Geste, die wir von unseren Eltern geerbt haben. Vielleicht, wenn er seine Frau verließe . . . Aber das kann er nicht, sie würde daran zerbrechen, sie wäre nicht in der Lage, sich allein zu behaupten. »Vielleicht tust du ihr unrecht, vielleicht würde sie lernen, ein ihr gemäßes eigenes Leben zu entwickeln«, sage ich, indem ich ihm etwas von meiner amerikanischen Weisheit zuteil werden lasse, aber Marek unterbricht mich mit einer Handbewegung und einem mitleidigen Ausdruck in seinem Gesicht. Einmal nehmen wir einen Atlas zur Hand und wir suchen, wie wir es als Kinder taten, nach Landkarten von fernen Gegenden, und Marek sagt die Zauberworte: Tahiti, Patagonien, Madagaskar. Einmal gerät er an ein Buch über Auschwitz, und er betrachtet ein paar der entsetzlichen Photos; dann schlägt er das Buch wütend zu und sagt: »Mach dir nichts draus, mach dir nichts draus . . . «

Er erzählt mir von einigen der Kinder, die wir in Krakau kannten. Henry, dessen Hand ich ehrfurchtsvoll hielt, weil er der erste war, der den Ozean erblicken sollte, ist ein kleiner Dieb geworden und sitzt zum Kummer seiner Eltern immer mal wieder im Gefängnis. Und Ludwig, einer der Filiponki-Zwillinge – der einmal alle seine Spielsachen aus einem Fenster im dritten Stock warf, um seine Eltern zu ärgern –, ist im Jom Kippur-Krieg getötet worden. Er starb einen tragisch unheroischen Tod – er wurde von einem israelischen Panzer überfahren, als er sich unachtsam in die Manöverlinie begab, weil er in Gedanken bei einem seiner geliebten mathematischen Puzzles war. »Das war ein schrecklicher Krieg«, sagt Marek. »Die Generale sind fett dabei geworden. Aber in jenen frühen Tagen haben wir alle zusammengehalten, ich glaube, das hätte dir gefallen . . . «

Manchmal wetteifern wir miteinander, so als ob wir immer noch sieben Jahre alt wären und im Park um die Wette liefen. Marek gibt sich ziemlich große Mühe, um mir zu beweisen, daß mein Gehalt nicht größer ist als seins, und als wir im Walden Pond baden, schwimmen wir plötzlich um die Wette; mich muß ein mächtiger Adrenalinschub vorangetrieben haben, jedenfalls sind wir fast gleichzeitig am Ziel. Dann sind wir wieder halb Geschwister, halb Liebende. Marek sagt mir polnische Gedichte auf, und er sagt, »Deine Haut, dein Lachen – das ist Heimat. Heimat.« Und obwohl diese Worte wie aus dem Zentrum meiner Sehnsucht kommen, und obwohl wir, wundersamerweise, einen Moment lang wieder die Kinder sind, die sich auf dem roten Teppich in einer Krakauer Wohnung balgen, eins in des anderen zarte Glieder verliebt – können wir am Ende nur unsere Erinnerungen wiederbeleben, mehr nicht: wir können die Mauer der Zeit, die sich seit damals angesammelt hat, nicht überwinden.

Als Marek abreist, legt er die Hand auf sein Herz und sieht mich an, als werde ihm eben gerade klar, daß dieser Abschied schmerzlich ist. Ich kann kaum sagen, wie schwer er mir diesmal fällt. Die Erfüllung einer Phantasie ist etwas anderes als die Vorstellung von der Erfüllung. Aber vielleicht ist es auch so, daß eine Phantasie nie wirklich in Erfüllung gehen kann, weil nur eine andere Phantasie ihre eigene Apotheose ersetzen könnte. Die Wirklichkeit handelt nach knirschenderen und mit mehr Schwierigkeiten verbundenen Gesetzen.

Natürlich hätte ich meinen Phantasie-Geliebten gern geheiratet, aber Marek ist nicht mehr das Produkt meiner Träume. Er ist wirklicher geworden, geheimnisvoller, mehr er selbst. Eigentlich weiß ich nicht mehr, wer er ist. Er hat sich mir entzogen. Wir haben uns in diesen wenigen Tagen in Boston in einer gebrochenen Zeit bewegt, weder ganz in der Vergangenheit noch ganz in der Gegenwart, und Marek blieb verschleiert vom Nebel der Erinnerungen. Jetzt, als ich beobachte, wie er sein Ticket und seine Bordkarte entgegennimmt, möchte ich ihn zurückhalten, ihn festhalten; möchte herausfinden, was er mag und was er nicht mag, wo wir übereinstimmen und wo wir nicht übereinstimmen, was ihn zornig macht und was sein Mitgefühl erregt . . . Ich möchte uns schnell in diesem späten Augenblick zwingen, in die rauhere Realität dieses Tages.

Nach seiner Rückkehr nach Israel schreiben wir uns gelegentlich. Marek äußert sich oft wie eine eingesperrte Kreatur, kreist um Probleme, die er nicht lösen kann, vielleicht wird er wieder nach Amerika kommen, schreibt er in einem seiner Briefe, aber er kommt nie.

Und dann, an einem trüben Tag in Vancouver, bei einem meiner Besuche zu Hause, erzählen mir meine Eltern, daß er tot ist. Er hat sich das Leben genommen, und ein Grund ist nicht bekannt. Meine Eltern zeigen mir den Brief von Pani Ruta, der die Nachricht enthält. Es läßt sich wenig herauslesen. Marek hatte einen seiner Beduinen-Kunden besucht – er liebte das, erzählte er mir, liebte die Rituale der Gastfreundschaft in den Beduinenzelten –, und nachdem die Transaktion abgeschlossen war, fuhr er in die Wüste hinaus, und dort, in der vollkommenen Einsamkeit, schoß er sich eine Kugel durch den Kopf. Kein Brief, keine Andeutung zuvor. Der Ton des Briefs von Pani Ruta ist düster, aber die Handschrift ist gleichmäßig; kein Mitleid, keine weiteren Tränen. Es ist ein Ton, der besagt: Man muß weitermachen; man macht weiter.

Ich verlasse die Parkbank, auf der ich mit meinen Eltern sitze, und ich möchte dringend mit Marek reden. Ich möchte, daß er mir sagt, was geschehen ist; ich möchte, daß er mir sagt, warum er nicht weitermachen konnte. Ich möchte, daß wir uns gegenseitig viele Dinge erklären, viele Dinge, über die wir nicht gesprochen haben. Ich bin beschämt, daß ich in meiner Einbildung, ihn gut zu kennen, versäumte, ihn besser kennenzulernen. Ich weiß nur so wenig, woran ich mich halten kann. Aber manchmal denke ich an ihn und Zofia und mich selbst und an andere wie uns, die ich kenne, und denke an sie als Teil ein und derselben Geschichte – der Geschichte der Kinder, die aus dem Krieg kamen und die den verschiedenen Welten, in denen sie aufwuchsen, nicht genügend Sinn abgewinnen konnten und nicht wußten, nach welchen Erkenntnissen sie handeln sollten. Manchmal denke ich, daß wir Kinder allzusehr von den Geschichten unserer Eltern überschattet wurden, ohne ausreichendes Empfinden für uns selbst, für die ernsten Schwierigkeiten in unserem eigenen Leben, und daß wir deshalb nicht dem Wunsch unserer – in ihrer Stärke so erstaunlichen – Eltern gerecht werden konnten, neues Leben zu erschaffen und uns eine neue Welt zu schenken. Es fiel uns schwer zu begreifen, daß man auch in dieser neuen Welt wieder ganz von vorn den Trick lernen mußte, weiterzumachen.

Dort drüben würdest du noch nicht einmal erwägen, dich scheiden zu lassen. Du wärst verheiratet – ob glücklich oder unglücklich, wäre nicht von großer Bedeutung.

Oh, wirklich nicht? Denk genau nach. Wäre dein Unglück nicht das gleiche wie hier?

Nein, mit Sicherheit nicht. Es wäre von der Klaustrophobie mangelnder Möglichkeiten bestimmt, nicht von der Agoraphobie der freien Wahl. Es hätte andere Dimensionen, ein anderes Gewicht.

Aber eine von Unvereinbarkeiten bestimmte Ehe ist nicht akzeptabel.

Das ist eine amerikanische Ansicht.

Das ist eine weltweite Ansicht. Auch bengalische Frauen rebellieren gegen unglückliche Ehen, mein Gott!

Bengalische Frauen rebellieren nicht gegen gefühlsmäßige Unvereinbarkeit. Sie würden gar nicht verstehen, wovon du sprichst.

Aber ich lebe nicht in Bengalen!

Wenn du in Polen lebtest, würdest du dich deiner Situation vernünftig anpassen. Du hast gesehen, daß Menschen vollkommen glücklich in ihren unvollkommenen Bindungen leben können. Sie haben eben ihre Affären, sie gehen nicht herum und zerstören ihr Leben.

Es ist unehrlich, in einem Zustand gefühlsmäßiger Kompromisse zu leben.

Du wirst rührselig in deinem Gefühlsüberschwang. Gib wenigstens nicht vor, an etwas zu glauben, wovon du nicht überzeugt bist.

Ich glaube, ich glaube daran.

Aha.

Ich habe neue Ideale, stört dich das?

Du bist Immigrantin, du kannst dir keine Ideale leisten.

Ich versuche so zu leben, als ob ich frei wäre. Wenigstens diese Würde bleibt mir.

Frei. Du spielst ein gefährliches Spiel. Eine Scharade.

Laß mich in Ruhe. Du bist diejenige, die jetzt die Scharade spielt. Deine Art Wissen trifft auf meine Lage nicht zu.

Ich werde dich nie ganz in Ruhe lassen . . .

Aber ich muß dir nicht länger zuhören. Ich bin inzwischen genauso wirklich wie du. Ich bin die echte.

Ich erinnere mich an Krakau buchstäblich aus meinen Träumen. Meistens wurde in diesen Träumen mein Wunsch durchkreuzt, dorthin zu gelangen, wohin ich wollte – in eine sich entziehende Heimat, gleich jenseits der Grenze des Schlafes. Jetzt, im wirklichen Krakau, zeigt es sich, daß ich aufgrund der Träume, die sich im Lauf der Jahre so oft wiederholten, fähig bin, meinen Weg zu finden. Ich bewege mich von einer Straße zur anderen, nicht mit Hilfe des Stadtplans oder rationaler Überlegungen, sondern weil ich sie mir bei meinen nächtlichen Wanderungen eingeprägt habe. Ich stoße auf Stellen, Gebäude und Straßen, die ich wiedererkenne, ohne zu wissen, daß sie in irgendeiner Schicht meines Bewußtseins gespeichert gewesen sind: Ein Kaffeehaus in einem Keller voller berühmter Karikaturen, eine Statue in einem Park, eine namenlose kleine Wiese. Dieses Auftauchen scheinbar vergessener Dinge ist gespenstisch und befriedigend zugleich, wie wenn man aufwacht und feststellt, daß der eigene Traum Wirklichkeit geworden ist.

Mein Wunsch, nach Polen zu fahren, wurde schon einmal buchstäblich durchkreuzt, 1968. Ein unglückliches Jahr für den Plan einer Reise dorthin, ein Jahr, in dem die meisten im Land verbliebenen Juden durch eine offizielle und offiziell angeheizte antisemitische Kampagne zum Auswandern gezwungen wurden. Ich verbrachte den Sommer damit, nacheinander die polnischen Konsulate aufzusuchen – in London, Paris, Wien, Prag –, und überall wurde mir das Visum verweigert – aus Gründen, die zu erklären die Funktionäre in den Botschaften nicht der Mühe wert fanden. »Warum wollen Madame überhaupt dort hinfahren?« fragte der in Prag, indem er mich durch seine dunklen Brillengläser musterte, mit einer Stimme so voller bekannter Untertöne, daß ich dachte: wer weiß, vielleicht will ich ja gar nicht dorthin.

»Warum willst du fahren, was zieht dich dorthin?« fragen meine Eltern mißbilligend. Vielleicht, um es endlich hinter mich zu bringen, sage ich. Um zu sehen, wie die Geschichte womöglich weitergegangen wäre. Als ich es wieder versuche, 1977, ist es einfach, ein Visum zu erhalten – in Polen ändern sich die Spielregeln häufiger als irgend etwas anderes –, aber sobald ich angekommen bin, werde ich mit Anzeichen anderer Schwierigkeiten konfrontiert. Im Taxi, auf der Fahrt vom Warschauer Flughafen, erklärt der Fahrer: »Sie haben einen Studenten getötet. In Krakau.« Er sagt das beiläufig und unfeierlich, in einem Ton, der ebenso die Brutalität des Ereignisses ausdrückt wie seine eigenen brutalen Gefühle »ihnen« gegenüber zum Ausdruck bringt.

Ich bin zu einem Zeitpunkt nach Polen gekommen, in dem der Druck der politischen Situation wieder einmal den Siedepunkt erreicht hat und den Deckel wegzusprengen droht. Der Student, den »sie« getötet haben, hatte an einer jener Demonstrationen teilgenommen, die in letzter Zeit häufiger geworden sind. Das Haus, in dem er wohnte, wurde über Nacht gleichsam zu einem Altar; die Treppenstufen und der Gehsteig davor sind mit Blumen überhäuft. Die Telefonleitungen zwischen Krakau und Warschau sind unterbrochen, informiert mich der Taxifahrer weiter; bestimmte Züge und Flüge sind gestrichen worden. Und sogleich erkenne ich eine alte, instinktive Reaktion wieder: gespannte Aufmerksamkeit, eine fast erregende Wachheit, mit der ich jedes Wort registriere. Und in den wenigen Tagen in Warschau begegne ich wieder der alten Stimmung, die Menschen halten zusammen, Mutter und Sohn, Herrin des Hauses und Dienerin, gedämpfte Stimmen, Räume voller Zigarettenrauch, Wodka und Gespräche bis spät in die Nacht hinein, endlose Spekulationen und Analysen. Etwas Bedrohliches liegt in der Luft, und der eindeutige, angenehme Schauer der Gefahr.

Die Reise war im letzten Moment geplant, und ich habe mit niemandem vorher Kontakt aufgenommen. Ich mache mir Sorgen, wie ich meine alten Freunde in Krakau wiederfinden werde. Aber das erweist sich als einfach. Das Krakauer Telefonbuch ist dicker geworden, als ich es in Erinnerung hatte. Und die Adressen der Dombarskis und der Orlowskis und von Pani Witeszczak stimmen mit denen überein, die ich in einem kleinen, auseinanderfallenden Notizbuch mit kindlicher Handschrift notiert habe. Nachdem ich in einer unendlichen Schlange im überfüllten, naßkalten Bahnhof angestanden habe, steige ich in den Nachtzug. Er rast durch das pechschwarze Land, lauter ratternd als ein Amtrak-Zug; in meinem Abteil diskutieren zwei Männer und eine Frau mit Aktentaschen und in sehr schlecht sitzenden Kleidern über eine Konferenz, an der sie gerade teilgenommen haben. »Wenn die Schweden die Radkappen den Deutschen billig verkaufen würden, könnten wir ins Gespräch kommen«, sagt einer von ihnen, aber bald packen sie ein Stück Dauerwurst und Wodka und Spielkarten aus, und die Männer fangen an, mit der drallen Frau über die Rommékarten hinweg zu flirten. Ah ja, ich bin in Polen, und das Arrangement dieser Szene, die der Frau zugewandten Männer, ihre Stimmen mit einer Spur Sarkasmus und Provokation, das Messer, das die Wurst in Scheiben schneidet – all dies wird mir auf immer natürlicher vorkommen, unbekümmert natürlicher, als die untadeligen Pendler im Zug nach Long Island, die ihr *Wall Street Journal* ordentlich auf die Hälfte zusammenfalten.

Der Krakauer Bahnhof ist schlecht beleuchtet, aber eine Gruppe von Menschen kommt auf mich zu, als ich aus dem Zug steige. Vielleicht liegt es an dem Baumwollkleid mit dem breiten Gürtel und den Sandalen aus echtem Leder – bequeme Kleidung aus gutem Material –, daß ich als Fremde auffalle. Jedenfalls greift mich die kleine Gruppe sofort aus der Menge, ohne Zögern. Jemand überreicht mir einen Blumenstrauß; jemand sagt: »Unsere Ewa.« Ich erkenne Pani Orlowska sofort; ihr Haar ist sehr weiß geworden, aber ihr schönes Gesicht ist fest und klar und ihre Haltung sehr gerade. Ich zögere vor einer fülligen Frau mittleren Alters mit strähnigem blonden Haar. »Krysia«, gibt sie sich schüchtern zur erkennen, und wir umarmen uns. Ein linkischer hochgewachsener Mann in Blue Jeans und T-Shirt, auf dem University of Nebraska steht, stellt sich als Jacek, Danutas jüngerer Bruder, vor. »Wie geht es Alinka?« fragt er lachend, weil sie als Kinder miteinander geflirtet haben, »ist sie schon verheiratet?« Und ich sage zu ihm, nein, sie ist nicht verheiratet, und sie promoviert gerade in Psychologie und ist sehr hübsch und spricht kaum noch ein Wort Polnisch.

Wir quetschen uns alle in Jaceks Polski Fiat, auf den er ungemein stolz ist, und ein paar Minuten später öffnet Pani Dombarska die Tür im dritten Stock in der Kazimierz-Wielki-Straße 72, dem Haus direkt neben unserem. Im gleichen Moment bin ich eingehüllt in einen scharfen süßlichen Geruch von Zigarettenrauch, vermischt mit dem Duft von Parfüm und Tuchballen, der in meiner Kindheit die Atmosphäre weiblicher Erotik darstellte. Pani Dombarska stößt den Rauch ihrer Zigarette aus, mustert mich wohlwollend – sie hat immer noch eine leichte Ähnlichkeit mit Marlene Dietrich; ihre Lippen sind immer noch grellrot geschminkt und ihre Augenbrauen ein bleistiftdünner Bogen – und schiebt mich in ihre Wohnung. »So leben wir hier«, sagt sie und breitet ihre Arme in einer Geste sich selbst erklärender Resignation aus. »Es ändert sich nichts, nie.«

Tatsächlich, bis auf den Fernsehapparat, der auf der Nähmaschine steht, ist die Wohnung genau wie vor achtzehn Jahren: ein Wohnzimmer, das gleichzeitig als Schlafzimmer dient, ein winziger Flur, eine kleine Küche. Die Couchbetten und die Spiegelkommode aus Eichenholz und der Gasofen im Bad und der Staub in der Luft, sichtbar im Deckenlicht, all das besitzt die Einfachheit von Dingen, an die man schon lange gewöhnt ist – so als ob ich die ganze Zeit mit ihnen gelebt hätte. Nur Danuta ist nicht da; zu meiner Enttäuschung ist sie bei einer Konferenz in Breslau, und ich werde bis morgen warten müssen, bis ich sie sehen kann.

Wir sitzen an einem Tisch, der mit Tellern voll Käse und Hering und Schinken beladen ist – ich weiß noch nicht genügend zu würdigen, wieviel Anstrengung es gekostet hat, diese Raritäten zu besorgen –, und erheben unsere Wodkagläser, äußern unzusammenhängende Fragen und Sätze. »Wie geht es Mutter und Vater?« will Pani Dombarska wissen, und ich erkläre ihr, daß sie, von mir aus gesehen, am anderen Ende des Kontinents leben und daß ich sie nicht sehr oft sehe, daß wir aber einmal in der Woche miteinander telefonieren. »Wie schrecklich«, sagt Pani Dombarska und schüttelt ihren Kopf. »Das muß schrecklich sein für sie.« Jacek ist fasziniert von der Tatsache, daß ich etwas von der Welt gesehen habe; er hat ein Kurzwellenradio, und er rühmt die Nachrichten, die er aus dem Westen einfängt – dem fabelhaften, unerreichbaren, erschreckenden Westen. Er ist sogar schon im Ausland gewesen – in Westdeutschland, als Gastarbeiter. Aber er hat kaum etwas gesehen; er hat sich bemüht, in kurzer Zeit möglichst viel Geld zu verdienen, um sich den Fiat kaufen zu können.

»Stimmt es, daß in den Postämtern in Amerika meistens Neger arbeiten?« fragt Pani Orlowska, und ich frage mich, wo sie dieses höchst seltsame Stück Information wohl aufgeschnappt hat. »Ich höre, daß der Bildungsstandard drüben sehr niedrig sein soll«, sagt Krysias Mann etwas förmlich. »Das ist schlimm. Denn du weißt ja, daß die Russen wirklich großen Wert auf die Ausbildung legen. Das wird ihnen Vorteile verschaffen, wenn die Amerikaner nicht etwas dagegen unternehmen.« Ich stürze mich in den hoffnungslosen Versuch, ihm das komplexe Unterrichtssystem zu erklären, die Ivy-League-Universitäten und die kommunalen Colleges, die enormen Unterschiede, die sozialen Schichten, und dann gebe ich es auf und sage: »Es ist ein kompliziertes Land. Es ist sehr groß«, und alle nicken weise, dankbar, ein Klischee zu haben, an das wir uns alle klammern können.

Krysia hatte während des Gesprächs meist geschwiegen und mich mit ihren blaßblauen Augen schüchtern beobachtet, aber beim Abschied, als wir uns wieder umarmen, fragt sie mich flüsternd: »Bist du verheiratet?« »Getrennt«, sage ich. »Wahrscheinlich lasse ich mich scheiden.« Und sie stöhnt auf, als hätte ich ihr von einem schmerzhaften Unfall erzählt. »Ich glaube, daß mein Entschluß richtig ist«, sage ich schnell zu ihr, indem ich mich auf meine amerikanische Standardformel zurückziehe, aber die Verwirrung in ihrem ehrlichen Gesicht sagt mir, daß das nicht der richtige Satz ist, nicht die Art, wie ich sie davon überzeugen kann, daß alles ganz in Ordnung ist.

»Ach, meine Liebe, nun weißt du, wie es mit uns steht«, sagt Pani Dombarska ein bißchen beschwipst, nachdem alle gegangen sind. »Wir können nicht auf morgen hoffen, also leben wir heute.« – »Es ist ja alles in Ordnung, Mama«, murmelt Jacek und küßt ihre

Hand. Wir drei – Pani Dombarska, Jacek und ich – müssen alle im Wohnzimmer schlafen, Jacek in einem Liegesessel, den er aus der Nachbarwohnung herübergeschleppt hat. Sie versichern mir, daß das oft vorkommt, aber ich bin eine solche Nähe nicht mehr gewohnt und ich wälze und drehe mich fast die ganze Nacht.

Am nächsten Tag kehrt Danuta von ihrer Konferenz zurück und kommt zu ihrer Mutter. »Laß dich ansehen, laß dich ansehen«, zirpt sie. »Hast du dich in eine richtige Amerikanerin verwandelt?« Sie inspiziert mich gründlich. »Halb und halb«, diagnostiziert sie und lächelt verschmitzt. »Ich habe mich, wie du bald merken wirst, in eine ganz normale Glucke verwandelt«, verkündet sie mit energischer Stimme. Aber so kommt sie mir nicht vor: sie ist rund und üppig, und dabei attraktiv, ihre Augen sind dramatisch schwarz umrandet, und um den Hals hat sie mehrere Stränge großer Holzperlen geschlungen. Aus dem frommen, fröhlichen Mädchen ist eine fröhliche, selbstbewußte Frau geworden. Ihr Gesicht ist von merkurischer Wandelbarkeit, spiegelt jede flüchtige Gefühlsregung wider. Wenn sie in mir die Amerikanerin sieht, dann zum Teil deshalb, weil mein Gesicht gesetzter geworden ist, kontrollierter als die Gesichter der Frauen um mich herum. Ich bewege mich auch »amerikanischer«, mit lockeren, resoluteren Schritten. Ich gestehe meinem Körper ein gewisses freimütiges Selbstbewußtsein zu; aber ich gestatte ihm nicht die kapriziöse, impulsive Beweglichkeit im Ausdruck, die hier das Zeichen von Weiblichkeit ist. Danutas und meine Züge tragen unterschiedliche Ideologien von Weiblichkeit in sich, unterschiedliche Formen von Zurückhaltung und Ausdruck.

Für die nächsten Tage ziehe ich in Danutas Wohnung. »Gefällt es dir?« fragt sie mich glücklich, als sie mich herumführt, und ich sage ganz aufrichtig: »Klasse!« obwohl sie mir vor ein paar Tagen noch gewöhnlich vorgekommen wäre. Meine Maßstäbe werden einer schnellen Anpassung unterzogen, und jetzt sehe ich das eigene Zimmer ihrer zwölfjährigen Tochter, die Geschirrspülmaschine in der Küche, das alte Plüschsofa und die folkloristische Kunst an den Wänden als die Zeichen von Luxus und Charme, die sie darstellen sollen.

»*Mesdames, messieurs, à table*!« ruft Danuta allabendlich gegen acht Uhr, und bei diesem Signal erhebt sich ihr Mann von seiner Zeitung, und ihre Tochter Marysia kommt aus ihrem Zimmer. »Na, schmeckt es dir, Olek?« fragt Danuta. Sie meint den Salat, den sie nur zubereiten konnte, weil sie stundenlang dafür Schlange gestanden hat, früh am Morgen und nach der Arbeit. Danuta unterrichtet Biologie an einer Oberschule und brütet gewöhnlich bis spät in die Nacht über den Arbeiten ihrer Schüler. Meist lobt Olek den Salat und küßt zärtlich Danutas Hand. Er ist ein hochgewachsener Mann mit ständig unordentlichem Haar und einem abwesenden Ausdruck im Gesicht, das sich gelegentlich zu einem unerwarteten und ungeschützten Lächeln verzieht.

»Stell dir vor, was Spiwak, dieser Dreckskerl, heute gemacht hat«, sagt er zu Danuta, als wir uns zum Abendessen an den Tisch setzen. »Mitten während unserer Forschungssitzung macht er plötzlich eine Andeutung – du kannst dir ja vorstellen, wie subtil die war – darüber, daß Janek letzten Donnerstagnachmittag geschwänzt hat, weil er natürlich an der Demonstration teilnehmen wollte. Ich sage dir, ich habe gemerkt, wie mir das Blut zu Kopf stieg. Macht es dir was aus, mir noch eine Tasse Kaffee zu holen?«

»Aber du weißt, du hast immer gewußt, daß er ein Dreckskerl ist«, sagt Danuta und steht auf. »Nur daß bis jetzt Leute wie er nicht ihr wahres Gesicht zeigen mußten. Das war das Merkmal der Gierek-Zeit«, erklärt sie, mir zugewandt, »daß die vielen Schweine und Dreckskerle ihre Tarnung beibehalten konnten. Sie gehen schweren Zeiten entgegen, die armen Schweine.«

»Was wird passieren, Mama?« fragt Marysia, und Danuta versichert ihr: »Wahrscheinlich nicht viel, leider.« Das Mitleid überwiege. »Ja, also, kann ich dann jetzt mit Adam spielen gehen?« sagt Marysia. Und nachdem Danuta ihr gesagt hat, sie solle sich nicht mit »Elementen« abgeben – ein halb scherzhaft gemeinter Ausdruck für Menschen, die nicht ganz zur eigenen Klasse gehören –, sagt Marysia höflich »Danke« und geht hinaus, um sich ihre geliebten Jeans und ein T-Shirt anzuziehen. »Ein Opfer liberaler Erziehung«, kommentiert Danuta den stürmischen Abgang ihrer Tochter, aber Marysia kommt mir sehr gut erzogen vor und scheint mit den Wertvorstellungen ihrer Eltern übereinzustimmen, als hätte sie noch nie etwas von einem Generationskonflikt gehört.

Während der nächsten Tage setze ich meine *recherche du temps perdu* fort – mit unterschiedlichen Ergebnissen. Der zentrale Platz der Stadt ist nicht mehr ein Versammlungsplatz für Tauben, sondern bordet über von Dutzenden von Blumenständen, wo schockierend teure Nelken und Rosen verkauft werden. Der Renaissancebau der

»Tuchhallen« schmückt noch immer den Platz, aber ich weiß, daß er, wie alle historischen Gebäude Krakaus, zerfressen wird von einer sehr zeitgenössischen Krankheit – der Luftverschmutzung. Dieser Pesthauch kommt größtenteils von Nowa Huta, einem riesigen Stahlkombinat, das am Rand Krakaus als ein Monument des Sozialismus errichtet wurde. Es gibt so gut wie keine Kontrolle der industriellen Emissionen in Polen, sagt man mir, und die Menschen, die in Nowa Huta arbeiten, leiden in großer Zahl an schrecklichen Krankheiten.

Zwar haben wir uns an diese Art zeitgenössischer Ironie gewöhnt, doch trotzdem bin ich bedrückt: Luftverschmutzung hier kommt mir wie eine Verletzung der Unschuld vor. Mein altes, beständiges Krakau wird von diesem unsichtbaren Wurm zerfressen! Doch dem äußeren Anschein nach ist die Stadt, noch in diesem Moment politischer Unruhen, bemerkenswert unverändert. In den Kaffeehäusern sitzen ältere Herren und studieren in ihrer Freizeit die literarischen Journale; im Krakowski-Park sitzen die Mütter auf den Bänken und schaukeln ihre Kinderwagen, und Kinder hüpfen auf einem Bein über in den Sand gemalte Quadrate. Im Slowacki-Theater, das im plüschigen Rokokostil gehalten ist, versammelt sich ein mit leicht altmodischer Eleganz gekleidetes Publikum, um die geistreiche Inszenierung des satirischen Theaterstücks eines im Exil lebenden Schriftstellers zu sehen.

In Pani Witeszczaks Wohnung steht das Klavier immer noch in der Ecke am Fenster; das hübsche Miniatur-Porträt, auf das ich zwischen den Stücken zu starren pflegte, hängt immer noch darüber an der Wand. Pani Witeszczak verbringt jetzt ihre Tage unter einem plustrigen Federbett auf dem Wohnzimmersofa, auf dem früher ihre Mutter zu sitzen pflegte. Sie wirkt gebrechlich, wie sie in den großen Kissen liegt, aber ihre Augen sind scharf und klar. Ihr Sohn und ihre Schwiegertochter gehen in Hausschuhen in der Wohnung umher, lächeln sanft, bringen ihr Tee. »Du hast also mit dem Klavier nicht weitergemacht«, sagt Pani Witeszczak und sieht mir in die Augen. »Du warst ein begabtes Kind, aber sicherlich ist es so das beste. Du bist auch in anderen Dingen begabt; du wirst etwas Interessantes schreiben. Erinnerst du dich noch an Lydia Sulik? Älter als du, auch sehr begabt. Ja, sie hat gerade ein paar interessante Erzählungen veröffentlicht, ein bißchen surrealistisch, die auf ihren Erlebnissen in England beruhen.« Oh, welch eine Absolution! Ich war also schlicht ein begabtes Kind unter vielen; ich habe nicht einen goldenen Apfel ausgeschlagen, ich habe nicht ein heiliges Vertrauen enttäuscht. Vielleicht konnte nur Pani Witeszczak, mit ihren wenigen einfachen Worten, das komplizierte Geflecht, das sich um meine Wahlmöglichkeiten rankte, entwirren; vielleicht konnte nur sie – die ursprüngliche Hüterin des goldenen Apfels – mich von seinem Bann befreien.

Langsam spaziere ich die *Planty* entlang, und als ich zu einem ausladenden Kastanienbaum komme, halte ich inne. Hier, unter diesen schützenden Zweigen, saß ich einst, geborgen im Herzen kindlicher Weisheit. Nein, dieses Wissen läßt sich nicht durch Tricks oder mit mnemotechnischen Hilfsmitteln wiedererlangen; und doch strahlt es wie ein stecknadelgroßer Pulsar ein immer wieder sichtbares Leuchten aus.

Im Hof der Synagoge, der ebenso winzig ist wie der, in dem die Baba Jaga einst vornübergebeugt saß, sitzen drei alte Männer auf einer Bank. »Boris Wydra«, sagt einer von ihnen. »Ja, ich glaube, ich erinnere mich. Wir hier sind jetzt alle alt. Unsere Kinder sind alle in Amerika oder in Schweden.« Die Juden sind exotisch geworden in Polen, eine fast ausgestorbene Gattung; gut für freundliche Witze, Nostalgie und Aberglauben. Manche der jüngeren Polen haben noch nie einen richtigen Juden gesehen. Bauern in den Dörfern besuchen alte jüdische Friedhöfe, wo, wie es heißt, weise alte Zauberer begraben sind, um Glück für sich zu erbitten oder Verwünschungen auszusprechen. Das weiß ich alles aus Zeitungsstatistiken und Zeitschriftenartikeln, und als ich in die Synagoge hineingehe und mich in den Abschnitt setze, der früher den Männern vorbehalten war – jetzt kümmert sich niemand mehr um solche Feinheiten –, ertappe ich mich dabei, daß ich mir Zahlen ins Gedächtnis rufe: vor 1968 lebten 40 000 Juden in Polen, heute sind es ungefähr 5000; allerdings gibt es darüber hinaus viele Menschen gemischter Abstammung ... Die Zahlen gehen durch meinen Kopf, als müßte ich ihre kalte Nüchternheit zwischen mich und die noch tiefere Kälte dieser steinernen Wände stellen.

Ich erzähle Danuta nichts von diesem besonderen Teil meines Suchens und meiner Erinnerungen. Sobald das Thema Judentum aufkommt, machen die Menschen entweder ein verlegenes Gesicht oder sie verfallen in kompensatorische Geschwätzigkeit. Das ist der Riß, die Kluft, aus der all die größeren Brüche hervorgegangen sind. Und doch läßt er sich, wie alle Risse, kaum begreifen. Daß ich Jüdin bin – was bedeutet das, schließlich und endlich, hier, in diesem Augenblick? Vielleicht nur dieses Schweigen zwischen Danuta und mir, diese beklemmende Distanz, die sich zwischen uns schiebt.

Nachdem ich meine privaten Pilgerreisen abgeschlossen habe, bekomme ich hohes Fieber, verbunden mit Halluzinationen. Die Luft in Krakau hat auf Touristen häufiger diese Wirkung, sagt mir der Doktor, den Danuta gerufen hat. Nirgendwo kann man Fruchtsaft oder Papiertaschentücher kaufen, und jeden zweiten Tag gibt es in Danutas Luxuswohnung kein warmes Wasser, kein Gas oder keinen Strom. Aber der Arzt kommt jeden Tag, und Danuta pflegt mich besorgt. Familiäre Unannehmlichkeiten, familiäre Annehmlichkeiten.

»Bedauerst du manchmal, daß du nicht hier geblieben bist?« fragt Danuta mich eines Tages, als sie mir das Fieberthermometer aus dem Mund nimmt und einen prüfenden Blick darauf wirft. Jetzt, da die Frage laut ausgesprochen worden ist, scheint sich ihre Bedeutung zu verflüchtigen. Wie könnte ich diese Frage beantworten? Ich weiß inzwischen nicht mehr, wer das Leben gelebt hätte, das ich hier hätte leben können. Es ist ziemlich leicht, die Grundpfeiler einer hypothetischen Geschichte zu rekonstruieren: Wenn wir hiergeblieben wären, wäre ich Pianistin geworden, möglicherweise hätte ich ein gewisses Maß an Erfolg gehabt, ich hätte geheiratet und hätte typisch polnische Streitigkeiten ausgefochten und wäre in die Winterferien nach Zakopane gefahren. All diese Ereignisse hätten sich scheinbar folgerichtig eines aus dem anderen ergeben, in einer verständlichen Kette. Das Verhältnis von Veränderung zu Stabilität wäre ein anderes gewesen: die stabilen Elemente – Pani Witeszczaks Wohnung und die *Planty* und der besondere Schneematsch des Krakauer Winters – hätten das stille Ostinato des Bekannten gebildet, dem gegenüber die Modulationen der Veränderung wohl sanfter und harmonischer geklungen hätten. Ich wäre in die Studentenbewegung verwickelt worden und die Fragen hätten mich tief bewegt, wie man eben Dinge empfindet, mit denen man aufgewachsen ist. Ich hätte die kräftigende moralische Klarheit erlangt, die aus dem Wissen erwächst, welche Seite im Recht ist und welche im Unrecht, was Wahrheit ist, was Lüge – diese Klarheit, die polnischen Gesprächen und polnischem Denken etwas Robustes und viel Witz verleiht. Der Rahmen der Kultur ist hier stärker und bindet die individuelle Persönlichkeit stärker ein. Das sind Dinge, die ich weiß, aber ich weiß nicht mehr, wie es ist, mit ihnen zu leben. 1968 und im Strudel der antisemitischen Säuberungen, die auf die Studentenunruhen folgten, wäre ich wahrscheinlich gezwungen gewesen zu emigrieren, wie die meisten Juden, die damals noch in Polen lebten. Ich wäre mit Bedauern gegangen, vielleicht mit gebrochenem Herzen, aber sehr bewußt: eine andere Art Abschied als die verzweiflungsvolle und blinde jugendliche Entwurzelung. Wohin wäre ich gegangen? Nach Israel, Amerika, Westdeutschland, Schweden? Hier werden die Spekulationen vage, denn ich kenne die Person nicht, die diese Entscheidung getroffen hätte: Ich weiß nicht, wie ihr Alltag bis dahin ausgesehen hätte, wie erfolgreich oder wie enttäuscht, wie abenteuerlustig oder furchtsam sie gewesen wäre. Ich kenne die Stärke ihrer Gefühle nicht, weiß nicht, welche Sehnsüchte sie hatte und wie sie sie befriedigte. Ich kenne die Unfälle nicht, die kleine Narben auf ihrer Haut hinterlassen haben, und nicht die Einkerbungen von Schmerz und Freude in ihrer Seele. Nein, man kann keine wahre Was-wäre-wenn-Geschichte ersinnen; im Licht der einfachen feststellenden Aussage tatsächlicher Existenz verlieren »wäre gewesen« oder »als ob« ihren ontologischen Status. In gewisser Weise zählt er nicht, auch wenn wir ohne ihn keinerlei Phantasie mehr hätten: wir wären wirklich und wahrhaftig Gefangene unseres Selbst. Aber der Schatten, den diese Geschichte aus Mutmaßungen über meine wirkliche Geschichte wirft, ist nicht ein Schatten des Bedauerns, sondern des Wissens – mit dem wir alle uns versöhnen müssen –, daß uns nur *ein* Leben gegeben ist, auch wenn vielleicht soviele andere möglich gewesen wären.

»Seither ist soviel geschehen«, beantworte ich schließlich Danutas Frage.

»Natürlich, dein Leben dort ist so viel interessanter«, sagt sie.

»Nein, darum geht es nicht«, sage ich, und wirklich, ich weiß nicht, wie ich die Belange ihres und meines Lebens vergleichen könnte. »Es ist einfach so, daß sich das Leben, das ich lebe, zufällig drüben entwickelt hat.«

»Ach, meine Liebe«, sagt Danuta mit Wehmut in der Stimme. Natürlich begreift sie – die Bitterkeit und die Unausweichlichkeit, daß man nur eine einzige, bestimmte Version des Lebens hat, in der man innerhalb der engen Grenzen der ersten Person Singular leben muß.

»Schick Aspirin von Bayer«, bittet sie mich, als die Stunde des Abschieds gekommen ist. »Und vielleicht Kakao. Manchmal träume ich von gutem Kakao.«

Jacek fährt mich mit seinem Fiat nach Warschau, wo er geschäftlich zu tun hat, und es ist das erste Mal, daß ich etwas von der Landschaft zu sehen bekomme. Große Heuhaufen, alte Holzhäuser und dazwischen ein paar häßliche Flachbauten aus Beton; Bäuerinnen in langen Röcken, die sich von ihrer Arbeit aufrichten und dem vorbeirasenden Auto gleichgültig nachsehen. Meine Krankheit hat die Zeit verschlungen, die ich für den Besuch einiger Dörfer vorgesehen hatte. Nächstes Mal. Polen ist nur eine lange Flugreise von der Ostküste entfernt. Die unendliche, unüberwindliche, überirdische Entfernung, die ich in meiner Vorstellung geschaffen hatte, ist die unermeßliche Weite des Verlusts und der Sehnsucht gewesen: eine imaginäre Entfernung.

Es ist seltsam, daß trotz allem, was wir über solche Unternehmungen wissen, der Spiegel, durch den ich die Vergangenheit betrete, mir erlaubt, weiterzugehen in die Gegenwart. Vielleicht kann ich jetzt die verschiedenen Blöcke meiner Geschichte in die richtigen Proportionen bringen. Jeder Schriftsteller weiß, daß einem erst, wenn man an einem ganz bestimmten Punkt des Manuskripts angekommen ist, klar wird, wie der Anfang sein muß und welche Bedeutung er innerhalb des Ganzen hat. Und gewöhnlich weiß man erst, wenn man von der Mitte wieder zum Anfang zurückgegangen ist, daß man beginnen kann, den Rest zu schreiben. Bis zu einem gewissen Grade muß man die Vergangenheit umschreiben, um sie zu verstehen. Ich muß Krakau in den Dimensionen sehen, die es für mein Erwachsenenauge hat, um wahrzunehmen, daß meine Geschichte nur eine Geschichte gewesen ist, daß keines der Ereignisse darin so groß oder so schrecklich gewesen ist. Es ist der Preis der Emigration – wie jeder anderen radikalen Unterbrechung –, daß sie solche Rückblicke und Wiederbegegnungen schwierig macht; abgeschnitten von einem Teil der eigenen Geschichte, ist man geneigt, sie mit dem Nebel des Heimwehs zu verklären. Doch ist das eine unnütze Beziehung zur Vergangenheit – so wie der Schleier der Entfremdung eine unnütze Beziehung zur Gegenwart ist.

Im Flugzeug nach Paris nehme ich mir meine Notizen für einen geplanten Artikel über ein gegenwärtiges kulturelles Epiphänomen in Frankreich vor. Ich betrachte mein Notizbuch mit erwartungsvoller Aufregung: Ich erinnere mich wieder, wie sehr ich diese schnellen Raubzüge in andere Miniwelten genieße, wie sehr ich meine Freiheit genieße, in der Welt hin und her springen zu können, ohne besondere Schwierigkeiten oder Behinderungen. Aber als ich mir die Aufzeichnungen, die ich mir gemacht habe, ansehe, verfalle ich in ein Sinnen, wie es im isolierten Raum eines Flugzeugs über einen kommt, und Bilder der Reise, die ich gerade gemacht habe, steigen vor meinem inneren Auge auf. Nach und nach ziehen sie sich zu einem einzigen Bild zusammen, einer Glaskugel in einer Glaskugel: in der inneren Kugel liegt das reale Krakau mit den Schloten von Nowa Huta, die vertikale Linien bilden, in der Nähe von Danutas Wohnung und den Miniaturbögen der Tuchhallen; im äußeren Kreis befindet sich ein Traum-Krakau, mit Bildern, die sich wie ein Leporello falten lassen, hell und verschlafen, unter der lastenden Verheißung der Offenbarung. Dann tauschen die innere und die äußere Kugel die Plätze, und das reale Krakau befindet sich jetzt außen, greifbar und lebendig, und dreht sich um die innere, milchige Kugel des Traums.

Wieder in New York, träume ich eines Nachts von einem fernen Land. Ich vermute, es ist China, wegen eines kalligraphisch gezeichneten Berges im Hintergrund und der schlichten monotonen Melodie, die einer Flöte entströmt.

In meinem Traum gibt es auch ein quadratisches Haus, eines, wie Kinder es zeichnen, wenn sie ihr Zuhause darstellen. Der Fußboden in dem Haus ist aus Erde, darunter ist ein Ofen oder irgendeine andere mächtige Wärmequelle. Eine Stimme in dem Traum sagt:

Das Haus ist der Sehnsucht Herz. Die Sonne selbst schürt
Feuer und Schmerz.

Als ich aufwache, begreife ich, daß die Worte, die ich mir bei Tage nie hätte einfallen lassen, Worte, in Bilder und Reim gezwängt, irgendwo in meinem Schlaf erzeugt wurden. Da ich in einer psychologischen Kultur lebe, kann ich mehrere Interpretationsschlingen um diesen Traum legen: ich sehe seine Jungschen Implikationen und ebenso die Freudschen, seinen sexuellen Symbolismus und seine archetypischen Anspielungen. Aber das Wichtigste für mich ist, daß es ein Traum auf englisch war, und daß die Stimme mit mir in einer Sprache sprach, die aus den Tiefen des Unbewußten kommt, in einer Sprache, so einfach und so geheimnisvoll wie eine mittelalterliche Ballade, eine gnostische Sprache, die unseren analytischen Raffinessen überlegen ist und sie ersetzt.

Schon seit langem kommen englische Worte in meinen Träumen vor. Aber jetzt brechen sie auf, de-formieren und re-formieren sich, als wären sie kleine Teile einer chromosomenartigen Substanz, die sich neu zu ordnen versuchen. Als ich die Gedichte von Dryden lese, träume ich von einer Stadt, die »Dry Den« heißt und natürlich unter einer Dürre leidet. Manchmal macht mich mein Unbewußtes stolz, weil es zweisprachige Wortspiele hervorbringt – so in einem Traum über die Angst vor der Zeit, in dem das Wort *chronos* und das polnische *chronic*, was beschützen heißt, kunstvoll miteinander verwoben sind. Vielleicht habe ich genügend Wörter gelesen, geschrieben, gegessen, so daß jetzt Englisch durch meine Adern fließt. Aber in dem Moment, als diese Mutation stattfindet, als die Sprache beginnt, sich mir aus meinen Zellen mitzuteilen, bin ich nicht mehr so unerbittlich. Wörter sind nicht länger spitze Stücke einer harten Materie, die nur auf sich selbst verweisen. Sie werden immer durchsichtiger, ein transparentes Medium, in dem ich lebe und das in mir lebt – ein Medium, durch das ich wieder zu mir selbst und zur Welt zu finden vermag.

Erst als die Sprache aufhört, sich in ihren eigenen wilden unzusammenhängenden Kreisen zu bewegen, beginne ich die Integrität einer Courage wiederzugewinnen, die realer ist als mein kompensierender, Ängste überspielender Immigrantenmut. Ich will meine akademische Karriere nicht weiter verfolgen, aber mein Harvardtitel ist mir von hervorragendem Nutzen: er hat mir die Möglichkeit gegeben zu erkennen, daß ich mich in dieser Gesellschaft behaupten kann, und die Zeit, einige der Spielregeln zu lernen. Mein Selbstvertrauen ist immer noch wacklig; manchmal bin ich überzeugt, daß mich nie jemand einstellen wird, weil ich »nicht der passende Typ« bin – eine Formulierung, die meine Furcht versteckt, daß niemand mich als eine der ihren anerkennen wird. Aber bei einer Gelegenheit vertraue ich einem mitfühlenden Freund an –

wenn auch sotto voce und in dem Bewußtsein, ein etwas peinliches Geständnis abzulegen –, daß ich in Wirklichkeit eine »New Yorker Intellektuelle« sei; damit meine ich, daß ich, was ich an Talent und Temperament besitze, nicht nutzen möchte, um in den Schubladen der wissenschaftlichen Tradition zu graben, sondern um mich unmittelbar mit den aktuellen Problemen des Lebens zu beschäftigen. Er sagt mir, daß die New Yorker Intellektuellen ein ziemlich exklusiver Club sind, und daß nur wenige neue Mitglieder zugelassen werden. Aber, warum zum Teufel, sollte ich es nicht versuchen?

Gut, wer weiß, vielleicht versuche ich es. Vielleicht gehe ich nach New York, vielleicht spreche ich bei Redaktionen vor. Ich habe keinen systematischen Plan. Aber manchmal erinnert mich ein frischer Wind aus Neugier und Energie daran, wie sehr ich mir einmal gewünscht habe, im Zentrum der Welt zu leben und zu arbeiten. Vielleicht habe ich genügend Sicherheit gesammelt, um wieder einige Risiken einzugehen und mich nicht länger dem beängstigenden Regiment der Suche nach Sicherheit zu unterwerfen. Schließlich braucht man, auch wenn man eine Forschungsreise unternimmt, einen Ort, von dem man aufbricht und an den man zurückkehrt, und ich habe vielleicht gerade einigermaßen begriffen, wo ich mich mit offenen Augen umsehen sollte. Vielleicht aber bröckelt auch einfach der von Notwendigkeiten geprägte Pragmatismus, der meine Entscheidungen bestimmt hat, von meinen inneren Widersprüchen ab. Er hat nicht ganz funktioniert.

»Weißt du was?«, sagte mein Mann, als wir in unserem ausgeräumten Wohnzimmer saßen, in einem jener Momente verstärkter Nähe, wie sie Menschen überkommt, die im Begriff sind, sich zu trennen. »In diesem Moment hätten wir genauso in New York nach einer Wohnung suchen oder Ferien in Frankreich planen können. Statt dessen müssen wir glücklich sein.« Dann lächelten wir beide trocken über unser gegenseitiges Einverständnis. Glücklich! Dieses flackernde Irrlicht.

Sein Satz erinnert mich an die alte Aufforderung meiner Eltern: »Versuche, glücklich zu sein.« Oh, wie gut habe ich gelernt, was für eine schwer zu befolgende Vorschrift das ist! Aber durch meine praktischen, auf Selbstschutz gerichteten Bemühungen habe ich auch gelernt, daß man das eigene Temperament nicht immer gegen den Strich bürsten kann. Nein, es ist wieder an der Zeit, die Quellen meiner Sehnsüchte, meiner Liebe und meiner Vorlieben zu entdecken, dort zu leben, wo die Musik ist. Es wird eine schwierige Aufgabe sein, der Versuch, die Panzer der Angst und des Willens zu zerbrechen, aber inzwischen weiß ich: wenn ich nicht damit anfange, laufe ich tatsächlich Gefahr, ein entfremdetes Leben zu leben.

»Ich liebe dich«, flüstere ich dem Mann neben mir mit der fast unhörbaren Stimme zu, mit der die intimsten Worte ausgesprochen werden. Sie sind nur für meinen Geliebten bestimmt; sie werden in jenen Raum hinein gesagt, wo kaum noch Raum zwischen uns ist, wo Worte wie greifbarer Atem sind.

Lange Zeit war es schwer, diese innigsten Sätze auszusprechen, schwer, das Englische zu zwingen – die Sprache des Willens und der Abstraktion –, so zu sprechen, daß es sich den Tonarten der Liebe anpaßte. Im Polnischen verkörperten die Wörter für »Mädchen« und »Junge« gleichzeitig die frische Brise und die Anmut der Mädchenzeit sowie den Wind und das Rauhe des Jungenhaften: die Wörter beschworen das Vergängliche, die Bewegung, die Melodie und den Moschusgeruch, die inneren Schwingungen. Auf englisch waren »Frau« und »Mann« leere Zeichen; Begriffe der Zärtlichkeit kamen so formell und eckig hervor wie andere Wörter. In dieser neutralen, geschlechtslosen Sprache waren die Wörter weder feminin noch maskulin; sie erwuchsen nicht aus einer erotischen Substanz, nicht aus Sexualität. Wie konnte ich »darling« sagen oder »sweetheart«, wenn die Wörter keine sinnliche Fülle besaßen, wenn sie stocktrocken waren?

Jetzt jedoch ist die Sprache in meinen Körper eingedrungen, ist eins geworden mit dem zartesten Gewebe meines Seins. »Darling«, sage ich zu meinem Geliebten, »mein Liebster«, und die Worte sind erfüllt und fließen über von Begehren, sie formen sich in meinem Mund im Einklang mit der Musik der Zärtlichkeit.

Vielleicht ist es nicht möglich, einen Menschen zu lieben, wenn man die Welt, die ihn umgibt, nicht liebt, das allgemeine Empfinden, wie es sich in jedem einzelnen von uns ausdrückt. Ich habe eine Weile gebraucht, bis ich die Sexualität in ihrer amerikanischen Ausprägung erkannte, bis ich sah, was daran vertrauenerweckend ist. Ich erkenne die Züge des Anstands und eine Art brennender Aufrichtigkeit in dem Gesicht des Mannes neben mir. Ich vertraue dem Willen, der ihn antreibt, Dinge zu begreifen, ohne Spielerei oder ohne Tarnung – jene bescheidene amerikanische Direktheit, die der beste Teil der Unschuld ist. Seine Leidenschaft fließt aus dieser Ehrlichkeit und bringt mich dazu, daß ich in einer ungezwungenen Art mit ihm spreche, in der alles gesagt werden kann. Wir sprechen, mein Geliebter und ich, bis die Worte ungehindert heraustaumeln, bis sie in einem einzigen Fließen verschmelzen, bis sie zur Luft werden, die wir atmen, bis sie sich mit unserem Fleisch vermischen.

Am Flughafen von Vancouver erwarten mich meine Eltern und meine Schwester. Ich sehe das Grüppchen, als ich aus dem Zoll komme: drei Menschen, die unter den stämmigen großen Westkanadiern, von denen sie umgeben sind, noch kleiner wirken; zwei von ihnen sind von der Gebrechlichkeit des Alters und von eindeutiger Fremdheit gezeichnet. Mein Vater ist jetzt dünner als früher und hält sich sehr gerade; meine Mutter, winzig, trägt ein Kopftuch; meine Schwester, die stark und energisch aussieht – eine modisch gekleidete Frau mit langen Ohrringen, die sich von ihrem kurzen dunklen Haar abheben. Mein Vater umarmt mich kräftig, von Mann zu Mann; meine Mutter legt ihre Wange an meine, eine Geste, die etwas flehentlich Schüchternes hat; meine Schwester schenkt mir ein unerwartet liebevolles Lächeln, das ihre scharf geschnittenen Züge mildert.

»Stell dir vor«, sagt Alinka, »ich habe den Job bekommen, den ich wollte. Und nächste Woche bin ich bei einer Talk-Show dabei, als Expertin für die Psychologie sexueller Perversionen. Toll, nicht?«

»Da seht ihr, was für berühmte Töchter ich habe«, sagt meine Mutter, nicht ohne leise Ironie. Ruhm, Talk-Shows im Fernsehen, Erforschung der männlichen sexuellen Phantasien, Artikel in der *New York Times*: das alles ist nicht unwichtig, aber es bedeutet eine Entfernung vom Herzen der Dinge – von Glück, Familienvertrautheit –, von allem, was wirklich zählt.

Vancouver ist lieblich an diesem Sommernachmittag; überall blühen Blumen, und die Luft hat jene wunderbare durchsichtige Klarheit, die sich im Nordwesten nach Regen einstellt. Mein Vater fährt vorsichtig seinen Buick, ein Modell aus der Mitte der sechziger Jahre. Seine Augen sind schlechter geworden, und er macht sich Sorgen um seinen Wagen, den einzigen, den er sich je in Kanada gekauft hat. Dann betreten wir das bescheidene Stuckhaus, das meine Schwester und ich als unser »Elternhaus« bezeichnen. Ich habe nie lange genug darin gewohnt, um es als mein Haus empfinden zu können, und erst im Laufe der Jahre habe ich mich daran gewöhnt, daß es wirklich ihnen gehört. Irgend etwas bleibt unstimmig an diesem Haus, wie sehr es auch nach hiesiger Manier eingerichtet ist. Wir setzen uns an den Küchentisch mit der Kunststoffplatte, und meine Mutter wärmt die Pilz-Gersten-Suppe, mein Lieblingsessen, auf und nötigt mich, ein großes Stück Honigkuchen zu essen. Da bin ich nun – in meinem Schtetl am Pazifik.

»Du siehst müde aus, du arbeitest zu viel«, sagt meine Mutter wie immer, wenn ich angekommen bin. »Du wirst dich hier gut ausruhen können.«

»Ich arbeite nicht zu viel. Ich arbeite gern«, antworte ich mit der Nervosität eines Menschen, der zuviel Wert darauf legt, etwas klar zu stellen.

»Sag, bedauerst du manchmal, daß du geschieden bist?« fragt mich mein Vater, als wäre dieses Thema noch nie zuvor erörtert worden. Dabei sprechen wir fast jedesmal darüber, wenn wir uns sehen. Als ich meinen Eltern mitteilte, daß mein Mann und ich uns trennen würden, schrieb mein Vater mir einen Trostbrief: »Liebe Eva«, schrieb er. »Was passiert ist, ist nicht Deine Schuld. Du bist ein Opfer Deiner Umgebung und der Psychose unserer Zeit.« Aber der Grund dafür, daß diese Frage immer wieder aufkommt, ist, daß ihm keine befriedigendere Erklärung einfällt. Meine Mutter versagt sich taktvoll jede Bemerkung, weil sie weiß, daß es ein paar neue Regeln in meinem Privatleben gibt, auf die ich achte, aber ich sehe in ihren Augen, daß auch sie auf meine Antwort wartet. »Nein«, antworte ich ein wenig zu kategorisch. »Ich bedaure es nicht. Wir haben einander nicht glücklich gemacht. Ich weiß, es war die richtige Entscheidung.«

»Na, dann ist ja gut«, sagt meine Mutter, aber in dieser Beziehung glaubt sie mir nicht ganz, und angesichts der Zweifel meiner Eltern gerät auch meine Überzeugung ins Wanken. Meine Erklärung ist so dicht an der Wahrheit, wie es mir nur möglich ist, aber von diesem günstigeren Standpunkt aus betrachtet, scheint es eine sehr weit hergeholte Wahrheit zu sein. Wofür habe ich meine bescheidene Ordnung aufgegeben? Was wünsche ich mir stattdessen?

»Sag mal, hast du ein Zeugnis über deine Arbeit bei der *New York Times* bekommen?«, fragt mein Vater, und ich versuche ihm zu erklären, warum ich ein solches Dokument nicht brauche.

»Hast du auch einen warmen Wintermantel?« fragt meine Mutter. Ja, Mutter, antworte ich in Gedanken, ich habe einen neuen Geoffrey-Beene-Mantel und ein paar Charles-Jourdan-Schuhe ... Ich kann mir jetzt solche Sachen kaufen, obwohl ich dabei, wenn ihr es wissen wollt, immer noch das Gefühl habe, ich täte etwas Unanständiges.

»Weißt du, daß in den Vereinigten Staaten Millionen Menschen von der Wohlfahrt leben?« teilt mir mein Vater mit – seine Art, meinen Wunsch zu kommentieren, mich für eine Weile selbständig zu machen und zu schreiben. Diese Gespräche laufen immer so, beschwert von grundsätzlichen Bemerkungen. Meine Eltern halten nicht viel von leichtherzigem Geplauder oder von diskreter Zurückhaltung bei problematischen Themen.

»Um Himmels willen, ich kann immer einen Job finden. Ich habe mir inzwischen einen gewissen Ruf erworben«, sage ich, Selbstsicherheit vortäuschend, aber mein Magen krampft sich zusammen. Der Grat, auf dem ich balanciere, ist schmal, und es kann so leicht passieren, daß ich abstürze ... Ich denke daran, wieviel Geld ich für einen Artikel bekommen habe, den ich kürzlich geschrieben habe, und die Anspannung verstärkt sich zu einem Knoten. Wenige Stunden nach meiner Ankunft bin ich nicht mehr hybrid, sondern ein Oxymoron. Meine professionelle, von Selbstvertrauen geprägte amerikanische Identität verflüchtigt sich wie eine Fata Morgana. Wie kann jemand überhaupt auf die Idee kommen, daß sie mir so viel Geld für meine Artikel bezahlen sollten, wie ist es mir gelungen, sie so einzuwickeln? Nächstes Mal werde ich bescheidener sein, mich bei dem Redakteur mehr bedanken. Es ist sowieso ein Wunder, daß ich überhaupt schreiben darf und daß die dafür in Frage kommenden amerikanischen Publikationen meine Worte drucken wollen ... Ich habe Angst, daß irgend jemand aus meiner Arbeitswelt mich hier anrufen könnte; wenn es geschähe, würde meine Stimme ganz falsch klingen: bittend, eingeschüchtert, flehentlich.

Als meine Schwester das erste Mal mit einem Mann zusammenzieht, schreibt mir mein Vater, daß sie »einen tragischen Fehler« begehe, »dessen Konsequenzen sie ihr ganzes Leben lang verfolgen werden«. Der Begriff »Fehler« nimmt im Kopf meines Vaters einen großen Raum ein. Ich habe den Verdacht, es ist die Kehrseite jenes Vertrauens auf seinen Instinkt, das ihn den Krieg überstehen ließ, die dunkle Seite des Glaubens an die erlösende oder an eine verdammende Geste, den entscheidenden Moment, an dem dein Leben hängt, den Moment, in dem du dein Schicksal zu deinen Gunsten oder für immer gegen dich wenden kannst. Er leidet unter den Fehlern, die er in seinem Leben gemacht hat; er fürchtet die Fehler, die meine Schwester und ich möglicherweise machen werden. Ich zucke ungeduldig mit den Schultern angesichts solcher Ängste. So etwas wie tödliche Fehler gibt es nicht mehr, sage ich in Gedanken zu meinem Vater, weder unabänderliche Entscheidungen noch unwiderrufliche Konsequenzen. Die Zeiten der Tragödien liegen hinter uns. Wenn man den falschen Mann heiratet, kann man sich scheiden lassen; wenn man den falschen Beruf gewählt hat, kann man eine Kehrtwendung machen und in einem anderen anfangen; in diesem Land kann man sich am eigenen Schopf aus dem Bankrott oder aus dem Gefängnis ziehen; und man kann natürlich immer seine Sachen packen und abhauen, wenn nicht in ein anderes Land, dann zumindest in eine andere Stadt. Hier gibt es kein endgültiges Scheitern, keine nie endende Schmach – nur neue Weichen, neue Anfänge, neue Spiele. Geh zu X, und wenn das nicht klappt, versuch's mal bei Y, und so weiter und so fort. Das ist Freiheit, und wir leben in einem freien Land, verstehst du, Vater?

Ich klammere mich an diese Sicht so ängstlich, so vorsichtig, als wäre es ein Seil, das reißen könnte, wenn ich zu heftig daran ziehe. Der Fatalismus meines Vaters, sage ich mir mit Bedacht, war in seiner Lage vollkommen richtig. Aber in meiner weniger bedrohlichen Welt muß ich die Kunst des Optimismus und der guten Erwartungen entwickeln. Denk positiv, ermahnt mich eine Selbstbehauptungs-Trainingsstimme in meinem Kopf. Denk an die Buchkritik, die du nach deiner Rückkehr schreiben mußt, an die Verabredung zum Dinner im »Café des Artistes«. Du hast jetzt einen Platz in der Welt, Freunde, die dir helfen können. Es ist nicht nötig, sich wieder in den Strudel atavistischer Ängste ziehen zu lassen; sie sind nicht gerechtfertigt und schaden dir nur; dieser Pawlowsche Pessimismus hindert dich daran, vernünftig zu planen und ein fröhliches, zuversichtliches Gesicht zu zeigen, was nötig ist, was deine Welt von dir erwartet.

Am nächsten Tag gehen meine Schwester und ich am Kitsilano-Strand spazieren. Es ist ein frischer, grauer Tag, und Alinkas Hund rennt vor uns her. »Was meinst du, wie geht es ihnen?« fragt Alinka, und wie immer erörtern wir eine Weile die Frage nach dem Befinden unserer Eltern. Dann sprechen wir über Alinkas junge Ehe und meinen derzeitigen Freund, über ihren Tauchsport und meine bevorstehende Reise. »Du hast dir dein Leben doch gut eingerichtet«, sage ich zu ihr. »Weißt du, ich finde, dein Leben ist rundum okay«, sagt sie zu mir. Wir brauchen von Zeit zu Zeit diese gegenseitige Bestätigung, brauchen den Blick auf unsere leicht anomalen Lebensbedingungen. Und wir brauchen einander für diese periodischen Resümees. Ich kann mich auf Alinkas Beurteilung meiner Person verlassen: bei aller Verschiedenheit haben wir doch gleiche Maßstäbe. Wir siedeln »das Normale« ungefähr an der gleichen Stelle an; wir spüren den Sog der Schwerkraft ein bißchen stärker als die meisten unserer amerikanischen Altersgenossen.

»Komm, setz dich ein bißchen zu mir«, sagt meine Mutter, als ich zurück bin, mit einem flehenden Unterton in der Stimme. »Du kannst nicht mehr stillsitzen.« Ich zwinge mich, meinen inneren Tachometer niedrig zu halten, mir eine Spanne Zeit zu nehmen, in der ich nicht das Gefühl habe, daß ich dringend etwas anderes tun müßte. »Es geht alles viel zu schnell«, sagt meine Mutter.

Wir setzen uns auf das Sofa im kleinen Zimmer, und meine Mutter erzählt mir den neusten Klatsch aus dem Schtetl am Pazifik. Sie möchte mich fragen, wie es mir wirklich geht, aber es ist schwierig für sie, zu wissen, was sie fragen soll, und es ist schwierig für mich, den richtigen Anfang zu finden.

»Macht das Schreiben dir Freude?« fragt sie, und ich wundere mich, daß ich mir diese schlichte Frage nicht viel häufiger stelle. »Es ist die Mühe wert«, sage ich nach einer Pause. »Am besten gefällt es mir, wenn ich es fertig habe. Außerdem« – ich gebe dem Gespräch eine andere Richtung – »macht es Spaß, am Computer zu arbeiten.«

»Wenn ich mir überlege, was ich alles erlebt habe«, sagt meine Mutter und erinnert sich plötzlich an das erste Radio, das in Zalosce Einzug hielt, als sie noch ein kleines Mädchen war. Am Abend versammelten sich die Menschen rings um das Haus und horchten, die Gesichter an die Fensterscheiben gepreßt. Dann der erste Film, den sie gesehen hat, in einem größeren Städtchen in der Nähe von

Zalosce; es war irgend etwas über New York, und sie erinnert sich immer noch lebhaft an das Geräusch zerbrechender Teller, das wundersamerweise von der Leinwand kam.

»Du mußt denken, daß Alinka und ich Ungeheuer sind«, sage ich. Durch das Zeit-Teleskop sehe ich meine Schwester und mich als Science-Fiction-Wesen in schimmernden Rüstungen, die in einer SF-Welt leben. Wir sind so kompetente Hochglanz-Persönlichkeiten geworden.

»Nein, für mich seid ihr keine Ungeheuer«, sagt meine Mutter in ernstem Ton. »Vergiß nicht, daß es auch für mich von Zalosce her ein weiter Weg gewesen ist.«

Aber die Überquerung des Ozeans hat die zeitlichen Entfernungen zwischen uns durcheinandergebracht. Wir sind über so viele Generationsunterschiede hinwegkatapultiert worden, vorwärts und rückwärts zur gleichen Zeit, daß es schwer ist, sie auch nur zu zählen. Manchmal messe ich die Entfernung zwischen uns an meinen vielen Reisen. Meine Mutter hat, trotz aller Entwurzelung, die Lebensgewohnheiten der Kleinstadt beibehalten. Ins Stadtzentrum zu fahren ist für sie ein Unternehmen. Sie hat nie Autofahren gelernt. Und einmal, als sie sieht, wie Alinka lossprintet, sagt sie bedauernd: »Das habe ich nie gemacht, ich bin nie gerannt.« Derartig schnelle und unabhängige Bewegungen gehörten mit Sicherheit nicht zur weiblichen Seite der Gleichstellung bei den traditionellen Juden von Zalosce, und meine Mutter hat nie Schwimmen oder Skifahren oder Schlittschuhlaufen gelernt, noch hat sie je allein eine Reise unternommen.

Alinka und ich reisen allein umher, als wäre der Globus ein großer Spielzeugball. Alinka neigt zu riskanten Exkursionen und zu Begegnungen mit Grizzlybären und jähen Überschwemmungen. Ich habe die Sicherheit erworben, die mir zur zweiten Natur geworden, aber für Menschen meines Geschlechts noch relativ selten ist, daß ich in jeder beliebigen Stadt ankommen kann und mich binnen weniger Stunden darin zurechtfinde – ich fahre mit der Metro, ich finde ein gutes Restaurant und ein anständiges Hotel der Mittelklasse. Natürlich hat es mir bei der Entwicklung meines Selbstvertrauens geholfen, daß ich in einer Weltstadt lebe, deren Währung internationaler Standard und deren Sprache das Esperanto der modernen Welt ist.

Alles in allem habe ich eine bestimmte Weltläufigkeit erworben und ein entsprechendes öffentliches Ich. Dieses Ich ist das amerikanischste an mir – schließlich habe ich es mir hier angeeignet. »Laß dir von niemanden in die *kascha* spucken«, hat meine Mutter mich trotzig gelehrt, laß dir nicht in die Suppe spucken, oder, grob übersetzt: »Laß dich von niemandem unterkriegen.« Auf meine amerikanische Weise halte ich mich daran: ich habe gelernt, mich zu wehren und mich zu behaupten, meine Verluste gering zu halten und mir meine Kämpfe auszusuchen und starken Männern zu widersprechen. Ich habe gelernt, wie man Leute einschätzt; wenn ich in einen Raum voller fremder Menschen trete, erkenne ich schnell, zu welcher Kategorie – das heißt, zu welcher öffentlichen Kategorie – die Leute gehören; ich erkenne den von sich selbst überzeugten jungen Mann, der seine internationale Technokratenkarriere mit ein paar progressiven Ideen würzt, den britischen Akademiker, der witzige Bemerkungen vor sich hinmurmelt, ohne sich die Mühe zu machen, den Tonfall seiner Stimme zu verändern, den jungen Dichter, der stocksteif dasteht unter der Last seines Opfers, die kosmopolitische Inderin, die den Übergang in die Welt der Moderne mit augenscheinlicher Anmut geschafft hat. Ich habe gelernt, die Zeichen und Symbole zu entziffern, die die Typologie der gegenwärtigen Welt beherrschen.

Ich habe viel Spaß an diesen Fähigkeiten und an dem Gefühl der Sicherheit, das sie mir vermitteln. Aber wie fragil sie doch offenbar sind, wenn ich nur einen Schritt zurückgehe in jene erste, sehr private Art von Wissen.

Am dritten Tag meines Besuchs bereiten meine Mutter und ich den Lunch vor, während mein Vater Zeitung liest. »Hier schreiben sie von einem Juden, der Kapo in einem Konzentrationslager gewesen ist«, sagt mein Vater. »Sie drohen ihm mit Ausweisung.« Nein, denke ich, bitte nicht schon wieder ein moralisches Dilemma aus der Hölle als Gesprächsthema bei Tisch. Warum sind die verdammten Zeitungen eigentlich so besessen von diesen Dingen? »Nach vierzig Jahren«, sagt mein Vater. »Und in der Zwischenzeit haben sie Hunderte von Deutschen und Ukrainern überführt.«

»Wenn sie anfangen, nach Juden zu fahnden, die mit den Deutschen kollaboriert haben, wird das eine schreckliche Sache werden«, sage ich, weil es mir unmöglich ist, nichts dazu zu sagen. »Es waren so viele, und wie willst du über sie urteilen? Entweder das, oder – alles andere bedeutete Selbstmord.«

»Ah, ja, ja,«, sagt meine Mutter. »Aber es gab viele Juden, die freiwillig für sie gearbeitet haben. Sie haben versucht, an diese Posten heranzukommen. Sie haben geglaubt, sie könnten sich und ihre Familien auf diese Weise retten.« Sie lächelt ihr abgründiges skeptisches Lächeln. »Du weißt«, fährt sie fort, »daß die Schwester deines Vaters von so einem verraten worden ist.« Nein, ich schüttele den Kopf, das wußte ich nicht. Und ich begreife plötzlich nicht mehr, wie wir über diese Dinge in so normalem Ton in diesem hellen Zimmer reden können. »Ja«, fährt meine Mutter fort, »er hat die Deutschen zu der Stelle geführt, wo sie sich mit ihrem kleinen Sohn versteckt hielt. Die Juden kannten natürlich die Verstecke. Der Bruder deines Vaters hatte sich zusammen mit ihr versteckt, er befand sich unmittelbar auf der anderen Seite der Wand. Er hörte, wie der Jude zu dem Deutschen sagte: ›Ich arbeite gut für euch, nicht wahr?‹ Die Schwester deines Vaters kam noch einmal davon«, fährt meiner Mutter fort, »weil sie ihnen Geld versprach. Aber als sie mit dem Gold zurückkam, war das Kind schon tot.«

Ich sehe, daß mein Vater blaß geworden ist. »Laß uns nicht über diese Dinge sprechen«, sagt er und senkt den Kopf. Auch ich möchte das Gespräch beenden, sofort. All die ganzen Jahre habe ich meinem Vater das Unrecht angetan, nichts über diese Geschichte zu wissen, und jetzt ertrage ich es kaum, davon zu hören. Nein, das ist kein angsteinflößendes Märchen, wie es früher, in meiner Kindheit, eines gewesen wäre. Plötzlich sehe ich einen Moment lang meine Schwester und meine kleine Nichte in jenem Zimmer, und ich schiebe es weg, als ob schon das Aufflackern eines solchen Bildes unanständig wäre. Es ist unanständig, es sich vorzustellen, und unanständig, es sich nicht vorzustellen. Es ist unanständig, nichts zu meinen Eltern zu sagen, es ist unanständig, überhaupt irgend etwas zu sagen: Mitleid ist zu klein dafür. Wir beenden das Gespräch, wir sprechen über etwas anderes, in normalem Ton. Später, oben, im Schlafzimmer mit der puderrosa Tapete, sehe ich diese Szene schließlich doch vor mir, und als ich daran denke, wie sie auf der Seele meines Vaters lastet, erlaube ich mir, zu weinen.

Es gibt keine Möglichkeit, diesen Teil der Geschichte angemessen zu erzählen. Er könnte alles andere überschatten, das Licht der Welt auslöschen. Eigentlich brauche ich Siebenmeilenstiefel, um von dort dahin zu gelangen, wo ich lebe. Und doch ist es genau das, was ich jetzt tun muß. Ein Schriftsteller der Generation meiner Eltern, der selbst in einem Konzentrationslager gewesen ist, hat einmal zu mir gesagt, der Holocaust sei der Maßstab, an dem wir die Welt messen sollten. Aber ich denke, daß es die paradoxe Aufgabe meiner, in dieser furchtbaren Geschichte gefangenen Generation ist, sich an die normale Welt, in der wir leben, anzupassen, die uns gegebene Realität anzuerkennen. Während meine amerikanischen Freunde, wenn sie die normalen Desillusionierungen des Erwachsenenlebens erfahren haben, nach und nach ihren Optimismus verlieren, versuche ich, die übermäßige Dunkelheit abzustreifen, die zu mir und meinen Lebensumständen nicht paßt. Paradoxerweise ist es nicht leicht, diese Anpassung zu vollziehen; unsere erste Erfahrung ist die stärkste, und die Schatten, die von ihr auf die Vorstellungskraft geworfen werden, können mächtiger sein als der handfeste Beweis unserer eigenen Erfahrung.

Mein Besuch ist kurz, nach den Maßstäben meiner Eltern. Sie haben sich noch nicht ganz an die Vorstellung gewöhnt, daß man mühelos von einer Küste zur anderen reisen kann. »Versuche«, sagt mein Vater am Flughafen, indem er die Hand zur Faust ballt, seine alte Geste, »versuche, glücklich zu sein.« – »Es wird ein gutes Jahr, das fühle ich«, sagt meine Mutter. Sie wünschen sich so sehr, daß wir glücklich sind; und das Glück muß hier irgendwo, ganz in der Nähe, versteckt sein, und wenn sie nur das Zauberwort wüßten, würden sie es befreien. Automatisch bewege ich mich durch das Niemandsland zwischen Check-In und Flugzeug: Zoll, Sicherheitskontrolle, Tasse Kaffee. Das Flugzeug hebt ab, und ich sehe zu, wie Vancouver sich in eine Spielzeugstadt verwandelt und dann in eine geometrische Figur, die in den Ozean hineinragt. Ein leiser Anflug von Abschiedsangst: nicht Angst vorm Fliegen, sondern das eher unbestimmte Gefühl, daß ich womöglich Vancouver nie wiedersehe, daß mein Job in New York mir abhanden gekommen ist, daß alles so schnell verschwinden kann . . . Aber als das Flugzeug durch die Wolkendecke stößt, verspüre ich wieder das berauschende Gefühl, das sich jedesmal einstellt, wenn ich fliege. Die Welt liegt unter mir, wartet, daß Artikel über sie geschrieben werden. Unter mir der unermeßliche Ozean, über mir der unermeßliche Himmel, und nichts zwischen mir und der reinen Möglichkeit.

In einem Apartment an der Lower East Side sitzen meine polnischen Freunde an einem einfachen Holztisch, essen Räucheraal, trinken Wodka und reden über den Krieg. *Den* Krieg, natürlich, den Krieg, der im Verlauf und in den Strömungen des Lebens dieser Menschen immer noch spürbar ist wie eine Eislawine im reißenden Fluß. Elka, eine robuste blonde Frau in den Fünfzigern, hat während des Krieges in England gelebt, ihr Vater war Fallschirmkurier zwischen der Polnischen Armee im Westen und Truppen der Résistance in Polen. Jureks Eltern waren beide im Widerstand; seine Mutter, Kontaktperson für Waffenlieferungen, veranstaltete daneben Dichterlesungen in einer Warschauer Wohnung. Ja, mitten im Krieg hat es Dichterlesungen in Warschau gegeben, es gab auch Theateraufführungen und Kabarettvorstellungen; es gab Stipendien für vielversprechende junge Autoren. Dies war nicht der Krieg, den meine Eltern erlebt hatten – ihrer war der andere Strom in der polnischen Geschichte. Stasiek, ein älterer Mann und als Wohnungseigentümer gewöhnlich der Wortführer, sagt nicht viel während dieses Gesprächs. Seine Position während des Krieges war – rückblickend betrachtet, versteht sich – vieldeutig. Er kämpfte im kommunistischen Untergrund und wurde glückliches Mitglied der neuen Regierung, als die Kommunisten nach dem Krieg an die Macht kamen. Er war einer der jungen wahren Gläubigen, die glaubten, aus der Asche und den Ruinen würde sich der Phönix eines völlig neuen Polens erheben: ein verführerischer, verständlicher Traum, besonders angesichts der Schrecken, die er durchlebt hatte. Im Namen des neuen Polens und des »neuen Menschen« wurde Stasiek zur Geißel der Ungläubigen; hier am Tisch sitzen Verwandte von Menschen, die Jahre im Gefängnis gesessen haben – aufgrund seiner Anordnungen.

Aber als das Gespräch sich der gegenwärtigen Lage in Polen zuwendet, stürzt sich Stasiek mit derselben leidenschaftlichen Hingabe hinein wie die anderen. Er ist vor langer Zeit aus der Partei ausgetreten. Und im übrigen gibt es an diesem Tisch starke Kraftvektoren, die diese Menschen verbinden, auch über Spannungen hinweg. Es gibt geschichtliche Linien, die sie noch bis in dieses Zimmer an der Lower East Side verfolgen. »Die polnische Frage« – was aus Polen werden soll, aus der Unterdrückung, dem geringen Spielraum für persönliches Handeln – ist das zentrale Thema für jeden von ihnen, ebenso zentral wie die zahlreichen sexuellen Beziehungen, die sie haben. Oder eher noch zentraler: die sexuellen Beziehungen gehören zum freien, verhältnismäßig unproblematischen Teil des Leben. Die polnische Frage ist der unlösbare Knoten, das große Rätsel: ihr gilt der moralische Eifer, sie ist das Thema, um das sich Ideologien und Philosophien entwickeln. Es ist ein Problem der Identität.

Die Polen sind etwa seit 1981 nach New York gekommen, dank General Jaruzelski und der Verhängung des Kriegszustandes – in dem nicht endenden Drama der polnischen Geschichte. Sie sind in New York mit viel Energie, mit verzweifeltem Schwung, mit Witz und Boshaftigkeit eingefallen. Die Leute, die an diesem Tisch miteinander Wodka trinken, sind unermüdlich und mit bitterem Genuß übereinander hergezogen. Sie haben ihre Angewohnheit, zu klatschen und zu intrigieren – köstlich in kleinen, engmaschigen Gesellschaften, wo alle alles über alle wissen und alle trotzdem Freunde bleiben – auf die viel gleichgültigere und rohere Bühne Manhattans übertragen. Was dort Analyse war, wird hier zur Überinterpretation – aber für die Polen ist die gnadenlose und clevere Erforschung der Angelegenheiten und Heucheleien ihres Nachbarn ein großes, spannendes Spiel, eine Art Stimulation, eine Übung, die sie für ihre psychische Kraft ebenso brauchen wie die Sonne für ihre Gesundheit.

»Erzähl uns, wie die Dinge im Moment stehen«, fragt Joanna, eine modisch gekleidete Brünette, einen gerade angekommenen Journalisten, einen Dissidenten, der hier zu Besuch ist.

»Also, es ist hoffnungslos«, sagt der Journalist, offensichtlich mit Genuß. »Die Wirtschaft produziert fast nichts – ich sage euch, schlimmer als damals, als ihr dort gelebt habt –, und wie sie dem Westen die hohen Schulden zurückzahlen wollen, weiß kein Mensch. Apathie ist die Folge. Die Menschen haben sich daran gewöhnt, in ihrem eigenen Chaos zu leben. Polen ist ein Land, das von Prinzipien gewürgt wird, die es nie akzeptiert hat.«

»Paranoia«, sagt ein großer bärtiger Mann mit glühenden Augen und bringt damit die allgemeine Absurdität der Lage auf eine Formel.

»Aber es kann nicht nur hoffnungslos sein«, sage ich. »Es muß irgendeinen Ausweg geben. Die Tatsache, daß Gorbatschow die Zügel lockert, wird doch einige Konsequenzen haben.«

»Gorbatschow wird binnen zwei Jahren entweder abgesetzt sein oder tot«, sagt der zu Besuch in New York weilende Journalist mit geübtem Pessimismus.

»Ich kann eine ausweglose Situation nicht einfach so akzeptieren«, sage ich, während ich im stillen emsig nach Wegen suche, die aus der geschilderten Sackgasse herausführen.

»Nun, du brauchst sie ja auch nicht zu akzeptieren. Aber das ändert nichts daran«, sagt der Journalist mit elegantem Sarkasmus. Offenbar stößt mein Drang, nach Lösungen zu suchen, auf keinerlei Gegenliebe.

»Laßt sie in Ruhe, sie ist Amerikanerin«, sagt Marysia, eine katzenhaft aussehende, scharfzüngige Frau, und bedenkt mich mit einem beschützenden Blick. »Sie ist nicht so zynisch wie du«, und ich sage mir, daß es nicht oft vorkommt, daß ich einer zu positiven Haltung bezichtigt werde.

»Sag mal« – wendet sich Felek, ein gedrungener Kerl mit sandfarbenem Haar an mich –, »ich hatte heute eine Verabredung mit meinem Lektor, und er hat gesagt, daß mein Buch für das amerikanische Publikum mehr Lokalkolorit braucht. Was soll das heißen? Glaubst du, daß Ramski schon vorher bei ihm war? Immerhin wissen wir ja, wozu er imstande ist.« Ramski ist Feleks erklärter Feind, und beide haben viele unterhaltsame Stunden damit verbracht, rufmörderische Geschichten übereinander zu erzählen.

»Nein, es heißt, daß er der Ansicht ist, daß dein Buch für das amerikanische Publikum mehr Lokalkolorit braucht«, antworte ich.

»Bist du jetzt nicht ein bißchen naiv?« fragt er – ein ergötzliches Echo der Kindheit. Manche Werte ändern sich nie.

»Verleger sind vielbeschäftigte Menschen«, sage ich, »normalerweise geben sie nichts auf Gemeinheiten und Intrigen, die ihnen bei Partys von hergelaufenen Polen in die Ohren geblasen werden. Und zumindest fällen sie ihre kommerziellen Entscheidungen nicht auf dieser Basis. Sie achten zumeist eher auf ... wie würde man das auf polnisch sagen? Daß das Fundament stimmt.«

»Das Fundament?« fragt Marysia in scharfem Ton.

»Das Geld, die Basis«, sage ich.

»Du bist etwas naiv«, folgert Felek, und ich seufze in gespielter Erbitterung. Anderen erklären zu müssen, daß die Dinge manchmal genauso gemeint sind, wie es den Anschein hat, ist ein undankbarer Job.

»Warum muß in Amerika eigentlich alles so lange dauern?« beschwert sich Marysia. »Niemand reagiert auf Telefonanrufe, niemand trifft Entscheidungen . . . Das alles könnte genausogut im Sozialismus sein, nur daß es dich nervöser macht. An einem Tag glaubst du, daß du reich und berühmt wirst, und am nächsten Tag kannst du dir nicht einmal mehr die Krankenversicherung leisten . . . «

»Da wir gerade von reich und berühmt sprechen, habt ihr das mit Wanda gehört?« fragt Jurek amüsiert. »Da hat irgendein Produzent sie nach Hollywood fliegen lassen und ihr erzählt, sie wäre genau die Richtige für die Rolle einer russischen Aristokratin – stellt euch vor, Wanda und eine russische Aristokratin. Also hat sie sich natürlich eine komplett neue Garderobe angeschafft, um in Hollywood den richtigen Eindruck zu machen, und hat sich von Tadzio verabschiedet: Das wär's nun gewesen mit ihnen, er passe doch nicht nach Hollywood. Dann kreuzt sie im Büro des Produzenten auf, und der sagt: ›Oh, tut mir leid, ich hätte Sie anrufen sollen, aber ich habe gerade ein anderes Projekt angefangen, vielleicht nächstes Jahr, Sie sind wirklich sehr talentiert, schön, Sie kennengelernt zu haben.‹ Tadzio, der ja kein Dummkopf ist, war inzwischen mit Zosia zusammengezogen, die war schon immer scharf auf ihn, und Wandas Garderobe ist nicht so ganz das Richtige für die Lower East Side.«

»Paranoia«, kommentiert Felek mit Genuß.

»Also, du darfst dich auf nichts verlassen, ehe du nicht die Unterschrift auf der punktierten Linie hast.«

»Punktierte Linie?« fragt jemand.

»Wie auch immer, ich wünsche euch allen, daß wir reich und berühmt werden«, sagt Jurek aus tiefstem Herzen und hebt sein Glas. »Dann kommt alles andere von selbst.«

»Hört mal, laßt uns zu Dodo's gehen«, schlägt jemand vor. Dodo's ist die neueste und exklusivste Diskothek im unteren Manhattan.

»Oh, nein, es ist zwei Uhr, und ich habe einen halben Liter Wodka getrunken, ich will weder zu Dodo's noch sonstwohin«, protestiere ich.

»Oh, komm doch mit, nur kurz, wofür, zum Teufel, lebst du denn, wenn nicht, um zu Dodo's zu gehen?«

»Aha, ja, das ist ein Argument«, sage ich, und sofort springen alle auf und sind bereit weiterzuziehen. Bei Dodo's sagt ein Türsteher mit Oberarmen, die sehr viel dicker sind als sein Kopf, daß alles voll sei. »Hören Sie, dies sind sehr berühmte Besucher aus Osteuropa«, sage ich. Offenbar bin ich auf die polnische Linie eingeschwenkt. »Morgen werden sie von Bürgermeister Koch empfangen. Wollen Sie, daß sie dem Bürgermeister erzählen, Sie hätten sie mit roher Gewalt am Besuch von Dodo's gehindert?« Aber der Zerberus bleibt stehen, die Arme in die Seite gestemmt, und läßt sich zu keiner Antwort herab.

»Wichser«, sagt Stasiek auf polnisch.

»Was heißt das?« frage ich.

»Dann laßt uns zu Lydia's gehen«, sagt Joanna mit ihrer geschmeidigen Stimme.

»Also nein, das geht nicht, ihr wißt doch ...« sagt Stasiek taktvoll, und Joanna sagt: »Ah, so, ja«, denn alle wissen, daß Lydia jetzt mit X zusammen ist, dem früheren Freund ihres Mannes, und das ist nicht der richtige Abend für einen Besuch. »Ja, also dann vielleicht zu Olek? Seine Party dauert bestimmt die ganze Nacht«, schlägt Marysia vor.

»Aber das ist in der Bronx, viel zu weit«, protestiere ich. »Ich muß morgen arbeiten.«

»Arme Ewunia, sie muß so viel arbeiten«, sagt Marysia mit mitleidiger Herablassung. Ich weiß, sie denkt, daß ich mit jedem Tag, den ich im Büro verschwende, ein bißchen von meinem Charme einbüße.

Ich werde von dieser Rastlosigkeit angesteckt, die etwas Spielerisches an sich hat, sich aber von der Energie unterscheidet, die ich unter Leuten spürte, die über die jüngste politische Krise im Warschauer Literaturclub diskutierten. Was suchen sie, meine New Yorker Polen? Vielleicht erwächst ihre Rastlosigkeit eben aus dem Versuch, jene andere Erregung wiederherzustellen, die sie hinter sich zurückgelassen haben – die Erregung der langen Nächte, wenn die Kaffeehäuser von Zigarettenrauch und politischen Intrigen erfüllt waren, wenn alle unauffällig hochsahen, weil Y, der gerade einen gefährlichen Artikel in einer offiziellen Zeitschrift geschrieben hatte, hereinkam, wenn sich alle Köpfe eine Winzigkeit drehten, weil die schöne Z in aller Öffentlichkeit mit dem berühmten Schriftsteller R das Lokal verließ, obwohl ihr Mann jede Minute kommen müßte ... Vielleicht sind sie auf der Suche nach der vertrauten Wärme der Heimat.

Und vielleicht suchen sie gleichzeitig nach dem Amerika, das sie sich vorstellten, während sie ihre langen Nächte in den Kaffeehäusern zerredeten, als Essenz der Erregung, der mythologischen Spannung. Vielleicht suchen sie immer noch nach dem New York, das sie aus den Romanen von Dos Passos und Truman Capote kannten und aus irren Filmen, mit im Neonlicht gleißenden Straßen und unsinnigen nächtlichen Verfolgungsjagden auf regennassen Bürgersteigen – nach dem New York, das sich nun, da sie hier sind, als so flüchtig erweist.

Dennoch, wie unzufrieden oder heimwehkrank oder entwurzelt sie auch sein mögen, kaum je äußern meine polnischen Freunde den Wunsch zurückzukehren. Irgendwie hätte das keinen Sinn, und obwohl es viele gute politische Gründe dafür gibt, daß es so ist, scheint es mir nicht nur eine Frage der Politik zu sein, sondern der Größe. Es ist schwer, von einer größeren auf eine kleinere Bühne zurückzukehren, besonders wenn die kleinere Bühne nahezu eine Kiste ist, eine Art Kasperletheater. Mag sein, daß wir bis zu einem gewissen Grad überall Marionetten sind, aber es gehört zu den Eigenarten eines geschlossenen Systems, daß man immer weiß, wer der Puppenspieler ist, wer die Fäden zieht. Die amerikanische Bühne ist groß und weit genug, um für die Welt zu stehen. Auf diesem Aktionsraum kann beinahe alles geschehen – deshalb verschafft er uns eine vollkommenere Illusion, daß uns weniger Grenzen gesetzt wären – eine Illusion, die es fast unmöglich macht, wieder zur anderen Bühne überzuwechseln.

»Wißt ihr was, laßt uns einfach nach Hause gehen und den Rest Wodka trinken«, schlägt jemand vor, und das Auto macht eine quietschende Kehrtwendung. Wir steigen das von dubiosen Gerüchen durchzogene Treppenhaus hinauf, bemüht, die Nachbarn nicht zu wecken. »Wißt ihr noch«, sagt Jurek, als wir hineingehen und die kleine schmuddelige Küche erblicken, wo die Reste des Abendessens zu schmelzen und über den Tisch zu laufen beginnen, »wenn wir in Polen zu jemandem in die Wohnung kamen und alles war *cool* und toll, einfach so, wie es sein sollte, dann haben wir immer gesagt: ›Ah, Amerika!‹ « Und mit ausdrucksvoller Komik streckt er die Hände aus.

»Ach, Alter, mach dir keine Sorgen«, sagt Felek und schlägt ihm auf die Schulter. »Eines Tages wirst du schon noch hinkommen, und dann wirst du sehen, wie es ist. Große Männer mit Cowboyhüten auf dem Kopf, Filmproduzenten, die mit Verträgen um sich werfen, in jedem Penthouse ein Swimmingpool und in jedem Zimmer ein Fernseher mit Fernbedienung ... Ich sage dir, das ist ein tolles Land, dieses Amerika!«

»Also gut, vielleicht werde ich ein Visum beantragen, ich habe gehört, daß es heutzutage leichter ist, eins zu bekommen«, sagt Jurek und hebt sein Glas.

Maria kommt ab und zu, um meine Wohnung zu putzen, und ehe sie mit der Arbeit beginnt, plaudern wir meistens bei einer Tasse Kaffee, den sie extra stark zubereitet. Maria kam vor ein paar Jahren aus Brasilien, mit ihrer Tochter Tony, die klug und begabt ist und hofft, Tänzerin werden zu können. In der Zwischenzeit sind ihnen hier alle möglichen schrecklichen Dinge, typische New York-Schrecken, widerfahren. Eine Zeitlang hatten sie so wenig Geld, daß sie nicht genug zu essen bekamen und Tony in ihrer Ballettschule mehrere Male ohnmächtig wurde. Sie wurden aus ihrer Wohnung in Queens hinausgesetzt, und ihre Wohnung in der Bronx wurde ausgeraubt.

»Maria«, frage ich sie, als wir wieder einmal beim Kaffee sitzen, »denkst du daran, wieder zurück nach Brasilien zu gehen?«

»Oooh, nein«, sagt sie, als wäre sie sehr erstaunt über diese Frage, und schüttelt heftig den Kopf. »Dinge schlechter in meinem Land. Lohn-Eis.« Sie macht eine schneidende Geste mit der Hand, und dann, als sie mir ansieht, daß ich nicht verstehe, fällt ihr ein anderes Wort ein. »Eingefroren. Menschen sehr arm. Regierung nicht gut. Ich gehe nicht dort zurück, nein, nein.«

Ich verstehe, sage ich, und wir sehen einander mit großen Augen an, als starrten wir auf eine nackte Wahrheit, die man mit noch so vielen Kommentaren nicht verzaubern kann. Ich verstehe.

»Maria, willst du nicht heiraten?« frage ich sie ein anderes Mal. »Wäre es dann nicht leichter? Vielleicht könntest du jemanden finden, der dir hilft.«

Sie kichert mit unerwarteter Belustigung, dann sieht sie mich ernst an. »Ich mag Männer«, sagt sie. »Ich hatte Männer. Aber sie helfen dir nicht. Finden Sie gute Männer?«

»Nein, eigentlich nicht«, sage ich lachend.

»Vielleicht für Green Card, ich heirate«, fügt Maria hinzu. »Jetzt habe ich Green Card ... «

»Du wirst also einfach weiter so schwer arbeiten?« frage ich.

»Vielleicht kriege ich einen guten Job, Haus von netter Lady. Tony beendet Schule. Sie kümmert sich um mich.« Marias Augen bekommen einen träumerischen Blick. »Vielleicht schreibt Zeitung über sie. Ist begabt, Tony. Ist so schön. Joanne Woodward hat sie einmal gesehen, sie sagt, Tony ist gut, sehr gut.«

Tony ist schön, mit teilweise indianischen Zügen, und ihr Gesicht ist geprägt von einer Mischung aus noch kindlicher Zartheit und dem unnachgiebigen guten Willen eines Menschen, der mit einem starken Gefühl für das Notwendige heranwächst. Sie hat eine Halbtagsstellung in einem Maklerbüro angenommen, um ihren Anteil an der Miete zahlen zu können; dort arbeitet sie nachmittags, nach dem langen Ballettunterricht am Vormittag. Sie liebt den Ballettunterricht, wie sie mir erzählt, »außer daß manche Mädchen verrückt sind. Sie wollen so dünn sein, daß sie freiwillig hungern. Ich möchte nicht freiwillig hungern.«

Mit der Zeit zeigt sich, daß Tony kein Star werden wird. Man sagt ihr, sie sei nicht dünn genug, und ihre Begabung hätte sich nicht so entfaltet, wie man anfangs gehofft habe. Ich indentifiziere mich stark mit ihr: Wie hätte sich ihr Talent unter diesen Lebensumständen entfalten können? Ich mache mich auf, um mit der Direktorin ihrer Ballettschule zu sprechen, aber mir wird gesagt, sie habe die in sie gesetzten Erwartungen nicht erfüllt und außerdem sei sie nicht dünn genug. Tony zieht aus dieser neuen Situation die Konsequenzen und beschließt, ganztags in dem Maklerbüro zu arbeiten. Dann beschließt Maria, ihren erwachsenen Sohn und seine Kinder herzuholen.

»Warum?« frage ich. »Warum? Was soll er hier anfangen? Wo soll er wohnen?«

»Ah, Lady«, sagt Maria mit einem Hauch von Ungeduld, »hier ist es besser. Hier, wenn du arbeitest, kriegst du ein paar Sachen. In meinem Land, Menschen nicht essen. Haben kein heißes Wasser. Hier, er hat eine Dusche. Nach schwerer Arbeit, er kann sauber sein.«

In Gedanken vergleiche ich die Slums, die ich in Rio gesehen habe, die *favelas* an den Hängen, mit den Papphütten und den in Bächen hinunterrieselnden Abwässern mit Marias Wohnung in der Bronx. Ja, doch, das ist besser. So einfach ist das: besser. Genau darum ist es bei Auswanderungen in großem Ausmaß immer gegangen. Ich will nie mehr klagen, gelobe ich mir, und ich halte dieses Gelübde ungefähr eine Woche lang; wo schlagen sich bei diesem Ausmaß die Qualen einer zweigeteilten Identität nieder?

Marias Sohn kommt; ein stiller junger Mann mit einem Ingenieursdiplom und offensichtlichen Reserven an Geduld, die er bestimmt brauchen wird. Er könnte vielleicht eine ordentliche Stellung finden und es Tony ermöglichen, das College zu besuchen. Irgend etwas könnte geschehen. Die Geschichte ist nicht zu Ende, sie ist nicht abgeschlossen, und genau das ist der Punkt: da ist ein winziger Spalt in die Zukunft, der vielleicht erweitert werden könnte.

»Früher hattest du noch die Möglichkeit, nach Amerika auszuwandern«, sagt eine polnische Freundin, die seit Jahren hier ist, spöttisch. »Wohin kannst du jetzt auswandern?« Für sie ist die Welt zu klein, um die Träume der Menschen vom märchenhaften Amerika aufrecht zu erhalten; es gibt kein Amerika mehr, keinen Ort, dem sich der Geist mit phantastischer Hoffnung zuwenden könnte. Aber für Maria, die keine phantastischen Hoffnungen hegt, ist immer noch Amerika das Land, in das man auswandert – dieses viel zu echte Amerika.

Wenn meine Eltern oder ihre polnischen Freunde das Wort »psychologisch« benutzen, dann, um etwas Seltsames anzudeuten, das im Begriff ist, ins Verrückte umzuschlagen. »Es ist etwas Psychologisches«, sagen sie von einer Frau, die Angst hat, ihr Zimmer zu verlassen, oder von einem Mann, der zu lange unverheiratet lebt. Von normalen Menschen wird angenommen, daß sie verständliche Gefühle und Motivationen haben. Menschen lieben, hassen und sind traurig; sie werden eifersüchtig, wenn sie betrogen werden, wütend, wenn sie angegriffen werden, sie sind beleidigt, wenn ihr Stolz verletzt wird. Gefühle können kompliziert werden – meine Mutter begreift ziemlich gut die Ungerechtigkeiten in menschlichen Beziehungen, und daß Leute denen grollen können, die ihnen gegenüber zu großmütig sind, oder daß sie gerade diejenigen verfolgen, die es am wenigsten verdienen; aber Gefühle haben eine Logik, und sei sie noch so irrational, der man folgen, die man intuitiv erfassen, verstehen kann. Außerhalb dieser normalen Pfade und Windungen des menschlichen Herzens liegt die finstere Grube des Psychologischen.

»Freud? Das war der Kerl, der das Buch über die Träume geschrieben hat, stimmt's?« fragt mich ein urbaner, gebildeter polnischer Schriftsteller.

»Wir leben im zwanzigsten Jahrhundert, du kannst kein moderner Mensch sein und gleichzeitig so tun, als ob du noch nie etwas von Psychoanalyse gehört hättest«, sagt ein amerikanischer Freund.

»Das ist nur eine Version der Moderne«, sage ich defensiv. »Findest du nicht, daß das, was in Osteuropa in diesem Jahrhundert geschehen ist, ein Teil der modernen Erfahrung ist? Meinst du, daß die Selbsterkenntnis mit dem Jahr Neunzehnhundert begann?«

»Warum laufen sie dauernd zum Psychoanalytiker?« wollen meine polnischen Freunde wissen, seit ich für sie eine Art Führerin durch die hiesigen Sitten und Gebräuche geworden bin. »Liegt es daran, daß sie nicht mit ihren Freunden reden? Oder sind sie so reich, daß sie nicht wissen, was ihnen noch fehlt?« Nein, darum geht es nicht, sage ich unsicher, es geht nicht nur um die Befriedigung eigener Bedürfnisse. Versteht ihr, es gibt eine bestimmte Form eines Leidens, das in diesem Land grassiert, auch wenn es so unsichtbar ist wie Ozon, und es befällt Menschen, die scheinbar ein sorgloses Leben führen. Aber was ist es, wollen meine polnischen Freunde wissen, was bedrückt sie? Was quält den Filmproduzenten, der im eigenen Flugzeug durch die Welt fliegt? Oder die hübsche Frau mit dem netten Mann und dem Uni-Job, den sie liebt?

Ja also ... sage ich, das ist schwer zu erklären. Es ist ein Problem der Identität. Viele meiner amerikanischen Freunde haben das Gefühl, daß sie nicht genug davon haben. Sie kommen sich oft wertlos vor, oder sie wissen nicht, wie sie sich fühlen. Die Identität ist hier das nationale Problem Nummer eins. Daran scheint in diesem Land ein Mangel zu herrschen, eine Dürre an Individualität inmitten all der Fülle – vielleicht weil es hier so viele individuelle Egos gibt, die einander auszustechen und sich selbst zu erhöhen versuchen. Jeder muß sich so viel Egosubstanz schnappen wie nur möglich und sie jedem anderen wegschnappen, und so wissen sie nicht genau, ob sie ihnen überhaupt gehört ... Aber vielleicht liegt es auch daran, daß sie allesamt ständig in Bewegung und großen Veränderungen unterzogen sind, so daß sie aus der Bahn geraten, nicht mehr wissen, wer sie gewesen sind, und dauernd beobachten müssen, wer sie gerade zu werden im Begriff sind ... Oh, es ist alles so kompliziert, aber es ist eben ein kompliziertes Land, groß und kompliziert ...

»Aha, ja, daran mag etwas Wahres sein, sie wirken ja wirklich oft sehr nervös«, sagen meine polnischen Freunde, aber ich merke, daß ich ebensogut chinesisch sprechen könnte. »Identität« ist für meine polnischen Freunde keine Kategorie täglichen Nachdenkens, keine Einheit, die mit großen erhabenen Buchstaben in ihr Bewußtsein eingeritzt ist. Meine amerikanischen Freunde beobachten aufmerksam die Schwankungen ihrer Identität: jetzt ist sie stabil, jetzt löst sie sich auf, jetzt befindet sie sich im Fluß, verändert sich ... Sie verstehen sich als Pilger auf einer inneren Wanderschaft, als Heldinnen und Helden in einem Drama der Psyche. Wenn sie unglücklich sind, neigen sie dazu, sich selbst die Schuld zu geben, sich vorzuwerfen, daß sie ihre Identität nicht gut genug gepflegt, Wut nicht gebannt oder aber nicht genügend anerkannt, daß sie zu wenig oder zu viel Kontrolle ausgeübt haben. Ihre Bemühungen, diesen zerbrechlichen Schatz, für den sie verantwortlich sind, zu mehren, sind anstrengend und beständig. Für meine polnischen Freunde ist Identität oder Charakter etwas, was man einfach hat. Wenn sie anfangen zu trinken oder unglücklich zu werden oder Depressionen zu bekommen, suchen sie nach Gründen in ihren Lebensumständen: dann liegt es daran, daß ein Geliebter sie verlassen oder die Zensur ihr Buch verboten hat, oder weil die Lage in Polen hoffnungslos ist, oder weil das Leben schwer ist ... Das Drama des täglichen Lebens existiert in der Welt, in kleinen und ungewöhnlichen Ereignissen, und Introspektion ist eher ein Prozeß des Nachdenkens über das, was man erlebt hat, als eine Möglichkeit systematischer Analyse oder Selbsterziehung.

Meine polnischen Freunde überziehen das Territorium der Menschen mit Beobachtung und Klatsch. Sorgfältig registriert einer des anderen hochgezogene Augenbrauen und gekräuselte Lippen und wer wen und wann zum Essen eingeladen und wer was zu wem und in welchem Ton gesagt hat. Ständig Detail an Detail knüpfend, erschaffen sie einen dicken Wandteppich, ein pointillistisches Bild menschlichen Verhaltens.

»Gestern abend wollte er eine richtig große Show abziehen«, erzählt mir Marysia. Es geht um einen Ehekrach. »Er hat sich sehr sorgfältig angezogen, sehr höflich mit mir gesprochen, wollte mir aber natürlich nicht sagen, wohin er ging, und dann wollte er sehr resolut die Tür hinter sich schließen. Aber die Tür machte ein komisch quietschendes Geräusch, und er mußte sie mehrmals schließen . . . Also, ich habe ihm *gesagt*, er solle sie gefälligst reparieren. Er kam Stunden später zurück, versuchte, sehr souverän zu wirken, aber die quietschende Tür verdarb alles . . . Es war ziemlich witzig, nur, ich habe es so satt, du verstehst mich bestimmt . . . «

»Du verstehst mich bestimmt« oder »Naja, du weißt ja, wie es ist . . . « – das sagen meine polnischen Freundinnen oft: Gesprächsformeln, die gegenseitiges Verstehen voraussetzen und keiner Erklärung bedürfen. Sie können ebenfalls eine Welt von Anspielungen vermitteln – du verstehst bestimmt, was ich meine.

Wenn meine amerikanische Freundin von einer ehelichen Auseinandersetzung erzählt, analysiert sie nach völlig anderen Kategorien und mit Hilfe anderer Gesprächsmuster. Sie erzählt mir vielleicht von den Ängsten, die ihr Mann von seiner Arbeit auf seine intimen Beziehungen überträgt, oder wie unsicher er sich seiner eigenen Bedürfnisse ist und daß er deswegen so defensiv in seinem Umgang mit Menschen sei, oder daß sie lernen müsse, sich innerhalb der Grenzen ihrer eigenen Identität zu bewegen, damit sie nicht in der seinen untergeht . . . Sie setzt voraus, daß alles von Grund auf erklärt werden muß, ihr selbst und anderen.

Wenn meine polnischen Freundinnen diesen analytischen Überlegungen zuhören, haben sie das Gefühl, gar nichts gesagt zu bekommen. Sie empfinden das nicht als Selbstoffenbarung, sondern als Phantomgerede, als Rauch. In den kunstvollsten Erklärungen vermissen sie den einen, fundamentalen Satz: »Ich liebe ihn«, oder: »Ich wünschte, er würde abhauen«, oder: »Das Schlimmste ist, daß ich aufgehört habe, eifersüchtig zu sein.« Für meine amerikanischen Freundinnen ist die freimütige polnische Art – das Erzählen von Tatsachen mit ein bißchen Klatsch – eine Form des Zurückhaltens. Sie haben nicht das Gefühl, daß sie aus diesen Anekdoten die wahre Geschichte erfahren, sie vermissen den Ton der Beichte, der Absicht, alles zu sagen.

Eine Kultur spricht am meisten über das, was sie am meisten beschäftigt. Die Polen sprechen zwanghaft über die Russen und über die geringfügigsten Veränderungen der politischen Strategie. Amerikaner sorgen sich darum, wer sie sind. Jedes Gespräch bringt seine Exzesse an Überinterpretationen und Dummheit hervor – und seine ausgleichende Weisheit. Jedes Gespräch ist für den anderen natürlich eine köstliche Komödie – die Komödie, aus der so viel Auswandererliteratur besteht.

Das ständige Identitätsgerede ist sozusagen ein Problem des zweiten Stadiums, mit dem sich Emigranten – diejenigen, die Muße dazu haben und die nötige Neugier besitzen – auseinandersetzen, wenn der anfängliche Kulturschock und die erste kulturelle Begeisterung abgeklungen sind, wenn man sich an die Fremdheit und die Aufregung angesichts der neuen Gebäude und Kleider und Musik und der ethnischen Vielfalt gewöhnt hat, an die Extreme von Reichtum und Armut und die Schwächen demokratischer Wahlen und die Schwierigkeiten, Arbeit zu finden. Nachdem sich der Aufruhr gelegt hat, der den Einwanderer beim Ansturm der ersten Eindrücke überwältigt, kommt nun diese andere, weniger greifbare Fremdheit – die Fremdheit beim Betrachten der inneren Landschaften, die ebenfalls nach anderen Mustern angeordnet sind.

»Was haben die Amerikaner eigentlich mit ihren Müttern?« fragen meine polnischen Freunde. »Warum sprechen sie dauernd über ihre Mütter?«

Tatsächlich sprechen meine amerikanischen Freunde sehr viel über ihre Mütter. Die unterdrückende Mutter, oder die distanzierte Mutter, oder die zu sehr liebende Mutter: ein akzeptiertes, immer wiederkehrendes Gesprächsthema, wie das Wetter, die Börse oder die jüngste Nahost-Krise. Meine amerikanischen Freunde zahlen den Müttern einen indirekten Tribut, in Gestalt unablässigen, höchst subtilen Forschens. Sie messen den genauen Druck, den die Mutter auf ihre Psyche ausübt, und sie praktizieren vorsichtige Balanceakte, um die Mutter weder zu nahe an sich herankommen zu lassen noch sie zu sehr auszuschließen. In ihren Bilanzen ist die Mutter immer beides: viel zu nahe und zugleich viel zu weit weg, als wäre sie gleichermaßen ein vampirhafter Inkubus und eine verwirrende Fremde.

Für meine polnischen Freunde ist das der Stoff für eine interkulturelle Satire. Nur Amerikaner können soviel Aufhebens von etwas so . . . ja, Normalem machen. Eine Mutter, um Himmels willen! ist eine Mutter. In Polen lebt man gewöhnlich bei ihr, bis man heiratet, und manchmal auch noch viel länger. Wenn man ausgezogen ist, kommt sie und hilft in der Küche oder mit den Kindern. Manchmal kommt sie sogar eine Zeitlang nach Amerika und übernimmt das Einkaufen und das Kochen. In den engen Küchen kommt es gelegentlich zu Komplikationen, und die Mutter und die

Tochter, oder der Sohn, streiten sich. Aber im Grunde ist die Mutter so vertraut wie die Pantoffeln, mit denen sie in der Wohnung herumschlurft, und wie man mit ihr auskommt, ist kein Thema für längere Gespräche. Die Luft hier ist nicht von schauerlichem Unheil geladen.

Für meine amerikanischen Freunde ist die polnische Mutter eine Gestalt sentimentaler humoristischer Folklore. Wahrscheinlich gibt es sie überhaupt nicht. Die amerikanische Mutter muß demontiert werden, damit man sie kennenlernen kann. »Seht«, versuche ich meinen polnischen Freunden und auch mir selbst zu erklären, »sie sind hier in großen einsamen Haushalten aufgewachsen, gewöhnlich mit niemandem außer der Mutter um sich herum. Ich nehme an, die Mutter hat zuviel Druck auf sie ausgeübt, weil sie einmal ein solches Zentrum von Schwerkraft gewesen ist, aber in der Zwischenzeit war sie sich ihrer gar nicht mehr so sicher, und so hat sie Unsicherheit erzeugt . . . Dann ziehen die Tochter oder der Sohn weit weg, bevor sie sich ein erwachsenes Urteil über ihre Mutter bilden können, und ziemlich schnell stellen sie fest, daß sie Angehörige verschiedener Generationen, verschiedener Gattungen sind.« Die amerikanische Mutter existiert gleichermaßen zu nahe und zu fern, als daß sie Trost sein könnte; es ist schwer, sie in mittlerer Distanz zu betrachten, in der Menschen scharfe Konturen, drei Dimensionen und eine normale Größe gewinnen.

Während ich nach beiden Seiten hin übersetze, gerate ich immer mehr in die Defensive zugunsten meiner polnischen Freunde, weil ich weiß, daß ich nicht nur ihre Ansichten, sondern auch deren Legitimität vermitteln muß. Ein kultureller Dialog bewegt sich zwischen bestimmten Polen: X und Anti-X. Die gute Mutter weicht der schlechten Mutter – und wird dann wieder zur guten Mutter. Niemand, der an diesem Austausch beteiligt ist, möchte hören, daß die Mutter nicht ein Hauptproblem darstellen sollte, und daß die Zensur das Wichtigste sei. Eine oppositionelle Stimme – eine Stimme, die auf eine Feststellung mit einer Gegenfeststellung reagiert und sagt: Nein, du irrst dich, nicht die Mutter ist schuld, sondern die Tochter – wird als Bestandteil der gemeinsamen Diskussion akzeptiert. Aber die Stimme einer Minderheit – eine Stimme, die außerhalb eines bestimmten Dialogs liegende Begriffe einführen will, Begriffe, die woanders herkommen – wird gewöhnlich nur wie das störende Summen einer Mücke an der Peripherie wahrgenommen, als eine Störung, die die Teilnehmer der Hauptdiskussion schnell und mit einem Minimum an Unhöflichkeit zum Schweigen bringen wollen, damit man mit dem eigentlichen Thema fortfahren kann.

Aber vielleicht bin ich auch wegen der Stimme der Minderheit in mir selbst in der Defensive. Denn mit der Zeit werden meine eigenen Beziehungen zu meiner Mutter... nun, ja, mehr psychologisch. Sie wird zur Mutter in meinem Kopf, zu einem Produkt meiner Psyche und meiner Imagination, mit dem ich mich heftig und in einem Vakuum herumschlage. Andererseits lebt sie so weit entfernt – ich muß mich nicht mit ihrer konkreten Anwesenheit auseinandersetzen oder darüber wütend werden. In solchen alltäglichen Dramen könnten wir vielleicht zu irgendeinem Modus vivendi finden, zu einem normalen gegenseitigen Verständnis – als zwei Menschen, die sich in der Welt herumschlagen. Doch so, wie die Dinge liegen, hat sich das Drama zu einem Psychodrama entwickelt; wenn ich mit ihr kämpfe, kämpfe ich mit Geistern, und Geister haben die Neigung, sowohl größer als auch unangreifbarer als das Leben zu werden. Es dauert länger, sie zu fangen, ihnen ins Gesicht zu starren, sie ihrer Anklagen und ihrer Geheimnisse zu berauben.

Die Entfernungen in Amerika sind noch immer etwas Herausragendes. Die gewichtigen Tatsachen geographischer Distanzen und die weniger gewichtigen Daten der Entfernungen zwischen Wohnungen und Büros und Häusern sagen etwas über die intimsten Entfernungen zwischen uns. Angesichts der ausgedehnten und verkürzten Perspektiven der großen amerikanischen Räume neigen andere dazu, verwirrend, rätselhaft auf andere zu wirken – uns geht es genauso; unsere Fremdheit und Unsicherheit wächst im direkten Verhältnis zu der Undurchsichtigkeit derer, die uns umgeben. Es leben so viele Fremde in Amerika. Wieso können wir es für selbstverständlich halten, daß wir uns untereinander verstehen? Wie können wir aus dem Glitzern im Auge eines anderen irgendeine Bedeutung ableiten? Vielleicht ist die homogenisierende Sprache der Psychologie eine Möglichkeit, mit der bestürzenden Heterogenität fertigzuwerden. Es ist eine Sprache, die verallgemeinernde Erklärungen bereithält für Fremde, deren Lebensumstände uns unbekannt sind, eine zu einer noch jungen Kultur passende Sprache, die noch nicht die Schichten der Vertrautheit und gereifter Gewohnheiten angesetzt hat, aus denen die Ausdrucksformen umgangssprachlicher Nähe und gemeinsamer Beobachtungen erwachsen.

Als ich zum erstenmal beschließe, zu einem Psychoanalytiker zu gehen, sage ich zu meiner Mutter, sie solle sich keine Sorgen machen, es bedeute lediglich, daß ich angekommen sei. Ich bin zu einem ordentlichen Mitglied der amerikanischen Mittelschicht avanciert.

»Aha, ich verstehe, das also bedeutet hier, erfolgreich zu sein«, sagt sie in bissigem Ton.

»Das kommt so mit der veränderten Landschaft«, antworte ich schroff, obwohl ich ihre Skepsis mindestens zur Hälfte teile. Was soll dieses unheimliche Ritual der vollen Beichte, zu dem ich mich angemeldet habe? Was ist das für ein Unternehmen für einen sensiblen Menschen und überdies für eine Immigrantin bis ins Mark, dieses Wühlen in Erinnerungen der frühen Kindheit und in kleinsten Details absolut trivialer Ereignisse? Vielleicht bin ich zu schnell angekommen, schneller als mir gut tut. Bei einem normalen Verlauf der Ereignisse müßte ich mich als Immigrantin der ersten Generation darum kümmern, mir eine solide materielle Existenzgrundlage in der Welt zu schaffen; der üblichen Reihenfolge nach käme es meinen Kindern zu, oder erst meinen Enkelkindern, über die verfeinerten Leiden nachzudenken, die derart ausgefallener Heilmethoden bedürfen.

»Ich habe mir diese amerikanische Krankheit zugezogen, und jetzt brauche ich die amerikanische Heilung«, sage ich anklagend zu meinem Psychodoktor.

»Und wie heißt diese Krankheit?« fragt er höflich.

»Anomie, Einsamkeit, emotionale Repression und übersteigertes Selbstbewußtsein, letzteres ermutigt durch Ihren Berufsstand«, sage ich. »Greifen Sie einfach irgendeinen kürzlich geschriebenen Roman heraus, dann wissen Sie es.«

»Können Sie mir sagen, was in den letzten Tagen los gewesen ist?« fragt er mit gleichmütiger Stimme.

»Sie glauben nicht, daß ein Kulturschock ein echter Schock sein kann«, sage ich zum zigsten Mal. »Sie glauben nicht, daß dieses Trauma genauso real sein kann, wie der Schock, wenn Sie im Alter von drei Monaten Ihren eigenen Vater nackt sehen. Sie glauben nicht an die Macht der Ereignisse.«

»Alles hängt davon ab, wie wir darauf reagieren, nicht wahr?« sagt er. »Und das ist eine Frage des Temperaments.«

»Wenn ein Mensch aus einem Stammesdorf in Kenia sich in einer Großstadt wiederfände und verwirrt und desorientiert reagierte, würden Sie ihm eine psychotherapeutische Behandlung empfehlen?« frage ich ihn, eine andere Spur aufnehmend.

»In bestimmten Fällen ja«, antwortet mein Psychoanalytiker.

»Ich glaube, das wäre ein Fehler«, sage ich, aber ich bin mir nicht mehr sicher. Ich bin in Geschichten gefangen, in Geschichten von der Art, wie wir sie einander über uns selbst erzählen. In einer Geschichte spielen die Lebensumstände die Rolle des Schicksals, in der anderen der Charakter. In der einen bin ich meiner Umgebung in Abwehrhaltung ausgesetzt, weil ich in eine fremde Welt geworfen wurde. In der anderen war die Welt fremd, weil es mir bestimmt war, sie so zu sehen, und alle Ereignisse blieben an mir haften wie Farbe, die Muster in einem bereits gewebten Stoff bildete.

Zwischen den beiden Geschichten und dem jeweils zu ihnen gehörenden Vokabular findet eine gewaltige Veränderung im Diagramm der Psyche und der Beziehung zum inneren Leben statt. Wenn ich mir sage: »Ich bin besorgt«, mobilisiere ich andere Fähigkeiten, als wenn ich sage: »Ich habe Angst.« »Ich bin besorgt, weil die Trennung mir Schwierigkeiten macht«, sage ich ganz rational, wenn ein Freund auf eine lange Reise geht, und in dieser schnellen Bewegung einer Selbstanalyse und Erklärung wird die Bahn des Gefühls wieder auf die richtige Route gebracht. Ich gebe dem Impuls, es auszudrücken, nun nicht mehr nach; jetzt, da ich weiß, worin das Problem besteht, werde ich auf dem Flughafen nicht in Tränen ausbrechen. Durch diese List verändere ich die Kraft der ursprünglichen Angst; ich gewinne eine gewisse Kontrolle über sie.

Einmal, als es meiner Mutter sehr schlecht ging, sagte ich zu ihr, erfüllt von meinem frisch erworbenen amerikanischen Wissen, sie solle doch versuchen, ihre Gefühle zu kontrollieren. »Was meinst du damit?« fragte sie, als wäre dies ein Vorschlag, der ihr von einem Computerwesen unterbreitet worden sei. »Wie könnte ich das? Es sind schließlich meine Gefühle!«

Meine Mutter kann sich nicht vorstellen, ihre Gefühle zu mäßigen, die der authentischste Teil von ihr sind, die ihre Persönlichkeit ausmachen. Sie leidet unter ihren Gefühlen, als wären sie Naturgewalten, Wind, Stürme, Vulkanausbrüche. Sie wird von Leidenschaften, Passionen geschüttelt – *passio* heißt Leiden. Sie ist in ihrer Verletzlichkeit so ungeschützt, daß es ein Weg zu einer Art Stärke ist. Meine Mutter besitzt die Weisheit der Machtlosen. Kein Leben ist frei von Willenskämpfen, gerade auch – oder vielleicht besonders – mit denen, die einem am nächsten sind. Aber meine Mutter hat nie nach öffentlicher Macht gestrebt. Fern von der Arena des Willens hatte sie einen klaren Blick auf die Wege des Willens – die Machtkämpfe der anderen. Sie besitzt ein feines Gespür für Heuchelei und Verstellung; sie kann eine gnadenlose Parodistin falscher Töne sein, der Versuche von Menschen, sich überlegen zu geben und sich wichtig zu machen.

Ich selber bin mit den Jahren selbstbeherrschter geworden – »englischer«, wie meine Mutter vor Jahren einmal zu mir sagte. Ich gestatte mir nicht, mich hilflos hierhin und dorthin treiben zu lassen; ich habe gelernt, die Mechanismen meines Willens zu gebrauchen, nach Symptomen zu suchen und Ursachen zu entdecken, ehe ich mich von Trauer oder Glückseligkeit überwältigen lasse. Ich habe eine gewisse Kontrolle gelernt, und Kontrolle ist etwas, worauf ich dringender angewiesen bin, als meine Mutter es je war. Mein Leben spielt sich mehr in der Öffentlichkeit ab als ihres, da ist es wichtig, stark zu erscheinen. Ich lebe in einer individualistischen Gesellschaft, in der sich die Menschen nicht mehr so schnell aufeinander einlassen, in der der Satz: »Das ist dein Problem« Ausdruck des täglichen Kampfes und der täglichen Selbstverteidigung ist.

Bei meinem Bemühen um Kontrolle hat mir das Vokabular der Selbstanalyse geholfen und die vorherrschende Meinung, daß es gut sei, Verantwortung zu übernehmen. »Ich muß mich in den Griff kriegen«, sagen meine Freunde, wenn irgend etwas sie quält oder schiefgeht. Es ist beschämend zuzugeben, daß die Dinge manchmal sehr schief gehen können; es ist beschämend einzugestehen, daß wir manchmal überhaupt nichts im Griff haben.

Meine Mutter bleibt immer dicht bei sich selbst, so wie sie dicht bei ihrem Haus bleibt. Sie bezahlt einen Preis für diesen Mangel an Selbstentfremdung – der Preis ist ein Leben *in extremis*, ist Leiden. Sie kann nur sie selbst sein – sie kann es nicht ändern. Sie sieht sich nicht als Persönlichkeit; sie ist nicht die Frau, die sich ihre eigene Biographie erzählt.

Ich habe, zusammen mit meiner Generation amerikanischer Frauen, gelernt, weiter zu reisen, habe gelernt, wie man eine gewisse Gelöstheit gewinnt und das Selbstwertgefühl nährt. Aber ich frage mich, welchen Preis ich für diese größere Distanz zu mir bezahle. Die Franzosen haben im achtzehnten Jahrhundert den Ehrgeiz – ein neues Phänomen in der Topographie des Verhaltens und der Gefühle – als eine Krankheit klassifiziert, und meine Mutter tut das ebenfalls, auch wenn sie es nicht ganz so buchstäblich meint. »Dieser Ehrgeiz ist ein Elend«, sagt sie oft zu mir, wenn sie irgendein Märchen von Arbeit und Streß gehört hat. »Wohin treibt es dich?«

Ehrgeiz, Leistung und Selbstvertrauen sind die frommen Tugenden, die ich meiner Umgebung abgeguckt habe, und wenn ich nicht immer hart arbeite, so kompensiere ich das durch eine Art Angst, durch inneres Simulieren eines harten Rennens. Meine Freundinnen und ich erzählen einander heroische Geschichten: wieviel wir erreicht haben, wie wir es schaffen, zwischen zwei bedeutenden Konferenzen in den Fitness-Club zu gehen, wieviel Energie wir haben und wie effektiv wir sie verausgaben. Wie alle, die ich kenne, bin ich ständig in Eile. Wohin rennen wir eigentlich? Oder, wie mein Vater zu sagen pflegt: »Was ist der Zweck der Übung?«

Gute Frage. Der Zweck heißt eindeutig nicht nur Erfolg, denn auch nachdem ich ein bißchen davon abbekommen habe, legt sich das Bedürfnis, ständig weiter voranzukommen, nicht. Vielleicht handelt es sich hier um eine innere Entsprechung der Herausforderung der amerikanischen »frontier«, um eine psychische Variante, einen abstrakten und niemals zu befriedigenden Drang, die Grenze zu verschieben. Natürlich ist das Vergnügen an der Bewegung selbst beträchtlich, und manchmal, wenn ich durch meine geschäftigen Tage eile, beglückt mich allein schon der Schwung – wie beim Motorradfahren oder beim Wellenreiten.

Doch während ich mich weiterbewege und mich immer weiter entferne, träume ich manchmal davon, daß ich lieber wie die Lilien auf dem Felde sein wollte, ein Traum von Ruhe. Manchmal ist dieser Traum nicht mehr als die Spur einer Erinnerung an eine Landstraße, auf der ich gehe, während ich die hohen Gräser durch meine Finger gleiten lasse und an nichts Besonderes denke – diese Zwischenzeit, in der die Seele auftankt und sich regeneriert. Wir haben so wenig Zeit dieser Art! Was unsere rezeptive Seite betrifft, sind wir heutzutage unterentwickelt, sage ich zu meinen Freunden. Wir sind tüchtig, selbst wenn wir, während einer schnellen Mahlzeit im Restaurant, unsere Geschichten erzählen, auch wenn wir nicht immer die zusätzliche Muße für Mitgefühl aufbringen, das mehr Zeit erfordert und schwer zwischen Cocktails und Taxis einzufangen ist.

Falls alle Neurosen eine Form von Repression sind, dann ist die Ablehnung von Leid und Hilflosigkeit mit Sicherheit ebenfalls eine Form von Neurose. Mit Sicherheit verkehren sich alle unsere Versuche, uns dem Leid zu entziehen, in den spezifischen, ätzenden Schmerz der Selbstunterdrückung. Und wenn das so ist, dann ist eine Kultur, die auf Fröhlichkeit und Beherrschtheit pocht, eine Kultur, die – eine der Ironien, die in den wilden Gefilden des Innenlebens verbreitet sind – ihre eigene Art von Schmerz propagiert.

Vielleicht sehne ich mich manchmal auf eine geradezu perverse Art nach jener älteren Form des Leidens – nach der Fähigkeit und der Zeit, geduldig den Stürmen der Liebe und des Hasses zu lauschen, die mich wie ein Schilfrohr schwanken lassen, und nach dem langen Abstieg zu mir selbst, bei dem ich bis zum Grund vordringe und das arme gespaltene Wesen erkenne, das wir alle sind.

Für mich ist Therapie teilweise Übersetzungstherapie, die Heilung durch Sprechen, Heilung durch eine zweite Sprache. Mein Gang zum Psychoanalytiker ist, unter anderem, ein Initiationsritus: Initiation in die Sprache der Subkultur, in der ich zufällig lebe, in eine Möglichkeit, mich mir selbst zu erklären. Aber nach und nach wird daraus ein Projekt des Rückübersetzens. Die Möglichkeit, über meine große Krise zu springen, besteht darin, langsam darüber auf englisch zurückzukrabbeln. Erst wenn ich meine gesamte Geschichte wiedererzähle, zurück bis zum Anfang und dann von Anfang an, in der einen Sprache, in der ich die Stimmen in mir miteinander versöhnen kann, erst dann wird die Person, die die Stimmen beurteilt und die Geschichten erzählt, zum Vorschein kommen.

Der winzige Spalt, der sich auftat, als meiner Schwester und mir neue Namen gegeben wurden, kann nie mehr ganz geschlossen werden. Ich kann nie wieder nur einen einzigen Namen haben. Meine Schwester ist zu ihrem polnischen Namen zurückgekehrt – Alina. Es dauert eine Weile, bis ich mich wieder darauf eingestellt habe; Alina ist im Englischen ein anderes Wort als im Polnischen:

es trägt den Stempel des Ungewöhnlichen, seine Silben gehen einem englisch Sprechenden nicht so leicht von der Zunge. Um ein einziges Wort unverzerrt zu transportieren, müßte man die ganze Sprache drumherum mit hinübertransportieren. Meine Schwester trägt nicht mehr nur einen einzigen, authentischen Namen, den Namen, der untrennbar mit ihrem besonderen Wesen verbunden ist.

Wenn ich jetzt Selbstgespräche führe, spreche ich englisch. Englisch ist die Sprache, in der ich erwachsen geworden bin, in der ich meine Lieblingsfilme gesehen und meine Lieblingsromane gelesen und die Janis-Joplin-Platten mitgesungen habe. Auf polnisch fehlen mir ganze Bereiche von Erwachsenenerfahrungen. Ich weiß nicht die Wörter für »microchips« oder »pathetic fallacy« (Vermenschlichung der Natur) oder *The Importance of Being Earnest*. Wenn ich versuchen würde, auf polnisch mit mir selbst zu sprechen, wäre es ein stockendes Gespräch mit eingeflochtenen englischen Brocken.

Deshalb findet der innere Dialog in den Momenten, in denen ich allein bin, spazierengehe oder vor dem Einschlafen meine Gedanken schweifen lasse, auf englisch statt. Polnisch ist für mich nicht länger das einzig authentische Kriterium, ich beziehe mich nicht mehr auf das Polnische als Ausgangspunkt. Doch unter dem relativ deutlichen Monolog liegt tief innen ein Summen wie von unzähligen komprimierten Wörtern, die durch eine Telefonleitung jagen. Manchmal steigen aus diesem Summen ungebeten polnische Worte auf. Gewöhnlich sind es Worte aus der Palette primärer Gefühle. »Ich bin so glücklich«, sagt eine helle, glockenklare Stimme, oder: »Warum will er ihr wehtun?« Die polnischen Sätze sind rund und von überraschender Sicherheit, als verkündeten sie die schlichte Wahrheit.

Gelegentlich oszilliert das Summen ganz leicht. »Ich lerne viel über Intimität in dieser Beziehung«, sage ich mir streng, und eine kaum wahrnehmbare Stimme flüstert, pianissimo: »Ich liebe ihn, das ist alles ...« »Der Grund für sein auf Abgrenzung bedachtes Verhalten liegt in seiner Unsicherheit«, denke ich von einem schwierigen Kollegen, und ein verderbter kleiner Teufel in mir sagt: »Also, er ist schlicht ein Dreckskerl ...« Aber es ist wenig wahrscheinlich, daß ich letzteres zu meinen amerikanischen Freunden sage, und deshalb lebt dieser Satz nicht lange. Um gesprochene Sprache oder einen geschriebenen Text zu übersetzen, ohne die Bedeutung zu verändern, müßte man auch die Zuhörer und Leser mit hinübertransportieren.

Nein, es gibt keine Rückkehr zum Ursprung, kein Wiedererlangen kindlicher Ungeteiltheit. Erfahrung erzeugt Stil, und Stil wiederum erzeugt eine neue Frau. Polnisch ist nicht länger die einzige, die wahre Sprache, neben der alle anderen ihr zweitrangiges Leben führen. Polnische Einsichten können nicht mehr in ihrer Reinheit wiedergewonnen werden; es gibt auch einiges, was ich auf englisch weiß. Die ganzen Wahrheiten der Kindheit sind vermischt mit dem zerstückelnden Zweifel der Erwachsenen. Wenn ich jetzt polnisch spreche, ist es infiltriert, durchdrungen und verändert vom Englischen in meinem Kopf. Jede Sprache modifiziert die andere, kreuzt sich mit ihr, befruchtet sie. Jede Sprache relativiert die andere. Wie jeder Mensch bin ich die Summe meiner Sprachen – der Sprache meiner Familie und meiner Kindheit, meiner Erziehung und Freundschaften und Lieben und der weiten, sich verändernden Welt – obwohl ich vielleicht dazu neige, bewußter als die meisten die Brüche zwischen ihnen wahrzunehmen und die sich bildenden Blöcke. Die Risse verursachen mir manchmal Schmerz, aber in gewisser Weise machen sie mir bewußt, daß ich lebe. Leiden und Konflikte sind die besten Beweise dafür, daß es so etwas wie eine Psyche gibt, eine Seele – was sonst könnte es sein, was da leidet? Und warum sollten wir leiden müssen, wenn wir satt sind und es warm und ein Dach über dem Kopf haben, wenn nicht wegen dieser anderen Einheit in uns mit ihren seltsamen, unvernünftigen und niemals erfüllbaren Forderungen?

Aber in meiner Übersetzungstherapie gehe ich immer wieder über die Risse hin und her, nicht um sie zu heilen, sondern um zu begreifen, daß ich – ein Mensch, erste Person Singular – auf beiden Seiten gewesen bin. Geduldig benutze ich das Englische als Schacht, um zurückzugehen und in die Tiefe zu gelangen; den ganzen Weg hinunter, bis in die Kindheit, fast bis zum Anfang. Als ich lerne, jene kleinsten ersten Dinge in der Sprache zu sagen, die mir zur Distanzierung, zur Ironie und Abstraktion gedient hat, beginne ich zu erkennen, wo die Sprachen, die ich gesprochen habe, Entsprechungen besitzen – wie ich mich zwischen ihnen bewegen kann, ohne von den Unterschieden zerrissen zu werden.

Der Spalt kann nicht gänzlich geschlossen werden, aber ich traue allmählich dem Englischen zu, auch für das Ich meiner Kindheit zu sprechen, zu sagen, was so lange verborgen gewesen ist, die zartesten Stellen zu berühren. Vielleicht führt jede Sprache, wenn wir ihr weit genug folgen, zu genau demselben Ort. Und so bietet mir die Therapie nicht nur das Instrumentarium und das Vokabular der Selbstkontrolle, sondern wird, auf lange Sicht, auch zu einem Weg. Sie führt mich zurück zu jenem Verlust, der für mich das Modell allen Verlustes ist, und zu jener tiefen Traurigkeit, vor der Kinder nie wirklich Angst haben; auf englisch schlängele ich mich wieder zu meiner alten polnischen Melancholie. Dort angekommen, trete ich wieder in mich ein, schmiege mich wieder an meine eigene Haut. Ich bin geheilt von der Raumkrankheit der Transzendenz. Es ist möglich, daß wir, wenn wir nur tief genug reisen, immer auf ein Element der Traurigkeit stoßen, denn volles Bewußtsein unserer selbst schließt immer das Wissen von unserer Vergänglichkeit ein und vom Verstreichen der Zeit. Doch allein dieses Wissen – nicht seine Verleugnung – verleiht den Dingen ihre wahren Dimensionen, und wir spüren etwas von der Einfachheit des Lebendigseins. Nur dieses Wissen allein ist groß genug, um Zärtlichkeit zu nähren für alles, was verloren ist – eine Zärtlichkeit für jeden unserer Momente, für andere Menschen, für die Welt.

Der Spalt ist zu einem Schlitz geworden, einem Fenster, durch das ich die Verschiedenartigkeit der Welt beobachten kann. Meine Wahrnehmung hat sich erweitert, weil einmal eine Bresche geschlagen wurde. So wie die Zahl zwei alle anderen Zahlen in sich birgt, so ist ein bivalentes Bewußtsein notwendigerweise ein multivalentes Bewußtsein.

Multivalenz ist nichts anderes als die Eigenart einer gegenwärtigen Wahrnehmung, und nichts anderes, als was die gegenwärtige Welt verlangt. Das Gewicht der Welt war früher vertikal: es rührte von der Vergangenheit her oder von der Hierarchie von Himmel und Erde und Hölle; jetzt ist es horizontal und besteht aus der endlosen Multiplizität von Ereignissen, die alle gleichzeitig stattfinden, die sich unablässig in unsere Köpfe und in unsere Wohnzimmer drängen. Entwurzelung ist in unserer Zeit eher die Norm als die Abweichung von ihr, doch selbst in dem unwahrscheinlichen Fall, daß wir ein ganzes Leben an einem Fleck verbringen, erinnert uns die fabelhafte Vielfalt, mit der wir leben, beständig daran, daß wir nicht länger die Norm oder der Mittelpunkt sind, daß es kein bestimmtes geographisches Zentrum gibt, das die Welt zusammenhält und trügerisch leuchtet. Statt dessen gibt es verstreute Knötchen, die um unsere Aufmerksamkeit wetteifern. New York, Warschau, Teheran, Tokio, Kabul – sie alle beanspruchen einen Platz in unserer Vorstellung, alle erinnern uns daran, daß wir in einer dezentralisierten Welt immer gleichzeitig im Zentrum und an der Peripherie stehen, daß jedes Zentrum in diesem Wettbewerb uns zu Randfiguren macht.

Vielleicht liegt es nur daran, daß ich mir dies tagtäglich bewußt mache, daß von meiner plötzlichen Vertreibung ein Rest geblieben ist. Alle Immigranten und im Exil lebenden Menschen kennen die besondere Rastlosigkeit einer Vorstellung, die sich nie wieder auf ihre eigene Absolutheit verlassen kann. »Nur Menschen, die im Exil leben, sind die wahren Heiden«, hat ein zeitgenössischer Philosoph gesagt. Da ich die Relativität kultureller Werte am eigenen Leib erfahren habe, kann ich niemals mehr irgendein System von Werten als endgültig ansehen. Ich bezweifle, daß ich je Ideologin irgendeiner Richtung werden könnte; ich bezweifle, daß ich je eine beflissene Anhängerin irgendeiner philosophischen Schule sein könnte. Ich weiß, daß ich in einer Vielfalt von Sprachen geschrieben worden bin. Ich weiß, bis zu welchem Grade ich ein Manuskript bin. In meinem öffentlichen, meinem Gruppenleben, werde ich mich wahrscheinlich immer in den Spalten zwischen Kulturen und Subkulturen wiederfinden, zwischen den Szenarien politischer Überzeugungen und ästhetischer Bekenntnisse. Das ist nicht der schlechteste Platz. Dort zu leben verleiht einen archimedischen Auftrieb, so daß man die Welt überblickt.

Ich schreibe eine Geschichte in mein Tagebuch, und ich suche nach einer wahren Stimme. Ich bahne mir meinen Weg durch Schichten erworbener Stimmen, dummer Stimmen, salbungsvoller Stimmen, Stimmen, die zu kühl oder zu hitzig sind. Dann verstummen sie alle und ich finde, wonach ich gesucht habe: Stille. Ich halte still, um mich in ihr zu festigen. Das ist das weiße leere Zentrum, der ebene Grund, der da war, ehe Babel erbaut wurde, der immer da sein wird, ehe das Babel unserer multiplen Ichs errichtet wird. Aus dieser weißen Fülle erhebt sich eine Stimme: es ist eine gleichmäßige Stimme, und sie ist in der Lage, Dinge direkt zu sagen, ohne Übertreibung oder Trivialität. Im Verlauf der Geschichte wächst die Stimme und weitet sich zu verschiedenen Tonarten und Klangfarben; manchmal, spontan, preßt die Kraft des Fühlens oder Denkens die Sprache in eine Metapher oder in ein Bild, in dem Worte und Bewußtsein magisch vermischt sind. Aber die Stimme kehrt immer zurück zu ihrem Ausgangspunkt, zum Nullpunkt.

Das ist der Punkt, den ich zu vermessen versucht habe, dieser private Ort, dieser nicht assimilierbare Teil von mir. Wir alle müssen diesen Punkt finden, um zu wissen, daß wir nicht nur innerhalb einer Kultur, sondern auch außerhalb von ihr existieren. Wir müssen uns an irgend etwas halten – an die Vergangenheit, die Zukunft, unsere eigenen unverstellten Wahrnehmungen, an einen anderen Ort – wenn wir nicht von den zeitbedingten und zeitweiligen Idealen unserer Zeit vereinnahmt werden wollen, wenn wir nicht Geschöpfe einer vergänglichen Mode werden wollen. Vielleicht ist das Aufspüren eines solchen Punktes auf der Skala zur Zeit besonders schwer, da die Luft, die wir atmen, übersättigt ist von trivialen und unwichtigen und widersprüchlichen und sich gegenseitig aufhebenden Botschaften. Und doch, ich hätte diese wahre Achse womöglich nicht gefunden, hätte den Weg durch den Irrgarten nicht geschafft, wenn ich mich nicht assimiliert und die Stimmen von Zeit und Ort gemeistert hätte – die einzige Sprache, durch die wir lernen können, zu denken und zu sprechen. Die Stille, die aus der Wortlosigkeit kommt, ist die rudimentäre und verzweifelte Stille des Chaos. Die Stille, die nach den Wörtern kommt, ist die Fülle, aus der sich die Wahrheit unserer Wahrnehmungen herauskristallisieren kann. Erst nachdem ich unzusammenhängende Fetzen kultureller Dinge in mich aufgenommen habe, nachdem ich ihre Versuchungen und ihre Fallstricke akzeptiert habe, gelingt es mir, meinen Weg durch das Medium der Sprache zu finden, um meine eigenen Bedeutungen herauszufiltern; und erst wenn ich aus der Tiefe nach oben komme, treffe ich den Tenor meiner eigenen Empfindsamkeit, komme ich zu Hause an.

»Hallo, dumme kleine Polin«, ruft Miriam, als sie mich in Boston am Flughafen begrüßt.

»Mein Gott, wie schön, dich zu sehen«, sage ich.

»Ist dein Artikel fertig, so daß wir morgen spielen können?«

»Fast, fast«, sage ich. »Wie ist die Laune?«

»Oh, die Laune«, sagt sie. »Die Laune hat ihre Launen.«

»Und wie hat sich Tom in dieser Woche benommen?« frage ich, als wir in ihr Auto einsteigen.

»Recht zivilisiert«, sagt sie lebhaft, und wir lächeln. »Bis auf eine unglückliche regressive Episode gestern . . . Na, das werde ich dir morgen erzählen. Ich habe eine zweistündige Unterhaltung ohne Störungen nach dem Frühstück eingeplant.«

»Großartig«, sage ich und betrete ihr Haus und gehe in »mein« Zimmer, in dem ich die Jahre über immer übernachtet habe.

»Du ahnst nicht, wer mich in dieser Woche angerufen hat«, sage ich, während ich meine Kleider aufhänge. »Ricky.«

»Nein«, sagt Miriam. »Von wo hat er angerufen?«

»Das würdest du auch nicht erraten. Aus London. Kannst du dir Ricky in London vorstellen? Aber es scheint ihm gut zu gehen. Er arbeitet in der optischen Industrie, High-Tech, und er hat es fertiggebracht, zweimal zu heiraten und sich zweimal scheiden zu lassen, seit wir ihn das letzte Mal gesehen haben, und jetzt ist er wieder verheiratet und schrecklich verliebt. Ich nehme an, das heißt, daß es ihm gutgeht, nicht wahr?«

»Du lieber Gott, wer weiß schon, was das heißt?« sagt Miriam. »Jedenfalls wird es schon bei den eigenen Freunden immer schwieriger, sich auf dem laufenden zu halten. Ich möchte wissen, ob wir die Person, mit der er verheiratet ist, jemals zu Gesicht bekommen.«

So plaudern wir eine Weile; wir wissen, daß wir morgen mehrere Dinge ernsthafter besprechen werden, daß wir uns die kleinsten Entwicklungen aus unserem Leben erzählen und sie so lange umkreisen werden, bis sie uns zu ein paar Einsichten oder wenigstens ein paar zufriedenstellenden Bemerkungen verhelfen. Wir führen diese Gespräche nun schon seit langer Zeit und über unsere jeweiligen Affären, Ehen, Scheidungen, Berufskrisen, die Komposition von Kurzgeschichten, politische Meinungsverschiedenheiten und Unsicherheiten bei der Auswahl unserer Garderobe.

Wir kennen uns seit beinahe zwanzig Jahren, wie wir einander gelegentlich gern erinnern. Diese einfache Tatsache erstaunt uns immer wieder, teils, weil wir einer Generation angehören, die angeblich immer jung bleiben soll, und eine so lange währende Freundschaft demonstriert unwiderlegbar, daß auch wir der Vergänglichkeit der Zeit unterworfen sind; sie verwundert uns auch deswegen immer wieder, weil Miriam aus St. Louis kommt und ich aus Krakau und weil unsere Freundschaft uns manchmal so zufällig und unwahrscheinlich vorkommt, wie es diese seltsame und widersinnige Entfernung vermuten läßt. Für mich hat sie noch einen zusätzlichen Kick: so lange bin ich also schon hier.

Ja, richtig. So lange bin ich schon hier. Ich habe eine ganze amerikanische Vergangenheit, die weit genug zurückreicht, daß sie ihre eigenen Wiederholungen und Erinnerungen hervorbringt: Lieder im Radio, die ich einst als wildes grunzendes Geräusch wahrgenommen habe, besitzen jetzt die schmelzende Schönheit einer die eigene Jugend heraufbeschwörenden Erinnerung. Freunde tauchen wieder auf, frühere Beziehungen spielen sich mit erhöhter Geschwindigkeit vor mir ab; ich kehre nach Houston zurück, wo ich jahrelang nicht gewesen war. Dort wandere ich auf dem Campus der Rice University mit dem Doppelgefühl von Überraschung und Erinnerung herum. Solche Wiederholungen verleihen meinem amerikanischen Leben Schwere und Substanz, das Gewicht der Realität. Diejenigen, die ihre Vergangenheit nicht verstehen, sind vielleicht dazu verdammt, sie zu wiederholen, aber diejenigen, die sie nie wiederholen, sind dazu verdammt, sie nicht zu verstehen. Die Affäre einer Nacht, oder das Motel, in dem wir absteigen am Rande einer Stadt, die wir nicht kennen, die Arbeit, auf die wir einst fünf Monate verwendet haben und die nicht in unseren Lebenslauf paßt – solche vorübergehenden, isolierten Ereignisse können uns die kurze Erregung verschaffen, aus dem Muster der gewöhnlichen Bedeutung herauszutreten; aber sie hinterlassen auch die Trauer über die Vergänglichkeit, den schalen Nachgeschmack der Bedeutungslosigkeit.

Solange die Welt um mich herum jedesmal neu gewesen ist, ist sie nicht meine Welt gewesen; ich habe mit zusammengebissenen Zähnen auf den nächsten Angriff des Unvertrauten gewartet. Doch inzwischen hat das Jahr für mich eine überschaubare Ordnung angenommen, innerhalb derer ich die Variationen eines New Yorker Berufslebens durchspiele. Die gesellschaftliche Welt, in der ich mich bewege, hat begreifbare Elemente und Dimensionen. Die Regeln und Riten von Freundschaft und Liebe geben mir nicht länger Rätsel auf. Und nur innerhalb solcher Rahmen und Muster wird jeder einzelne Moment erkennbar, verwandelt sich Reiz in Erfahrung, Bewegung in Absicht. Und nur innerhalb eines erkennbaren menschlichen Zusammenhangs kann ein Gesicht uns lieb, ein

Mensch uns vertraut werden. Das Muster ist der Nährboden der Bedeutung, und sicherlich gehört es zu den Gefahren der Emigration und des Exils, und auch der extremen Mobilität, daß man mit allen seinen Wurzeln aus diesem Nährboden herausgerissen ist.

Im Laufe der Jahre habe ich gelernt, das Spiel von Witz und Gefühl und Intelligenz in Miriams Gesicht zu lesen, das mir zuerst so flach und teilnahmslos erschien. Ich habe gelernt, auf ihre subtilen Urteile zu vertrauen, und ich höre die Vierteltöne von Glück oder Unglück aus der Melodie ihrer urbanen, gepflegten Sprache heraus. Ich merke, wenn sie mir etwas verheimlicht, zu ihrem oder zu meinem Nutzen, und deshalb vermag ich auch ihre Wahrheiten zu entdecken: aus dem, was sie verheimlicht, und aus ihren Geständnissen kann ich auf ihre Gefühle schließen. Bis zu einem gewissen Grade habe ich den Tenor ihres Denkens und die Akzente ihrer Art zu sprechen übernommen, und manchmal erkenne ich Sätze, die ich gesagt habe, in ihren Worten wieder. Es ist schwer, einem anderen Menschen die Wahrheit zu sagen. Das Ich ist ein komplizierter Mechanismus, und um offen und ehrlich sprechen zu können, bedarf es nicht nur der Aufrichtigkeit, sondern auch des Geschicks, flüchtige Einsichten einzufangen, und der akrobatischen Kunst, sie in die treffenden Worte zu fassen. Es bedarf ferner eines Zuhörers, der unsere Nuancen, während sie an ihm vorbeifliegen, aufzufangen vermag. Die gesprochene Wahrheit verdorrt, wenn sie auf taube Ohren trifft. Aber Miriam und ich sind einander aufmerksame Zuhörerinnen gewesen. Wir haben verschlungene Muster füreinander gewebt und sie einer genauen gegenseitigen Prüfung unterworfen. In einem hohen Maße sind wir auch die Hüterinnen der Geschichten, die wir einander erzählten und deren Form sich zum Teil aus unseren verschlungenen Berichten ergab. Die Menschen suchen nicht nur nach Bedeutungen, sie sind selbst Teil der Bedeutung; aber wir bedeuten immer nur etwas innerhalb des größeren Gewebes. Miriam gehört zu den Menschen, durch die ich hier Bedeutung erlangt habe. Aus weit voneinander entfernten Welten kommend, haben wir uns unter mühevollen Umständen eine gemeinsame Sprache geschaffen. Wir beschreiben einander auch weiterhin den Fluß unserer Erfahrungen mit dem Verlangen nach Wahrheit und erstellen so weiterhin neue Landkarten und Tapisserien einer gemeinsamen Realität.

Das Gefühl für die Zukunft kehrt zurück – ich empfinde es wie einen Segen, der die frühere Verkündigung des Verlustes ausgleicht. Es kehrt zurück auf die einfachste Art: mit dem Vorstellungsbild einer verwinkelten Pariser Straße, durch die ich in den Ferien gehen werde, oder mit einem friedlichen Bild von mir selbst, wie ich an meinem Schreibtisch sitze und schreibe. Ruhige, bescheidene Bilder erhellen die zukünftige Bahn, und diese flackernden Lichter, die auf eine angenehme zeitliche Ausdehnung hindeuten, empfinde ich sehr stark als Hoffnung.

Psychisches Wehklagen oder Unbehagen, denke ich, wird durch die Zeit kanalisiert, so wie physischer Schmerz oder physische Befriedigung durch unsere Nervenbahnen laufen. Wenn die Zeit eng und knapp wird, erstickt sie das Wohlbehagen; wenn sie diffus und ziellos verläuft, verkümmert das Ich in stumpfer Lethargie. Wohlbehagen gedeiht in mittleren Zeitmaßen, bei einem weder zu sehr beschleunigten noch zu sehr verlangsamten Zeitablauf.

Eine ganze Weile bin ich verspannt aufgewacht, zusammengerollt, den Rücken der nächsten Katastrophe zugekehrt, der Mauer eines möglichen Endes. Doch jetzt beginnt sich eine Folge von kommenden Morgen zu entfalten, wie ein Versprechen.

Er kommt mir vor wie ein gewaltiges Pascalsches Spiel, dieser Sprung in die Zukunft, in den dahinfließenden Strom. Letztlich bedeutet es, daß ich den Versuch, die Zeit anzuhalten, den Versuch, das Schiff daran zu hindern, von der Ostseeküste abzulegen, aufgebe und anfange, was immer mich erwartet, willig zu begrüßen. Wenn ich sie mir vorstelle, bildlich vorstelle, jene Schimmer nichtexistierender Möglichkeiten, die an einem Faden aus rein geistigem Licht hängen, dehnt die Zeit sich aus und schafft Atemraum, in dem Gefühle ausgekostet werden können, so wie ich einst frische Butter genoß oder den Dreiklang in Moll. Wenn die Bilder, wie manche Philosophen annehmen, aus der Matrix der Sprache gerinnen, dann habe ich vielleicht warten müssen, bis ich genügend linguistische Konzentrate beisammen hatte, damit Hoffnung aufkommen konnte. Vielleicht habe ich aber auch einfach genügend Wissen über meine neue Welt ansammeln müssen, um ihr vertrauen zu können, und genügend Zuneigung zu ihr, um ihr Leben einzuhauchen, mir ihre Zukunft vorstellen zu können. Aber wenn die Zeit sich erst einmal entfaltet und ihre in die Zukunft gerichtete Dimension wiedererlangt hat, wird der gegenwärtige Moment zu einem Stützpunkt, auf dem ich unbeschwerter stehen kann, im Gleichgewicht zwischen Vergangenheit und Zukunft, im Einklang mit der Zeit.

»Azalee, Hyazinthe, Forsythie, Rittersporn«, sagt Miriam und deutet mit gespielt pädagogischem Zeigefinger auf die Blumen. »Ich werde dich lehren, dich in der Neuen Welt zu Hause zu fühlen.« Ich schaue auf die Blumen – manche habe ich nie zuvor gesehen; manche Namen habe ich gelesen, aber nicht mit den Blumen in Verbindung gebracht. Das sind Dinge, die in meinem seltsamen Sprachgebäude, das ich von oben nach unten errichtet habe, als letztes an die Reihe kommen. »Azalee«, wiederhole ich, »Forsythie, Rittersporn.« Die Namen sind schön, und sie passen genau zu den Blumen. Es sind die Blumen, diese ganz bestimmten Blumen in diesem Garten in Cambridge. Denn im Moment gibt es keine platonischen Azaleen, keine polnischen Hyazinthen, mit denen sie zu vergleichen wären. Ich atme die frische Frühlingsluft ein. In diesem Moment ist dies der Ort, wo ich lebe. Wie könnte es da irgendeinen anderen Ort geben? Sei jetzt hier, denke ich bei mir mit dem leicht ironischen Unterton, mit dem der Satz von Menschen wie mir ausgesprochen wird. Dann löst sich der Satz auf. Die leuchtenden Farben werden von der Sonne gebrochen. Der kleine Garten dehnt sich aus, in die Dimension des Friedens. Die Zeit pulsiert durch mein Blut, wie ein Fluß. Die Sprache reicht aus. Ich bin jetzt hier.

Die Frau in der Gesellschaft

Andrea Dworkin
Pornographie
Männer beherrschen Frauen
Band 4730

Sylvia Fraser
Meines Vaters Haus
Geschichte eines Inzests
Band 4751

Nancy Friday
Wie meine Mutter
My Mother my self
Band 3726

Chaika Grossman
Die Untergrundarmee
Der jüdische Widerstand in Bialystok
Ein autobiographischer Bericht
Band 11598

Signe Hammer
Töchter und Mütter
Über die Schwierigkeiten einer Beziehung
Band 3705

Gertrud Heise
Reise in die schwarze Haut
Ein Tagebuch
Band 3762

I. Hülsemann
Ihm zuliebe?
Abschied vom weiblichen Gehorsam
Band 10407

Mit Lust und Eigensinn
Die weibliche Eroberung des Glücks
Band 11857

Monika Jonas
Behinderte Kinder-behinderte Mütter?
Die Unzumutbarkeit einer sozial arrangierten Abhängigkeit
Band 4756

Fischer Taschenbuch Verlag

fi 14 / 14 b

Die Frau in der Gesellschaft

Gisela Kramer
Wer ist die Beste im ganzen Land?
Konkurrenz unter Frauen
Band 11292

Linda Leonard
Töchter und Väter
Heilung einer verletzten Beziehung
Band 4745

Harriet G. Lerner
Das mißdeutete Geschlecht
Falsche Bilder der Weiblichkeit in Psychoanalyse und Therapie
Band 11842

Harriet G. Lerner
Wohin mit meiner Wut?
Neue Beziehungsmuster für Frauen
Band 4735
Zärtliches Tempo
Band 10115

H. Lightfoot-Klein
Das grausame Ritual
Sexuelle Verstümmelung afrikanischer Frauen
Band 10993

Karen Lison/ Carol Poston
Weiterleben nach dem Inzest
Traumabewältigung und Selbstheilung
Band 10422

C. Meier-Seethaler
Ursprünge und Befreiung
Die sexistischen Wurzeln der Kultur
Band 11038

M. Mitscherlich
Die friedfertige Frau
Eine psychoanalytische Untersuchung zur Aggression der Geschlechter
Band 4702

Fischer Taschenbuch Verlag

fi 14 / 5 c

Die Frau in der Gesellschaft

Margrit Brückner
Die Liebe der Frauen
Über Weiblichkeit und Mißhandlung
Band 4708

Carla Corso/ Sandra Landi
Porträt in grellen Farben
Leben und Ansichten einer politischen Hure
Band 11385

Colette Dowling
Der Cinderella-Komplex
Band 3068
Perfekte Frauen
Band 11190

Uta Enders-Dragässer/ Claudia Fuchs (Hg.)
Frauensache Schule
Band 4733

M. Grabrucker
»Typisch Mädchen...«
Band 3770
Vater Staat hat keine Muttersprache
Band 11677
Vom Abenteuer der Geburt
Band 4746

Michaela Huber
Multiple Persönlichkeiten
Überlebende extremer Gewalt
Ein Handbuch
Band 12160

Michaela Huber/ Inge Rehling
Dein ist mein halbes Herz
Band 4727

H. Patricia Hynes
Als es Frühling war
Von Rachel Carson zur feministischen Ökologie
Band 11024

Nicole Kramer/ Birgit Menzel/ Birgit Möller/ A. Standhartinger
Sei wie das Veilchen im Moose...
Band 11946

Katja Leyrer
Hilfe! Mein Sohn wird ein Macker
Band 10872

Fischer Taschenbuch Verlag

fi 15 / 17 a

Die Frau in der Gesellschaft

Nicky Marone
Erlernte Hilflosigkeit überwinden
Band 11590

Sigrid Müller/
Claudia Fuchs
Handbuch zur nichtsexistischen Sprachverwendung in öffentlichen Texten
Band 11944

R. Sadrozinski (Hg.)
Grenzverletzungen
Sexuelle Belästigung im Arbeitsalltag
Band 11521

Ursula Scheu
Wir werden nicht als Mädchen geboren – wir werden dazu gemacht
Band 1857

Alice Schwarzer
Der »kleine« Unterschied und seine großen Folgen
Band 1805
Von Liebe + Haß
Band 11583
Warum gerade sie?
Band 10838

A. Schwarzer (Hg.)
Krieg – Was Männerwahn anrichtet
Band 11135

B. Sichtermann/
Marie Sichtermann/
Brigitte Siegel
Den Laden schmeißen
Ein Handbuch für Frauen, die sich selbständig machen wollen
Band 12277

Monique R. Siegel
Weibliche Führungskunst
Band 11117

Ruth Simsa (Hg.)
Kein Herr im Haus
Band 12079

Senta Trömel-Plötz
Frauensprache - Sprache der Veränderung
Band 3725

S. Trömel-Plötz (Hg.)
Gewalt durch Sprache
Band 3745

Hedi Wyss
Das rosarote Mädchenbuch
Band 1763

Fischer Taschenbuch Verlag

fi 15 / 12 b

Mile Braach

Rückblende

Erinnerungen einer Neunzigjährigen

Band 11346

Lebendig erzählte Geschichte vom Kaiserreich bis zur Währungsreform, das sind die Erinnerungen von Mile Braach – ein Beispiel dafür, welche Folgen die große Politik für das Leben des einzelnen haben kann. 1898 in Frankfurt geboren – die Mutter entstammte der Buchhändlerfamilie Koenitzer, der Vater war der jüdische Lederwarenfabrikant Otto Hirschfeld –, weiß sie viel über das Frankfurt zu Beginn des 20. Jahrhunderts zu erzählen, als noch Pferdewagen das Straßenbild bestimmten und ein Schulausflug nach Neu-Isenburg etwas Besonderes war. Der Ausbruch des Ersten Weltkrieges bringt nicht nur Schwierigkeiten für die väterliche Firma, auch Miles Pläne für die Zukunft werden zunichte gemacht. Die Heirat mit Johannes Heinrich Braach, einem hochbegabten Musiker, der inzwischen als Journalist, dann als Intendant arbeitet, führt sie ins besetzte Rheinland. Weitere Stationen sind Wertheim am Main und Hildburghausen, ehe die Braachs 1933 nach Frankfurt zurückkehren, wo Mile und ihre weitverzweigte Familie unter der ständigen Bedrohung des nationalsozialistischen Terrors leben müssen. Einige Familienangehörige emigrieren, auch die Tochter Bergit läßt man nach England ausreisen, andere werden von den Nazis ermordet, und ihr Vater entgeht kurz vor dem Einmarsch der Amerikaner durch einen glücklichen Zufall der Verhaftung durch die Gestapo. Nach 1945 baut sich Mile Braach ein völlig neues Leben auf und gründet zusammen mit ihrem Vater einen Lederhandel, ehe sie sich im hohen Alter wieder publizistischen Arbeiten widmen konnte, eine Tätigkeit, die ihr 1936 von der Reichsschriftkammer verboten wurde.

Fischer Taschenbuch Verlag

fi 535 / 3

Charlotte Delbo
Trilogie
Auschwitz und danach

Aus dem Französischen von
Eva Groepler und Elisabeth Thielicke

Mit einem Nachwort von Ulrike Kold
Band 11086

Charlotte Delbo gehörte während der deutschen Besatzung Frankreichs der Résistance an. Anfang März 1942 wird sie zusammen mit anderen verhaftet, kommt zunächst in ein Gefängnis, später in ein Sammellager der Gestapo in Compiègne, von wo aus sie zusammen mit 230 anderen Frauen aus der Résistance nach Auschwitz deportiert wird. Sie ist eine der wenigen Überlebenden dieses Transports. Bereits 1946 hat sie den ersten Teil ›Keine von uns wird zurückkehren‹ geschrieben, der Versuch, sich von der Last der Erinnerung zu befreien, das Grauen in Worte umzusetzen, was nicht in Sprache zu fassen ist. So sind auch die beiden ersten Teile dieser Trilogie Bruchstücke der Erinnerung an Auschwitz und Ravensbrück. Im dritten Teil kommen die Überlebenden zu Wort, berichten über ihr Leben nach Auschwitz und davon, daß sie nicht leben, sondern in Auschwitz gestorben sind.

Fischer Taschenbuch Verlag

fi 533 / 3